Die LEAN BACK Perspektive

Stefanie Hoffmann-Palomino
Christine Kirbach
Bianca Praetorius
(Hrsg.)

Die LEAN BACK Perspektive

Leadership heute – 42 inspirierende
Wege erfolgreicher Frauen

Herausgeber
Stefanie Hoffmann-Palomino
Berlin, Deutschland

Christine Kirbach
München, Deutschland

Bianca Praetorius
Berlin, Deutschland

ISBN 978-3-658-13923-0   ISBN 978-3-658-13924-7 (eBook)
DOI 10.1007/978-3-658-13924-7

Die Deutsche Nationalbibliothek verzeichnet diese Publikation in der Deutschen Nationalbibliografie; detaillierte bibliografische Daten sind im Internet über http://dnb.d-nb.de abrufbar.

Gedruckt auf säurefreiem und chlorfrei gebleichtem Papier

Springer ist Teil von Springer Nature
Die eingetragene Gesellschaft ist Springer Fachmedien Wiesbaden GmbH

Vorwort

"The answer to this is very simple. It was a joke. It had to be a number, an ordinary, smallish number, and I chose that one. Binary representations, base thirteen, Tibetan monks are all complete nonsense. I sat at my desk, stared into the garden and thought '42 will do'. I typed it out. End of story."

Douglas Adams' Per Anhalter durch die Galaxis

42, oder: Wieso, weshalb, warum?

Anfang 2015 sind wir drei Herausgeberinnen durch einen Zufall wieder zusammengespült worden. Wir kennen uns schon lange aus professionellem Kontext und könnten unterschiedlicher nicht sein. In einer Nacht in Barcelona haben wir dann in all der Unterschiedlichkeit eine große Gemeinsamkeit entdeckt.

Unsere geteilte Leidenschaft ist es, die Unternehmenswelt für Frauen zu verändern. Wir glauben, dass die Herausforderungen des digitalen Zeitalters nur gemeistert werden können, wenn die Potenziale von Frauen und Männern gleichermaßen genutzt werden. Dazu müssen sich Frauen eingeladen fühlen, Unternehmenskontexte genauso mitzugestalten wie Männer.

Dies ist nur mit einer systemischen Veränderung zu erreichen. Heute bestimmen die von Männern für das berufliche Fortkommen von Männern geschaffenen Unternehmenssysteme die Kriterien für beruflichen Erfolg. Männer werden also an den für Männern entwickelten Erfolgskriterien gemessen – Frauen leider auch. Das ist unfair und führt zu der gängigen Praxis, Frauen zu „entwickeln" und „trainieren", damit sie die Kriterien besser erfüllen. Diese Trainingsbedarf-Suggestion trifft bei Frauen häufig auf offene Ohren, sind sie doch tendenziell eher als Männer von Selbstzweifeln geprägt und gerne mit „Mach-es-allen-recht-Antreibern" ausgestattet. Erschwerend kommt hinzu: Noch immer sind deutlich zu wenig Frauen gerade im mittleren und oberen Management tätig, um das System selbst beeinflussen zu können. 30 % müssten es sein, um wirklich etwas zu verändern.

Die Bewertung von Frauen anhand eines männlichen Kriterienkatalogs ist interessanterweise die Umkehr dessen, was in Kindergarten und Schule (vor allem der Grundschule) passiert. Nicht umsonst wird immer wieder diskutiert, dass Mädchen in der Schule oft besser sind als Jungen und letztere systematisch benachteiligt werden. Eine Ursache dürfte unserer Überzeugung nach die Tatsache sein, dass insbesondere Kindergarten und Grundschule frauendominierte Systeme sind. Hier stellen weibliche Lehrkräfte die Kriterien für erfolgreiches Verhalten auf, die oft Mädchen begünstigen. Jungs werden an den Erfolgskriterien für Mädchen gemessen. Das ist ungerecht. Aber dafür wendet sich das Blatt ja spätestens mit dem ersten Job.

Das Problem ist nur: Während Jungs etwas ihnen eigentlich Fremdes antrainiert bekommen, werden Mädchen in den ersten Schuljahren massiv geprägt, wie Mädchen zu sein haben und was sie erfolgreich sein lässt. Fleißig sein, brav sein, ordentlich sein, nicht zu sehr durch Kreativität und Andersartigkeit auffallen, nicht zu sehr hervorstechen, es allen recht machen, gefallen. Andere überstimmen, eine Diskussion dominieren, als Wildfang toben und kritische Fragen stellen, das „macht ein Mädchen doch nicht". Leider führen in der Schule damit meist die genau gegenteiligen Kriterien zu guten Noten, die später im beruflichen Kontext zum Erfolg führen.

Interessant ist, dass kein homogenes System funktioniert! Nur wenn beide Geschlechter gleichermaßen gestaltend beteiligt sind und Vielfalt gelebt wird, ist Fairness möglich.

Die gute Nachricht ist: Die bisherigen Erfolgsschemata funktionieren im digitalen Zeitalter nicht mehr. Hier ändern sich gerade die Spielregeln und es sind völlig andere Kompetenzen gefragt. Kompetenzen, über die Frauen oft in stärkerem Maß verfügen als Männer – wie z. B. vernetztes Denken – funktionieren in hierarchiefreien Strukturen, „Empowerment" anderer, Perspektivwechsel und emotionale Intelligenz.

Daher war für uns Herausgeberinnen klar: Now or never. Genau jetzt müssen Frauen die Gunst der Stunde nutzen und die neuen Unternehmenssysteme mitgestalten. Jetzt ist die Zeit gekommen, heilige Kühe zu schlachten und Paradigmen über Bord zu werfen.

Genau jetzt braucht es eine systemische Bewegung, genau jetzt möchten wir zu dieser Debatte einen Beitrag leisten und eine neue Perspektive hinzufügen.

Es ist Zeit für eine Erweiterung des Lean in Konzepts. Zeit für die Ergänzung einer Lean back Komponente. Wir möchten Frauen dazu ermutigen, auf die eigenen Stärken und Talente zu vertrauen, sich nicht zu verbiegen und ständig zu optimieren. Wir möchten Frauen dabei unterstützen, Karriere strategisch anzugehen und zu sich selbst zu finden, um dieses Ziel ohne Störung von außen – sprich, Bewertungen und Erwartungen anderer – zu erreichen. Wir möchten, dass Frauen ihre innere Stärke und Unabhängigkeit finden, um wirkliche Veränderung vorantreiben zu können. Nicht jede Chance muss ergriffen werden. Es geht darum, den eigenen Weg und den eigenen „purpose" zu finden und das Leben privat wie beruflich entsprechend daran auszurichten. Dazu möchten wir inspirierende Rollenmodelle bieten.

Wir haben 38 fantastische Frauen eingeladen, ihre persönliche Geschichte zu erzählen und damit Mut zu machen, das eigene Potenzial zu entdecken und auszuschöpfen. Wir möchten Macht als positives Gestaltungselement erlebbar machen und die gestalterischen Chancen aufzeigen, die sich in der digitalen Welt bieten. Diversity ist der Schlüssel zur Innovation. Unternehmen und auch Gesellschaften, die das nicht erkennen und leben, werden ins Hintertreffen geraten. Dies gilt überall, daher haben wir uns auf die Reise gemacht und gezielt Frauen ausgewählt, mit denen wir gemeinsam die unterschiedlichsten Facetten der deutschen und internationalen Wirtschaft beleuchten.

Das Thema ist leider weiterhin brandaktuell, trotz Quote und Hollywood-/Silicon-Valley-Beispielen sind Frauen in hochrangigen Positionen in Deutschland noch kein Massenphänomen. Es mangelt nicht an tollen Frauen. Oft jedoch bleibt der Blick auf die bekannten Top-20-Frauen in Vorständen und anderen hohen Funktionen beschränkt, die generelle Betrachtung und die Vielfalt von Karrieremodellen unterbleibt – und damit die Verantwortung für die gesell-

schaftliche und unternehmerische Debatte der Systemver-
änderung.

Deshalb haben wir Frauen aus unterschiedlichen Professi-
onen, unterschiedlichen Ländern und Kulturen, unterschiedlichen Alters und unterschiedlichen Unternehmenswelten
eingeladen. Gründerinnen, Frauen in „corporate functions",
Frauen aus der Medienindustrie, Frauen, die Non- Profit-Un-
ternehmen gegründet haben und führen. Sie bieten unterschiedliche Perspektiven, Backgrounds, Nationalitäten und
Anknüpfungspunkte, trotzdem verbinden sie am Ende ähnliche Herausforderungen und Probleme. Sie geben vielfältige
Einblicke in die entscheidenden Learnings und relevanten
Entwicklungsschritte, die sich als Karriere-Booster im Sinne
einer Lean back Perspektive herausgestellt haben.

Karriere ist vielfältig und es gibt kein Patentrezept, wohl
aber Faktoren, die Karriere erleichtern. Im Vordergrund steht
dabei „runter vom Gaspedal, raus aus der Leistungsspirale",
hin zu echter strategischer Zielorientierung und Gestaltung.
Sich trauen, die Selbstzweifel über Bord zu werfen und das
eigene Bauchgefühl wieder zuzulassen.

Wir haben zudem vier Männer eingeladen, mit uns die
systemische Ebene aus Männersicht auszuloten und zu beleuchten. Wie müssen sich Unternehmenssysteme, aber auch
gesellschaftliche Systeme ändern, damit Frauen sich wirklich
aufgerufen fühlen, mitzugestalten und nicht das System vorzeitig aus Frust zu verlassen? Diese neuen Unternehmenssysteme können nur gemeinsam gestaltet werden. Wir möchten
ebenfalls untersuchen, wie ein modernes Frauenbild wirklich
aussehen kann und dazu beitragen, dass die Formulierung „du
führst wie eine Frau" ein großartiges Kompliment wird. Zudem ist jetzt die Zeit, echte geteilte Verantwortung für Familie
zu etablieren. Jetzt ist die Zeit für ein echtes Elterngeld, eines,

das beide Elternteile in die Verantwortung nimmt und die systemische Veränderung fördert. Warum nicht das Elterngeld an einen mindestens dreimonatigen Einsatz des Familienvaters knüpfen?

Auch möchten wir die Implikationen von Führung aufzeigen, denn Diversity zu leben erfordert nicht einfach nur mehr Frauen in Führung, sondern stellt völlig andere Herausforderungen an alle Führungskräfte – männliche wie weibliche. Eine neue Führungsreife ist gefragt, um die Vielfalt wirklich gewinnbringend zu nutzen – bei Männern und Frauen.

Das vorliegende Buch ist kein Konzeptbuch. Es ist ein Lesebuch und feiert Diversity auch in der buchimmanenten Struktur: 42 verschiedenen Sichtweisen, 42 verschiedene Essays, jeder von ihnen von individueller Erfahrung geprägt. Viele Stimmen, die zum gleichen Thema verschiedene Aspekte beleuchten und damit vielleicht das Offensichtliche zeigen: Schluss mit mehr Desselben, hin zu einem wirklichen Ausschöpfen des eigenen Potenzials.

In der Einleitung erläutern wir dazu die Prinzipien der Lean back Perspektive im Detail. Im Anschluss werden die Chancen der digitalen Transformation insbesondere für Frauen dargestellt. Im darauffolgenden Grundlagenkapitel werfen wir einen Blick auf die aktuelle Problemlage und beleuchten die generellen Herausforderungen, vor denen Frauen im Wirtschaftsleben stehen. In den anschließenden beiden Kapiteln schildern Autorinnen, wie sie definiert haben, wer sie sind und wohin sie gehen. Sie erläutern, wie sie ihre Leidenschaft gefunden haben und ihrem inneren Kompass gefolgt sind. Im fünften Kapitel geben die Autorinnen und Autoren Ideen für eine erfolgreiche Positionierung, die den Weg zum Ziel maßgeblich erleichtert. Im anschließenden Kapitel geht es um die systemische Sicht: Wie genau müssten sich Unternehmenssysteme verändern, um Frauen und Männer gleichermaßen einzuladen, Verantwortung zu übernehmen und zu gestalten? Was müssen auch Arbeitgeber im Blick behalten, um das weibliche Kompetenzspektrum und Führungspotenzial nachhaltig nutzen zu können? Das Buch endet mit einem Blick auf agile Führung. Damit schließen wir den Kreis, der mit der Darstellung der Chancen der digitalen Welt begonnenen hat.

Für die persönlichen Einblicke und inspirierenden Geschichten möchten wir uns bei unseren unglaublichen Autorinnen und Autoren bedanken. Für die anregenden Diskussionen und Unterhaltungen, die bereichernden Beiträge und die wunderbare Unterstützung der Lean back Bewegung.

Jeder einzelne Austausch hat uns berührt, hat uns weitergebracht und uns geholfen, unsere Perspektive zu schärfen. Noch mehr als zu Beginn dieser Reise sind wir sicher, genau auf dem richtigen Weg zu sein.

Ein Buch herauszugeben, ist eine Aufgabe, die einen phasenweise völlig absorbiert.

Wir bedanken uns daher auch bei unseren Familien für die unendliche Geduld, ihre tolle Unterstützung – und das große Verständnis für lange Abende, durchgemachte Nächte, Frühschichten und gedankliche Abwesenheiten.

Nicht zuletzt möchten wir uns bei unserem Lektor Rolf-Günther Hobbeling bedanken, der uns auf eine Art und Weise unterstützt hat, die nur als außergewöhnlich zu bezeichnen ist.

Stefanie Hoffmann-Palomino,
Christine Kirbach,
Bianca Praetorius
Berlin im April 2016

Einleitung – Die Lean Back Perspektive

Eine Bewegung für New Female Leadership

> *"Now I know the things I know,*
> *and I do the things I do;*
> *and if you do not like me so,*
> *to hell, my love, with you!"*
>
> Dorothy Parker

Das foucaultsche Pendel, ein Ruderteam, Yin und Yang, sie haben alle eine Gemeinsamkeit: Es geht um Ausgewogenheit und Balance, die aus einem Wechselspiel – einer Dynamik aus zwei Gegensätzen entsteht. Genauso wie Lean back und Lean in – wie Ausatmen und Einatmen.

Das Selbst

Die Zentrifugalkräfte der digitalen Transformation wirbeln alles Bekannte durcheinander. Einer der persönlichsten Nebeneffekte ist die permanente Präsenz der eigenen Person durch Social Media. Erfolg wird dargestellt und kommuniziert, man selbst wird zur Marke und Karriere passiert nicht mehr in den stillen Kämmerlein der Großkonzerne. Das Selbst und die Arbeitswelt befinden sich in einem permanenten Sog von nicht endender Veränderung. Unsere Gesellschaft erlebt dabei eine noch nie zuvor erlebte Distanzlosigkeit von privatem und öffentlichem Raum. Das Selbst rückt immer mehr ins Rampenlicht und wird dem stetigen Vergleich ausgesetzt. Es scheint so, dass eine innere Besinnung und Verschärfung der eigenen Reflexion eine neue grundlegende Anforderung an jeden geworden ist, um in den Strömungen der permanenten Wandlung sich zumindest selbst Halt geben zu können.

Neue Zeiten, neue Maßnahmen

Wir sind längst über den Zeitpunkt hinaus, bei dem es lediglich um Life-Balance ging. Nein, wir sind inzwischen regelrecht dazu gezwungen, uns mit uns selbst auseinanderzusetzen und innerlich zu wachsen, um uns bei all diesem Lärm wieder selbst zu hören. Das innere Soundboard – sich selbst zu hören und spüren zu können – dazu braucht es zugleich Raum und Fokus auf sich selbst. Es braucht Lean back.

Wenn es dann mal still ist, man sich selbst hört und die Erwartungen der anderen beiseitelässt – dann ergeben sich plötzlich ganz andere Ansichten und Perspektiven. Nicht nur auf das Selbst, sondern auch auf die bisher zelebrierten Normen und Klischees, die von anderen als Erfolgsrezepte oder als „der Weg zum Erfolg" propagiert und übergestülpt wurden. Jetzt haben wir den Raum, um diese unpassenden

Abziehbilder abzustreifen und unsere eigene Erfolgsperspektive zu zeichnen.

Digitale Transformation als besondere Chance für Frauen
Die digitale Transformation bietet dabei eine einmalige Gelegenheit: Systeme für berufliches Fortkommen, die im Kern für Männer von Männern geschaffen wurden, abzulösen. Es ist an der Zeit, dass neue Systeme von Frauen und Männern gemeinsam gestaltet und verbessert werden.

Diversity ist der stärkste Treiber von Innovation. Jedoch muss klar sein: Diversity kommt nicht ohne einen Preis. Dem Anderen, Neuen und Fremden muss mit Respekt, neugieriger Aufgeschlossenheit und Wertschätzung begegnet werden. Nur so kann man die Stärken des Gegenübers wirklich erfahren und wahrnehmen. Es bedarf einer viel reiferen Gesprächskultur, um die geschaffenen Reibungsflächen als „Entstehungsplattform für das Neue" wirklich nutzen zu können. So kann man dann schließlich beobachten, wie der Treibstoff „Diversity" seine volle Kraft entfalten kann.

Konzernstrukturen schleifen gerne an den Ecken und Kanten der Mitarbeiter. Dies steht im Kontrast zu den Anforderungsprofilen, die eine immer agilere und schnelllebigere Welt an uns stellen.

Sich verändernde Arbeitswelten erfordern genau die Kompetenzen, die Frauen naturgemäß in einem starken Maß mitbringen. Die Anthropologin Helen Fisher fand in diesem Zusammenhang zu folgender Formulierung: „[W]omen tend to think in webs of interrelated factors, not straight lines. I call this female manner of thought ‚web thinking'" (Fisher 1999). Im Zentrum der Digitalisierung stehen die Fähigkeiten zu zyklischem Denken und iterativem Vorgehen in Projekten. Das gesamte agile Projektmanagement basiert auf einer sogenann-

ten zyklischen Vorgehensweise. Ein anderes Beispiel ist Design Thinking, bei dem Kunden- und Anwenderbedürfnisse
im Zentrum stehen. Beide Themen kreisen ausdrücklich um
weibliche Schlüsselqualifikationen. Die Zeit ist reif für mehr
Frauen in relevanten Führungspositionen.

Vom Anpassen und versperrten Wegen
Seit Jahren aber erleben wir in der Zusammenarbeit mit Top-
Frauen immer wieder das Gleiche: Durch vermeintlichen An-
passungs- und Leistungsdruck stehen sie ihrer nachhaltigen
Entwicklung vor allem selbst im Weg. Wir sehen viel Lean in.
Jedoch führt das oft eher in die Überarbeitung und ins Burn-
out als zu der gewünschten Karriereentwicklung. Der Druck
zur vermeintlichen Selbstoptimierung führt zu massivem
Stress. Schnell verliert man das übergeordnete Ziel aus den
Augen und traut sich wenig zu. Auf typisch weibliche Stärken
zu setzen, ist negativ konnotiert.

**Die Lean back Perspektive – bewusst Haltung
einnehmen**
Daher ist es Zeit für Lean back. Lean back heißt, eine Perspektive einzunehmen, die einen erkennen lässt, was man braucht,
um seine Ziele zu erreichen. Es heißt, sich den nötigen Raum
zu geben. Raum, der einen Kraft aus sich selbst heraus schöp-
fen lässt, um sich selbst zu vertrauen und einfach zu wissen,
dass man gut ist.

Lean back – Raum zur Selbstreflexion
Lean back bedeutet, sich selbst zu reflektieren und den eigenen „purpose" zu definieren. Es bedeutet, für sich selbst zu
klären: „Wer bin ich und wohin will ich", unabhängig von
Außenstehenden. Unberührt von gesellschaftlichen Ansprü-

chen und den Erwartungen anderer aus dem privaten Umfeld. Durch inneren Synchronismus authentisch sein.

Lean back – innere Unabhängigkeit gewinnen
Lean back bedeutet, eine innere Unabhängigkeit zu entwickeln und die Besserwisser von außen zu ignorieren. Es geht darum, konkret herauszufinden, was man selbst möchte und eine weitblickende berufliche Zielperspektive zu entwickeln. Das heißt, Karriere-Entscheidungen weniger taktisch zu treffen, sondern strategisch zu überlegen: „Welche Themen muss ich besetzen und welche meiner Stärken helfen mir dabei?" Darauf warten, entdeckt zu werden, ist vorbei. Es gilt, die Karriere zielgerichtet in die eigene Hand zu nehmen. Statt Leistungsspirale und „Fleißbienenfalle" Weitblick und Abstand.

Lean back – neue Gestaltungsräume schaffen
Lean back bedeutet auch, Macht als positives Gestaltungselement zu begreifen. Es ist an der Zeit, Frauen dazu zu ermutigen, die Macht der Führung als positives Gestaltungselement zu sehen und zu nutzen. Wie wollen wir Frauen die Dinge für unsere Geschäftsfelder und für uns besser machen, wenn wir die Macht nicht als Gestaltungsfreiraum begreifen und sie enthusiastisch nutzen?

Karriere ist so vielfältig wie das Leben. Es gilt, den Weg zu finden, der die eigenen Stärken fördert, der ein schönes Maß an Leichtigkeit mitbringt und Freude und Zufriedenheit schenkt.

Lean back – synchron sein, statt Pausen schaffen
Lean back bedeutet, Balance zu finden in allem, was ist. Im professionellen Leben, im Privaten und all dem, was sich

überschneidet. Dabei müssen sich die private und berufliche Erfüllung nicht ausschließen. Es gilt herauszufinden, wo die natürliche Neugier liegt, aus der sich Leidenschaft entwickelt und Dinge plötzlich einfach fließen.

Lean back bedeutet auch, seinen Lebensdurst und Tatendrang auszuleben und sich auch Raum für Nicht-Arbeitsrelevantes zu nehmen. Persönliches Wachstum wird immer auch zu professionellem Wachstum.

Persönliche Erfüllung bedeutet also nicht, eine Pause zu machen, sondern schlicht: nahe bei sich selbst zu sein.

Lean back – Diversity feiern

Diverse Systeme brauchen unterschiedliche Mindsets und Kompetenzfelder. Der Schlüssel liegt darin, zu verstehen, dass das Andersartige eine Chance ist. Systeme der Vielfalt erfordern es auch, konstruktive Streitgespräche führen zu können. Hier bedeutet Lean back, zuhören zu können, die eigene Meinung zurückzustellen und zu schätzen, wenn Ansichten unterschiedlich, anders oder ungewohnt sind – je mehr Perspektiven, desto besser. Es geht nicht mehr darum, Recht zu haben als Leader, sondern Erfahrungsräume zu gestalten, die einen Nährboden für offene Konflikte, kreative Reibungsflächen und innovative Spielflächen aufmachen.

Auch das System muss sich verändern, es muss agil werden

Systemisch betrachtet bedeutet Lean back, die Karriereleiter nicht alleine zu erklimmen und möglichst weit nach oben zu kommen, sondern Systeme zu erschaffen, die es ermöglichen, gemeinsam als Team erfolgreich zu sein und wertgeschätzt zu werden. Dies bedeutet auch, im Netzwerk gemeinsam nach oben vorzustoßen und sich gegenseitig zu unterstützen.

Das Durchhaltevermögen gerade in Teams mit hoher Diversity erlaubt es, gemeinsam an den unterschiedlichen Perspektiven zu wachsen und Vertrauen in die gegenseitigen Stärken zu gewinnen. Auch wenn es sich zu Beginn befremdlich und sperrig anfühlt, lohnt es sich doch, das Investment zu tätigen.

Systeme verändern sich nicht durch gute Absichten oder Appelle. Systeme verändern sich durch das Vorleben von neuen Konzepten. Es braucht den Mut, neue Wege zu gehen. Dazu gehört auch die Kraft, eigene Schwäche zu zeigen. Lean back bedeutet, anderen den Raum zum Wachsen zu lassen.

Wäre es nicht eine schöne Welt, in der Fehler belohnt werden und Mitarbeiter, deren Karriere man beflügelt hat, zum eigenen Erfolg dazugezählt werden? Wäre es nicht schön wenn die Welt ein Ruderboot wäre?

Literatur

Fisher, H. (1999). *THE FIRST SEX: The Natural Talents of Women and How They Are Changing the World*. New York: Random House.

Die Herausgeberinnen

Stefanie Hoffmann-Palomino ist ein digitales Urgestein. Bereits 2006 gründete sie ihr erstes Unternehmen, das mobile soziale Netzwerk aka-aki. aka-aki gewann unter anderem zwei Webby Awards, einen Lead Award und den Innovationspreis der Bitkom. So sammelte sie früh Erfahrungen in der Führung und Entwicklung von Start-ups in einem innovativen und sich schnell verändernden Technologiemarkt. Für ihre iOS-Applikation Gabi erhielt sie 2013 den Mobile Tech Jury Preis und einen Lovie Award. Heute berät sie große Unternehmen und gibt Vorträge zu digitaler Transformation, Strategie, Netzwerken, Social Media und Mobile-Technologie – und sie entwickelt weiter ihre eigenen Produkte. Ihre Arbeiten und Produkte fanden Erwähnung in Medien wie Techcrunch, The Times, France2 und CNN. Das Business Punk Magazin zählt sie zu den Top-50 kreativen Köpfen Deutschlands unter 40 Jahren.

Christine Kirbach ist Organisationspsychologin und zertifizierter Coach mit mehr als 18 Jahren Erfahrung als Beraterin und Managerin. Gegründet hat sie bereits früh in ihrer Karriere und den Aufstieg und Fall der „New Economy" erlebt. Sie hat mehrere Auszeichnungen für ihre Employer-Branding-Aktivitäten bei Fresenius und ProSiebenSat.1 erhalten und im Bereich Top-Executive-Development mit den führenden Business Schools weltweit gearbeitet, u. a. der Harvard Business School. In den vergangenen Jahren vertiefte sie ihr Interesse an nachhaltigen Transformationsprozessen von Menschen und Organisationen. Dabei interessiert sie vor allem die systemische Sicht. Die Gestaltung moderner Arbeitswelten, die Förderung der Innovationsfähigkeit und die individuelle Begleitung von Menschen in Veränderungskontexten bilden heute den Kern ihrer Arbeit. Sie ist passionierte Referentin auf Kongressen und außerdem als Autorin aktiv. Christine ist Mitglied des Kuratoriums der Fresenius Hochschule München und somit am Puls aktueller Forschung und der Ausbildung neuer Generationen.

Bianca Praetorius ist public-speaking- und storytelling-Trainerin. Als ausgebildete Schauspielerin und Autorin transferiert sie systematisch Techniken aus den darstellenden Künsten in die Start-up- und Corporate-Welt. Große Firmen und Accelerator wie Hub:raum (Deutsche Telekom), Startupbootcamp, Wayra (Telefonica), Axel Springer Plug & Play, Deutsche Bahn Mindbox, Bayer Pharma Grants4Apps,

General Assembly London, ProSiebenSat.1, Daimler Benz, EnBW und Google haben bereits mit Bianca Trainingsprogramme und Learning Experiences durchgeführt. Durch ihre erfolgreiche Zusammenarbeit mit mehr als 200 internationalen Start-ups verfügt sie über ein themenübergreifendes Netzwerk. Sie ist Mitgründern von the red lab und stolze Ambassador für „thousand network".

The red lab wurde im Oktober 2015 von den drei Herausgeberinnen aus der Taufe gehoben und ist eine Boutique für Fluidification – powered by butterflies. Das digitale Zeitalter revolutioniert die Art und Weise, wie wir arbeiten und leben. Die Spielregeln ändern sich dauernd. Wir gestalten individuelle Lernerfahrungen und transformieren Strukturen, Prozesse und Köpfe damit die Unternehmen, die mit uns arbeiten, agiler und innovativer werden und das Potenzial des digitalen Zeitalters voll nutzen können. „Fluid is the new normal", ist unser Motto. Die erste Workshop-Serie, die von the red lab entwickelt wurde, ist „Accelerate Female Leadership", die das Führungspotenzial von Frauen feiert und dieses durch Tiefgang und intensive Trainingsmethoden befeuert. Für mehr Informationen: theredlab.com/leadership und leanbackstories.com

Inhaltsverzeichnis

1

Die Zukunft wird sehr, sehr anders: Vom Glanz der digitalen Morgenröte

Xiaoqun Clever

Die digitale Welt stellt an allen Fronten gängige Prinzipien auf den Kopf. Sie ist gekennzeichnet von einer ganz neuen Dynamik und Schnelligkeit. Bisher gültige und verlässliche Grundlagen, auf denen in der Vergangenheit ganze Industrien ihre Geschäftsmodelle aufgebaut haben, gelten nun nicht mehr. Das Umfeld verändert sich von einem statischen, organisierbaren und vor allem kontrollierbaren Kontext in einen chaotischen. Die Prämissen für komplette Geschäftsmodelle werden weggeschwemmt. Das ist längst kein Wandel mehr, den man einfach so nebenher bewältigen kann, sondern Veränderung auf einem völlig neuen Level, die zutiefst verunsichert.

Die frühen und bis heute gültigen Management-Theorien basieren auf der Industrialisierung. Unternehmen haben sich auf das Perfektionieren des einzelnen Schritts im Gesamtprozess spezialisiert und damit mehr Effizienz erreicht. An

© Springer-Verlag Berlin Heidelberg 2017
S. Hoffmann-Palomino, B. Praetorius, C. Kirbach (Hrsg.), *Die LEAN BACK Perspektive*,
DOI 10.1007/978-3-658-13924-7_1

diesem Modell orientiert sich alles: People, Performance-Management, Führungsstil und Führungskultur.

Jetzt kommen gänzlich neue Herausforderungen auf Unternehmen zu. Genau die Menschen, die in der Vergangenheit in einem völlig anderen Umfeld geprägt wurden, müssen jetzt mit diesen Herausforderungen nicht nur umgehen können – sie sollen den Wandel auch treiben. Die Vorhersagen im Hinblick darauf, wie erfolgreich ihnen das gelingt, sind nicht besonders positiv. Man geht davon aus, dass 50 % der Fortune 500 in 50 Jahren nicht mehr existieren.

Wissen ist wertlos. Lernen können ist kriegsentscheidend.

Langfristige Planung und Methoden funktionieren nicht mehr. Auch Steuerung und Kontrolle verlieren ihre Wirkkraft, weil sich das Marktumfeld und auch der Kunde so schnell verändern. Feedback von außen zwingt Unternehmen dazu, intern umzusteuern. Das bedeutet direktes Feedback vom Endkunden. Früher war Produktentwicklung durch interne Experten getrieben. CEOs oder Chief Product Owner gaben den Ton an. Allgemein galt, wenn man etwas nur lange genug macht, wird man besser und schließlich zum allwissenden Experten. Heute ist es genau umgekehrt! Das ist der Grund für die Relevanz von Big Data und den dringenden Bedarf aller Unternehmen, in den direkten Dialog mit dem Endkonsumenten zu treten.

Die Abkehr von interner Expertise hin zur Orientierung am Feedback von außen bedeutet auch eine große Veränderung im Hinblick auf die Kompetenzen, die man in der Zukunft benötigt. Wissen allein zählt nicht mehr, sondern Wissenserwerb. Lernmotivation und Lernfähigkeit, Offenheit für Neues, sich selbst immer wieder infrage stellen – das sind auf einmal kriegsentscheidende Kompetenzen.

Veränderbar sein oder gar nicht mehr sein

Firmenzugehörigkeit und langjähriges Wissen sind nicht mehr ausschlaggebend. Langgediente Führungskräfte, die glauben, sie könnten besser führen, weil sie das Unternehmen so gut kennen, müssen jetzt entdecken, dass das aufgrund der starken Dynamik kein Asset mehr ist.

Unternehmen, die es nicht schaffen, wirklich lernende Organisationen zu werden, werden zu den 50 % der Fortune 500 gehören, die es schon bald nicht mehr geben wird. Ob ein Unternehmen nur behauptet, es sei eine lernende Organisation oder wirklich eine ist, lässt sich leicht erkennen. Man braucht sich nur anzuschauen, wie Strategie und Produktentwicklung gemacht werden. Verfügt ein Unternehmen über eine Strategie die etwa lautet: „Revenue verdoppeln" oder „Marge erhöhen um X %" oder über eine echte lernende Strategie? Wie sehr wird im Unternehmen wirklich vernetzt gedacht? Bei großen Initiativen ist es klar, dass sie nicht nur einen Vorstandsbereich berühren, weil sie alle darunterliegenden Systeme und Prozess tangieren. Aber wie sieht es bei kleineren Projekten aus? Werden Produktentscheidungen daten- oder egogetrieben getroffen? Kann mit Unsicherheit umgegangen werden, oder ist alles bis ins letzte Detail an Zahlen ausgerichtet? Es gibt zunehmend Projekte, bei denen man zur Frage nach der Höhe des ROI nur sagen kann „Ich weiß es nicht – aber ich weiß, dass wir definitiv sterben, wenn wir es nicht tun".

**Neuer Wein aus alten Schläuchen: Wie soll das gehen?
Über die Hilflosigkeit, Innovation zu produzieren**

Unternehmen brauchen außerdem gute Ideen, wie sie echte Innovation treiben wollen. Häufig sind sie sehr gut darin, inkrementelle Innovation zu gestalten. Schaut man sich jedoch an, wie wenige Beispiele es aus den letzten 30 Jahren gibt, in denen sich große Unternehmen wirklich neu erfunden haben oder einen neuen Markt entdeckt haben, wundert es nicht, dass auch Apple und Google die echte Innovation dazukaufen. Es ist auch naiv, von denjenigen, die seit Jahren Experten in einem Markt und damit Teil des Systems sind, plötzlich disruptive Innovation zu erwarten.

Während Apple noch Produkte hat und um diese herum ein Ökosystem wie iTunes schafft, um die Verkäufe anzukurbeln, haben neue digitale Player wie Airbnb oder Uber erst gar keine Produkte mehr. Sie delegieren und greifen auf eine Infrastruktur zurück, für die sie selbst gar nichts mehr zahlen. Sie besitzen allerdings ein komplettes Ökosystem und entwickeln damit eine immense Marktmacht. Irgendwann könnte der Zeitpunkt kommen, an dem sie den Autokonzernen diktieren, wie Autos zukünftig auszusehen haben.

In der Medienindustrie ist das alte Geschäftsmodell „Content Production und Distribution" gleich hinsichtlich beider Facetten betroffen. Plattformen wie Facebook, Twitter, Spotify, YouTube oder Google haben alle keine eigenen Inhalte, aber trotzdem gigantische Reichweite. Sie verteilen die Inhalte anderer und verdienen daran.

Content-Produktion ist längst kein Privileg des Journalisten mehr. Jeder, der einen Twitter-Account hat, kann schreiben. Der Konsument ist zum Produzenten geworden, zum „ProSumer". Nutzergenerierter Content stellt die Industrie auf den Kopf.

Alte Unternehmen reden noch von ihrer Homepage und messen dort, wie viel Traffic sie generiert. Digitale Player hingegen haben gar keine Homepage mehr, sie holen den Kunden da ab, wo er ist.

Neue Zeiten, neue Führung: Girls' time

Was in diesen Zeiten immer relevanter wird, sind überfachliche Kompetenzen. Und was wirklich entscheidend ist: Wer führt das Unternehmen? In Organisationen, die durch Prozesse gesteuert werden, war der Mensch bislang austauschbar. Das ist jedoch heute nicht mehr so. Damit macht derjenige, der führt, einen Unterschied. Insgesamt wird in den Unternehmen Führung wesentlich relevanter – und zwar eine neue Art von Führung.

Die Kriterien im Spiel ändern sich und das ist eine einmalige Chance für Frauen. Aktuell bewegen sie sich in männlich geprägten Systemen, die Männer für das Vorankommen von Männern entwickelt haben. Diese Systeme stoßen an ihre Grenzen. Sie sind nicht dafür geeignet, den digitalen Wandel erfolgreich zu bewältigen. Jetzt gilt es, gemeinsam ein neues System zu schaffen. Zurzeit besteht die Gelegenheit, dass Frauen dieses neue System mitgestalten können – wenn sie sich trauen. Viele Unternehmen stehen aktuell vor der Herausforderung, sich neu erfinden zu müssen. Noch nicht alle haben das erkannt.

Was in Wahrheit passiert: Diversity

Ich hatte ein sehr interessantes Gespräch mit dem Vorstand eines DAX-Konzerns, in dem wir auch das Thema „Frauen und Führung" gestreift haben. Schaut man auf die reine Statistik, bringen mehr Frauen im Vorstand im Allgemeinen mehr Umsatz und bessere Marge. Diese Statistik wird natürlich argumentativ genutzt für das Thema „Frauenförderung". Aus Sicht des Vorstands war jedoch auch ein weiterer Aspekt relevant. Um mit Diversity (nicht nur Gender-Diversity) umgehen zu können und die positiven Aspekte zu fördern, braucht man insgesamt deutlich reifere Führungskräfte. Mit Vielfalt umzugehen, ist schwierig. Wir Menschen tun uns erheblich einfacher mit dem, was uns ähnlich ist. Wir mögen Personen, die auf unserer Wellenlänge sind. Alles andere ist anstrengend und erfordert auf der Führungsebene eine Reife, die nur wenige haben. Das volle Potenzial von Diversity zu entfalten, geht nur über Führung.

Das bedeutet, dass es nicht reicht, einfach mehr Frauen zu befördern und zu hoffen, dass es dann schon irgendwie geht. Dies ist nur ein guter Ansatz, ein notwendiger, aber kein hinreichender Schritt. Unternehmen müssen generell wesentlich intensiver mit ihren Führungskräften arbeiten, wenn sie eine lernende Organisation werden wollen.

She's got that thing.
Besonders Frauen bringen Kompetenzen mit, die für den Führungsstil der Zukunft relevant sind. Ohne hier ein Schwarz-Weiß-Bild zeichnen zu wollen, muss erwähnt werden, dass zwar auch viele Männer diese Kompetenzen mitbringen. Jedoch fällt auf, dass Frauen auffallend häufig folgende Stärken haben:

1. Frauen sind oft stark lösungsorientiert. Sie sind Teamplayer, denen Territorial-Kämpfe weniger liegen. Frauen ist es eher wichtig, die Sache voranzutreiben und dabei alle mitzunehmen. Dies tun sie mithilfe von Netzwerkkommunikation. Das vernetzte Denken ist ebenfalls ein überwiegend weibliches Merkmal.
2. Frauen bringen Emotionen und Einfühlungsvermögen mit. Vom digitalen Wandel ist jeder betroffen. Die Dynamik und die schnelle Veränderung bei geringer Kontrollmöglichkeit machen Angst. Mitarbeiter fragen sich, was ihr Mehrwert ist, ob sie schnell genug lernen, was passiert, wenn sie einen Fehler machen. Sie müssen Unsicherheit aushalten und

lernen, immer wieder bei null anzufangen und das eigene Wissen permanent infrage zu stellen. Das führt zu einer starken Belastung auf psychologischer Ebene. Frauen tendieren dazu, sich eher in andere einzufühlen und die Dinge aus deren Perspektive zu sehen. Sie bemerken daher eher, wenn Mitarbeiter mit den neuen Anforderungen nicht zurechtkommen und können sie ermutigen und „empowern".

3. Frauen tendieren zu weniger Ego und damit zu etwas, was sich als „Servant-Leadership" etabliert. Es geht darum, Mitarbeiter zu unterstützen und ihnen den Rücken freizuhalten, sie zu fördern und zu fordern, weg von der transaktionalen hin zur transformativen Führung.

Die digitale Welt definiert Führung ... weiblich

In Zeiten von bisher nicht gekannter Dynamik und Geschwindigkeit wird Vertrauen zukünftig noch wesentlich relevanter werden, als es ohnehin schon ist. Nicht nur Ausnahmemanager wie Jack Welch haben erkannt, dass Vertrauen den Unterschied macht. Gelingt es Führungskräften nicht, ihre Mitarbeiter zu „empowern" und sie in die Lage zu versetzen, selbst fundierte Entscheidungen treffen zu können, denen man vertrauen kann, so ist es unmöglich, die notwendige Geschwindigkeit zu erlangen, die für das Überleben des Unternehmens unumgänglich ist.

Vertrauen geht auch einher mit einer offenen Kommunikationsstruktur. Dort darf jeder mit jedem sprechen, darf ein Vorstand direkt in den Dialog treten mit Mitarbeitern anderer Vorstandsbereiche. Es geht dabei nicht um Entscheidungen, die müssen natürlich unter Einbindung aller Stakeholder getroffen werden, es geht vielmehr um den Informationsfluss an sich. Wenn dieser in Hoheitsgebieten und Hierarchien stecken bleibt, können keine ganzheitlichen, qualitativ hochwertigen Entscheidungen getroffen werden. Oft jedoch herrscht nach wie vor Besitzstandswahrung, getrieben aus Angst vor Macht- und Bedeutungsverlust.

Wichtig ist zudem, wie mit den Informationen umgegangen wird. Wenn diese der Lösungsfindung dienen, wurde alles richtig gemacht. Wenn sie lediglich dazu dienen, den eigenen Besitzstand zu wahren und sicherzustellen, dass etwaige Fehler nicht auf das eigene Konto gehen, dann ist das das Gegenteil von Lernkultur.

„Empowern" und Vertrauen bedeuten nämlich auch: weniger Ego. Müssen Unternehmen in der heutigen Komplexität und „ProSumer-Kultur" besser zuhören und damit deutlich datengetriebener vorgehen, kann das nur funktionieren, wenn am Ende nicht objektive Fakten mit subjektiver Macht übersstimmt werden. Ego erzeugt eine Ausrichtung und eine Entscheidungsdelegation nach oben und damit eine Engstelle an der Entscheidungsspitze. Es werden also nicht nur schlechte Entscheidungen getroffen, es sind zudem alle Entscheidungsprozesse viel zu langsam.

Kurz gesagt: Demut und Offenheit

Die Führungskraft der Zukunft muss also lernen wollen und können. Unternehmenskulturen werden durch die Menschen in den Unternehmen geschaffen. Eine lernende Organisation wird es daher nur geben können, wenn die Führungskräfte diese Einstellung etablieren. Führungskräfte der Zukunft müssen zudem demütig und bescheiden sein. Sie müssen in der Lage sein, zu reflektieren, sich selbst infrage zu stellen und sich der Tatsache bewusst sein, dass sie ihr Leben lang Lernender bleiben müssen. Das bedeutet, Zuhören ist eine der wichtigsten neuen Kernkompetenzen. Insgesamt müssen Führungskräfte heute am Ergebnis orientiert, also inhaltlich getrieben sein. Das „Empowern" von Mitarbeitern steht ganz oben, zum einen, um die erforderliche Geschwindigkeit erreichen zu können, zum anderen aber auch, um die Besten im Kampf um Talente in einem auf Lernen und Entwicklung ausgerichteten Umfeld halten zu können.

Das Ding mit der Macht – und deren Bedeutung für Frauen

Frauen bringen viele dieser Qualifikationen mit. Sie sollten dringend diese sich bietenden Chancen nutzen. Das bedeutet aus meiner Sicht, Frauen sollten sich damit auseinandersetzen, was Macht und Gestaltung für sie bedeutet. Ist das positiv oder negativ besetzt? Macht bedeutet, Optionen für Gestaltung zu haben, und genau in diesen Gestaltungsrollen brauchen wir mehr Frauen. Schaut man auf die englische Übersetzung von „Macht", findet man den Begriff „power". Es gibt dabei zwei Arten von power: „power over people" und „power with people".

Frauen lehnen die häufiger gebrauchte erste Interpretation ab, ohne aber automatisch den nächsten Schritt zu gehen: Macht und Gestaltung für sich positiv zu besetzen. Für mich persönlich war Gestaltung schon immer mein Antreiber und Motivator. Nimmt man mir die Freiheit, Dinge gestalten zu können, dann wird es Zeit, ein neues Umfeld zu suchen, in dem das möglich ist.

Mich motiviert es auch, Menschen auf einen Weg mitzunehmen, ihnen eine größere Vision zu vermitteln und dadurch zu motivieren. Gerade in Zeiten der Veränderung herrscht oft eine negative Stimmung vor, in der es heißt: „Das schaffen wir nicht". Ich male gerne Bilder der Zukunft und lade immer wieder ein mit einem „Wäre es nicht schön ...". Für mich gibt es nichts Unmögliches. Man muss nur den Weg richtig gestalten und die Aufgabe zerlegen.

Frauen gestalten eigentlich viel. Erziehung zum Beispiel ist auch Gestaltung. Das ganze, ohnehin sehr durch Frauen geprägte Familiensystem ist Gestaltung. Bei Männern dominiert eher Wettbewerb oder Jagd, was gleichzeitig Mut und Risikobereitschaft beinhaltet.

Quo vadis, Frauen?

Mehr Risikobereitschaft und Mut, aus der Komfortzone herauszutreten, wären auch für Frauen schön. Mut haben, Entscheidungen unter Unsicherheit zu treffen. Das Risiko eingehen, dass etwas schief geht und man sich damit auch mal Blöße gibt. Ich sehe, dass Frauen häufig getrieben sind von dem Wunsch, bloß nichts falsch zu machen, damit niemand sagen kann, es war ja klar, die kriegt das nicht hin.

Geht wirklich mal etwas schief, dann lassen Frauen schnell den Kopf hängen und ziehen sich zurück. Männer hingegen versuchen mit aller Macht, den Kopf aus der Schlinge zu ziehen. Alles wird argumentativ ins Feld geführt, was deutlich macht, dass externe Faktoren für das Scheitern verantwortlich sind. Wenn man das oft genug wiederholt, glauben es nicht nur die anderen, sondern auch man selbst. Das ist wiederum nicht nur gut für die Karriere, sondern auch das eigene Selbstwertgefühl. Darunter leidet allerdings meist die Lernfähigkeit.

In der Konsequenz sind Frauen leider öfter weg vom Fenster, Männer kommen wieder zurück. Für Unternehmen bedeutet das, sie verlieren gerade das Potenzial von reflexionsgetriebenem Lernen und erhalten die externe Attribution.

Frauen wünsche ich viel mehr Unabhängigkeit und innere Wertschätzung. Erst wenn ich mich selbst wertschätze und mir selbst Halt gebe, bin ich nicht mehr so stark abhängig von Außenfeedback. Erst dann glaube ich an mich selbst und kann bewusst Risiken eingehen. Wenn mal etwas schief gehen sollte, berührt das nicht meinen Kern und ich kann den Fehler als Lernchance nutzen. Schätzt man sich selbst nicht wert, strahlt man auch keine Souveränität nach außen aus. Kommt dann ein Sturm, stürzt man um.

Quo vadis, Männer?

Genauso wie Frauen Chancen nutzen können, um das System zu verändern, braucht es auch Veränderung aufseiten der Männer. Nur gemeinsam kann ein neues System geschaffen werden, das die digitale Transformation erfolgreich macht.

Männer können – das gilt nicht für alle, aber doch für einige – ihre eigene Reflexionsfähigkeit noch deutlich steigern. Was sind die Implikationen von Handlungen, was ist die Wirkung des eigenen Verhaltens, was ist die eigene Verantwortung bei Themen und der eigene Wertbeitrag bei Ergebnissen – egal ob positiv oder negativ? Wie Jack Welch glaube ich, dass gute Manager geerdet sein müssen. Mit Alphatier-Gehabe, fast tyrannischem Führungsstil – oft gepaart mit innerer Unsicherheit – wird es sehr schwer mit Reflexion.

Wie geht Innovation? Diversity, Frauen

Auf der Führungsebene gibt es oft ein starkes Bewusstsein für Transformation. Aber auf der mittleren und unteren Führungsebene sowie auf Mitarbeiterebene eher selten. Die oberste Ebene macht zwar viel, zum Beispiel im Hinblick auf Weiterbildung oder Weiterdenken, aber das alles kommt nicht als kontinuierliches Lernen auf unteren Ebenen an.

Es gilt, nicht im eigenen Saft zu schmoren, sondern möglichst viele Menschen im Unternehmen nach draußen zu schicken: Trainings zu absolvieren, Konferenzen zu besuchen,

Ausbildungsreisen zu unternehmen, zu lernen, wie andere mit den aktuellen Herausforderungen umgehen. Nur so kann sich das Gesamtunternehmen bewegen. Es reicht nicht, wenn nur der Kopf rennt. Selbst Unternehmen mit einer starken Strategie sind daher oft schwach in der Umsetzung.

Zudem wird nach wie vor zu sehr in Bereichen gedacht. In einer vernetzten Welt können aber viele Projekte nur noch bereichsübergreifend durchgeführt werden. Gelingt es nicht, die Wände zwischen den Silos einzureißen und auf Aktionsebene übergreifende Ziele zu definieren, wird keine Synergie und Zusammenarbeit incentiviert und findet daher auch nicht statt.

Frauenquote als Kickstarter für Systemwandel

Früher war ich sehr gegen eine Frauenquote, weil diese auch bedeutet, dass alle Frauen, die dann befördert werden, Quotenfrauen sind. Die Leistung verschwindet völlig dahinter. Jedoch ist mir irgendwann bewusst geworden, dass Frauen an Kriterien gemessen werden, die für Männer gemacht wurden. Das bedeutet, Leistung ist weniger relevant und wird nicht fair bewertet. Das ist aus meiner Sicht auch der Grund, warum sich ohne Quote nichts verändert. Viele Jahre gab es keine Quote und der Anteil von Frauen in Führungsfunktionen blieb gleich gering. Mit Quote bewegen sich die Dinge und wenn dann die Veränderung einen bestimmten Punkt erreicht, werden sich auch die Systeme dementsprechend verändern.

Das wird jedoch nicht alleine die Quote schaffen. Schauen wir beispielsweise in die technischen Bereiche, so gilt es, Mädchen viel früher und viel intensiver für diese Richtungen zu begeistern, ebenso wie nach ihrem Abschluss für das Thema „Führung".

Die großen Fragen: Familie und Arbeit

Gleichzeitig müssen sich die Perspektiven auf Arbeit, Karriere und Familie für beide Geschlechter verändern. Junge Frauen haben heute ganz andere Vorstellungen und auch andere Anforderungen an Karriere und Familie und damit auch an ihre Männer. Männer unterstützen heute mit einer ganz anderen Selbstverständlichkeit das Familienleben. Nachts Windeln zu wechseln, gehört für beide Geschlechter zum Alltag. Wenn es immer selbstverständlicher wird, Karriere gemeinsam zu denken und zu planen, dann wird sich auch das System verändern.

Womit ich gerne aufräumen möchte, ist das Vorurteil, dass eine Auszeit zur Familiengründung automatisch das Karriereende des Auszeit nehmenden Elternteils bedeuten muss. Der Karrierekiller ist nicht die Auszeit, der Karrierekiller ist die anschließende auf Dauer ausgerichtete Teilzeit.

Ich habe zum Beispiel bei der Geburt meiner beiden Kinder jeweils ein Jahr ausgesetzt. Bis beide Kinder drei Jahre alt waren, habe ich in Teilzeit gearbeitet, also insgesamt fünf Jahre. Die Auszeit selbst stellte kein Problem dar. Als ich jedoch in 60 %-Teilzeit zurückkam, wussten Projektleiter nicht, was sie mit mir anfangen sollten. Ich musste Arbeiten erledigen, die deutlich unter meinem eigentlichen Aufgabenspektrum lagen und mich auf dem Karriereweg keinen Schritt weiterbrachten. Gleichzeitig hat man mich gefragt, ob ich keine Angst hätte, als Rabenmutter angesehen zu werden, da ich doch arbeite und gleichzeitig zwei kleine Kinder zu Hause habe. Hätte ich mich abhängig von der Meinung anderer gemacht, wäre ich in eine Spirale gekommen. Egal, was ich machte, andere hatten – natürlich ungefragt – immer etwas zu bemängeln.

Mich unabhängig von außen machend, wusste ich aber nach wie vor, dass ich Karriere machen will. Also habe ich geplant, wie das in meinen Kontext passt. Für mich war klar, ich möchte Zeit mit meinen Kindern haben, solange sie noch sehr klein sind, und sie selbst betreuen. Das hat mich zwar Geschwindigkeit bei meiner Karriere gekostet, aber das habe ich als bewusste Konsequenz meines Wunschs hingenommen.

Gleichzeitig habe ich die Zeit genutzt, um einen MBA zu machen und damit nach der insgesamt fünfjährigen „Kinderauszeit" die Teilzeit wieder in Vollzeit verwandelt und komplett neu gestartet. Nach dem Schock über die Anfängertätigkeiten, die ich nach der Rückkehr nach der Geburt meines ersten Kinds erledigen sollte, wusste ich, ohne Planung und Vorbereitung läuft nichts.

Dass ich gestalten will, wusste ich schon immer. Dass ich das kann, auch. Mut und Planung waren die Mittel für mich, das alles auch zu erreichen.

Der. Weg. ist. das. Ziel. Und natürlich: auch das Lean back.
Meine Lebensphilosophie ist, dass jede Erfahrung, die ich mache, eine Farbe ist, die zu meinem persönlichen Lebensregenbogen hinzukommt. Je mehr Erfahrung hinzukommt, desto schöner wird der Regenbogen. Dieses Bild hat mir sehr geholfen, auch in Situationen, die sehr unerfreulich für mich waren. Für mich war und ist klar, es ist nur eine Erfahrung und ich kann sie nutzen, um daraus zu lernen.

Das hat über die Jahre meinen inneren Kern gestärkt und zu meiner Unabhängigkeit beigetragen. Egal, was passiert, mein Selbstwert ist davon nicht berührt. Das ist, was eine Lean back Mindset für mich ausmacht und warum ich direkt bereit war, dieses Buch zu unterstützen.

Das Leben ist ein Spiegel für mich und ich frage mich in jeder Situation, was es für mich widerspiegelt. Das gebe ich auch an meine Teams weiter. Für mich gibt es keinen Erfolg oder

Misserfolg. Es ist ein Privileg, dass wir uns getroffen haben und einen Weg zusammen gehen können. Dieses gemeinsame Lernen sollten wir genießen. Wo wir ankommen, ist nicht so wichtig. In Zeiten von Unsicherheit und Agilität ändert sich das Ziel laufend. Das Wichtige ist daher, wie wir den Weg gestalten.

Der wahre Reiz liegt darin, immer wieder etwas Neues zu lernen und Dinge aufzubauen. Dafür muss man Risiken eingehen, nur so funktioniert Lernen. Für mich liegt der Reiz an Neuem darin, einen Weg zu gehen, den noch niemand gegangen ist. Mehrfach habe ich neue Teams, Bereiche und Standorte aufgebaut sowie Themen von null an etabliert.

Last call: Einfordern

Für mich ist es selbstverständlich, Frauen im Technologieumfeld durch Coaching und Mentoring zu unterstützen. Es macht mir sehr viel Freude zu sehen, wie andere wachsen und sich entfalten. Spannend ist immer wieder der Dialog um Leistung und Karriere. Wie ein Mantra wiederhole ich, dass Leistung alleine nicht reicht, um ins Management zu kommen. Und dass Frauen nicht erwarten dürfen, bei guter Leistung befördert zu werden. Sie müssen fordern, was auch immer das ist. Mehr Aufgaben, mehr Verantwortung oder mehr Lohn. Ohne, dass sie das aktiv einfordern, passiert nichts. Egal wie reflektiert ihre Führungskraft ist, es handelt sich um eine Balance von Verantwortung und Eigenverantwortung. Immer wieder diskutiere ich das mit jungen Frauen. Oft kommen sie später zu mir, um mir zu erzählen, dass sie das anfangs nicht geglaubt hätten. Die Auffassung „Leistung muss doch für sich sprechen" sitzt so tief, dass sie erst eigene Erfahrungen brauchen, um zu lernen, dass das eben doch nicht der Fall ist.

Die Autorin

Xiaoqun Clever, Chief Technology & Data Officer, Member of the Group Executive Board, Ringier Gruppe

Xiaoqun Clever studierte Computerwissenschaften an der renommierten Tsinghua-Universität in Peking, China. Es folgten Studien an Universitäten in Deutschland und den USA. Frau Clever war bis Ende 2013 Executive Vice President bei der Deutschen Softwarefirma SAP AG und President von SAP Labs China. Sie war unter Einsatz neuester Technologien verantwortlich für die Implementierung verschiedener technologisch innovativer Anwendungen. Beim deutschen Medienunternehmen ProSiebenSat.1 Media AG war sie als Chief Technology Officer damit betraut, die digitale Transformation des Konzerns voranzutreiben. Aktuell bekleidet sie bei Ringier den Posten des Chief Technology and Data Officer und ist Mitglied des Group Executive Boards. Daneben ist sie seit Januar 2015 als Aufsichtsrätin der Allianz Versicherungs-AG Österreich tätig.

2

Wo ist eigentlich das Problem?
Über-debattiert und unterschätzt

Inhaltsverzeichnis

> *"Your perspective on life comes from the cage you were*
> *held captive in."*
> Shannon L. Alder (Alder 2011)

In unzähligen Ratgebern werden umfangreich die „frauenspe-zifischen Unzulänglichkeiten" beleuchtet und „hilfreiche" Tipps gegeben, wie diese zu beseitigen seien.

© Springer-Verlag Berlin Heidelberg 2017
S. Hoffmann-Palomino, B. Praetorius, C. Kirbach (Hrsg.), *Die LEAN BACK Perspektive*,
DOI 10.1007/978-3-658-13924-7_2

Detailreich wird beschrieben, welche Erfahrungen und Kompetenzen Frauen brauchen, welche Stationen sie absolviert haben müssen, um ins Management vorzustoßen. Nicht nur, dass viele dieser „Tipps" in keinster Weise hilfreich sind, fördern sie zudem auch noch den ohnehin schon immanent vorhandenen Selbstoptimierungsdruck der Frauen. Statt dafür zu sorgen, dass Frauen sich etwas zutrauen und die zwecks angeblich nötiger Lückenfüllung angestrebten Sidesteps aufzugeben, halten uns diese Dinge in der Leistungsspirale gefangen.

In diesem Kapitel möchten wir Frauen dazu ermutigen, ungünstige „self beliefs" über Bord zu werfen und sich stattdessen ins Karriere-Getümmel zu stürzen. Die meisten Hindernisse liegen in uns, deshalb ist gleichzeitig leicht und schwer, sie anzugehen. Es wird deutlich, dass es kein Patentrezept gibt – wohl aber ein paar Dinge, die es hilft, im Griff zu haben. Mut zum Risiko ist eines davon.

Wir gehen der Frage nach, wie uns grundlegende unbewusste „Denkvorlieben" (Biases) beeinflussen. Das wirklich Unschöne ist, Biases wirken auch, wenn wir uns ihrer bewusst sind. Sie sind bereits im Kindesalter angelegt, werden oft gesellschaftlich manifestiert und von vielen Menschen geteilt. Biases sind Fehlschlüsse, die gewaltige Auswirkungen auf Mensch und Gesellschaft haben. In diesem Kapitel werden die verschiedenen Biases und ihre Auswirkungen auf das weibliche Rollenbild in der Gesellschaft beschrieben. Wohl gemerkt, ein von Männern und Frauen gleichermaßen geteiltes Rollenbild.

2.1   Von Königinnen, USPs und dem Gegenteil von „Star Wars"

Heidi Stopper

Das „Patentrezept"

Oft werde ich gefragt, wie man eigentlich am besten Karriere macht. Als gäbe es einen Zehn-Punkte-Plan, nach dessen Abarbeitung dann automatisch der Vorstandsposten kommt.

So ist es natürlich nicht. Auch wenn gerade uns Frauen immer wieder suggeriert wird, was wir alles tun müssen, welche Erfahrungen wir alle brauchen und welche Stationen wir alle absolviert haben müssen, um in die Topetagen der Unternehmen zu gelangen. Und das, obwohl wir ohnehin dazu neigen, uns sehr viel Druck zu machen. Hier noch ein bisschen optimieren, da noch besser werden, dieses Thema noch bearbeiten, jene vermeintliche Schwachstelle im CV noch füllen und daneben perfekte Mutter und attraktive Partnerin sein. Und während wir noch fleißig damit beschäftigt sind, zwecks Lückenfüllen den x-ten Sidestep zu machen, ziehen andere, oft männliche Kollegen, an uns vorbei. Oder Frauen, die schon gelernt haben.

So kann ich leider bis heute nicht mit einem Zehn-Punkte-Plan dienen, wohl aber mit einer ganzen Reihe von Erfahrungen und Beobachtungen.

Mit Entspannung statt Verkrampfung geht alles besser – leicht gesagt, aber wie realisiert?

Die „Prinzessinnenfalle": vom Wunsch, entdeckt zu werden

In meiner Karriere als Personalleiterin habe ich leider sehr häufig erlebt, dass Frauen sehr zögerlich sind, wenn es darum geht, den Arm zu heben für einen großen und spannenden

Job. Headhunter und Personalberater berichteten mir auch regelmäßig, wie schwer und manchmal unmöglich es sei, Frauen davon zu überzeugen, einen anspruchsvolleren Job anzunehmen.

Das liegt sehr häufig am Irrglauben, dass nur Kandidaten, die schon 100 % der Joberfordernisse mitbringen eine Chance hätten. Ein solches Zögern erlebt man bei den meisten Männern nicht.

Es kommt aber noch eine weitere, oft unbewusste Komponente dazu: Ich habe von Frauen zu oft gehört, dass die anderen schon sehen werden, welch großartige Arbeit geleistet würde. Übersetzt bedeutet das: Frauen wollen entdeckt werden, sie glänzen mit Fleiß und wollen dafür belohnt und gesehen werden, wollen, dass der Ritter auf dem weißen Pferd kommt. Was hier sichtbar wird, ist Prinzessinnenverhalten. Wir wachsen mit diesen Stereotypen auf. Frauen, die Macht wollen oder ausüben, sind in den Geschichten unserer Kindheit schon mal per se böse – die böse Fee oder die böse Schwiegermutter.

Im Berufskontext ist das Prinzessinnenschema aber ein Karrierekiller, denn die Prinzessin ist eine sehr passive Rolle. In Einzelfällen mag das aufgehen. Meiner Erfahrung nach aber eher nicht. Das Ergebnis in der Praxis ist leider viel eher Frustration, Unverständnis und Verlust von Selbstbewusstsein, wenn dann ein anderer befördert wird.

Ich bin gar kein Freund davon, Karrierethemen stark zwischen Frauen und Männern zu differenzieren und damit weiter Stereotype zu fördern. Die meisten Kriterien betreffen beide Geschlechter. Aber einige wenige Themen tragen wir Frauen aufgrund unserer Geschlechtersozialisation mit, mit denen Männer weniger zu kämpfen haben. Den Finger hochzuhalten und zu fordern bzw. das eben nicht zu tun, ist tatsächlich wesentlich stärker ein Frauenphänomen.

Sei die Königin!

Seien Sie lieber die Königin, die für sich selbstbestimmt Entscheidungen trifft! Heben Sie die Hand! Vertrauen Sie auf sich und geben Sie sich die Chance, neue Dinge zu lernen und in Aufgaben hineinzuwachsen. Talent bedeutet immer Können und Wollen. Wenn Sie Ihr Wollen nicht so deutlich machen, dass es angemessen gehört wird, werden Sie mit großer Wahrscheinlichkeit übergangen und können Ihr ganzes Können nie zeigen.

Wer immer nur Aufgaben übernimmt, die er schon kann, bleibt auf der Stelle. Vorstand wird man so jedenfalls nicht.

Die „Fleißbienenfalle": die Sache mit dem Hamsterrad

Fleiß ist absolut nichts Falsches aber: Wer glaubt, dass mit Fleiß Karrieren gemacht werden, der irrt! Entscheider wählen unter mehreren Kandidaten denjenigen aus, der heute schon zeigt, dass er oder sie den Anforderungen der neuen Aufgabe gewachsen ist.

Je weiter Sie hochsteigen, desto mehr ist Weitblick gefragt, Ihre Reputation, strategisches Denken, Stakeholder-Management, Durchsetzungsfähigkeit und die Kunst, selbst in heißen Momenten mit Abstand auf Sachverhalte schauen zu können. Wenn Sie 150 % Ihrer Zeit mit operativen Details und Ihrem Tagesgeschäft beschäftigt sind, bleibt Ihnen dafür keine Zeit. Karriere ade!

Erschwerend kommt hinzu, dass viele heute immer noch glauben, ihre Wichtigkeit mit der Anzahl ihrer Arbeitsstunden und ihrem Fleiß beweisen zu können. Ein gefährlicher Trugschluss, denn wer 60 Stunden pro Woche im Hamsterrad rennt, dem fehlen der Weitblick und der nötige Abstand, um komplexe Fragestellungen zu lösen. Von den familiären Problemen, die das aufwirft, ganz zu schweigen. Das gilt für Frauen und Männer gleichermaßen, auch wenn die Tendenz, in die Fleißfalle zu treten, für Frauen noch größer ist.

Auch hier gilt es, öfter einmal die innere Haltung des Lean back einzunehmen. Das hilft nicht nur bei der beruflichen Erfüllung, sondern schützt auch davor, Probleme und Schwierigkeiten persönlich zu nehmen und unter der Arbeit zu leiden.

Welcher Top-Sportler fährt denn alleine zur Olympiade?
Moderne Frauen wollen es selbst schaffen, glauben, Stärke zu demonstrieren, indem sie ihre Probleme auch selbst lösen. Am Anfang meiner Karriere habe ich auch einmal so gedacht, aber dann begriffen:

Welcher Top-Sportler fährt ohne Trainer/Coach/Massageteam etc. zur Olympiade? Keiner! Männer haben das längst erkannt, kaum ein Manager ohne eigene Coaching-Erfahrung. Bei Frauen sieht das meiner Erfahrung nach leider sehr anders aus. Für viele der Frauen, die ich auf Senior-Executive-Ebene coache, ist dies tatsächlich die erste eigene Coaching-Erfahrung. Gerade aber bei der Entwicklung einer gelassenen Lean back Haltung kann das Sparring sehr gute Dienste leisten.

Sparring bedeutet hier nicht, Schwächen auszubügeln. Sparring bedeutet, eine Meta-Ebene einzunehmen und jemanden zu haben, der einen konsequent daran erinnert. Jemand, mit dem man strategischen Weitblick praktiziert, neue Perspektiven und Lösungen findet und mit dem man Stakeholder-Management-Strategien entwickeln kann.

Suchen Sie sich so viel Unterstützung wie möglich! Einen Mentor, offene Kollegen und einen Coach und dann heißt es üben, üben und üben.

Es ist nicht nur das WAS. Es ist vor allem das WIE.

Sehr häufig höre ich Klagen meiner Klienten, dass sie in einem Meeting eine Idee eingebracht haben, die niemand beachtet hat. Wenn dann aber ein Kollege ein paar Minuten später exakt die gleiche Idee vorbringt, finden sie plötzlich alle toll.

Es ist heute wissenschaftlich erwiesen, dass nur der kleinste Teil unserer Wirkung darauf beruht, was wir sagen. Der weit überwiegende und somit relevantere Teil ist, wie wir etwas äußern. Dabei kommt es auf Körpersprache, Stimme, Gestik und Mimik ebenso an wie auf unseren Sprachgebrauch.

Frauen tendieren leider oft dazu, sich körperlich, aber auch verbal weniger Raum zu nehmen und kleinzumachen. Wir alle erwischen uns vermutlich ab und an dabei, wie wir Sätze beginnen mit „Entschuldigung ...". Oder gerne mal Konjunktivformen nutzen wie „Ich hätte da vielleicht eine Idee" oder „Ich wollte nur noch anmerken, dass ...", „Wir könnten doch ...".

Beim Zuhörer kommt dann im Unterbewusstsein an, uns nicht ernst zu nehmen.

Achten Sie einmal auf Ihren Sprachgebrauch. Wie oft Sie „vielleicht" benutzen. Wie oft Sie im Konjunktiv sprechen.

Mein erster Chef schärfte mir ein: „Schenken Sie in einem Meeting nie den Kollegen Kaffee ein und melden Sie sich nie, freiwillig das Protokoll zu schreiben." Was ich damals als recht merkwürdig und gegen meine Manieren verstoßend empfunden habe, hat sich aber als schlauer Rat herausgestellt. Denn so wie wir uns benehmen, werden wir behandelt. Das Kaffee-Einschenken brauchen wir nicht zum Dogma werden lassen, aber erste Pflicht sollte für jede ambitionierte Frau sein, an ihrem Auftritt, ihren Beiträgen und Präsentationen zu arbeiten.

If you don't blow your own horn, who will?
Bescheidenheit ist eine Tugend für das Poesiealbum, die Sie jedoch beruflich überhaupt nicht weiterbringt.

Das bedeutet nicht, zum Gockel zu mutieren, der ganz oben auf dem Misthafen am lautesten kräht. Aber: Tun Sie Gutes und reden Sie darüber. Seien Sie sich Ihrer Stärken bewusst und managen Sie Ihre Reputation und Außenwirkung. Stellen Sie sicher, dass Sie wissen, wer Ihre relevanten Stakeholder sind und dass diese vor allem auch wissen, wofür *Sie* stehen.

Sich selbst zu vermarkten, eine gute und authentische Reputation aufzubauen, ist keine Prahlerei, sondern ein Karriere-Erfordernis. Das gehört zu jeder Stellenbeschreibung dazu und könnte auch ein wenig mehr von Ihrem Fleiß gebrauchen, ganz ohne prahlerisch zu werden.

Emotionen. Sind. Keine. Schwäche.
Immer wieder höre ich das althergebrachte Argument, Emotionen seien schlecht für die Karriere, das auch gerne gegen uns Frauen verwendet wird.

Das ist völliger Unsinn. Emotionen richtig eingesetzt, sind brillant für die Karriere. Wie sollen Führungskräfte ohne Emotionen Menschen durch schwierige Fahrwasser bringen? Wie sonst soll man Mitarbeiter zu Höchstleistungen motivieren, ihnen Perspektiven und Herausforderungen bieten und sie hinter sich und die Business-Strategie scharen? Nur wer Kopf *und* Herz von Mitarbeitern, Kollegen und Chefs erreicht, kann etwas bewegen.

Bitte aber nicht damit verwechseln, die Dinge persönlich zu nehmen. Das ist durchaus menschlich und bei Frauen noch etwas ausgeprägter, weil wir ja immer einen kleinen Stachel mit uns tragen, der da sagt „Du bist noch nicht gut genug, da geht noch was".

Dinge nicht so persönlich nehmen, kann man üben und lernen mit der Zeit. Auch in meiner Karriere gab es Momente, in denen ich den notwendigen Abstand aus den Augen verlor. Zum Teil haben meine Chefs geholfen (nicht alle) und mein Coach hat mich hier sehr nach vorne gebracht und mir zu Klarheit verholfen.

Auch hier hilft eine Lean back Haltung ganz gewaltig: Versuchen Sie, immer wieder mal einen Schritt zurückzugehen und wie ein Zuschauer auf das zu schauen, was gerade passiert.

Lassen Sie sich auch nicht in die Bewertungs- und Vergleichsspirale hineinziehen. Diesen Krieg können Sie nicht gewinnen. Holen Sie sich hier Unterstützung, denn wer lernt und beherrscht, Probleme nicht persönlich zu nehmen, wenn sie keine persönlichen sind, bewahrt die Fähigkeit, gute Entscheidungen zu treffen, leidet weniger und gewinnt am Ende.

Mein USP – und die „Wie-Fisch-im-Wasser-Umgebung" dafür

Lebensfreude und Durchsetzungskraft bekommen wir, wenn es uns in der passenden Umgebung gelingt, unsere Stärken auf die Straße zu bringen.

Karriere machen heißt nicht, von Station zu Station zu hetzen und die Karriereleiter möglichst linienförmig hochzuklettern. Karriere heißt, zufrieden zu sein mit der individuellen Berufslaufbahn. Das schafft man nur, wenn man zwei elementare Dinge mitbringt.

Das erste ist: Wissen Sie, was Sie können! Konzentrieren Sie sich nicht auf Ihre Schwächen, sondern konzentrieren Sie sich ausschließlich auf das, was Sie besser können als andere. Sie können 50 Jahre lang Ihre Schwächen optimieren, Sie werden bestenfalls mittelmäßig. Spaß werden Sie gar keinen haben.

Konzentrieren Sie sich auf Ihre Stärken und gehen Sie durch die Decke. Finden Sie heraus, was Ihre Stärken sind. Ich weiß: Das ist nicht einfach. Wir sind alle seit der Schulzeit darauf getrimmt, das zu verbessern, was wir nicht gut können. Hatten wir in Mathematik eine 3 und in Englisch eine 1 mussten wir selbstverständlich unsere mathematische Kompetenz verbessern. Im Studium setzt sich das fort und im Berufsleben erfahren Sie in Ihren Feedbacks und Entwicklungsgesprächen, was Sie nicht können und woran Sie arbeiten müssen.

Nachhilfe hätten Sie bekommen sollen in dem Fach, in dem Sie super sind. Genauso sollte Sie heute Ihr Arbeitgeber in Ihren Stärken fördern. Deswegen ist es so wichtig, dass Sie herausfinden, welche das genau sind. Was können Sie besser als andere, was ist die einzigartige Zusammensetzung Ihrer Fähigkeiten, was ist Ihr USP?

Wenn Sie das wissen, dann haben Sie schon die halbe Miete gewonnen.

Die andere Hälfte ist Ihr berufliches Umfeld. Wie muss dieses beschaffen sein, damit Sie wachsen und Leistung zeigen können?

Finden Sie die Umgebung, die gut für Sie ist. Wenn Sie ein Fisch sind, suchen Sie sich Wasser, wenn Sie Elefant sind, suchen Sie die Hitze. Ich sehe so viele Leute, die todunglücklich sind, weil sie sich von ihren Chefs oder Kollegen einreden lassen, dass sie nicht gut genug sind. Manche glauben am Ende aller Tage wirklich, sie können nichts. Dabei sind sie oft nur am falschen Platz. Beißen Sie sich auf keinen Fall in einem Umfeld durch, in dem Sie Ihre Stärken nicht optimal einbringen können. Das führt nur zu Frust und in die Abwärtsspirale.

Das Allerwichtigste ist, glücklich zu sein und eine gute Karriere zu machen. Und was „gut" bedeutet, liegt im Auge des Betrachters – in diesem Fall Ihrem! Nehmen Sie die Königin Lean back Haltung ein und finden Sie raus, was Ihnen guttut.

Und auch das müssen Sie nicht alleine tun! Im Gegenteil, eine Außenperspektive hilft hier ungemein, sich auf das Wesentliche zu fokussieren. Suchen Sie sich einen Sparringspartner aus Ihrem Frauennetzwerk, einen Mentor oder einen guten Coach. Fragen Sie Ihre Kollegen und Ihren Chef, was Ihre Kernkompetenzen sind, die Sie überall hin mitnehmen können.

Banden bilden. Besserwisser ignorieren.
Lassen Sie sich nicht von anderen erzählen, wie Sie Ihr Leben zu leben haben. Es gibt unglaublich viele Leute, die unglaublich viele Ratschläge ungefragt für uns haben. Was andere denken, wie diese ihr Leben leben oder meinen, wie man sein Leben zu leben habe, ist nicht Ihr Problem. Finden Sie Ihren eigenen Weg.

Haben mich meine deutschen Kollegen immer wieder ungläubig gefragt, wie ich Kind und Karriere vereinbare, haben meine französischen Kollegen sich besorgt nach meinem Alter erkundigt, als klar war, dass ich „nur" ein Kind habe. Sie haben umgehend angeregt, mich zu beeilen, schließlich müssten noch zwei weitere her. Ein Gratis-Ratschlag der anderen Art …

Der britische Satz „what others think is not your business" beinhaltet so viel Weisheit und ist eine Quelle für Zufriedenheit. Auch wenn ich weiß, dass die Realisierung dieser Weisheit nicht trivial ist.

Lehnen Sie sich zurück und finden Sie heraus, was Ihnen guttut und was Sie wollen – unabhängig von der Bewertung von außen. Suchen Sie Ihren eigenen Weg. Karriere ist so vielfältig wie das Leben! Suchen Sie den Weg, der Ihre Stärken fördert, der ein schönes Maß an Leichtigkeit mitbringt und Ihnen Freude und Zufriedenheit schenkt. Wenn ich eines gelernt habe in den Jahren als Personalleiterin, dann das: Für jeden qualifizierten Mitarbeiter gibt es einen solchen Platz und es lohnt sich, danach zu suchen.

Und suchen Sie sich andere Frauen mit ähnlicher Perspektive und unterstützen Sie sich gegenseitig!

Leider sind wir Frauen viel zu häufig in gegenseitigen Vergleichs- und Bewertungsschleifen gefangen. Wir selbst sind unsere größten Kritiker und Konkurrenten. Der Konkurrenz-Modus hält uns leider davon ab, uns eine gegenseitige Unterstützung zuteilwerden zu lassen, von der wir alle profitierten. Nicht, dass Männer nicht kompetitiv wären. Sie können im rechten Moment jedoch sehr einig sein, wenn es sie gemeinsam weiterbringt.

Auch ich habe erst im Lauf meiner Karriere erkannt und erfahren, wie wichtig ein Frauennetzwerk ist, das sich gegenseitig stärkt und fördert. Ich wäre froh gewesen, ein solches Netzwerk schon zu Beginn meiner Karriere gehabt zu haben. Das war eine große verpasste Chance für mich. Damals glaubte ich noch, alles selbst können zu müssen. Seien Sie schlauer!

Beyond Darth Vader: die weiße Seite der Macht

Zuletzt ein durchaus kontrovers diskutiertes Thema, aber eines der wichtigsten: der Umgang mit und die Haltung zur Macht. Spätestens seit „Star Wars" wissen wir: Es gibt sie, die dunkle Seite der Macht. Viele Frauen sagen: „Das tue ich mir nicht an" aus Angst und vielleicht auch aus einer falsche Interpretation heraus.

Macht bedeutet für mich immer Gestaltungsfreiraum. Wie wollen wir die Dinge für unsere Geschäftsfelder und für uns besser machen, wenn wir die Macht nicht als Gestaltungsfreiraum begreifen und sie nutzen?

Haben Sie keine Scheu vor Macht, aber haben Sie Respekt. Ich weiß aus meiner täglichen Coaching-Praxis, dass viele Menschen unglaubliche Schwierigkeiten damit haben, in Machtstrukturen zu leben, das sorgt für viel Leid. Das ist im Übrigen kein typisches Frauenthema. Auch Männer haben daran zu knabbern.

Je weiter Sie auf der Karriereleiter hochklettern, desto mehr geht es um Macht, desto mehr geht es um Durchsetzungsfähigkeit in Machtkonstruktionen.

Die gute Nachricht ist: Der Umgang mit Macht kann gelernt werden und sie verliert dann ihre dunkle Seite. Gehen Sie das an, holen Sie sich Unterstützung. Nur Macht um der Sache willen bringt Sie nach vorne, und verschafft Ihnen Gestaltungsspielraum.

Denken Sie daran: Königinnen haben überhaupt keine Probleme mit Macht!

Wir alle dürfen noch viel mehr die Königin in uns entdecken. Wir bringen uns selbst, aber auch unsere Arbeitgeber damit viel weiter. Eine Frau, die aus einer starken inneren Haltung heraus agiert, sich nicht versteckt, sich nicht treiben lässt, nicht abwartet, sondern selbst gestaltet ... Wer, wenn nicht Sie?

Die Autorin

Heidi Stopper, Topmanagement-Coach und Unternehmensberaterin

Heidi Stopper ist gefragter Topmanagement-Coach und Unternehmensberaterin. Sie durchlief eine steile Karriere in unterschiedlichsten Branchen, wie Hochtechnologie, Luft- und Raumfahrt und der Medienbereich und war zuletzt Vorständin im MDAX.

Sie hat zwei abgeschlossene Studien, ist zertifizierter Coach und lebt mit ihrer Familie nach Stationen im In- und Ausland heute in Süddeutschland.

2.2 Unbewusstes Bias – wenn wir nicht merken, was wir denken. Über uralte Männer- und Frauenbilder, gefangen im Unterbewusstsein

Susanne Wendl

Was bedeutet eigentlich „Bias"? Eine Definition des Unsichtbaren

Ein „Bias" ist eine Neigung oder Vorliebe bzw. ein Einfluss, der unsere Ansichten und Perspektiven modifiziert. Es gibt eine Vielzahl solcher Einflüsse, alle Menschen sind davon betroffen und die meisten Einflüsse sind uns nicht bewusst. Bias können auch wirken, wenn wir uns ihrer bewusst sind. Es gibt im Deutschen keinen wirklich vergleichbaren Begriff. „Bias" kann auch übersetzt werden als „Befangenheit", „Vorurteil" oder „Verzerrung", diese Ausdrücke treffen aber nicht wirklich die Komplexität dieses Konzepts. Relevant ist das Verstehen und Erkennen von Bias, weil diese zu falschen Interpretationen, Ergebnissen und Evaluationen führen. Bias sind Fehlschlüsse, die gewaltige Auswirkungen auf Mensch und Gesellschaft haben.

Mit Bias konfrontiert zu werden, kann sehr unangenehm sein, nicht nur aufgrund der kognitiven Dissonanz, die daraus entstehen kann. Wenn grundlegende, unbewusste Glaubenssätze plötzlich angegriffen werden, schwankt auch das Bild, das wir von uns haben. Der Begriff „Kulturschock" beschreibt letztendlich nichts anderes als die Konfrontation von uns selbst mit kulturellen Bias, die wir unbewusst mit uns tragen.

Die angeborene „filter-bubble"

Eines der bekanntesten Bias ist das sogenannte „Confirmation Bias"; bekannt unter anderem deshalb, weil es sowohl weit verbreitet als auch relativ einfach zu erkennen ist. Dieses Bias bringt Menschen dazu, Ereignisse oder Informationen anzuerkennen, welche ihren eigenen Standpunkt bestätigen, und Ereignisse und Informationen, welche ihren eigenen Standpunkt widerlegen, abzuerkennen und manchmal auch zu ignorieren. Als ein relativ bekanntes Beispiel hierfür können solche Impf-Gegner gelten, welche überstandene Krankheitsfälle ihrer ungeimpften Kinder als Beleg für die Irrelevanz von Impfungen empfinden, Nebenwirkungen oder gar Todesfälle aufgrund fehlender Impfung jedoch als Zufall bewerten.

Ein weiteres häufig zu beobachtendes Bias ist die sogenannte „Just-world-Hypothesis". Diese besagt – trotz hinreichender Beweise des Gegenteils –, dass die Welt grundsätzlich gerecht ist und schlechte Dinge nur den Menschen passieren, welche dies in irgendeiner Weise selbst herbeigeführt haben. Konkret ist dies bei den nicht sehr hilfreichen After-the-fact-Ratschlägen zu beobachten – in der Form „Hättest du mal besser ...", „Das kommt davon, wenn man ..." oder „Habe ich dir doch gleich gesagt, dass ...".

A geht mit Freunden in eine Bar und legt, wie alle anderen, die Kleidung auf einen Haufen neben den Bänken, auf welchen die Gruppe den Abend verbringt. Am Morgen danach zeigt sich, dass As Geldbeutel wohl gestohlen wurde. As Freund B sagt darauf: „Hättest du besser aufgepasst, wäre das nicht passiert!"

Die Ratgeber – ob sie es wollen oder nicht – legen hier die volle Verantwortung und Schuld des Erlittenen auf die Schultern des Erleidenden und blenden die Verantwortung und vor allem die Handlungsfreiheit der anderen involvierten Personen, insbesondere der möglichen Diebe, aus. Aus einer passiven Handlung – dem Bestohlenwerden – wird eine aktive Handlung gemacht – des Nicht-aufgepasst-Habens. Diese Vertauschung von aktiven und passiven Handlungen ist ebenfalls recht weit verbreitet und kann nicht durch fehlende Grammatik-Kenntnisse erklärt werden.

Who sucks at math will suck at math:
über selbsterfüllende Prophezeiungen
Bias werden erlernt bzw. anerzogen. Wir lernen sie durch die Menschen, die wir erleben, durch die Handlungen, die bewertet werden, aber auch durch die jeweiligen Darstellungen von Handlungen, Menschen und Menschengruppen. Je häufiger bestimmte Personen oder Personengruppen mit bestimmten Eigenschaften oder Fähigkeiten wahrgenommen werden, umso mehr werden wir selbst – logischerweise – diese Zuschreibung von Eigenschaften und Fähigkeiten als wahr und richtig akzeptieren. Die Konsequenz daraus ist, dass Umfeld und Kultur (inkl. Film, Fernsehen und Literatur) einen viel stärkeren Einfluss auf unsere Werte, Weltanschauung und Wahrnehmung haben, als uns bewusst ist.

Wenn wir in einer Gesellschaft aufwachsen, in der man glaubt, dass Jungs es eher mit Mathematik haben als Mädchen, und dass Mädchen eher sprachlich begabt sind, dann werden Bias und selbsterfüllende Prophezeiungen auch dafür sorgen, dass wir das so wahrnehmen. Wer wird schon gerne glauben, dass Frauen ebenso gute (oder schlechte) Wissenschaftler sein können wie Männer, wenn man aus dem Stegreif fünf bekannte, männliche Wissenschaftler nennen kann, aber nur eine weibliche? Übrigens immer dieselbe: Marie Curie.

Representation matters

Wenn wir in einer Gesellschaft aufwachsen, in der im direkten und indirekten Umfeld, in Film und Fernsehen, in Büchern, Märchen und sonstigen Geschichten in allen Machtpositionen hauptsächlich Männer zu sehen sind, dann werden wir Macht mit Männlichkeit – und den dazugehörigen männlich codierten Eigenschaften – verbinden. Und jede Frau in einer Machtposition wird als fremd und falsch wahrgenommen werden. Wenn Männer öffentliche Positionen, welcher Art auch immer, in einem so hohen Maß dominieren, wie es in dieser Welt die meiste Zeit der belegbaren Geschichte der Fall war, wird Männlichkeit zum Standard, an dem sich alles andere messen muss.

Antonin Scalia, Associate Justice of the Supreme Court of the United States, vertrat die Ansicht, dass die Unabhängigkeitserklärung der USA im folgenden zitierten Abschnitt nur von (weißen, christlichen, vermutlich wohlhabenden) Männern sprach:

> We hold these truths to be self-evident, that all men are created equal, that they are endowed by their Creator with certain unalienable Rights, that among these are Life, Liberty and the pursuit of Happiness.
> (Declaration of Independence; US 1776)

Die Debatte darüber, ob „men" auch „womenfolk" beinhaltet, ist also durchaus bis heute lebendig. Und wir werden als Gesellschaft auch dafür sorgen, dass das auch so bleibt – unbewusst.

„Attribution Bias" werden dafür sorgen, dass wir Fehler von weiblichen Führungspersönlichkeiten eher ihrem Geschlecht zuordnen als relevanteren Faktoren. Cersei Lannister mag weniger kompetent in Regierungsthemen sein als ihr Bruder Tyrion, aber er wurde in Regierungsthemen ausgebildet und sie nicht. Wird das bedacht, wenn ihr in schier endlosen Internetdiskussionen vorgeworfen wird, dass sie inkompetent sei? Warum nicht? Die bewusste Wahrnehmung von Bias ist keine Frage der Intelligenz, sondern eine der Empathie. Die Tatsache, dass Logik eher als Fähigkeit von Männern und Empathie eher als Fähigkeit von Frauen anerkannt wird – dem Christentum sei es gedankt! – ist natürlich kein Zufall, sondern ein alter, verstärkender Faktor in dieser Sache.

Gleich und gleich gesellt sich gern: das Gegenteil von Diversity

Wir tun uns generell schwer damit, Empathie für Menschen zu empfinden, die nicht Teil unserer „in-group" sind, also einer Gruppe, der wir uns aufgrund von Geschlecht, Interessen, Fähigkeiten, Hautfarbe, Status usw. zugehörig fühlen bzw. zugehörig fühlen möchten. Das „False-consensus-effect-Bias" sorgt dafür, dass wir unsere eigenen Erfahrungen als normal, der Norm entsprechend, wahrnehmen und andere Erfahrungen anderer Personen, besonders Mitgliedern der jeweiligen „out-groups", als übertrieben oder irrelevant bewerten.

Wenn Gruppe A als überlegen, Gruppe B dagegen als unterlegen wahrgenommen wird, werden einige Mitglieder der Gruppe B Verhaltensweisen aus Gruppe A nachahmen, um ihre wahrgenommene Unterlegenheit zu kompensieren. Lange haben Frauen versucht, möglichst viel männliches Verhalten nachzuahmen, um die Karriereleiter zu erklimmen, anstatt sich auf ihre eigenen Kompetenzen zu stützen und diese Stärken in den Vordergrund zu stellen. Klon statt Vielfalt. Bis heute gibt es selbsternannte „Experten", die Frauen genau diese Verhaltensnachahmung empfehlen – passiert eben alles unbewusst.

Problematisch ist, dass Geschlechter-Stereotypen dafür sorgen, dass Männern und Frauen jeweils bestimmte Eigenschaften zugeschrieben bzw. aberkannt werden. Sie beinhalten traditionelle Annahmen darüber, wie Frauen und Männer „sind". Frauen „sind" danach verständnisvoll und emotional, Männer „sind" dominant und zielstrebig. Geschlechter-Stereotypen sagen auch, wie Frauen und Männer sein sollen oder wie sie sich verhalten sollen. So „sollen" Frauen einfühlsam sein, Männer „sollen" dominieren. Werden diese Annahmen verletzt, folgen in der Regel Ablehnung oder Bestrafung. Das bedeutet: Sind Frauen dominant, entspricht das nicht dem geschlechter-stereotypen Rollenbild und das wird negativ bewertet. Frauen sind dann schnell mal „schrill", „hysterisch" oder „Emanzen". Männliche Eigenschaften sind zudem positiv besetzt, viele weibliche negativ. „Weint/wirft wie ein Mädchen", „Bitch", „die hat wohl PMS/ ihre Tage" usw. sind Beleidigungen, die nur funktionieren, wenn das Weibliche an sich etwas Schlechtes ist.

In einer Untersuchung zu Führungskräften und Geschlechter-Stereotypen hat sich herausgestellt, dass das Stereotyp der Männer weitgehend mit dem Stereotyp für Führungskräfte identisch ist. Zudem denken bei dem Begriff „Führungskraft" Männer wie Frauen automatisch häufiger an männliche Personen. Dabei unterscheiden sich die Geschlechter allerdings etwas. Frauen denken eher männliche und weibliche Personen, wenn sie an Führungskräfte denken, Männer überwiegend nur an männliche Personen.

Diese Zuschreibung von maskulinen Verhaltensweisen zu Führung führt dazu, dass das Führungspotenzial von Frauen negativ bewertet wird, da man ihnen feminine Verhaltensweisen und Eigenschaften zuschreibt. Zusätzlich erfolgt eine negative Bewertung von Führungsverhalten, das von Frauen in diesen Positionen gezeigt wird, weil sich diese damit nicht konform zur Frauenrolle verhalten. Egal wie Frauen sich letztendlich verhalten, sie können es nur falsch machen.

Von der Wiege bis zur Bahre: unbewusst und unterschätzt
Auch heute noch bekommen weibliche Kinder häufiger Puppen geschenkt, während Jungen Autos und anderes technisches Spielzeug bekommen. Mädchen werden tendenziell eher gemahnt, brav, adrett und lieb und nett zu sein, Jungen werden eher ermahnt, stark und durchsetzungsfähig zu sein. Jungs lernen den Spruch „Ein Indianer kennt keinen Schmerz", Mädchen lernen schon durch hilfreiche Poesiealbumsprüche, wie ihre Rolle aussieht:

> Sei fleißig wie ein Bienchen,
> sei brav wie ein Kaninchen,
> sei sauber wie ein Kätzchen,
> dann bekommst du bald ein Schätzchen.

Auch in der Grundschule wird Bravsein und Ruhigsitzen als typisch lobenswertes Verhalten für Mädchen belohnt. Power-Mädchen, die diesem Schema nicht entsprechen, haben es nicht immer leicht. Und abgesehen vom direkten Austausch mit den Kindern gibt es natürlich noch den indirekten Austausch durch unser Umfeld. Diese Konfrontation mit fixen Rollenbildern in Film und Fernsehen beginnt in unseren Kindertagen und dauert bis in unser hohes Alter. Bereits in Märchen gibt es eigentlich nur drei mehr oder weniger machthabende Frauen-Typen: die Königin, die vor oder zu Beginn der Geschichte stirbt, die böse Stiefmutter und als letzte die Prinzessin, nachdem sie den Prinzen geheiratet hat. Macht in Bezug auf Frauen in klassischen Märchen ist also recht offensichtlich eine Sache von bösen Frauen oder eine Konsequenz aus der Ehe mit einem mächtigen Mann. Diese negativen Darstellungen zusammen mit dem Fehlen von positiven Darstellungen gehen weiter in Film und Fernsehen und ziehen sich durch Kinderfilme, Teenagerfilme bis hin zu Erwachsenen-Filmen, Games, Comics, usw.

Der Bechdel-Test: Filme, in denen Frauen miteinander sprechen – und zwar NICHT über einen Mann
Eine Betrachtung der erfolgreichsten bzw. bekanntesten Filme, Serien, Comics, Bücher usw. der letzten 100 Jahre in Europa und Nordamerika zeigt ziemlich offensichtlich, dass Handlungsfreiheit („agency") immer noch hauptsächlich Männern zusteht und Frauen passive Hintergrunddekoration sind bzw. als Motivator für den Helden gelten.

Der Bechdel-Test ist ein einfacher Test, um festzustellen, ob Frauenrollen in ausreichender Menge vorhanden sind. Der Test ist sehr einfach anzuwenden, es müssen nur folgende drei Kriterien angewendet werden:

1. Es gibt mindestens zwei mit Namen genannte Frauenrollen,
2. die miteinander sprechen,
3. über etwas anderes als einen Mann.

Dieser Test ist nicht ohne Kritiker und viele Filme, die diesen Test nicht bestehen, sind gute, unterhaltsame Filme. Hier geht es nicht um Qualität, sondern um Repräsentation. Wenn fast alle Filme dieser Welt das Männer-Äquivalent zu diesem Test bestehen, aber nur ein Bruchteil den Bechdel-Test zu Frauen, dann stellt sich doch die Frage, warum das so ist.

Die Filmwelt verstärkt zudem ohnehin vorherrschende Geschlechter-Stereotype, die Männern und Frauen naturgegebene Charaktereigenschaften zuschreiben. Geschlechter-Stereotype werden von Geburt an erlernt und sind nichts anderes als gesellschaftlich zugeschriebene Erwartungen an männliche und weibliche Geschlechterrollen. Dasselbe Verhalten wird als Doppelstandard anhand geschlechter-stereotyper Zuschreibungen unterschiedlich interpretiert und bewertet. Z. B. wird die Aussage, gerne zu kochen und Kinder zu versorgen bei Frauen als typisches weibliches Verhalten gesehen, während die gleiche Angabe bei Männern überrascht und erst einmal als abweichendes Verhalten interpretiert wird.

Und wenn es so ist, dass wir die Reduzierung von Frauen in Filmen, Literatur etc. als Hintergrunddekoration und „arm candy" als normal oder gerechtfertigt empfinden, wenn wir Eigenschaften in „männlich/logisch/gut" und „weiblich/emotional/schlecht" kategorisieren, wenn wir das Weibliche an sich als mangelhaft und unwert verstehen, dann braucht man sich auch nicht wundern, wenn sich das auch heute noch in unserem Arbeitsleben widerspiegelt.

Die Autorin

Susanne Wendl, Six Reasons

Schon als Teenager entwickelte sich Susannes Interesse an kulturwissenschaftlichen und religionswissenschaftlichen Themen. Besonders fasziniert haben sie Märchen und Mythen.

Konsequenterweise hat sie Japanologie, Sinologie und chinesische Kunst und Archäologie studiert und einige Zeit beruflich in Japan verbracht. Ihr Tätigkeitsspektrum hat sich seitdem deutlich entfaltet, so war sie nicht nur im Sales tätig, sondern auch als Lehrerin, Coach und Lektorin. Heute arbeitet sie in dem Münchener Start-up Six Reasons, einer auf die Innovation digitaler Produkte spezialisierten Agentur.

Literatur

Alder, Shannon L. 2011. *300 questions to ask your parents before it's too late*. Springville: Horizon.

Declaration of Independence: http://www.archives.gov/exhibits/ charters/declaration_transcript.html, 4th July 1776; Zugriff: 11. Mai 2016

Weiterführende Literatur

The Hawkeye Initiative: http://thehawkeyeinitiative.com; Zugegriffen: 11. Mai 2016

The Cultural Vacuum: http://theculturalvacuum.tumblr.com; Zugegriffen: 11. Mai 2016

Fandom Following: http://www.fandomfollowing.com/women-in-middle-earth/; Zugegriffen: 11. Mai 2016

Women in Refrigerators: http://lby3.com/wir/; Zugegriffen: 11. Mai 2016

3

Wer ich bin und wer ich sein möchte

Inhaltsverzeichnis

© Springer-Verlag Berlin Heidelberg 2017
S. Hoffmann-Palomino, B. Praetorius, C. Kirbach (Hrsg.), *Die LEAN BACK Perspektive*,
DOI 10.1007/978-3-658-13924-7_3

"Who in the world am I? Ah, that's the great puzzle."
Lewis Carroll, Alice's Adventures in Wonderland

Jeder Weg beginnt mit einem Ausgangspunkt. Herauszufinden, welche Stärken man in sich trägt, um sich dann darauf berufen zu können, ist oft eine weite Reise, aber im eigentlichen Sinn der Anfang. Diese Reise ist gespickt mit von außen herangetragenen Rollenerwartungen, Stolpersteinen der Gesellschaft und falschen Zielsetzungen – ja, was ist dieser Erfolg eigentlich?

Wenn man seine Stärken erkannt hat, am Ausgangspunkt angekommen ist, geht es darum, auf sein Bauchgefühl zu hören und seinem inneren Kompass zu folgen, um seinen Karriereweg zu planen und wichtige Karriereentscheidungen zu treffen. Sinnsuche oder das Entdecken der eigenen Leidenschaften sind Synonyme für eine tiefe Selbstreflexion – die Reise zu sich selbst. Diesen Weg zu gehen, bedeutet, Vertrauen in die eigenen Fähigkeiten zu haben, zu wissen, wer man ist und dass man gut ist. Dieses Kapitel gibt tiefe Einblicke in die Selbstreflexion unserer Autorinnen. Uns werden unterschiedlichste Persönlichkeiten, Wege und Leidenschaften begegnen. Was sie jedoch alle vereint, ist der Mut, ihrem eigenen Bauchgefühl zu folgen, Erfolg für sich selbst zu definieren und sich ins oft Ungewisse zu begeben, um zu wachsen.

Im ersten Unterkapitel geben uns fünf Autorinnen profunde Einblicke, wie sie entgegen von außen herangetragener Rollenerwartungen ihren eigenen Weg gegangen sind.

Dann geht es um Leidenschaft. Wie kann ich dem folgen, für das ich wirklich brenne? Wie schafft Leidenschaft außerordentliche Ergebnisse und wie trägt sie zu persönlichem Wachstum bei?

Umdefinieren, umidentifizieren und Haken schlagen: Wendepunkte und ihre Geschichten gibt es im dritten Unterkapitel.

Das Ziel der Reise zu sich selbst ist zu erkennen: Die Antworten liegen in mir. Unsere Autorinnen beschreiben hier, wie sie sich von ihrem Bauchgefühl haben leiten lassen – oft gegen Konventionen und die gutgemeinten Ratschläge und Bewertungen von außen. Was sie finden, ist der eigene, innere Kompass.

3.1   Be yourself, everyone else is taken

3.1.1   Sich selbst wählen

Sylvia Schenk

Lean in oder lean back? – Was für eine Frage! Die hat sich Anfang der 1970er-Jahre nicht gestellt. Jedenfalls nicht so. Die Fragen waren ganz andere.

„Sport ist nicht nur Männersache!" stand auf einem der ersten Plakate der Trimm-dich-Aktion. Ich hängte es 1970 in meinem Zimmer auf, als ich schon deutsche Jugend-Meisterin im 800 m-Lauf war und Fragen wie „Sind 800 m nicht viel zu hart für ein Mädchen? Da kriegt man doch dicke Waden" nicht verstand. Bei 1,69 m Größe und 50 kg Gewicht fand ich meine Waden wahrlich nicht zu dick, sondern fühlte mich gut mit meiner Kraft und meinem Körper. Aber bei allem Spaß am Sport und der eigenen Leistungsfähigkeit begann ich plötzlich zu ahnen, dass mir als Frau nicht nur der Kampf um Zehntelsekunden auf der Tartanbahn bevorstand, wenn ich mein Leben erfolgreich gestalten wollte. Und so kamen die nächsten Fragen: Was ist Erfolg? Wo will ich hin? Für eine 18-Jährige, Abi-Jahrgang 1970, war die Auswahl nicht so groß. Alle um mich herum strebten das Lehramt an, ich aber wollte eines auf keinen Fall: zurück in die Schule. Studieren war klar, als Arzttochter, aber was? Ich wählte die Freiheit: Jura. Eine bewusste Entscheidung, mich nicht zu entscheiden. Da stand weiter alles offen: Anwältin, Richterin, Verwaltungsjuristin, Journalistin – mich selbst wählen.

Ich hatte längst Aldous Huxleys „Island" im Kopf, Max Frisch und vor allem Kierkegaard: „[I]ndem die Leidenschaft der Freiheit in ihm erwacht ..., wählt er sich selbst und kämpft um diesen

Besitz als um seine Seligkeit, und das ist seine Seligkeit." (Kierkegaard, zitiert nach Frisch 1966). *Ihm*? *Er*? *Seine* Seligkeit?

Das fiel mir zunächst nicht auf, Sprache war (noch) nicht mein Thema, ich sah mich als Mensch. Dann schenkte mir im Herbst 1970 eine Freundin meiner Mutter Ortega Y Gasset „Der Mensch und die Leute". Ich las. Als Mensch. Über das „Ich", den „Anderen", das „Wir", die „Leute". Dachte nach, identifizierte mich, verstand, war gebannt. Bis zur Seite 108. Da kam ein Exkurs (!) zur „Sie" und so die „Erscheinung der Frau" ins Spiel. Zwei Seiten weiter wurde ich als Frau zu einem „Wesen …, dessen inneres Menschentum im Gegensatz zu unserem eigenen, männlichen, und dem der übrigen Männer sich durch das Merkmal der Verschwommenheit auszeichnet." (Ortega 1968). Das Buch flog in die Ecke. Ich war „verschwommen", ich hatte alles umsonst gelesen, ich war – überhaupt nicht gemeint.

Was nun? Wenn der Philosoph nicht für mich dachte, dann musste ich eben selbst denken. Das tat ich. Ich hatte alles verstanden, ich fand mich innerlich völlig klar. Also bitte – wer ist hier verschwommen? Es dauerte eine Weile, bis ich mir eingestand: Der ist weltberühmt, aber er hat keine Ahnung. Ich weiß es besser. Ich weiß, was in mir ist, niemand sonst. Nie würde ich mein Frausein, mein Sosein von jemand anderem definieren lassen, schon gar nicht von einem Mann. Ich las das Buch fertig, als selbstbewusste „Sie", die dem Philosophen eine lange Nase machte.

Damals: eine Berufswelt voller Männer

Olympische Spiele, Staatsexamen, Referendarzeit – Funktionäre, Professoren, Ausbilder. Überall Männer. Wenn Frauen, dann nur in Frauenämtern, als Frauenwartin im Verband z. B. – kinderlos oder Hausfrau und meist schon im Großmutter-Alter. Als ich 1975 anfing, mich ehrenamtlich im Sport zu engagieren, war ich die Jüngste, oft die einzige und vor allem die „erste" Frau. Die erste im Vorstand des Allgemeinen Deutschen Hochschulsportverbands ADH, die erste in einer Kommission auf internationaler Ebene, die erste als Jugendwartin von Eintracht Frankfurt, die einzige, die bei Veranstaltungen den Mund aufmachte (oder überhaupt anwesend war). Pionierin. Bald bekannt, manchmal berüchtigt, für klare Worte. Verschwommenheit hätte mir nie jemand vorgeworfen – wenn das Ortega Y Gasset wüsste! Ich spielte „Des Kaisers neue Kleider", war immer das Kind, das sagte: „Er hat ja gar nichts an." Die Rolle gefiel mir, gab mir Kraft. Heute würde ich sagen: Ich gewann an Profil.

Wieder stellte sich eine Frage: Was mache ich mit zwei Prädikats-Examina? Ich war durch Studienzeit und Sportkarriere gerast, wollte jetzt zunächst Zeit für mich, schrieb für Marielouise Janssen-Jurreits Buch „Frauenprogramm" (Janssen-Jurreit 1979) einen Beitrag: „Männliche Kraft, weibliche Anmut – Gegen die Rollenerziehung im Sport". Schließlich war noch wenige Jahre zuvor Frauenfußball verboten gewesen, meinen Einsatz für diese Sportart konterten Männer (manchmal auch Frauen) regelmäßig mit: „Frau Schenk, wollen Sie etwa, dass Frauen auch boxen???", in der Hoffnung, mir damit den Wind aus den Segeln zu nehmen. Ich fand boxende Männer nicht so prickelnd, aber hätte weder ihnen noch boxenden Frauen etwas vorgeschrieben. Übrigens: Welch ein Triumph, als Boxen 2012 in London für Frauen olympisch wurde. Offensichtlich hat nicht nur Ortega Y Gasset geirrt.

Im Sommer 1978 wollte ich meinen Marktwert testen, mich beruflich orientieren und bewarb mich auf eine Anzeige, in der ein Frankfurter Notar einen jungen Kollegen suchte, den er zum Sozius aufbauen wollte. Ich bekam die Unterlagen postwendend zurück, man möchte „die ausgeschriebene Position mit einem männlichen Kollegen besetzen" hieß es in dem sicher gut gemeinten Schreiben und: „Sie aber werden – im wahren Sinne des Wortes naturgemäß – früher oder später Mutterpflichten übernehmen und dann für längere Zeit nicht mehr – jedenfalls nicht in gebotenem Umfang – den Aufgaben einer freiberuflichen Tätigkeit, die einen weitgehenden Verzicht auf Freizeit erfordert, nachkommen können."

Wieder hatte ich nicht auf die Sprache geachtet, wieder war ich nicht gemeint gewesen. Ich habe erst mal gelacht: Und das passiert mir! Dann bekam ich eine ungeheure Wut. Dachte an die Kolleginnen, die kein Prädikat, also keine Wahl hatten, nicht einfach in den Staatsdienst konnten. Dachte an die Projekte „Mädchen in Männerberufe", die gerade liefen – was macht eine Tischlerin, wenn sie so eine Absage bekommt? Ihre Ausbildung wegschmeißen? Ich tat einen Schwur: „Das darf meiner Tochter nicht passieren." Wobei Tochter für die nächste Generation stand – es sollte noch zehn Jahre dauern, bis ich schwanger wurde.

Mädchen in die Männerberufe!

Zunächst aber zog ich zwei Konsequenzen: Eine Medienkampagne mit diesem Prachtexemplar von Diskriminierung, die bis zu einer Kleinen Anfrage im Bundestag führte. Und eine Bewerbung als Arbeitsrichterin. Nicht, dass Arbeitsrecht mich bis dahin interessiert hatte. Es war die Freiheit, die zählte: selbst Vorsitzende Richterin sein, nicht abhängig von einem älteren Kollegen am Landgericht, der den „Neuen" die Arbeit zuschiebt und dann auch noch dreinredet. Als Anwältin wäre ich sicher noch irgendwo untergekommen, hätte mich durchbeißen und zeigen können, dass ich mindestens so gut, wenn nicht besser bin als viele Männer. Aber das hätte auf absehbare Zeit all meine Kraft absorbiert, die ich jetzt für anderes brauchte. Als Arbeitsrichterin gewann ich Freizeit und Flexibilität. Die Männer – ob Anwälte oder Beisitzer – mussten meine Rolle akzeptieren, im Sitzungssaal hatte ich das Sagen. Hoch motiviert und konzentriert ging ich an meine Aufgabe, nach knapp zwei Jahren war ich trotz Vollzeitstelle bei rund 20 Arbeitsstunden netto die Woche, hatte meine Urteile aber immer innerhalb weniger Tage fertig diktiert. Die so gewonnene Zeit gehörte der Politik, dem Sport und den Frauen. Für meine noch nicht geborene Tochter. Und, ehrlich gesagt: vor allem für mich. Es macht einfach Spaß, Verhältnisse zu verändern, die man für falsch hält, also mit zu gestalten.

Lean in? Lean back?
Silvester 1988/1989, mitten im Frankfurter Kommunalwahlkampf, stellte ich fest: Ich bin schwanger. Es war genau der richtige Zeitpunkt, der richtige Mann sowieso, ich war ganz bei mir. Karriere? Sicher, bei einem rot-grünen Wahlsieg wäre ich eine Kandidatin für den Magistrat, es sollte ja erstmals hauptamtliche Stadträtinnen geben und wer wollte mir das Ressort „Sport" streitig machen? Aber nun? Ich bekam das Getuschel mit: Die Sylvia fällt aus. Die Konkurrenz, vor allem die männliche, freute sich. Naturgemäß? Mutterpflichten? Ach, die alte SPD. Im Februar 1989 rief mich Volker Hauff, unser Oberbürgermeister-Kandidat, im Gericht an: „Sylvia, wie schön – ich freue mich für dich. Und wollte dir sagen: Das muss dich an nichts hindern!"

Ein Mann, ein Wort. Ich war im siebten Monat, als mich die Stadtverordnetenversammlung im Juni zur Sportdezernentin wählte. Die FAZ geiferte. „Rabenmutter", flüsterte es allerorten. Zwei Jahre Lean in, allen zeigen, dass es geht. Dann besann ich mich, dachte auch mal wieder an mich. Das half Mutter *und* Tochter. Im Sommerurlaub 1995 wurde ich die „Rabenmutter" los. Es war beim Cappuccino mit der nicht-berufstätigen Mutter zweier Kinder, die sich mit meiner Tochter angefreundet hatten. Während ich mit Blick auf den anderen Mutterentwurf noch grübelte, ob es nicht doch besser sei, sich ganz dem Kind zu widmen, stellte diese Frau fest: „Wie intensiv Sie die Zeit mit ihrer Tochter nutzen! Sie können ihr viel mehr Anregung bieten als ich meinen Kindern." Da machte es Klick in meinem Kopf. Weder ihr noch mir hat irgendjemand vorzuschreiben, wie Muttersein geht.

It's a man's world? Denkste!

Zwölf Jahre Kommunalpolitik in Frankfurt, das schlaucht. Ich wollte mal Luft holen, Zeit haben für die Tochter, für mich und für Neues. Als im März 2000 für mich schon feststand, dass ich mit der Kommunalwahl 2001 aufhöre, kam eine Anfrage: Ob ich Präsidentin des Bunds Deutscher Radfahrer e. V. (BDR) werden wolle. Als erste Frau. Als einzige Frau im Präsidium. Kaum hatte ich einem kleinen Kreis meine Bereitschaft erklärt, wurde ich auf internationaler Ebene ins Management-Komitee des Welt-Radsport-Verbands UCI kooptiert. Man war global gerade auf Frauensuche, nachdem das IOC beschlossen hatte, alle internationalen Verbände auf eine schwarze Liste zu setzen, die nicht mindestens eine Frau im obersten Gremium haben. So wurde ich zur Quotenfrau.

Bei der Straßen-Rad-Weltmeisterschaft in Frankreich im Herbst 2000 wurde ich freundlich willkommen geheißen – „Ah, you are the first woman!" – und fühlte mich um Jahrzehnte zurückversetzt. Die erste. Die einzige. Prompt musste ich meine alte Rolle übernehmen: das Kind in „Des Kaisers neue Kleider". Ich vertrat einen großen Verband, sprach Englisch und Französisch, hatte politische Erfahrung und arbeitete mich schnell in die fremde Sportart ein. Zwar weiß ich bis heute nicht, mit welcher Übersetzung die Fahrer bei der

Tour de France den berüchtigten Mont Ventoux hinauffahren, Rad-Technik war nie so mein Ding. Aber die Strukturen durchschaute ich bald, verstand die verbandspolitischen Herausforderungen, stimmte mich mit Kollegen aus anderen Ländern ab, sah Defizite – und artikulierte sie.

Der internationale Präsident, der Niederländer Hein Verbruggen, versuchte es zunächst väterlich: Er diskutiere ja gerne mit mir. Aber ich möge doch bitte am Ende immer zustimmen, er akzeptiere keine Gegenstimmen. Als das nicht fruchtete, gab es in unserem Komitee bei kritischen Fragen keine Abstimmungen mehr. Schließlich bekam ich es schriftlich: „It is a man's world, Sylvia. You better adapt to that." Doch den Gefallen tat ich ihm nicht. So blieb es ein kurzes Gastspiel. Als ich 2005 endgültig aus dem Radsport flog, dauerte es gerade noch ein Jahr, bis dieser für lange Zeit im Dopingsumpf versank und ich ob meines zuvor schon erfolgten Einsatzes für offenen Umgang mit Verdachtsfällen von den Medien über Nacht zur Anti-Doping-Expertin erklärt wurde. Inzwischen wertete ich auch das Verhalten Hein Verbruggens als Machtmissbrauch, d. h. Korruption im Sinne der weiten Definition von Transparency International, und hatte mit dem Anti-Korruptions-Kampf mein nächstes Lebensthema gefunden.

Ich selbst sein

All die Jahre hatte ich immer „Frauen gesammelt", d. h. Kontakte geknüpft und gehalten. Zum Vernetzen und zum Vorschlagen, wenn wieder mal ein Podium rein männlich besetzt ist oder für ein Amt angeblich nur Männer zur Verfügung stehen. Frauenförderung ist immer noch nötig. Und so ließ ich mich auch 2013 überreden, beim Cusanuswerk für ein Mentoring-Programm zur Verfügung zu stehen. Die Diskussionen mit den Mentees allerdings verwirrten mich zum Teil. Welchen Karriereschritt wann? Wie verbindet man zwei Kar-

rieren? Wo fehlen noch Zusatzqualifikationen? Wie plane ich
was? Wann sollte das Kind kommen – nach dem notwenigen
Auslandsaufenthalt oder doch schon davor? Und wohin ins
Ausland? Oder braucht es gar einen anderen Mann an der
Seite? So viele Fragen, vor allem aber: So viel Planung. Wie
wäre mein Leben verlaufen, hätte ich es geplant? Womöglich
wäre ich immer noch am Planen?

Lassen Sie sich nicht täuschen: Was sich in der Rückschau
so einfach herunterschreibt, war begleitet von Zweifeln und
Selbstzweifeln, durchgrübelten Nächten, einsamen Kämpfen,
Irrtümern und Umwegen. Aber immer mit einem Ziel: ich
selbst sein, auch wenn das heißt, ich muss die Welt verändern,
weil meine Art des Frauseins so nicht vorgesehen war. Was also
nun – Lean in, Lean back? Keine Frage, sich selbst wählen,
jeden Tag neu, egal wie schwer das ist.

Die Autorin

Sylvia Schenk, Rechtsanwältin und Sprecherin Arbeits-
gruppe Sport, Transparency International Deutschland
Sylvia Schenk ist Rechtsanwältin in Frankfurt am Main.
Von 1979 bis 1989 war sie Arbeitsrichterin in Offenbach am

Main, anschließend zwölf Jahre lang hauptamtliche Stadträtin für Recht, Sport, Frauen und Wohnungswesen in Frankfurt. Die Deutsche Meisterin im 800 m-Lauf startete 1972 bei den Olympischen Spielen in München. Nach der sportlichen Karriere arbeitete sie ehrenamtlich in nationalen und internationalen Sportverbänden sowie ab 2006 bei der Anti-Korruptionsorganisation Transparency International. Dort war sie von 2006 bis 2013 im deutschen Vorstand (2007 bis 2010 als Vorsitzende) sowie 2006 bis 2014 auf internationaler Ebene Sportbeauftragte. Jetzt leitet sie die Arbeitsgruppe Sport von Transparency Deutschland. Sylvia Schenk ist Mitglied im Kuratorium des Deutschen Nachhaltigkeitspreises, im Datenschutzbeirat der Deutschen Bahn AG, im Beirat für Integrität und Unternehmensverantwortung der Daimler AG, im Kuratorium des Wittenberg-Zentrums für Globale Ethik und im INTERPOL Standing Committee on Ethical Matters.

3.1.2 Führe Regie über dein Leben!

Stefanie López

Für mich geht es um die Entdeckung des Eigensinns. Damit meine ich das Bedürfnis eines jeden Individuums nach eigenständigem und selbstbestimmtem Handeln – einem Handeln nach dem *eigenen Sinn*. Das Wort ist in unserer Gesellschaft eher negativ konnotiert. Wann geht es schon um Eigensinn? Dieses Adjektiv bekommen Kinder zugewiesen, wenn man sie für besonders schwierig und unfolgsam hält. Es sei in diesem Zusammenhang das Märchen der Gebrüder Grimm „Das eigensinnige Kind" (Grimm 2000) erwähnt: Hier wird das eigensinnige, autonome Handeln des Kinds von Gott massiv bestraft, unterstützt von der eigenen Mutter.

In der Schule geht es selten um Eigensinn. Da geht es darum, dass alle dasselbe Ziel erreichen sollen. Wenn man sich nicht für den Lernstoff interessiert oder einfach andere kreative Gedanken, Fähigkeiten und Ideen hat, dann ist man eigensinnig, dann erreicht man das Klassenziel nicht. Im schlimmsten Fall drohen Klassenkonferenz und Schulverweis. Aber welche Menschen braucht unsere heutige Gesellschaft? Gehorsame, gleichgemachte und leistungsfähige Menschen, die wie fleißige Arbeitsbienen agieren, ohne nach dem Sinn zu fragen? Oder eigensinnige Geschöpfe, die mit einer kreativen Herangehensweise Welt und Gesellschaft selbst gestalten? Um unseren aktuellen Herausforderungen gewachsen zu sein, reicht es nicht mehr aus, Vorgegebenes zu reproduzieren. Wir müssen lernen, Wissen kritisch zu hinterfragen und kreativ nutzbar zu machen, um Gestalter und nicht bloß Verwerter oder Opfer unserer gesellschaftlichen Begebenheiten zu sein. Es geht um eine Form von Widerständigkeit, darum, nicht alles ungefragt hinzunehmen und Vorgegebenes zu befolgen. Diese Entdeckung des *eignen Sinns* ist der Beginn jeglichen Lern- und Gestaltungsprozesses.

Sich mit seinem ureigenen Selbst verkoppeln – anstatt sich selbst zu optimieren

Wenn ich auf mein Leben zurückblicke, dann kulminiert alles in diesem Wort: „Eigensinn". Ich habe immer versucht, meinem eigenen Sinn zu folgen. Es geht für mich darum, seinen Fokus immer mehr nach innen zu lenken, weniger nach außen; mit C. G. Jungs Worten: „Wer nach außen schaut, träumt, wer nach innen schaut, erwacht." Sicher bin ich damit oft genug angeeckt und auf Widerstände gestoßen. Es stellt aber eine lohnende Herausforderung dar, sich von äußeren Erwartungen frei zu machen und seinen Fokus nicht auf Selbstoptimierung zu legen, sondern auf eine Verkopplung mit dem ureigenen Selbst. Dieser Innenblick fungiert als Kompass auf unserem Lebensweg. Sonst laufen wir Gefahr, nach Jahren des blinden Aktionismus angekommen zu sein und zu merken, dass wir dort gar nicht sein wollen. Wenn wir uns mit unserem ureigenen Selbst verkoppeln und den Blick weiten, ergeben sich Myriaden von Möglichkeiten des Handelns. Dann haben wir das Gefühl, unser Leben selbst gestalten zu können – nach der Art und Weise, die uns als einzigartiges Wesen ausmacht.

Folgen wir mehr unserer intrinsischen Motivation, dem aus uns selbst entstehenden Antrieb, und führen Tätigkeiten um ihrer selbst willen aus und nicht, um Belohnung zu erlangen oder Bestrafung zu vermeiden, dann verfügen wir über unerschöpfliche Kraft. Wir brennen nicht aus und haben keine Panik vor dem Versagen, weil wir uns in einem anderen Referenzsystem bewegen, in dem es kein Richtig und Falsch, Gut oder Schlecht gibt. Wenn wir dem eigenen Selbst folgen, sind wir zu Höchstleistungen fähig. Auch wenn dieser Fakt von der Hirnforschung längst bewiesen ist, geht es in unserer Gesellschaft und vor allem in unserem Schulsystem viel zu selten um intrinsische Motivation. Es gilt, Ziele zu erreichen, die wir uns nicht selbst gesetzt haben. Nach der Schule, wenn der Druck der Institution wegfällt, machen wir uns den Druck selbst. Gesellschaftliche und familiäre Erwartungen an einen geradlinigen und erfolgreichen Lebensweg und der Wunsch nach Anerkennung prägen unser Handeln mehr, als uns bewusst ist. Folgen wir dieser extrinsischen Motivation, dann versuchen wir, uns mit großer Anstrengung zu etwas hinzubewegen, von dem wir uns eine Belohnung erhoffen, ohne uns zu fragen, ob das unser selbst gewähltes Ziel ist.

Glückliches Scheitern
Der eigensinnige Weg hat kein festes unveränderliches Ziel. Er ist ein eher ein Oszillieren um die eigene Wahrheit und um das eigene Selbst, jederzeit verrückbar, niemals starr. Und

was ganz wichtig ist: Auf diesem Weg gibt es keine Fehler, denn Fehler sind nur Umwege – und Umwege erhöhen die Ortskenntnis. Dies zu verinnerlichen, führt zu innerer Gelassenheit. Dann stellt es kein Versagen dar, nicht optimal gehandelt zu haben oder gescheitert zu sein, dies ist nur eine weitere Erfahrung auf meinem Lebensweg, aus der ich etwas gelernt habe. Dem Eigensinn zu folgen, impliziert Scheitern. Mit dieser positiven Einstellung gegenüber dem Scheitern schwindet auch die Angst davor, etwas zu riskieren und wie wir alle wissen: Nur wer wagt, gewinnt. Das ist das, was man im Englischen „serendipity" nennt, glückliches Scheitern.

Ich persönlich habe am meisten in meinem Leben gelernt, wenn ich extrem gescheitert bin. Ich habe angefangen, Theaterwissenschaft, Literaturwissenschaft und Geschichte zu studieren, hatte aber den tiefen Wunsch, Schauspielerin zu werden. Schon als Kind war mir ein großer kreativer Ausdruckswillen zu eigen. Dieser äußerte sich in meinem Styling, meinem Musikgeschmack und in meinen Tanz-, Gesangs- und Schauspieleinlagen. Zudem war mein Blick auf alles gerichtet, was ich in der Welt und meinem Umfeld als ungerecht empfand. Ich hatte das starke Bedürfnis, gegen diese Ungerechtigkeiten anzugehen und Gegebenheiten nicht zu akzeptieren, sondern sie zu verändern. Im Schauspielberuf sah ich eine Chance, diese beiden Wesenszüge zu leben. Mich zu überwinden, an Schauspielschulen vorzusprechen, hat ganze zwei Jahre gedauert. Natürlich aus Angst vor dem Scheitern.

Mit 23 Jahren habe ich dann all meinen Mut zusammen genommen und mich auf Vorsprechtour durch Deutschland und Österreich begeben. Ich bin gescheitert. Die Resonanz war, ich sei zu alt, zu groß und meine Stimme zu rau und zu tief. Eigen sein war an staatlichen Schauspielschulen nicht gefragt. Mein Weg führte mich dann an eine private Schauspielschule in Berlin, an der ich viel gelernt habe. Ich wurde in meinem

Eigensinn bestärkt, habe eigene Szenen und Theaterabende entwickelt, mich mit der politischen Relevanz von Theater auseinandergesetzt und all das gemacht, weswegen ich Schauspielerin werden wollte. Ich habe auf der Bühne etwas ausgedrückt, was aus meinem eigenen Sinn entstanden war, mit dem Bestreben, damit die Menschen aufzurütteln und zu bewegen.

Gleichzeitig war das Schauspielstudium eine harte Lehrprobe für mich. Der Druck, gut sein zu müssen, war immens. Und dieser Druck kam nicht von außen, sondern aus mir selbst. Ich hatte eine genaue Vorstellung davon, wie erfolgreich ich als Schauspielerin sein müsste. Hätte ich mehr meine Lust verfolgt, meine intrinsische Motivation, ich hätte viel freier verschiedene Rollen und Spielweisen ausprobieren können. Scheitern gehört zum Proben dazu, denn „proben" kommt von „probieren". Mein Schauspiellehrer sagte zu mir: „Du kannst keine gute Schauspielerin sein, ohne dich zu blamieren." Das konnte ich damals nicht leben, mein Streben nach Perfektion und Optimierung und meine Angst vor dem Scheitern standen mir im Weg. Das war ein weiterer Umweg in meinem Leben. Er hat definitiv die Ortskenntnis erhöht. Ich habe nach dem Schauspielstudium noch vier Jahre Theater gespielt und 2007 ein Burn-out bekommen. Das Bild, das ich von mir aufgebaut hatte, zu dem ich mich mit aller Anstrengung versucht habe, hinzubewegen, hat mich wie ein Luftballon hinter sich hergezogen. Ich musste diesen Luftballon zerplatzen lassen und auf den Boden fallen, um wieder bei mir anzukommen. Die Entfernung von meinem inneren Antrieb und meinem eigenen Sinn und die Unmöglichkeit, in der Realität meines Berufs wirklich etwas bewegen zu können, all das hat mich krank gemacht.

Mit seinem Eigensinn verkoppelt bleiben
Ich habe mich dann wieder daran erinnert, warum ich Schauspielerin werden wollte. Nicht wegen des Erfolgs. Der Beruf

hatte für mich eine gesellschaftspolitische Relevanz. Ich wollte Dinge hinterfragen und verändern, Stücke spielen, bei denen die Zuschauer berührt sind und zum Nachdenken angeregt werden und danach manche Dinge vielleicht ein wenig anders sehen oder tun. Nachdem ich mich mit diesem Anliegen wieder verkoppelt hatte, wusste ich, was ich tun will: Ich habe mit einer Schauspielkollegin den Verein Mitspielgelegenheit gegründet, um mit bildungsbenachteiligten Jugendlichen Theater zu spielen. Wir gingen vor allem an damalige Hauptschulen, also zu Jugendlichen, die jeder aufgegeben hatte, mit denen keiner mehr arbeiten wollte. Theaterangebote gab es lediglich für Realschüler und Gymnasiasten. Die meisten Schulleiter an Hauptschulen reagierten verwundert und ablehnend auf unser Angebot. Ihrer Meinung nach waren das Perlen vor die Säue geworfen, „Was sollen die denn mit Theater", war die häufig gestellte Frage.

Ein paar mutige Schulen gaben uns die Chance. Auch dort war der Tenor oft, „mit denen kann man nichts machen, die haben auf nichts Lust. Aber macht mal, es gibt nichts zu verlieren." Das hieß, wir hatten dort alle Freiheiten. Und wir konnten die Schüler und Schülerinnen auch nicht verderben, sie waren ja schon verdorben. Von diesen Jugendlichen habe ich in meinem ganzen Leben am allermeisten gelernt. Mein erstes Theaterprojekt habe ich als Geschenk empfunden. Ich bin nur mit meiner Schauspielausbildung und meiner inneren Stimme im Gepäck in diese Theatergruppe gegangen. Und natürlich mit einigen Selbstzweifeln, wie ich darauf komme, dass ich pädagogisch arbeiten kann, zumal ich es doch nie gelernt habe. Doch statt mich um die Zweifel zu kümmern, habe ich meinen Blick auf die Gruppe gerichtet. Die Kinder haben mich unglaublich neugierig gemacht, ich wollte zusammen mit ihnen etwas herausfinden. Und sie mit mir. Sie haben mir ihr Vertrauen und ihre Offenheit geschenkt. Zeitgleich zur Theaterarbeit habe ich mich fortgebildet zu theaterpädago-

gischen Ansätzen und Konzepten und meine Arbeit mit der
Gruppe zu Hause immer wieder reflektiert und ausgewertet.
Das Projektthema kristallisierte sich aus den Interessen der
Gruppe heraus und handelte vom Sich-fremd-Fühlen. Nach
einem Jahr haben wir es mit biografischen Texten und Szenen
der Jugendlichen kombiniert mit literarischem Material mit
großem Erfolg in der Schule aufgeführt.

Dann kam Jahr zwei. Ich begann ein Theaterprojekt an
einer Schöneberger Schule, neunte Klasse, in der die Jugendlichen nicht ohne Stolz erzählten, dass dies die schlimmste
Schule in Schöneberg sei und sie die schlimmste Klasse der
Schule. Aha! „Na gut", dachte ich mir, „dann ist das jetzt also
ein Experiment". Die ganze erste Zeit ging es lediglich darum,
vor allem die Jungs überhaupt zum Mitmachen zu bewegen,
deren größte Angst es war, dass sie im Theater Strumpfhosen
tragen müssen. Ich hatte so etwas noch nie in meinem Leben
erlebt. Diesen Schülern war es nicht möglich, mir auch nur
einen Satz am Stück zuzuhören. In der einen Sekunde haben
sie mich noch angesehen, in der nächsten lagen sie kullernd
oder prügelnd am Boden, waren eingewickelt in die Aula-Vor-
hänge oder haben auf dem Klavier rumgehämmert, das wir
nach Ansage der Schule nicht einmal anfassen durften.

Diese Jugendlichen waren schon so lange Zeit mit dem de-
fizitären Blick der Lehrer betrachtet und danach behandelt
worden, dass, bevor eine konstruktive Arbeit möglich war,
erst einmal die Demütigungen abgearbeitet werden mussten.
Ich habe ihr Verhalten zum Glück nicht persönlich genommen, auch wenn es unfassbare Kraftanstrengungen gekostet
hat, mich diesem Abarbeiten zu stellen. Die Lehrer haben uns
wegen unserer Naivität belächelt, waren aber froh, dass wir
ihnen ihre Klasse für ein paar Stunden abgenommen haben,
Rückhalt gab es kaum.

Theaterspielen mit Jugendlichen: wenn scheinbar Unmögliches möglich wird

Dennoch habe ich weitergemacht. Ich wollte unbedingt einen Weg finden, die Jugendlichen für das Theaterspielen zu begeistern. Meine Überzeugung hat mich angetrieben, dass jeder Mensch etwas ausdrücken will und kann. Es geht nur darum herauszufinden, was es ist. Legt man diesen inneren Antrieb frei, kann man gemeinsam scheinbar Unmögliches schaffen. Mein Weg war, dem Eigensinn der Schüler nachzugehen, dem, was sie selbst wollten und was sie interessierte. Von ihrer Motivation und ihren eigenen Themen ausgehend, vergrößerte sich ihre Offenheit gegenüber den Mitteln des Theaters. Und das Unmögliche ist passiert. Jeder Einzelne ist zur Höchstform aufgelaufen, hat eine Rolle entwickelt, Texte und Geschichten geschrieben und mit den ästhetischen Mitteln des Theaters Szenen entwickelt. Nach einem Jahr haben wir in einem Theater in Kreuzberg ein selbst entwickeltes Stück aufgeführt, angelehnt an die „Drei Schwestern" von Tschechow, in dem es darum ging, seine eigenen Träume zu verfolgen und nach den Gründen zu suchen, die einen davon abhalten, dies zu tun. Das Ergebnis war für mich ein Wunder. Und für die Lehrer der Schule noch viel mehr. In diesem Jahr bin ich unglaublich oft gescheitert. Ich bin aber immer wieder aufgestanden und habe versucht dazuzulernen. Aufgeben kam nicht infrage. Ich habe viel über Eigensinn gelernt, über den der Jugendlichen und über meinen eigenen. Die Verfolgung des Eigensinns hat uns gerettet und Unmögliches möglich gemacht.

Wahre Autorität basiert nicht auf Status – sondern entspringt der Persönlichkeit

Nach Maike Plath (Plath 2014; 2015) geht es um zwei Komponenten, die im Bildungskontext dazu führen, dass wirklich jeder Zugriff auf Wissen bekommt und es individuell nutzen, verstehen, kritisch hinterfragen und es in sinnvolle Kontexte und Bezüge ordnen kann: Beziehung und Partizipation. Diesen Ansatz der partizipativen biografischen Theaterarbeit habe ich 2007 auf einem Fachforum kennengelernt. Von Beginn der Vereinsgründung an habe ich den Ansatz in meiner eigenen theaterpädagogischen Arbeit erforscht und in den Verein integriert. Zum einen geht es dabei um die Beziehung zwischen Lehrendem und Lernendem und um das Interesse, gemeinsam etwas herauszufinden. Wäre ich den Jugendlichen mit der Haltung begegnet, dass ich über Wissen verfüge, über das sie nicht verfügen, das ich ihnen aber vermitteln kann, sie wären nach zwei Wochen nicht mehr gekommen. Es geht um ein echtes Interesse an einer Begegnung und um die Überzeugung, dass wir alle voneinander lernen können. Wenn ich auf Kritik und Scheitern persönlich gekränkt reagiere, dann vertue ich meine Chance auf Wachstum und Erkenntnisgewinn. Für das Lernen im Umgang mit einer direkten und ungeschönten Kritik waren die Jugendlichen aus Schönberg meine besten Lehrer. Ich habe immer wieder damit gerungen, meinen inneren Hochstatus wieder zu erlangen, um keinen äußeren Hochstatus spielen zu müssen und mich auf meine Rolle als Lehrende zu berufen. Es geht dabei um eine Form der persönlichen Autorität, die nicht auf gesellschaftlichem Status basiert, sondern bei der man sich auf die eigene Persönlichkeit bezieht, die Selbsterkenntnis und das Selbstwertgefühl. Erlangt man persönliche Autorität, führt dies zu mehr Respekt und letztlich auch zu mehr Einfluss. Nur mit einem inneren Hochstatus kann ich mich der Sache und den Jugendlichen wirklich zur Verfügung stellen. Dann sehe ich Herausforderungen als Chance auf Wachstum, nicht als Problem auf dem Weg zum Erfolg. Es gibt kein Rezept, wie ich mit „schwierigen" Jugendlichen am besten umgehe. An der inneren Haltung zu arbeiten, bedeutet lebenslanges Lernen. Dies ist demokratische Führung. Führung bedeutet nicht die Vermittlung von Wissen oder von vorgegebenen Wegen, sondern Dialog, Empathie und vor allem persönliche Autorität.

Ist diese Grundlage des wertschätzenden Umgangs gelegt, ist die zweite Komponente, um die es in der Arbeit mit Jugendlichen geht, Partizipation. Damit verbindet sich die Frage: Wie stelle ich Wissen so zur Verfügung, dass alle darauf Zugriff haben, unabhängig von ihrer Herkunft, ihrem sozialen Status und ihrem Wissensstand? An dieser Stelle knüpft das „Theatrale Mischpult" von Maike Plath an. Darin werden die Koordinaten zur Kunstform „Theater" in viele kleine Einzelteile fragmentiert und in Form von Karten zur Verfügung gestellt. Auf diese Weise kann jeder Jugendliche darauf zugreifen und hat eigene individuelle Kombinations- und Gestaltungsmöglichkeiten. Der persönliche Erfahrungs- und Erkenntnisgewinn führt zu großer Motivation und Lernlust und zum Finden des eigenen künstlerischen Ausdrucks. Die Jugendlichen können sich mit ihrer gesamten Persönlichkeit in den Arbeitsprozess einbringen. Auf diese Weise wird ein bildungsästhetischer Prozess in Gang gesetzt, der sie in die Lage versetzt, sich mit den Themen unserer Welt auseinanderzusetzen und eine eigene Haltung dazu zu entwickeln.

Der innere Antrieb: der Glauben an die eigene Idee

Um unseren angeborenen Eigensinn wiederzugewinnen, brauchen wir demnach Mentoren, die sich uns mit ihrer Person und ihrem Wissen zur Verfügung stellen. Auf meinem Weg sind mir immer wieder Menschen begegnet, die für mich als Mentoren fungiert haben. Diese Begegnungen und die wiederkehrende Verkopplung mit meinem eigenen Selbst, gerade in Phasen des Scheiterns, haben mich an den Punkt gebracht, an dem ich heute stehe. Heute heißt der Verein „ACT – führe Regie über dein Leben". Maike Plath hat ihre Verbeamtung als Lehrerin aufgegeben und ist mit mir im Vorstand tätig. Wir sind 25 Experten aus Kunst, Schule und Technik und setzen nachhaltig Impulse für künstlerisches partizipatives Lernen. Wir schaffen Räume, in denen unentdeckte Potenziale sichtbar und lebendig werden. Den Ansatz von Partizipation und Beziehung vermitteln wir in Theaterprojekten und im Weiterbildungsformat unserer ACT-Workshops.

Ich habe in diesen acht Jahren seit der Gründung des Vereins eine weite Reise gemacht. Ich habe meinen Unternehmergeist entdeckt, zahlreiche Theaterproduktionen mit Jugendlichen realisiert, mein Magisterstudium beendet und zwei Kinder auf die Welt gebracht. Mein Leben war und ist wesentlich stressiger als zu meiner Zeit als Schauspielerin, ich bin jedoch lange nicht mehr so erschöpft. Ich bin immer der Idee verhaftet, wie unsere Gesellschaft sein könnte. Das ist mein innerer Antrieb. In mir hat sich die tiefe Gewissheit manifestiert, dass die Zurückeroberung des Eigensinns der Schlüssel zu einem erfolgreichen, entspannten und glücklichen Leben ist. Zahlreiche kleine (und große) Wunder in der Zusammenarbeit mit den Jugendlichen bestärken mich auf diesem Weg. Blicken wir nämlich hinter die Störungen der Jugendlichen, auf den einzelnen Menschen, dann erkennen wir: Jeder Mensch will etwas lernen und in seinem wahren Selbst entdeckt und anerkannt werden. Es geht um eine Emanzipation des eigenen Selbst. Fangen wir bei den Kindern und Jugendlichen an, damit wir in einer Welt emanzipierter, eigensinniger Erwachsenen leben können, die kreative Lösungen für herausfordernde Probleme finden. Dieser Glaube und diese Erfahrungen lassen mich das Scheitern und den Gegenwind aushalten. Weil ich mit einem inneren Ziel verkoppelt bin, mein Leben selbst gestalte und einen Handlungsspielraum habe. Das heißt nicht, dass mir das zu jeder Zeit gelingt und dass ich frei von äußeren Zwängen bin, aber ich kehre immer wieder zurück zu meinem Eigensinn und ich weiß: Ich führe Regie über mein eigenes Leben!

Die Autorin

Stefanie López, Gründerin und Vorstand ACT e. V.

Stefanie López wohnt in Berlin. Gründerin und Vorstand ACT e. V. (ehemals Mitspielgelegenheit e. V., seit 2008). Studium der Theaterwissenschaft in Mainz und Berlin (Abschlusspublikation: „Alles begann mit Bildern und Rhythmen ...": Visualität und Theaterraum in Robert Wilsons Theaterästhetik). Schauspielstudium in Berlin. 2001–2007 diverse Engagements als Schauspielerin (u. a. Landesbühne Hannover, Neue Bühne Darmstadt). Konkrete, praxisnahe Konzepte zur Umsetzung der hier vorgestellten Prinzipien bietet ab September 2016 ACT e. V. in Workshops an: www.act-berlin.de, Kontakt und Informationen: workshop@act-berlin.de, www.facebook.com/actberlin.de.

3.1.3   The Power of Rowing Through "No"

Joanna Riley

I never had any athletic ability as a child – or so I was told. I tried – and failed – at many sports, but from the moment I picked up an oar, at age 14, I knew this was going to change my life. Picture a rowing team in their boat, gliding along a river; each person influencing the direction, progress and success of the journey as they lean in and lean back with each stroke to propel the boat forward. The team moves as a unit and if one person's timing is out – if the oar's entering the water a millisecond faster or if they're pulling slightly harder – it slows down the boat. It's not just timing, but teamwork. You row in eights so I never crossed a finish line, or won or lost a race without seven other girls and a coxswain, whose job it was to oversee the team; to quite literally steer us to a successful finish, and correct us if we strayed off course.

Rowing is such a perfectly poetic way to understand business and leadership. Each person in a company has to be aligned and going in the same direction for real growth and success to occur. And a leader needs to guide their team in that direction, pulling back at times to observe the bigger picture and shifting course when needed.

Know when to push forward, and push through
I rowed with the Junior National Team, which helped me find my place and really prove myself as an individual. I went on to hold records and got a full scholarship to college from rowing. I was on an international team, and rowed for the United States – this kid with "no athletic ability"! I discovered that I was driven by performance, and the need to steer my own course.

I also learned how important it is to push through the "noes". In grade school I was told by my principal that I'd never go to college. I had dyslexia and had to work really hard. I begged my parents for one more shot; I did the work and graduated high school with high honors. Eventually I was accepted into most Ivy Leagues and many other universities in the United States, and after choosing one, I sent the principal my first few acceptance letters and told her: "Never tell a kid they can't go to college!"

We're all here for the first time
These experiences spurred my drive to constantly challenge the status quo. If the ship's never been steered that way, it's a great time to do it. When I was a child, I picked up the Robert Frost quote: "Two roads diverged in a wood, and I took the one less traveled by. And that has made all the difference." I think that is truly something that has changed my life. I always pick the road less traveled. You can constantly surprise people. And you can always find ways around a challenge that typically, others wouldn't.

People can say all they want: that you can't go to college, you don't have any athletic ability, or you have to run your business this way, but … everyone is living life for the first time. Nobody we know of has ever come back and said, "This is my second time around and I am going to tell you how it's done."

After college, I was recruited into the FBI, as part of the International Training Unit. I loved what I did, but at the same time, I realized that working in a bureaucratic structure just didn't motivate me. This was the beginning of understanding that I'm driven by merit, performance, and taking risks. I guess I should have known, being an athlete, eventually it would wear on me.

My unit chief was amazing; he took me under his wing to develop me, and taught me skills I still call on today, even if it's for use in the boardroom and not in conflict zones. How to push myself, how to work with people from different cultural backgrounds, and the challenges of working in countries and environments where men are the only ones that make the decisions. My unit chief was also the first to realize my restlessness.

"The Bureau is going to lose you."

I responded instinctively, "I was born for this, this is what I live for."

"No," he replied. "You deserve to be in front of thousands of people."

That single conversation was the beginning of my understanding that being a leader was even possible. And to know that my unit chief found the idea more amazing than me staying in the FBI gave me the courage to go out on my own. When I was growing up, when girls around me wanted to be ballerinas, I wanted to be a secret agent. But in that moment, I saw there was a different way to save the day, even if it wasn't as cool as being a spy! I'm still so proud of everything we did at the Bureau; it was more that it wasn't the right way for me to excel in life.

The power (and responsibility) of a mentor

What I also learnt was the value of nurturing those who mean a lot to you. I can't emphasize enough the value of mentors. The right ones will encourage you to take risks. Look for people who have what you want to be. For me, it was the challengers of the norm, the hungry ones who wanted to constantly push to be better. Learn from them, and grow. I knew that I was going to be okay when I would hear the stories of other people that would fail, fail, and try again, building their companies on credit card debt. Knowing that's a badge. That's grit. That means making it. One day, you may even be a mentor yourself. When you are, take it seriously. Only do it if you have the time and energy necessary to teach skills, lessons, and challenge ideas to be better.

200 "noes" for one "yes": believe and be relentless
After I left the FBI, I started my first company, and I found that being an entrepreneur was about defeating the status quo every day. Overcoming the "noes" was a common ritual. I didn't necessarily know what I was doing, but I had a very big dream, and I didn't quit despite being told "no". As long as I maintained my attitude, and continued to push through, for every "no" there was a "yes" around the corner that inevitably would be so much greater.

That's been the case raising funding for 1-Page. In the early days, I was told "no" by a very successful high-end venture capitalist, that I would not be able to do this, that they would not invest in me. And I wasn't just told "no" once, I was told "no" over 200 times. But I did not quit. You need to put yourself out there and know you are going to get hit with every objection and every "no" and every hardship along the way, but whatever you do, don't let them stop you. Let them make you stronger. The longer you experience "no" the better your "yesses" will be.

By 24, I'd moved to China, to work with a global media company. I landed in Beijing knowing only a few basic words of Mandarin. Yet I had an amazing opportunity to build another business, which I started in a joint venture with the Chinese government. It's also where I started 1-Page in my pajamas in my apartment, learning how to code, with a dream to make sure anyone who wanted a job in the future was never judged based on bias. It didn't matter where you went to school or what you had done in your life, but if you had the passion and the ability to do something and you had a great idea how it could succeed, you should be given the right opportunity.

China taught me that this is something I can never take for granted, either. I saw how lucky we are, how incredible and how rare freedom of speech is, and what happens when it's not the norm. What it looks like when equal opportunity across gender, background, wealth and education isn't the norm either. I also learnt things not possible in the United States – the spiritual, cultural and historical lessons only living in the world's oldest civilization can teach.

Build your dream team, and get out of their way

When I'm building teams, I truly believe in the importance of hiring people smarter than me and delegating responsibilities to them and holding them accountable. I literally get out of their way and let them do what they do. I look for competitive, innovative people that (like me) are addicted to pushing the status quo. I also look for attitude. If you can see a roadblock as an opportunity, then we're going to get along just fine!

I'm so grateful to work with both men and women in my team. Those two elements working together equals so much more strength. All too often in the business world we miss out on that. Women are incredible. We are half of the population, and we're an incredible asset to the workforce. Women need to understand their assets, and how they can use those in business. Being able to build teams and get the best out of those teams. Making great decisions. One of the challenges women have that I've seen is an inability to delegate, which to lead, we must do. It was something I had to learn through my first company, and understanding it was something that only magnified my own success.

Delegate. Look up the boat. Trust your gut.

It's my job to see where we're going and prioritize whatever has to happen to get there. At the same time, it's really important to step back and look at how you view a problem. For me, one way I step back is to get other eyes to look at it and ask their advice without me having any input. For example, if we're faced with a product hurdle, I'll consult widely across my teams – not just those directly involved. I get as much feedback as I can and leverage the experts around me. And if I need more time, I make sure I give it to myself. I run every morning – I go stir crazy if I don't. My phone stays at home, and I use that rhythm of foot to pavement to challenge my assumptions and views, chew over alternatives, and land at the best decision I can make.

I feel lucky that both my parents have been great influences. My mom was a terrific businesswoman and I always looked up to her. My parents taught me that you have to believe in yourself, in your own vision, values and character. That is what makes or breaks you. Most importantly, you have to trust your gut. We all know in our gut the truth about a situation. I think we choose to listen to it or not. When I've chosen not to listen, it's always worked against me.

My parents also said: "Whatever you do, try 100 %. If you don't you're never going to know if you're really good at it." And that was really it. I mean, who was I not to be great at something? Who are we all not to be great at something?

Looking back, I realize just how much rowing taught me about teamwork and leadership. It helped me understand that as I got better myself, so did the teams I was on. When I first started rowing, everyone told me I was not going to be successful, but I overcame it. I learned the incredible lesson of not needing outside validation, and when I believed in myself, my world changed. I surrounded myself with the right people and won every single race – I still do.

So, do not let the "noes" stop you. When people tell you, "this is not what you are supposed to do", just get out there and prove them wrong.

Author

Joanna Riley, CEO and Co-Founder of 1-Page

Joanna Riley is the CEO and Co-Founder of 1-Page (ASX:1PG), building next generation talent sourcing and engagement platforms. 1-Page is also the first Silicon Valley company to list on the Australian Stock Exchange. Prior to launching 1-Page Joanna was CEO and Founder of Performance Advertising, responsible for building one of the US leading outsourced direct sales and marketing firms for two

Fortune 500 companies, with a successful exit in 2007. Joanna moved back to the US after spending five years in China where she developed and led technologics in the mobile and e-commerce fields. On top of building 1-Page, Joanna most recently served as Managing Partner for Hubert Burda Media in China, where she headed the expansion and led all strategic operations.

3.1.4 Der Sprung ins kalte Wasser fühlt sich nicht wärmer an, wenn man später springt

Susann Hoffmann

Seit meiner Kindheit trage ich einen Satz in mir: „Der Sprung ins kalte Wasser fühlt sich nicht wärmer an, wenn man später springt." Ein Gedanke, der mich bis heute leitet und der mir selbst immer wieder zeigt, sei die Angst auch noch so groß – und ohne Frage, als schüchternes Kind, als aufmüpfiger Teenager, als neugierige Studentin, als Gründerin mit Weltverbesserer-Ambitionen, ich hatte und habe viele Ängste, kleine und auch große – der Sprung lohnt sich. Denn die Idee davon, wie etwas sein wird, ohne es erlebt zu haben, kann der Realität niemals das Wasser reichen, im Positiven wie im Negativen. Der Sprung ist der entscheidende Moment. Der Moment, in dem die Magie entsteht. In dem man über sich hinauswächst und ein Abenteuer wagt.

Einen Gedanken aber habe ich diesem Lebensmotto meiner Kindheit hinzugefügt. Die Entscheidung, in welches Gewässer ich wie springe – ob direkt vom Ufer, mit Anlauf oder vom Zehn-Meter-Turm – liegt bei mir. Es gibt keinen perfekten Sprung. Worauf es ankommt, ist, im Wasser zu schwimmen und das kann immer weiter und schneller sein oder aber auch zurück ans Ufer.

Der Sprung ins Start-up-Haifischbecken war in meinem Leben bisher einer der aufregendsten. Denn die Qualitäten, die in diesem Wasser gefragt sind, sind vielfältig. Und müssen oft erlernt werden, während man schon unterwegs ist. Umso besser, dass ich nicht alleine gesprungen bin, sondern zusammen mit meiner Mitgründerin Nora-Vanessa Wohlert. Drei Fähigkeiten, die wir beim Schwimmen gelernt haben:

Goodbye, Ego

Kaum eingetaucht ins Gründergewässer, findet man sich umgeben von vielen starken Persönlichkeiten, Mitschwimmern und auch großen Egos. Gründer brauchen Selbstvertrauen. Sie müssen den Drang haben, etwas zu bewegen, bereit sein, mehr Verantwortung zu übernehmen und Teams anzuführen. Und dennoch ist das Ego allzu oft im Weg, wenn es darum geht, gute Entscheidungen zu treffen und zu verstehen, dass das Team genauso wichtig ist wie man selbst.

Eine Erfahrung, die mir dies bewusst gemacht hat, war die Gründung eines Betriebsrats während meiner Zeit als PR- und Strategieberaterin in einer großen Kreativagentur.

Unternehmen verändern sich. Egal, ob ganz jung und noch im Findungsprozess oder schon etabliert und immer wieder im Wandel der neuen Technologien, eines Unternehmensverkaufs oder aufgrund von Umsatzeinbrüchen. In einer solchen Zeit des Wandels befand sich auch meine Agentur. Wir waren allein in Berlin 500 Leute. Und wurden gerade erst an eine große internationale Agenturgruppe verkauft. Es gab Entlassungen. Es gab strukturelle Veränderungen. Und immer mehr freiwillige Kündigungen. Aber es gab wenig Kommunikation. Stattdessen: Schweigen vonseiten der Geschäftsführung und

eine immer größere werdende Kluft. Denn die unternehme-
rischen Interessen entfernten sich mehr von denen der Mitarbeiter und die strategische Ausrichtung schien nur noch die
oberste Management-Riege glücklich zu machen

Das Gefühl der Mitarbeiter: Die eigenen Bedürfnisse spielen keine Rolle mehr. Der Wunsch: eine bessere Kommunikation. Mehr Nähe. Der Plan: Wir wollten ein Sprachrohr
für alle Mitarbeiter schaffen, um das, was das Unternehmen
einmal ausmachte, wieder zu bekommen. Die Lösung: die
Gründung eines Betriebsrats.

Es ist wohl kaum eine Überraschung, dass der Weg bis zur
Gründung des Betriebsrats steinig war. Denn der Unmut darüber aufseiten der Geschäftsführung war groß. Das ist ein
Phänomen, das in der Vergangenheit große Konzerne betraf,
das die etablierte Agenturszene kennt und das selbst bei Start-
ups zu beobachten ist. Ein Betriebsrat schürt Angst bei denen,
die ein Unternehmen lenken, weil sie sich in ihrer Macht be-
schnitten und ihrem Führungsstil angegriffen fühlen. Weil
ihr Ego gekränkt ist. Letztens erst sagte ein Start-up-Gründer
zu mir: „Wenn ein Betriebsrat kommt, bin ich weg". Wieso?
Auch Führungskräfte machen Fehler, brauchen ein Korrektiv,
Austausch. Warum also nicht auch mit dem eigenen Team,
mit Rahmenbedingungen, die das Persönliche außen vor lassen?

Für mich bedeutet Unternehmer sein, offen zu bleiben: Die
Augenhöhe nicht zu verlieren und die Wege für konstruktive
Gespräche nicht zu versperren, ist das A und O. Gerade, wenn
es um kritische Punkte geht. Dass heißt, sich gerade dann auch
zu trauen, den Perspektivwechsel vorzunehmen. Denn wenn
ein Teammitglied sich dazu entschließt, das Gespräch zu suchen, sind dem viele Gedanken und womöglich auch Sorgen
vorausgegangen. Diese nicht ernst zu nehmen und nicht den

Versuch zu wagen, die andere Seite einzunehmen, ist wohl eine der größten verpassten Chancen, um zu verstehen, was ein Unternehmen, ein Kollege oder ein Projekt braucht. Alle Start-up-Gründer streben ja bekanntlich die Weltherrschaft an, wollen die alten Märkte aufbrechen und erneuern. Super. Nur, wer all das gemeinsam mit anderen erreichen will, lässt sich auf dem Weg dahin besser nicht nur von seinem Ego beraten.

Team, ahoi

Eines meiner größten Learnings als Gründerin war das Loslassen, Verantwortung abgeben und verstehen, dass nicht alles nur auf meinen Schultern lasten muss. Gründer haben meist ganz konkrete Vorstellungen davon, wie etwas sein soll, was die nächsten Schritte sind, welche Partner für ein Projekt nötig sind. Gründer sind Allrounder. Das große Ganze immer im Blick, in allen Bereichen gut oder motiviert sich einzuarbeiten, damit der Laden läuft. Denn als Gründer ist man Motor und Antrieb, Stratege und Umsetzer. Und wenn der Plan aufgeht, steht man schnell mit mehr Teammitgliedern da und versucht auf einmal, nicht mehr nur sich selbst und das Unternehmen über Wasser zu halten, sondern viele andere mit. Falsch. Denn was ich lernen durfte, ist, dass wir uns alle gemeinsam tragen und jeder auf der Wegstrecke mal zur rettenden Boje wird oder kurz vorm Untergehen ist, weil die Kräfte nachlassen. Die Frage ist also: Wie schaffe ich es, Teammitglieder, die gerade dabei sind unterzugehen – weil es zu viel ist, weil die Aufgabe zu herausfordernd ist oder weil persönliche Themen dazukommen – nicht zu verlieren und so stark zu machen, dass sie auch wieder zur Boje werden können? Wie schaffe ich es, dass die Leidenschaft und Motivation, mit der jemand zu EDITION F gekommen ist, nicht versiegt?

Die beste Antwort auf meine Fragen las ich in einem Interview. Pascal Finette, Coach und Dozent an der Singularity University, sagt sinngemäß: Die Sache mit der Motivation ist einfach. Denn hat man als Chef bei der Einstellung die richtige Wahl getroffen und Menschen in sein Team geholt, denen ihre Arbeit mehr bedeutet als ein Gehaltsscheck am Ende des Monats – weil sie lieben, was sie tun, weil sie sich damit identifizieren und Teil einer Idee, einer Bewegung oder einer Kultur sein wollen – dann hat man die halbe Miete drin. Denn Motivation lässt sich nicht erzeugen. Sie lässt sich nur aufrechterhalten. Nur wie? Die Antwort des Coachs lautet: Werden Sie als Chef interner Dienstleister für Ihre Mitarbeiter. Das klingt erst einmal frustrierend – denn das Modell „Chef" scheint im Grunde weit weg vom Modell „Dienstleister". Aber um die Motivation nicht abreißen zu lassen, gilt es eben, die Hürden, die jeder Job mit sich bringt, möglichst klein zu halten – egal, ob es um gute Software geht, um Unterstützung bei schwierigen Kunden, um Brainstormings oder um drei kürzere Tage pro Woche, weil die Kita schon 16 Uhr schließt. Mit den Mitarbeitern sprechen, ihre Themen und Probleme registrieren und ein Umfeld zu schaffen, in dem diese weniger werden, ist essenziell, um die Anfangsmotivation auf der Strecke nicht zu verlieren. Und dazu gehört Vertrauen, in die Mitarbeiter und darauf, dass diese richtige Entscheidungen treffen. Und sich reinhängen. Mitziehen. Selbst in schwierigen Zeiten.

Dass diese Strategie aufgeht, hat mir nicht zuletzt die Phase gezeigt, in der wir mit EDITION F noch Startschwierigkeiten hatten, als das Geldverdienen noch nicht so klappte wie gedacht oder als die Entwicklung der Plattform länger dauerte als geplant. Das scheinen Kleinigkeiten zu sein, aber junge Unternehmen geraten durch ebendiese kleinen Stolpersteine schnell ins Wanken – und es war toll zu sehen, dass auch in dieser Zeit jeder unserer Mitarbeiter da war, dass sie verstanden haben, worauf es jetzt ankommt und mit uns alles gemacht haben, um das Tal zu durchschreiten. Da nützt es als Chef nicht, die Ziele und den Druck zu erhöhen, sondern transparent zu sein. Schwächen zu zeigen. Aber auch den Willen zu zeigen, dass man weiter an die Vision glaubt. Daran, dass es einen Weg gibt. Nora und ich haben gezeigt, dass wir gerade viele kleine zusätzliche Bojen brauchen, an denen auch wir uns festhalten können, denn alleine werden wir vielleicht untergehen. Die gleichen Mitarbeiter, die damals mit uns geschwommen sind, die in vielen Momenten Halt gegeben und die wir in anderen Momenten mitgezogen haben, sind heute noch da. In den guten Zeiten. Mit der gleichen Motivation. Mit noch mehr Ideen. Und einer Kultur, die mich glücklich auf alles schauen lässt, was wir zusammen erreichen.

Hello, me

Das Ego hinter sich zu lassen, ist eine große Sache, vor allem, weil es eben nicht nur im Weg steht und sich als Hürde zeigt, sondern oft auch schützt. Denn jeder von uns hat Grenzen – auch, wenn wir stetig bemüht sind, diese zu verschieben, neu zu definieren und zu überschreiten.

Denn wir sind Unternehmer und Chefs, Studenten oder Angestellte. Wir sind Menschen mit Stärken und Schwächen. Wir sind die Person, die auf Bühnen selbstbewusst und intellektuell klingt und die den direkten Small Talk mit Fremden danach aus Unsicherheit scheut. Wir sind die einfühlsame Freundin in schweren und die ausgelassene in guten Zeiten, wir sind leidenschaftlich und neugierig auf das Leben und die Welt und dann wieder vorsichtig und ängstlich. Wir wollen vieles sein. Die sexy Frau auf Instagram, die schlaue Akademikerin auf Twitter. Nur eines sind wir selten, ganz bei uns und vor allem ganz authentisch in jeder Situation. Genau das meine ich mit „Hello, me": erkennen, was einen ausmacht, versuchen, nicht jedem Bild zu entsprechen, das andere von einem haben, oder sehen wollen und offen zeigen, wo auch die eigenen Grenzen sind.

Für mich heißt das, manchmal auch von einer Bühne zu kommen und das Netzwerken direkt auszulassen, wenn mir nicht danach ist. Manchmal bedeutet es, auf einem Event auch die Erste auf der Tanzfläche zu sein. Näher bei mir zu sein, Menschen zu zeigen, wer hinter dem Bild steckt, das sie von mir haben, ist eine Befreiung, die mehr Kräfte freisetzt – anstatt mit Ängsten durchs Leben zu gehen, einem Bild zu entsprechen, das mir selbst so schwerfällt zu erfüllen, oder aber einfach angepasst zu sein.

Es kostet Mut. Es ist ein Sprung für sich. Zu zeigen, wer man ist, ist das Gegenteil der vielfach gepriesenen Lean in Strategie. Sich reinzuhängen ist toll, aber wer erkennt, dass viele Projekte oft keine Sprints, sondern eher Langstrecken sind, teilt sich seine Kräfte ein, macht Pause. Also, lean back. Zumindest ab und zu.

Immer im Wasser

Die größte Herausforderung beim Schwimmen in neuen Gewässern ist, dass man nicht weiß, was kommt. Das Einzige, worauf man sich verlassen kann, sind die Fähigkeiten, die man bereits besitzt, mit denen man losschwimmt und die einen tragen und treiben. Sich bewusst zu machen, was man bereits geleistet hat, welche Fähigkeiten man in all den Lebens-Abenteuern schon gelernt hat, ist essenziell, um bei sich anzukommen, um Stärken und Schwächen anzunehmen, daran zu arbeiten.

Ich möchte nichts anderes tun, als in diesem Gewässer zu schwimmen –, weil ich vom richtigen Ufer ins richtige Gewässer gesprungen bin. Weil ich schon beim Absprung Nora an meiner Seite hatte und auf dem Weg immer mehr Mitschwimmer dazukommen. Immer wieder heißt es: Nehmen wir auch die nächste Klippe? Und das muss jeder für sich entscheiden. Mein Rat ist nur: Wenn du neugierig genug bist, die Leidenschaft beim Gedanken an das Neue wächst, dann lass die Angst nicht alles überschatten. Und spring.

Die Autorin

Susann Hoffmann, Gründerin EDITION F

Susann Hoffmann ist für die Bereiche Marketing & Kommunikation, Sales, Investor Relations und Produkt verantwortlich. Vor der Gründung von EDITION F arbeitete sie nach Stationen als freie Journalistin und Produzentin von Kurzfilmen über vier Jahre als Strategie- und PR-Beraterin bei der Kreativ-Agentur Scholz & Friends. Anfang 2013 leitete sie den Aufbau der Kommunikationsabteilung von Vertical Media, dem zu Axel Springer gehörenden Verlag mit Online-Publikationen wie Gründerszene oder der Digitalkonferenz Heureka. Dort arbeitete Susann gemeinsam mit ihrer Mitgründerin Nora-Vanessa Wohlert zusammen.

3.1.5 On Authenticity, Self-Belief and Leadership

Beverly W. Jackson

Who am I?

I am a contradiction in the American marketing landscape – as a woman of color who is over 40 and working successfully in technology, I'm a far cry from the usual hipster, millennial, Silicon Valley type; and yet I am, happy, thriving and navigating the ever changing landscape. I have found my path and continue to take the road less traveled with a spring in my step.

My story

I've been working for some of America's most successful brands for years, all the while, working on my own personal brand. In my experience I have found it essential to find three things that work for you and use those as the cornerstone of your own path. They can be character traits, goals, values, that become your guiding light through your best moments and daily challenges.

Think about how advertising works: the greater your exposure and awareness of the brand, the more inclined you are to live and buy into it. The same applies to your own brand, you need to keep it top of mind consistently to live it.

My life lessons

At this stage in my life, I have discovered those things that encompass who I am:

1. **Never stop learning.** I am not an expert in anything and yet I have an insatiable hunger for knowledge and encourage family, friends and work colleagues alike to pursue lifelong

learning. My current role in social media, my third or fourth career, is proof that if you believe in yourself, and have a will to learn, you can be successful in whichever field you choose.

2. **Pay it forward.** I believe everyone is capable of giving back and has wise words, life experience and knowledge to impart. Your level of achievement should never stop you from mentoring and helping others.

3. And the most important of the three: **authenticity – the power of remaining true to yourself.**

Authenticity works because ultimately people want to know that your persona is consistent: who they meet is really who you are. It's unfortunate to meet someone, be it co-worker, friend or partner that hides behind a facade. Though being authentic is the biggest part of my brand, it's easier said than done. My sense of humor, happy demeanor and my love for cracking jokes has sometimes meant I am not taken seriously.

I never suppressed what is natural to me, or pretend to not be happy, of course! I have, however, learned to be more appropriate when needed, though my sense of humor has often come in handy!

Happiness is contagious

A smiling person is much more approachable. I laugh because laughter eases tension. My career for the past last ten years at the GRAMMYs, Yahoo!, and MGM often included high stress environments where smiling and a sense of humor were magical at keeping people at ease. I'm a happy person and I love to be able to share that. Happiness is contagious.

Having a good sense of humor helps you take a step back and gain perspective which is especially needed in America, where we work in a fast pace economy.

Move onwards and upwards

I once worked at a place that was hectic and chaotic – it was such a competitive environment that made it almost impossible to take a breather and check facts. You could never look back or lean back, so I decided to leave. However, a competitive environment can be helpful and necessary too. I once had a job that was very challenging but not competitive at all – people were too comfortable, productivity was low, and it eventually became the reason I left.

See – learn – inspire

At some point in your career you have to lean back to create space to grow. In my case, what truly reinvigorates me and allows me a sense of perspective is traveling. I don't speak other languages so every time I travel I learn the basics of the local lingo. When I travel I am inspired and get distance from my daily routines. I have found that being intellectually curious pushes me in different ways and allows me to reset.

I rarely take vacations where I just sit on the beach. In fact, I went to Barcelona last year and I didn't go to the beach, but I learned how to make paella! I prefer to learn and explore the local way of life. This is how I find inspiration; it helps me see things that others may overlook. I bring everything I've learned whilst traveling, from conversations with cabdrivers, restaurants I've been to, conferences I've attended, to my every day experience.

Discover the world

It is so important for me to share this experience with my loved ones. When my nieces and goddaughters graduate from school, once they have a plan, whether it is to go to college or the military or something else, I'll take them on a seven-day trip anywhere in the world.

They'll get to pick the place and I leave it up to them to create an itinerary. I want them to go into the world with a sense of adventure and to be able to break perceptions created by others. To show them the world is their oyster, I give them a passport, and take them somewhere they have only seen in books. Trips to Paris, London, Barcelona, Jordan, Korea, China, and Cuba are among possible destinations and places that have enchanted me, too.

Allow the cheerleader to overpower the critic in you

In addition to travel, a good sense of self-esteem and self-belief is crucial to women in my life. You are your own biggest critic and your biggest cheerleader. We all encounter moments of self-doubt but what is most important is that the voice of confidence, the voice that says, "you can do this" prevails over self judgment.

I hadn't ever snowboarded until a few years ago and I was terrified I was going to fall and break something. So on my first attempt I was frightened and, of course, I fell. I got back up and began to actually enjoy it. Because once you've "practiced" falling, getting up is easier.

The truth is, you may never fully silence that pesky voice that says things like: "I'm not good enough, I don't speak enough languages, I can't program well enough" etcetera. You can, however, supplement it with the cheering voice that says: "I got your back! You know what? Maybe your hair doesn't look good today but you have a killer smile."

Get up when you fall

Cheering yourself up is most important in times of crisis. When I was eighteen I got the rejection letter for my college application and I felt miserable. No one could help me, no one in my family could advise me because they didn't have any experience with what I was going through.

No one in my family had ever attended college; they have had to work very hard their entire lives and wanted a better life for me. I had to do it on my own.

So I told myself: "These people, they don't know me. They can't reject me based on a piece of paper". Luckily I had to travel to a city close to the college because I had been invited to speak in front of the US Congress about a youth program that I was involved in. I was going to speak about why it's important to invest in education. Of course I would do anything deemed necessary to make sure I got my own education. I decided that trip was my chance: I got an appointment with the dean, went to talk to her, and was later accepted. Since that day I have never accepted "no" for an answer.

Perseverance has guided me during times of failure in my career and I know now that it comes from my mother. My mother was still a teenager and my dad was only twenty years old when I was born. They both dropped out of high school and had to work very hard ever since. My mom didn't have the chance to do many of the things in her life that she wanted to do and her sense of regret has perhaps been my greatest source of personal motivation.

When I see my mom working it reminds me you need to know where you want to go, take the first step and keep going no matter what. Obstacles and failures will test you all along the way. Times will be hard, but giving up is not an option. Follow through is essential to all you do. As a leader I have to be able to get up after every fall and inspire others to stick with you for the next try.

Look for a different angle

Now, I have been both a mentor and a mentee. If there is any important advice I can give: get a mentor. Find one that is different from you, someone who does not look like you, someone who is at a different place in life. My first mentor was a sixty-five-year-old Jewish woman who was a government official. At my then age of twenty-six, we were worlds apart and not surprisingly I learned so much from her. I love that I can now play a role like that in other women's lives.

Diversity is power
One of the reasons I feel so good in my current job is that my boss, as well as her boss, are women, and women who truly empower others. They are literally changing the game and for a change, their male colleagues are great supporters.

What I love about this place and what I believe has enabled this environment is in largest part due to our chairman. He embraces innovation and diversity and it trickles down to every team in every sector of the business. I am surrounded by incredibly hard working, talented people, all from different backgrounds and walks of life, and it's an honor to be part of that.

I'm a unicorn
Even as a small girl I was always taking things apart and seeing how to put them back together. I was looking at problems in various ways and was never satisfied with the easy solution. Problem solving became my passion. I wanted to do great things, push myself beyond the norm, and in doing so, inspire others. I wanted to be a leader. I didn't dare tell anyone, as at that stage I was a twelve-year-old, unusually tall with teeth that made me insecure. I spent a lot of time worrying about how different I was.

Now, I understand my differences are what make me authentic. It is these differences, quirks, what have you, that have become my biggest asset. I now take pride in them as they have made me the person I am today.

Author

Beverly W. Jackson, Vice President, Social Media and Content Strategy, MGM Resorts International

Beverly Jackson is a senior marketing executive at MGM Resorts International. She currently works in Nevada, United States, as the Vice President for Social Media and Content Strategy. She previously held positions as the Head of Social Marketing for Yahoo! and as Senior Director of Marketing, Strategic Alliances and Social Media for the GRAMMYs. She holds a Bachelor of Science from Howard University in Washington, D.C. and a Master's of Public Administration degree from the City University of New York.

3.2   Do what you love

3.2.1   Don't Follow the Norms

Anju Rupal

I never followed norms. I just never fitted into little boxes. Which as a parent, I now understand it wasn't easy for my mum and dad. Born in London to Indian parents who immigrated from Punjab, my siblings and I were brought up in a very traditional strict Indian family. And yet, I thank god my parents saw the need for us to assimilate in their chosen new country.

As one of the first generations of Indians to settle in London, my parents' story is the classic dad coming first with a few dollars and later bringing mum over. I hold the utmost respect for my parents, their achievements and how they always tried to put our needs first and instilled in us values of love and respect. I watched my parents work so damn hard. Sometimes dad would work two shifts; which meant either little sleep or no sleep. They quickly managed to buy a house and with the house came the visitors, other so-called aunts and uncles who joined us, living with us in what often felt like a youth hostel.

My parents opened up their home to enable other members of the family to start their future. Even had strangers, friends of friends, stay over for months until they found their feet in London. If there's anything I miss in the west, it's this warm openness of family values.

These relatives went on to build themselves a home in England, after finishing their studies and marrying women that were arranged by their parents or my mum. The women who stayed with us also shared their stories of how their marriages were arranged to my uncles. Some had been very lucky with their parents' choice but a few others hadn't.

There I learnt the indifferences of being a woman in a patriarchal culture and felt that education was the only way to balance this. I increasingly became interested in understanding gender inequalities and how to be empowered and help other women empower themselves. Why were women of no importance in many cultures? How could I give a voice to women who knew nothing more than being a punch-ball or a birthing machine?

Unusual is the new normal

I studied sociology and ethnology but got frustrated with the theory, I wanted to just get thick deep into work. An opportunity came from North England so I decided to drop out and went to work in a refuge for women victims of domestic violence.

I was forever joining rallies. For Greenpeace I stupidly landed in jail. I lobbied for the labor party to annoy dad (a staunch conservative) and volunteered nights at the Samaritans. I was fascinated by the power of actions for change.

And I also decided to marry out of my culture. In those days, to marry Thomas, a non-Hindu, was unthought of. I was ostracized from my family for this move. Fortunately, they later gave us their blessing and fell in love with him too. My grandmother, this sweet woman, had two words for me: "follow your happiness" and "don't have too many children". She'd had eight kids. My family gave us a Hindu marrying ceremony and I decided to give away my jewellery to a family in India. I would never have worn such opulent jewelry and knew the importance of this for a dowry.

This was my first trip to Mother India. This trip opened up to me many, many inequalities. During the visit, a young mother asked me to care for her two toddlers while she sought a place to relieve herself away from public eyes. That sudden moment, that idea that something we take for granted was something that woman needed so desperately, touched me deeply. That woman's face has stayed with me ever since and served as my inspiration for founding Abhati. It only took me awhile.

It was in 2011, while attending the "Change the World" Conference in the EO Amsterdam University, that everything began to fall into place for me and left me with a profound understanding of how I could make a difference through entrepreneurship. It was here that I met Dr. Muhammad Yunus, a Nobel peace prize winner.

That gave me the fuel I needed to become part of the solution of this sanitation problem. So I founded Abhati, a high-end cosmetics line that combines beauty with giving back. I had proven to myself that I could make it as an entrepreneur so I started wondering if it would be possible to offer remarkable products with an ethical touch. So I set out to have an impact and to make a difference in the social responsibility space. Abhati means "illuminate your soul" in Sanskrit, is my way of shining a spotlight on something bigger than me.

It combines my passion to give back with my entrepreneurial experience. It's a movement, a vehicle I'm using to generate awareness and education. We donate half of our proceeds to NGOs that are doing phenomenal work in sanitation and work in educating people, showing them how to adopt safe-sanitation methods and teach their loved ones how to.

It combines my passion to give back with my entrepreneurial experience. It's a movement, a vehicle I'm using to generate awareness and education. We donate half of our proceeds to NGOs that are doing phenomenal work in sanitation and work in educating people, showing them how to adopt safe sanitation methods and teach their loved ones how to.

This way we reduce infection, shame and school absenteeism. One billion people around the world don't have access to sanitation and are forced to "go" outside, often in the open. It is not only the cause of dozens of diseases but it forces girls to leave schools once they start menstruating and exposes women to the daily threat of sexual violence. We supply toilets to communities in India that are most in need. Roughly six out of ten primary schools in India have no toilets

Not any company is willing to work for – and identifies their brand with – social issues that are especially difficult to talk about openly. That's why the idea of a cosmetics company dedicated to put an end to public defecating is both a shocker and an incredible compelling story.

I have always thought that girls will be the agents of change to achieve this goal. I have always worked with women and as a social worker was able to watch how the girls grew up and became change agents through their actions. I just wanted to find a sustainable way to find a solution to educate girls.

So I committed to that social cause. I do believe, whether you live across the road or across the ocean, we all share a similar dream: we all want to do good. What if our everyday choices, big or small, were just the opportunity needed to serve others? In ancient India, Seva was believed to help one's spiritual growth and at the same time contribute to the improvement of a community. It is the art of giving with no need to receive, as the act itself is a gift to everyone involved. Seva is the art of blessed action. Seva is what Abhati was built on.

How we build Abhati

I worked in the social sector for many years, struggling with keeping NGO's running. I always knew I wanted to continue making a living by serving others but I wanted to mix my worlds of philanthropy with an ethical business model, and this was before social entrepreneurship started, I just always believed both could sit side by side and make an impact. But first I had to learn and master the entrepreneurial space.

I motivated friends from the beauty industry and design to join me and "pay it forward" and everyone donated their time. A skincare and wellness brand with a social mission, to educate girls and empower them to become the agents of change in their communities. A cosmetics brand is half the story for us, we're driven by our social venture.

My determination spurred others to donate their time and expertise. I mobilized some of the most renowned industry experts, from Indian healers to Swiss formulators, to help me build Abhati and create products that would have a direct impact on the lives of girls, improving sanitation in India in a sustainable and mindful way.

How to become a Swiss entrepreneur

There's something in me ... When everyone goes left, I go right. It's surprising I became an entrepreneur in Switzerland, a country of very risk-averse individuals who are worried of failing. I stepped into this space when it was unheard of in 2002. A huge help and resource for me during this journey was joining the Entrepreneur's Organization in 2004, an international network of game-changers. At that point I also joined a seasoned entrepreneur to learn the skills needed to build a business.

Beside Abhati I partnered with a friend to create the first "crèche" of our village, after realizing there were no facilities there for working mums. I am also co-founder of Swissme-dikids, Switzerland's first private walk-in emergency clinic for children. In 2004 I launched Finaxis AG and before that I set up the national structure for WeForest, an international non-profit that addresses global warming and poverty. I later served on its board.

I've never thought of myself as the brightest bulb in the pack, but I've always been dexterous and creative. I don't think analytically, I'm not a number cruncher, but I do see the neces-sity to understand the financial data and act with intellect. I follow what feels right in my gut and then make calculated decisions. My weakness I can balance out with a strong team. I think our weaknesses stop many of us from taking up new challenges but it shouldn't. I'm a visionary who pulls great teams together and leads them to a goal. And through the ups and downs, I'm the buffer who takes all the bad things that come in. The team hears nothing of this, they get only posi-tive vibes and lots of motivation to continue. Life has become easier for me as I learnt not to focus on my weaknesses but on my strengths: identifying what makes me unique. We all have something unique, figure out how to take that uniqueness and make it useful. You then will see the best of you.

All your experiences determine and form you as a person. In business, it means having a lot of faith in yourself and your project: some work and some don't. But each is a learning field. An example: Swissmedikids, my last startup with two doctors. Everyone thought we were bonkers, and now the business mo-del is being copied. When I say I will do something, my word will carry this through. I'm very direct and don't wrap things in cotton wool. I also find it difficult not saying directly what I feel. It all comes from a good space and I expect the same from others. So authenticity is about walking your talk, it's about sharing your learnings, it's about having the courage to say what you feel deeply about.

I now mentor young women. It is an experience where I can share from my experience, giving useful contacts to help them get further. I think if you want something you have to have the courage to ask. Entrepreneurs are all about sharing and wanting the best for everyone and my female circle of entrepreneur's rally together and are always ready to help.

For me this world is loud, fast, intimidating and competitive, consistently telling us what to believe, what to consume and how to be happy. It makes loving hard and listening a burden. We hardly have time to ask what is the point of it all. We're so absorbed in our daily lives, trying to survive this chaos we've created. No wonder we feel so detached from the world's problems, it's hard enough to manage our own!

What if our lives could be more intimately connected with the concerns of others, helping them pursuit their rights like education, liberty and pursuit of happiness? I've learnt to lean back and give space to others, found my inner strength. Abhati now has a product line that makes a difference for many people: our farmers who earn four times more for their crops, our girls that go to school and our Abhati fans who lovingly support our work.

Next time
If I had the chance to start again, there are some things I would tell my younger self:

- Stay curious, take notes, listen well and always ask questions.
- Take responsibility for your mistakes and learn from them.
- Be prepared for blood, sweat and tears. Work your arse off.

- Life really is too short. Whenever it feels like you can't keep on: ask for help. Seek advice and mentorship when you hit roadblocks.
- Donating my time to the Samaritans helped.
- Love someone who smudges your lipstick and not your mascara.
- Be with someone who respects you and helps you grow, and be that someone for that person.
- Be assertive and ask for what you are worth. Hustle.
- Solve the problems for our future. Be creative.
- Lead by example and never stop trying to improve yourself and the world around you.
- Work with integrity and honesty or go home.
- Keep your word. You'll be remembered for this.

You can have it all – it just takes time

Interestingly, I'm often asked why I took so long to launch Abhati. My answer is because I was a mum to two girls. I've built my home in a little village called Appenzell, in Switzerland. There our children were born amongst the beautiful sprawling alps and I carried on working in the refuge. In England I studied sociology and ethnology in London before dropping out to work as a social worker with victims of domestic violence. When I moved to Switzerland, I continued my work by running a safe home for women and their children.

During this period, my life was violently threatened by a woman's husband. It was not unusual but I felt very vulnerable as a mother with a responsibility. At the same time, my youngest daughter, Shirin, wasn't talking. She was a later talker who just wanted to be near me and none else. I wanted to give my children the safety they deserved. Having children teaches you the meaning of patience and unconditional love. No time for ego or power struggles. You have to be tenacious, think laterally and work your socks off. You also have to trust that when one door closes, another will open.

Deep down I knew I someday wanted to have my own business and use my power for good. Yet that was clearly not the right time. I believe that in order to speed up, you sometimes need to slow down and be honest to yourself and say: NO, not yet.

"It does not matter how slowly you go as long as you do not stop." Confucius
Being a serial entrepreneur means I'm in a fortunate position to finance my own dream, securing the direction embedded into our philosophy. I'm using all my hard earned money to change lives in a sustainable way. A risk I'm willing to take as I see the impact and it feels right. For me, improving people's lives is fundamental in any business and I'd like to inspire others to do it too.

Author

Anju Rupal, Founder at Abhati Suisse

Anju Rupal is a serial, now social entrepreneur who believes that the purpose of business extends well beyond profits alone. A British-born Indian who lives in a little village with her family in Switzerland. She launched SwissMediKids the first privatised walk-in clinic for children in Zurich. Anju was one of the founding members of the WeForest team, she used this learning curve to later launch Abhati Suisse www.abhatisuisse. com. Anju's background as a sociologist and ethnologist were truly brought into play when she visited India and witnessed the devastating lack of sanitation and education. She mobilized some of the most renowned industry experts from beauty and design to work for free and contribute their skill sets to develop an all-natural skincare range, raising funds to ultimately make an impact in the lives of hundreds of girls in India. The fruit of her labor, Abhati Suisse, was successfully crowd-funded on Indiegogo, where it officially became a company. It has since been graced with the first-ever B Corp certification in Switzerland and coined by the media as "aesthetic activism".

3.2.2   Don't be Afraid to be the Underdog

Katariina Rantanen

A turning point in my career became during my years of dissertation research in France. I was, in some ways, living my dream: researching entrepreneurial fundraising stories and designing a fragrance with a major perfume factory in Grasse. Working with lab chemists was fascinating and the world of scents a playfield of olfactive experiences. The sky was blue and the weather was great. I was fulfilling my academic and creative passions in one parallel adventure, in a beautiful environment.

How a diagnosis changed everything

Then one day, like a thunderbolt, I received news that my mother had been diagnosed with cancer. From that moment onwards my brain was hijacked with a need to do something to help: research treatments, understand causes, and simply be there for her. I ended up moving back to Finland, quitting my dissertation project for the moment, and tried to make sense of the emotional shock and live with the uncertainty of how the condition would develop. Little did I know then I would become an entrepreneur with an activist heart.

Finns are tough, and we have an inner strength called "sisu" roughly translating as perseverance. My mum fought back, and after heavy surgeries and treatments she held strong. She clung to life. I tried my best to help. My close friend, at the time, was less lucky in his battle against cancer. I lost him in a short time from diagnosis. In the following year I became involved with voluntary help of cancer patients, where I found purpose and a way to make sense of what was happening. We discussed at length the chemical loads that enter our bodies both through the food we eat e. g. in the form of pesticides and through our skin e. g. formaldehyde, via the cosmetics we consume. Return back home was very tough, the winter months here are long and dark, and there is a reason Finland's major startup event is called Slush. The sunlight was a faint memory, but I found purpose in my new job helping entrepreneurs start their businesses and voluntary help, which then was often making sense of ingredient lists at cosmetics counters. Many knew about my background in cosmetics, and I had a personal interest in understanding more.

I quickly realized that avoiding certain chemicals is difficult (be it from allergy, health or ethical reasons), because there are many varieties of molecules (for example plastics) and the

Latin names are near impossible to remember. Once, at a cosmetics counter with a patient-friend who wanted paraben-free moisturizers, I recall two other ladies asking us questions with similar needs. They said "I can't make sense of the fine print", and quite understandably finding suitable products was very time consuming reading the packaging labels. It was frustrating to realize, that decrypting took so long, and people felt helpless when trying to make sense of the ingredients. Sales ladies had the same problem. The fine print, mainly in Latin, was almost encrypted for an average person. Trying to find a plastic free lipstick, for example, felt nearly impossible.

Becoming an activist – first steps of our startup story
I was motivated to assist, but very worried about scalability. I can't scale, I kept thinking. How could I help others outside Finland? Could sales people be trained or assisted somehow to help their clients? So, what if we had a tool that would do all this? That would really make a difference. I began building a vision for a tool, much like a TripAdvisor for cosmetics. I was in lean in mode and began sketching what a service could look like.

I began building a prototype of a service in Aalto University's accelerator program and started simple. I wanted a traffic light system – something everyone could relate to, that would help visualize what is a no-go and what is safe. In 2014 we were lucky to compete for President Clinton's Hult Prize semifinals for prevention of non-communicable diseases such as cancer. I had sold my car, spent my summer vacation at the accelerator program and built a working prototype with our first fledgling coder team. This was a strenuous time: I was managing two jobs, designing the service during my free time, weekends and evenings, and put everything I had into the first draft of the service. We graduated the accelerator and won second prize and received a legal package, which helped us materialize the idea into a company. I was so excited! The audience loved the concept, and we could show people a tool that read barcodes and did a simple analysis. It worked!

The same autumn I pitched to angels, and we were the favorite investment case of Finnish Business Angel Network and consequently won our second prize. This time it was a due diligence award. The prizes were incredibly helpful, as we had very little funds, and they enabled us to set the foundation on a solid basis. When we secured angel funding I quit my day job. I was now a full time entrepreneur and it was a big moment. I was both excited and a little nervous about the future. Building the database would take time and skill, and this meant getting the backend structure right for the service to work as I had planned. In fall 2014 I launched the service at Tech Crunch Disrupt Battlefield in London, onstage together with our lead developer Teppo Hudson, and the vision became reality. As the only Battlefield member from Scandinavia, I remember practicing our pitch over and over again. The likes of Mint and Dropbox had launched on Battlefield and we were, it felt, in the big world. Teppo, a former rock star, was keeping my nerves steady, and we practiced nailing the pitch in London with a timer. We rehearsed, practiced our sync for the demo, and went through Q & A questions together with our Chairman of the Board, Ville Miettinen, my mentor and trusted serial entrepreneur. I got so much support both during and before our trip to UK. We were in my former home city, as I was brought up in London, and I was both nervous and grateful to be launching there. It felt like my second home and the stage presentation went really well. Suddenly, behind the scenes, BBC asked if they could do a story on us, and in a few minutes, our message was recorded to a huge audience. We had finally built our first product and the message was broadcast. We were now building awareness around Europe about cosmetic ingredients and health. We were the little rogue startup up shaking and stirring one of the worlds biggest industries: bringing transparency to ingredient lists, which one journalist quoted "you needed an Enigma machine to decipher".

Those were the first steps into the startup story, and looking back at the motivation behind the startup, what kept me going was simple. It was to put everything I have into prevention. Prevention of illness and prevention of polluting the nature made sense. I keep thinking we could avoid polluting waters, if we didn't flush microplastics from our facial exfoliants into the drain in the first place. We would be able to avoid carcinogens and hormone disruptors, if we made it easy enough for people to make safer choices and avoid harmful product compositions. What still motivates me is that I believe people would avoid microplastics, for example, if they only knew what plastics were in their INCI names and could manage the complexity. For example, remembering the 516 plastics in our current alerts, is almost impossible for the human brain. Now the tool can do the thinking for the consumer. It finds the plastic free compositions for you or you can type your allergen into your alerts and find allergen-free face creams tailored to your specific needs.

If I look back at the business side and positioning with industry, my strongest passion was to build something independent of the cosmetic industry in terms of recommendations. I wanted a binary recommendation logic. No marketing or product placement, but solely composition based analysis. If a user wants to avoid an ingredient, the recommended product composition is free from that ingredient. As a leadership take, I want to empower you to choose as wisely as possible. Our product should pull together as much legal, scientific and technical knowledge and empower the user in safer and smarter choices.

Finding the perfect team

At the course of a year, the product was ready. Now we needed to build a team and make it even better. I often say, trust your gut feeling when recruiting. The moment our lead developer Teppo Hudson walked in our office door, I knew this was our guy. The moment Teppo and I looked at a young Brazilian database wizard's application, we knew he was special and wanted to bring Tiago Sampaio to Finland to work for our company. Our designer, Trang Luu, showed her skills during an internship with our company and developed so astonishingly that we hired her. Our biochemist team, unique and fantastic in their own right, are deep thinkers and wow me with their ability to cut through complexity of both scientific and legal texts, and solidify what the analysis should be in terms of our traffic light system and research synthesis. While I trust my gut feeling with recruits, team leadership to me is very democratic. My job, as I see it, is to enable you as a team member to be great and to develop. I want to give freedom – and with that a lot of responsibility.

As both a team leader and during the phase of being solo and recruiting, I've often come across people telling me "it cannot be done", or the challenge is "too big". My first team of demo coders were skeptical about being able to build a database structure that would find the cosmetic product data and have it in a database, to a meaningful volume. Many said, the idea is great, but you'll never get the product data from the major manufacturers. True, we don't have all the products in the world, but we proved them wrong. Our database enables users to submit any product for analysis. Sure, all manufacturers don't benefit from transparency of compositions. But users do. Consumers want to know what is in their products. We empowered them to submit product data, so that any user query can be answered. From this experience I would therefore counter argue: Don't let others define what can and cannot be done. Tell yourself it's possible. Sure, you need to roll up your sleeves and break the problem down to small pieces. But, how about we find a way to do it? This defines my style of leading. I believe, by empowering others, you can enable a bigger vision to happen. I believe, by empowering many people, we have created a movement. This is much stronger than the voice of a single person, even if I initiated the company.

What defines a good leader

Setting a vision and goals, I find, is one part of leadership. But we all face ups and downs, and along these rollercoasters come emotional whirlwinds. The challenges, once resolved, may look easy afterwards, but tough times are toughest before the trend turns. In Paulo Coelho's words "The darkest time of night is right before dawn". It's my favorite quote, and it gives me hope when feeling overwhelmed or that the challenge is big. Sometimes already talking helps, and usually realizing you are not alone with similar thoughts gives a sense of relief. This applies to team dynamics, but also to the leader. We all need resources, practical advice and a sympathetic ear. It makes a huge impact. Being vulnerable is human. Showing compassion is heartwarming. Remember to be there for someone who reaches out to you in return. You might change the course of the world. That's the kind of leader I aspire to be. Hopefully, you can go through your startup journey with a leader who challenges you, but also gives guidance, freedom and responsibility – in addition to humanity. I find empathy as one of the most beautiful traits of a leader.

Closing words

What do you want to change? If you wished something was different, see if you can change it. Build something. Aim at insight and understanding something new. Most importantly, don't do it alone. Gather the right mix of people around you to take the leap with you, if you can. If you can't find them, like me at first, give it time. Don't be afraid of making mistakes. Don't give up on your dreams. Fight for them, and pick a goal worth fighting for.

Author

Katariina Rantanen, CEO and Founder of CosmEthics

Katariina Rantanen, founder of CosmEthics, is an entrepreneur who believes in purpose-driven businesses that put mission and social purpose first. The company has built an application, which is free for consumers, to help make healthier cosmetic choices by reading the barcode of a product. A native Finn, she was brought up in the UK, and spent much of her youth in the US. She launched CosmEthics in 2013, after living in France, a two-year period of both Ph. D. research and perfumery work in Grasse. Katariina's background is a Masters in Entrepreneurship, and she has worked in both education (Assistant Professor), venture capital and business advisory roles. Her past also involves voluntary help of cancer patients. Her passion is promoting open data, helping people choose healthier cosmetics, and she promotes strict adherence to legal compliance in the EU regarding ingredients used in cosmetics. CosmEthics was chosen as the "Hottest lifestyle startup trend of 2015" by Forbes, and the company has also received the IBM cloud entrepreneur of the year award in 2015 due to its potential to disrupt the industry. The company is angel-funded and employs five full-time employees in Helsinki, Finland.

3.2.3 Die Stimmende

Nicola Tiggeler

Lean in kann ich ziemlich gut. Den ganz normalen Wahnsinn eben, den eine berufstätige, selbstständige Mutter täglich bewältigt. Zum Beispiel meiner in New York studierenden Tochter per Skype bewährte Hausmittel gegen Erkältung durchgeben, während ich nebenbei die hungrige Clique meines Sohns – also zehn verschwitzte und testosterongesteuerte Jungs – mit Kalorien in Form von Kuchen und Pizza „füttere". Wohl gemerkt, nachdem ich mit der wilden Bande zwei Stunden beim Bowling ausgiebig den 14. Geburtstag meines Sohns gefeiert habe. Ebenso „nebenbei" organisiere ich noch meinen Berufsalltag, das heißt, ich bereite parallel ein Seminar vor, zusätzlich eine Lesung sowie einen Drehtag und ich schreibe an diesem Artikel. Und das alles an einem Sonntag. Für mich ist das ganz normal. Auch dass mein Mann mal wieder abwesend ist, weil er gerade auf Tournee spielt. Das gehört zu unserem Alltag. Er ist zwar ganz viel und oft weit weg, aber trotzdem in meinem Leben immer sehr präsent, was vermutlich auch das Geheimnis unserer langen, intakten Ehe ist. Wir halten uns gegenseitig den Rücken frei und haben eine wirklich gleichberechtigte Partnerschaft. In meinen Augen ist das die bedingungslose und existenzielle Grundvoraussetzung, um erfolgreich Karriere und Familie zu verbinden. Partnerschaft, Familie und Freunde sind für mich überhaupt der wichtigste Grundpfeiler – nicht nur für ein zufriedenes Leben, sondern auch für den eigenen Erfolg. Liebe und echte zwischenmenschliche Beziehungen geben unvergleichbaren Rückenwind!

Die Kraft erfüllender Beziehungen

Das Leben als Schauspielerin wird ja gemeinhin als sehr glamourös wahrgenommen und steht auf den ersten Blick auch ziemlich im Kontrast zum alltäglichen Wahnsinn des gewöhnlichen Familienlebens und Berufsalltags. Nein, es ist nicht nur alles Glamour und Jetset. Manchmal natürlich schon, aber wir haben ebenso einen Alltag mit den üblichen Verpflichtungen wie alle anderen auch. Das vergessen viele, weil nach außen hin natürlich – in den Medien – ein relativ einseitiges Bild gezeichnet und eigentlich damit auch eine Illusion aufgebaut wird. Während andere mit Schlagzeilen rund um ihre Konflikte, Intrigen und Trennungen die Gerüchteküche befeuern, sind wir tatsächlich ziemlich „normal" – und zwar als intakte Familie sowie mein Mann und ich seit über 20 Jahren als glücklich verheiratetes Ehepaar.

Meine zusätzliche Ausbildung zur Sprechtrainerin konnte ich nur machen, weil mein Mann mir Rückendeckung gegeben und mich bestärkt hat. Ich habe damals noch unseren Sohn gestillt, die Kurse fanden aber auf der Fraueninsel im Chiemsee statt. Also kam mein Mann dann mit der Fähre jeden Tag zu mir, um die Kühltasche mit der abgepumpten Muttermilch abzuholen und mir neue leere Flaschen zu bringen.

In meinem Leben hat es sich bewährt, an der richtigen Stelle Zeit und Geduld zu investieren. Und das ist das zweite meiner Erfolgsgeheimnisse. Ich habe immer Zeit und Geld in Weiterbildung sowie in zwischenmenschliche Beziehungen investiert. Und ich hatte immer Mentoren! Meine erste wichtige Mentorin war meine Sprechlehrerin, die mich viele Jahre auch als Freundin begleitet hat, obwohl sie 20 Jahre älter war als ich. Mit ihr konnte ich mich immer beruflich austauschen und sie um Rat fragen. Sie war es auch, die mich in die Hochschulszene eingeführt hat. Ich habe mich allerdings nach langer Lehrtätigkeit gegen die akademische Karriere entschieden, weil ich Freiheit und Vielseitigkeit liebe und mir das Universitätsumfeld schlichtweg zu unbeweglich und streng ist. Damit wären wir bei meinem dritten Erfolgsgeheimnis:

Selbstbestimmt und selbstbewusst das tun, was ich kann – und was anderen nützt!

Meine Maxime ist: Jeder ist für sich selbst verantwortlich. Es ist meine Verantwortung, dass dieses eine Leben ein gelingendes, gutes Leben wird. Wer aktiver Akteur in seinem Leben ist, der wird nicht getrieben, sondern handelt aus eigenem Antrieb heraus und ist hochmotiviert. Dann sind auch Disziplin und Dranbleiben keine Frage mehr, sondern selbstverständlich.

Mit vier Jahren durfte ich zum allerersten Mal in meinem Leben in die Oper. Es war die klassische Einsteiger-Oper „Hänsel und Gretel", die meine erste große unbedingte Liebe

entflammte – und zwar die zur menschlichen Stimme. Mein
Vater war damals der Regisseur. Wir saßen in der Mitte des Par-
ketts, meine Mutter und ich. Ich auf einem Sitzkissen, damit
ich überhaupt etwas sehen konnte. Ich weiß es noch wie heute!
Das Licht ging aus, die Musik begann, der Vorhang wurde geöffnet, der unbeschreiblich typische Theaterduft stieg mir in
die Nase ... Und in diesem Augenblick wusste ich: Genau das
will ich! Meine Mutter erzählte mir später, dass ich während
der Oper wie eine Sportmoderatorin alles kommentiert hätte.
Ich war nicht zu bremsen, offenbar war es für mich das Nor-
malste der Welt, mich zu „äußern". Als mein Vater, der Regisseur der Oper, sich am Ende der Vorstellung verbeugte, rief ich
lauthals durch den Saal: „Bravo Papa! Ich werde Sängerin!"

An diesem Abend traf ich den ersten Entschluss für meine
Karriere und habe den dann ja mit meinem Gesangsstudium
auch in die Tat umgesetzt. Allerdings war ich auch immer
offen für Veränderung und Neues! Hätte ich darauf beharrt,
ausschließlich Opernsängerin zu bleiben, wäre ich heute nicht
Schauspielerin, Trainerin und Expertin für Stimme. Meine
Offenheit für Veränderung, mein Interesse an Weiterentwicklung und meine Wandlungsfähigkeit haben dazu geführt, dass
ich von Anfang an zweigleisig gefahren bin und immer auch
meiner Neugier am pädagogischen Eros gefolgt bin. Ich bin
mit der Lust am Lehren und Vermitteln geboren und trage sie
einfach in mir. Ich habe mich nie daran orientiert, was andere
von mir erwarten, sondern das getan, was aus mir selbst kam
und rauswollte: Meine Berufung ist die Kombination von
Bühne, Stimme und Pädagogik! Ich liebe alles, was man mit
der Stimme tun kann und habe das auch in allen Bereichen
ausprobiert: Oper, Operette, Musical, Schauspiel, Sprechen,
Moderation, Trainings, Seminare, Vorträge ... Nicht zuletzt
deshalb bin ich seit nun schon bald 30 Jahren auf der Bühne,

vor der Kamera und am Mikrofon zu Hause. Mit 50 habe ich die Stimmtrainer-Ausbildung bei Kristin Linklater abgeschlossen – der Stimmpäpstin im englischsprachigen Raum. So viel zum Thema: Man lernt nie aus und man ist auch nie zu alt für irgendetwas.

Einfach stimmig!

Eine entspannte und überzeugende Persönlichkeit basiert auf der eigenen inneren Haltung, der Sie dann eine Stimme geben! Dazu gehört in erster Linie Disziplin. Ich würde mich als sehr fleißig bezeichnen und ich bin auch ein großer Fan von guter Vorbereitung. Mir ist es wichtig, mich weiterzubilden, mich zu informieren, Ausdauer zu haben und dranzubleiben – und zwar gepaart mit Lebenslust! Das Sinnliche hat ebenso einen enorm hohen Stellenwert in unserem Leben, wir sind gerne und leidenschaftlich gesellig, mein Mann und ich.

Ein mindestens ebenso wichtiger Punkt ist ein gewisses Maß an Urvertrauen. Ich bin sogar davon überzeugt, dass das unverzichtbar und existenziell ist für Erfolg! Wer alles hinterfragt, der kommt garantiert nicht weiter. Suchen Sie sich Menschen, die Sie weiterbringen und die Ihre Vorhaben unterstützen.

Wer außerdem Veränderungen akzeptiert und nutzt, der kann eigentlich gar nicht anders als erfolgreich sein.

Von der Person zur Persönlichkeit

Das Wort „Persönlichkeit" kommt von dem lateinischen „personare" und bedeutet „durchtönen, laut erschallen, widerhallen, klingen". Es hat in seinem Ursprung also nichts mit dem optischen Erscheinen, sondern mit der Akustik zu tun. Die meisten Menschen investieren viel in ihr äußeres Erscheinungsbild und optimieren sich auf fachlicher Ebene. Dabei vergessen sie aber leider oft, dass zum „Gesamtpaket" der Persönlichkeit eben auch die eigene Akustik zählt. Es ist genauso wichtig, wie wir wirken und klingen! Erst wenn Optik und Akustik „stimmig" sind, sind wir eine Persönlichkeit. Deshalb finde ich Stimmarbeit so essenziell.

Meine Faszination für Stimme und meine Leidenschaft für das Lehren sind mir bis heute erhalten geblieben. Andere Menschen bei der Entdeckung und Entwicklung ihrer eigenen Stimme zu begleiten, ist für mich eines der spannendsten Abenteuer, welches das Leben für jeden Einzelnen uns bereithält. Am Anfang meiner Karriere habe ich mit Kollegen gearbeitet: Sängern, die sprechen und Schauspieler, die singen lernen wollten. Inzwischen sind es vor allem Führungskräfte, aber auch Politiker und professionelle Speaker, die ich darin trainiere, die eigene Persönlichkeit durch die Stimme hörbar werden zu lassen. Damit sie sich äußern und zeigen, gehört und gesehen werden. Eine trainierte Stimme ist enorm powervoll!

Den Mut zu haben, den Raum einzunehmen, optisch und akustisch, ist ein weiteres wichtiges Erfolgsgeheimnis im Sinne der Karriereleiter. Und die gute Nachricht ist: Das kann man trainieren!

Den meisten Menschen fällt ihre Stimme erst dann auf, wenn sie nicht mehr funktioniert. Wie schade! Ich bin immer wieder überrascht, wie wenige Menschen ein Verhältnis zu ihrer eigenen Akustik haben, und wenn, dann ein eher negatives, gespanntes (denken Sie nur an die eigene Ansage auf dem Anrufbeantworter ...). Erfreulicherweise hat sich die Erkenntnis, dass die Akustik und die körpersprachliche Präsenz ganz wesentliche Komponenten der Überzeugungskraft sind, inzwischen herumgesprochen.

Ich liebe folgendes Zitat, das Sokrates zugeschrieben wird:

Sprich, damit ich dich sehe.

Andere können uns nur „sehen" im Sinne von wirklich verstehen, wenn unsere Stimme das auszudrücken vermag, was wir sagen und vermitteln wollen. Die meisten Menschen glauben, dass sie – im Gegensatz zur Optik – an ihrer Stimme nicht viel verändern können. Bei mir lernen sie das Gegenteil kennen!

Voice sells

Wie oft erlebe ich, dass gerade Frauen in Führungspositionen sich nach eigenem Empfinden und tatsächlich unter Wert verkaufen. Sie werden nicht gehört. Ihre Stimmen sind oft zu leise, unsicher, nicht belastbar, werden bei Aufregung schrill, brüchig, zu hoch oder sie sprechen undeutlich und zu schnell. Und all das verbunden mit einer unzureichenden oder nicht überzeugenden körperlichen Präsenz. Um es auf den Punkt zu bringen: Die innere Kompetenz stimmt nicht mit der Wirkung nach außen überein. Für echten und nachhaltigen Erfolg müssen das äußere Erscheinungsbild und die eigene Akustik „stimmig" sein – und Expertise und Vertrauen transportieren. Brillante Inhalte mit untrainierter Stimme vorgetragen, sind oft verschenkt, weil sie nicht ankommen. Natürlich ist das nicht nur ein weibliches Problem! Auch bei vielen meiner männlichen Klienten „stimmt" es nicht.

Wenn ich nach den Wünschen frage, die meine Klienten an die eigene Stimme, aber auch an eine Rednerstimme per se haben, formulieren diese häufig: „Meine Stimme soll warm, voll und angenehm sein, und ich möchte klar und deutlich in einem angemessenen Tempo, Lautstärke und mit Dynamik sprechen." Und dann folgt verlässlich die Frage, ob das denn überhaupt veränderbar und erlernbar sei. Meine Antwort ist eindeutig: Ja! Und es dauert auch nicht so lange, wie Klavier spielen zu lernen. Der Schlüssel zu allem ist simpel: Es beginnt mit dem eigenen Atem. Atem ist Stimme und Stimme ist Atem.

Achten Sie auf Ihre Atmung und seien Sie sich selbst Ihr bester Freund!

Wenn Menschen ein bewusstes Verhältnis zu ihrem Atem entwickeln, dann ändert sich alles zum Guten: Sie gewinnen ein besseres Körperverhältnis, ihre Stimme wird stärker, sie sind gesünder (Kreislauf, Durchblutung der Organe etc.) und haben mehr Präsenz. Aus dem Grund praktiziere ich übrigens schon seit über 25 Jahren Yoga!

Was ich absolut jedem empfehle, sind die drei folgenden täglichen Rituale:

1. **Selbstbewusst in den Tag:** Ich beginne den Tag, indem ich mich wahrnehme, das heißt ich mache morgens Yoga- und Stimmübungen – und zwar immer! Ich falle nicht als Erstes in die Kaffeetasse oder räume die Spülmaschine aus oder schmiere die Pausenbrote für meinen Sohn. Nein, ich nehme mir Zeit für mich, und wenn es nur zehn Minuten sind. Das geht auch ohne Yoga. Aber sich selbst wahrzunehmen, ist in jedem Fall eine gute Idee. Aus dem reinen Funktionieren bewusst rauszugehen, ist ein entscheidendes Erfolgsgeheimnis. Wer Erfolg ernten will, sollte dringend ganz besonders nett zu sich selbst sein und das auf keinen Fall vernachlässigen.

2. **Die Yogamatte im Büro – täglich zehn Minuten:** Die gängigste (auch meine) Ausrede ist ja: keine Zeit. Aber zehn Minuten sind immer drin und nur eine Frage der Entscheidung. Deshalb liegt bei mir im Büro neben dem Schreibtisch meine Yogamatte. So kann ich mich jederzeit kurz hinlegen und Energie tanken. Und die Zeit-Ausrede zählt nicht mehr!

3. Vor dem Einschlafen für drei Dinge bedanken: Abends lasse ich in Gedanken den Tag Revue passieren und bedanke mich für das, was heute toll war. Selbst an schlechten Tagen fallen mir mindestens drei Dinge ein, die doch ganz gut gelaufen sind ... Dieses Ritual hilft ungemein, um dem Hamsterrad zu entkommen und mit guten Gedanken einzuschlafen. Es setzt damit auch den Ton für einen erholsamen Schlaf und guten Start am nächsten Morgen.

Innehalten, sich Ruhe gönnen und dankbar sein, das bedeutet für mich: „Ich verbringe gerne Zeit mit mir, sorge für mich und akzeptiere meine Macken."

Das war für mich übrigens nicht immer selbstverständlich. Es gab Zeiten, in denen ich gnadenlos überfordert und überwältigt war und befürchtete, die ganzen familiären und beruflichen Verpflichtungen einfach nicht alle bewältigen zu können. Manchmal kamen gleich mehrere Herausforderungen gleichzeitig auf mich zu und die Ereignisse überschlugen sich. Vielleicht kennen Sie das auch? Dass, besonders, wenn persönliche und berufliche Anforderungen zusammenkommen, der eigene Mut und die Kräfte schwinden. Genau dann ist es von unschätzbarem Wert, sich auf das Urvertrauen zu besinnen – und das tue ich bis heute.

Was Lean back für mich persönlich bedeutet

Wie ich eingangs schrieb, Lean in beherrsche ich sehr gut. Lean back habe ich erst lernen müssen. So banal es vielleicht klingen mag, aber für mich bedeutet es, Rückschau zu halten, dankbar für das Erreichte zu sein und mir Ruhe zu gönnen. Ich habe außerdem schlicht und ergreifend beschlossen, keine Angst mehr zu haben! Als gebürtige Hannoveranerin und Tochter einer sehr pflichtbewussten Mutter habe ich eine große Portion

„preußische Disziplin" in die Wiege gelegt bekommen – und das ist gut so. Allerdings musste ich im Lauf meines Lebens lernen, dass meine Kräfte begrenzt sind. Seit einer selbstverordneten Regenerationszeit, in der ich mich vor allem dem Thema „Dankbarkeit" gewidmet habe, lebe ich getreu dem Motto: „Perfektion schafft Aggression". Eine Ayurveda-Kur pro Jahr, regelmäßige Auszeiten und tägliche Rituale sind seither Pflichtprogramm bei mir. Das Hamsterrad pausenloser Selbstoptimierung ist inzwischen einer großzügigen Anerkennung meiner selbst für all meine (Lebens-)Leistungen gewichen. Für mich war nichts so befreiend, wie endlich zu begreifen, auf welchen enormen und unschätzbar wertvollen Fundus an Wissen und Erfahrung ich zurückgreifen kann. Und wie wertvoll alle Lebensphasen und Erfahrungen sind, die ich bis heute gemacht habe. Alles hängt zusammen und ergibt einen Sinn. Besonders auch für meine Schauspielkarriere bin ich sehr dankbar, denn sie hat mich geformt und was ich durch das Schauspielern gelernt habe, hat mir viele Türen geöffnet – und mir letztendlich auch den Weg für meine Karriere als Stimmexpertin geebnet.

Was Sie aus dem Schauspiel auf Ihre Karriere übertragen können
Schauspielerei und Karriere haben mehr gemeinsam, als Sie womöglich vermuten.

> Das oberste Prinzip, das Sie von Schauspielern für Ihre persönliche Karriere lernen können ist: **proben – also gute Vorbereitung.**

Erwarten Sie nicht, dass alles von selbst läuft oder andere Ihnen Dinge abnehmen, sondern übernehmen Sie eigenverantwortlich Ihre Karriereplanung. Wenn Sie es nicht selbst tun, wird kein anderer kommen und es für Sie erledigen. Ein Schauspieler muss seinen Text auch selbst lernen und ausprobieren und immer wieder üben, vielleicht scheitern, weiterüben und sich dann zeigen ...

Das zweite Prinzip ist: **Stellen Sie sich die richtigen Fragen.**

Bevor man in eine Szene reingeht, stellt man sich als Schauspieler die folgenden drei Grundfragen:

Wo komme ich her, was will ich, wo gehe ich hin?

Auf Ihre Karriere übertragen heißt das: Wo stehen Sie im Moment? Was wollen Sie? Und wo soll es hingehen in Zukunft, welches Ziel wollen Sie erreichen? Wichtig ist auch die Entscheidung darüber, wie Sie wahrgenommen werden und in Erinnerung bleiben wollen.

Das dritte Prinzip: **eigene Konzepte verlassen zu können.**

Wenn ich beispielsweise zu Hause eine Szene vorbereitet habe, der Regisseur will sie beim Dreh aber komplett anders haben, müssen wir ja irgendwie zusammenkommen. Das Stichwort heißt: Flexibilität. Das heißt nicht, dass man keinen klaren Standpunkt hat. Aber es ist wichtig, bereit zu sein, bestimmte Dinge anzupassen. Denn das Leben und erst recht die Karriere sind nicht gradlinig!

Aus diesem Grund finde ich es so entscheidend, eigene Ideen immer wieder zu hinterfragen und zu überprüfen. Die Ziele von vor fünf Jahren können heute ganz anders sein und sich geändert haben! Fragen Sie sich deshalb regelmäßig: Wer bin ich? Und vor allem: Was steckt noch in mir?

Nach zwei Anfängerjahren im Theater stand ich vor der großen Frage, ob mein Vertrag verlängert wird. Da ich nicht sicher war, ob es klappt, habe ich mich kurzerhand beim BR als Sprecherin und in Stuttgart als Fernsehansagerin beworben. Und als die Übernahme dann klar war, habe ich diese Jobs nebenbei trotzdem weitergemacht – an den freien Sonntagvormittagen.

Dieses ständige Hinterfragen, „Was kann ich noch", hat mich auf ganz neue Wege gebracht – und meine Karriere entscheidend mit beeinflusst.

> Ein vierte Prinzip ist: **der Perspektivwechsel.**

Was treibt meine Figur oder mein Gegenüber an? Genau zuhören, auch Untertöne raushören, körpersprachliche Signale erkennen und einen Bogen (in dem Fall für die Rolle) denken – das müssen Schauspieler können. Und das lässt sich ganz wunderbar auch in der Karriereplanung anwenden! Denn es bedeutet nichts anderes, als nie die große Vision und die eigenen Ziele aus den Augen zu verlieren.

> Das fünfte und letzte Prinzip ist alles entscheidend: **Emotionen zulassen!**

Ohne Gefühle keine Empathie und auch kein Charisma. Ohne Emotionen können Sie weder motivieren noch begeistern. Die meisten Menschen haben jedoch Angst vor Emotionen, weil sie den Kontrollverlust fürchten.

Obama ist für mich einer der charismatischsten Redner, unabhängig von seinen politischen Inhalten. Er macht rhetorisch einfach sehr viel richtig. Auch Bill Clinton habe ich live erlebt und der war extrem empathisch. Fakt ist, Menschen bekommen wesentlich bessere Beurteilungen, wenn sie die Gefühle anderer anregen und in Bewegung bringen. Nützlich ist es dabei, auch ruhig mal eine private Geschichte zu erzählen. Dann ist es nicht nur einfacher, Zustimmung zu bekommen, sondern auch, komplexe Fakten zu vermitteln.

Nicht von ungefähr trainiere ich in meinen Seminaren gerne extreme Gegensätze und lasse Manager die fünf Grundemotionen (Wut, Trauer, Schmerz, Angst, Ekel, Freude) ausprobieren. Oder sie müssen wie ein Sportmoderator sprechen, einen ernsten Sachverhalt wie einen Witz erzählen oder als Riesenvorwurf ausdrücken. Wenn sie dann zur Normalität zurückkehren, profitiert die ganze Persönlichkeit davon, ist lebendiger und ausdrucksvoller. Sogar die Mimik ändert sich nachhaltig, selbst wenn er oder sie dann gar nicht mehr übertreibt.

Eigen- und Fremdwahrnehmung gehen fast immer sehr weit auseinander! Wenn Sie sich trauen, sich zu zeigen, wird das vielfach belohnt. Denn Menschen vertrauen Menschen, die sich auch mal verletzlich zeigen und nichts verbergen. Die größte Hürde ist ja oft die Scheu davor, dass es zu emotional wird, zu kitschig oder lächerlich. Dabei fängt es doch genau hier erst an, spannend zu werden.

Also zeigen Sie sich und tun Sie bitte das, was Sie am besten können und mögen. Nutzen Sie mutig Ihre Fähigkeiten, seien Sie eigenwillig und sich Ihrer selbst bewusst!

Die Autorin

Nicola Tiggeler, Schauspielerin und Stimmtrainerin

Nicola Tiggeler lebt mit ihrer Familie in München. Nach vielen Bühnenengagements, u. a. an der Staatsoper Hannover und am Thalia Theater Hamburg, kennt man sie inzwischen vor allem aus dem Fernsehen. Neben unzähligen Fernsehfilmen spielte sie in acht Serien Hauptrollen, u. a. in „Der Fahnder" und „Sturm der Liebe". Ihre Rolle der Intrigantin Barbara von Heidenberg in über 800 Folgen der erfolgreichsten Telenovela Europas, „Sturm der Liebe", hat inzwischen einen Kultstatus erreicht. Genau so intensiv widmet sich Nicola Tiggeler schon immer ihrer Berufung als Stimmlehrerin. Die diplomierte Gesangspädagogin und Stimmtrainerin unterrichtet im Lehrauftrag an verschiedenen Hochschulen, u. a. in Hamburg und München. In ihren Seminaren, Trainings und Vorträgen gibt sie ihre Leidenschaft für das Thema „Stimme und Persönlichkeit" weiter. Im Einzelcoaching arbeitet sie mit „Vielsprechern" aus den Bereichen „Wirtschaft", „Politik", „Speaking", „Moderation" und „Schauspiel". 2016 ist ihr Buch „Mit Stimme zum Erfolg" erschienen.

3.2.4 Years of Personal Growth – My Most Important Learnings

Anabel Jensen

I believe I am the woman I am today because of major adversities in my life and the discovery of how to cope with these challenges. What also made me the women I am is the time I deliberately took for self-reflexion and to develop my inner self.

Accident to face at age three

I was three-and-one-half years old. Grandma was baking a cake for my mother's birthday on the 3rd of July. She had instructed my uncle Lyle (six months older than I) and me to stay out of the house, but not to leave the yard on our stick horses. Yup, off we went without delay across the street to the high school playground, which was occupied with multiple teenagers. With no one to watch me, I walked behind an old-fashioned metal swing and was clobbered in the face. I was a bit of disaster: tongue nearly sliced off, broken cheek bones, and my nose was barely intact. For years afterwards, people would say, "What happened to you?" I wanted to permanently live with a brown paper bag over my head. However, I learned a significantly important lesson. The outside is merely the package. It is what is inside the package that counts. I have never forgotten that lesson.

Helping others grow

My career began by determining to be of service. I wanted to help others grow. In the beginning it was about helping children to develop a love of reading. I had loved reading since the first day of first grade (no kindergarten in the backward state of Idaho). Later, I fine-tuned those skills with a master's degree in how to teach others to read. I loved those years – seeing a child who had been previously struggling say to me, "I can do it on my own now."

Yet my first day as a teacher had almost been my last.
Consider 32 sixth-graders, five rows of seven desks each, paper and boxes flying, noise abounding, a look of panic in the teacher's eyes. Is this the climax of The Three Stooges Go to Grade School? No. My own classroom on the first day of my teaching career, 33 years ago.

After that first day, I did not plan to remain a teacher for long – only until I could find another job. Sitting in the teacher's lounge after classes ended, my confidence in myself was at its lowest. Nothing had gone right. Everything had gone wrong; I made so many mistakes and had taught nothing. I was a failure as a teacher. Could I sell real estate? Used cars? What would I do?

Fortunately, Audrey came in. Audrey was an older teacher who worked across the hall from my classroom and had twenty or more years of experience behind her glasses. I do not know how long she watched me, but finally she spoke: "Today, I taught my students that it is okay to make mistakes."

"What?" I replied, not seeing how or why such a lesson would work. "I passed out the wrong books in class. I even had them start an assignment before I realized my mistake. So, I started over." The lesson was still not reaching through my despair. She looked at me intently and tried again: "Young woman, we are what we teach! I start over every day."

The seeds for Six Seconds

Shortly after this I finished my Ph. D. at the University of California, Berkeley, because I wanted to be involved in research. How exciting to be devouring the latest in what was being reported about how the brain learns, what are the best teaching practices. I wanted to find the answers to language acquisition, and what role emotion plays in our learning. Around this time, I became the Executive Director of a private, independent school where both of these skills were in high demand. The team of dedicated educators in that building were amazing. We showered them with care and concern and the latest and best in terms of how to teach. We wanted children to thrive – and so they did.

This was the beginning of my connection to the emotional intelligence movement. Here I met Daniel Goleman, author of "Emotional Intelligence" (Goleman 2009). Here were the seeds for the creation and growth of Six Seconds, a company dedicated to the teaching, assessing, and sharing of the tenets of social and emotional learning.

Yet it took me some years to finally found that company. In the meantime, I learned a lot about "self-science". I heard the term for the first time approximately 37 years ago. I had no idea that this new term would have such a profound effect upon my life.

Originally, I thought "self-science" referred to the importance of learning science, technology, and health concepts, skills, and attitudes. However, self-science, it turned out, did not refer to the study of dinosaurs, heredity, DNA, or even physiology; subjects that comprised the backbone of the science curriculum at the time. Instead, I learned that self-science deals with the inner world that we all experience during each moment of our lives. Practicing "self-sciencers" believe it is significantly important to know who and what we are – and most importantly, what we are going to do about it.

Here are some of the objectives of studying self-science:

- to both identify and adapt for strengths and weaknesses,
- to advocate for specific needs and wants,
- to learn and practice the skills of group membership,
- to recognize that choice has consequence,
- to practice optimism with the daily adversities of life,
- to set goals and thereby achieve dreams.

I also loved the research in the self-science field. In addition to attitudes, there is some fascinating neuroscience data. My personal favorites are:

- laughter lowers the levels of stress hormones and strengthens the immune system,
- emotions are as contagious as the common cold,
- the average adult laughs 10–15 times a day; the average child 300 or more times,
- getting paid for doing something you like can make you less creative.

Establishing Six Seconds at 56 (and then creating a goal of one billion EQ practitioners)

All this laid the foundation for establishing Six Seconds. Six Seconds is about growing emotional intelligence in the world. Our vision is: to co-create an emotionally intelligent world. We strive to do that by promoting and teaching a series of workshops/seminars that help support people to know themselves, choose themselves, and give themselves.

We have devised a variety of teaching tools, testing instruments, and curricula in order for the personnel of businesses, health organizations, and schools to become more emotionally literate, more intrinsically motivated, more optimistic, and more empathic in order to improve their personal lives and strengthen their professional/family/play relationships. Our tagline is: Positive change – everywhere – all the time. The current goal is to have 1.000,000,000 practitioners before my 100th birthday. We are currently at 2,000,000. I think we will make it.

Starting Synapse

I have been also involved in other start-ups institutions, Synapse being the most important.

Synapse is a school whose mission is to build change makers. We started six years ago with five children in a backyard pagoda. Next year we will boast 220 students. Our objective is to take over the entire block and establish a variety of places to learn: an early learning center, a high school, and a continuing education center for teachers, administrators, parents, etc. Moreover, we have rented the spaces to do accomplish exactly that goal.

Much like the move to save the rainforest, which is a refuge for plants, birds, reptiles, insects, mammals (i. e., bats, monkeys, rodents, apes, etc.), Synapse is a rich environment for the preservation of the human mind. Currently, we are a kindergarten through eighth grade institution, but there are plans for a preschool for three- and four-year-olds, as well as a high school, as well as a teacher development and parenting center. The hope is that it will become a lighthouse for other schools, administrators, teachers, parents, and students. The goal for Synapse is to continue to help children: find themselves, identify their passions, locate the staircase to dreams, and recognize the value of serving others.

I am anticipating and planning on many more Synapse Schools around the world. As I am planning to live to 100 years, there is still a lot to do. Most individuals at my age are sitting on their backyard patio in a rocking chair with a tiny white dog at their feet. I am committed instead to the concept of being "all used up." George Bernard Shaw in his poem, "A Splendid Torch", wrote:

"This is the true joy in life – the being used for a purpose recognized by yourself as a mighty one. I want to be thoroughly used up when I die, for the harder I work the more I live. I do not want to be just a spark, a barely there flame, but instead 'a splendid torch.' At the end I can proclaim, 'Wait – I just have one more thing to do.'" (Henderson 1911, S. 512)

How to change the world

All my life I wanted to learn and to grow. I am a strong believer in change and that change must happen on an individual level. We all have to take the responsibility for ourself and for others. It is our responsibility to make the world a better place. Anyone can change the world but few do so. I think, there are six surprisingly simple ways to change the world, six basic tenets I think all change makers, young or old, need to have in order to make a real difference in this world. They aren't groundbreaking or difficult, yet they are rare.

> You can only change yourself.

While it is tantalizing to want to fix boyfriends, husbands, children, brothers, and sisters – let me assure you from research, from personal knowledge, and experience, you cannot. When we try to "fix" someone else, we imply we come from a more enlightened point of view. We send a message that we are wiser, smarter. Unfortunately, this message sends an even more powerful and negative message that the other person is not "good enough."

Don't assume; ask.

I think assumptions are the mother of all screw-ups. In order to know what someone needs, it is better to ask. Asking correlates with the growth and development of empathy. Numerous research studies demonstrate that empathy makes you a better salesman, a better friend, a better teacher, and a better parent. Last year, Synapse through the tutelage of IDEO, discovered empathy makes you a better inventor.

Take risks.

Courage helps resolve the yearnings in our heart. Courage makes it possible for those tiny seeds of dreams to bloom and flourish. Courage supports persistence. Courage helps us to get back up after falling down.

Wait before deciding.

What do these people have in common? An Olympic tennis player returning a serve? A comedian about to reveal a punch line? A teacher anticipating an original answer? The common thread is the ability to successfully wait. I wish American society were not so obsessed with speed, productivity, and efficiency. Decisions made in a minute are considered a virtue and procrastination a crime.

> Know that hard work and character triumph over high-test scores.

David Shenk's book, "The Genius in All of Us: New Insights into Genetics, Talent, and IQ" (Shenk 2011), gives hope to those of us who have not yet written a published poem or played quarterback for the Forty-Niners. His carefully gathered research demonstrates that genes are not a blueprint that predicts greatness for some and doom for the rest of us. Stimulus is what counts. Stimuli make the difference in long-term achievement and/or innovation. Genes are not terminal and environment and a growth-mindset are critical to long-term accomplishment. Reality dictates that with 10,000 hours of hard work, almost anything can be accomplished.

> Remember friends are more important for long life and happiness than any other element.

For years we have been hearing about the importance of veggies, exercise, and a moderate life style for a long, healthy life. However, new research is highlighting the importance of supportive friendships. The higher both the quantity and quality of your relationships, the longer you will live.

The way to your inner self – how to grow as a human being
Most important to me was what I learned about fears 34 years ago: That is driving me ever since. I learned that fear shuts down creativity and can be accompanied by a lack of faith in one's ability. I also discovered that this fear could be reduced

by aerobic exercise and meditation; I became an exercise nut. I learned that optimism can increase innovation and productivity. Luckily I learned that my brain neurons continue to grow even in old age; I work on learning something new every day.

I discovered the power of empathy for creativity, for selling, for teaching, for building a better world and I do a conscious act of kindness every day. Participating in compassionate service dramatically improves our feelings of self-worth and self-esteem (mine were somewhere in the basement because of a failed marriage) and if performed anonymously, the good feelings are doubled. This turned out to be the most rewarding of all, for I discovered my misery was mild compared to those I was helping.

I also started journal writing: Several psychologist friends suggested I keep a journal. While I do not consider writing a talent of mine, I followed their advice. I discovered just how therapeutic it was to put down in black and white exactly how I was feeling. I also wrote what I wanted to do about my crisis situation and anticipated some plans (set goals and objectives) for the future.

In essence, I conquered some of my fears. More importantly, I began to appreciate self-science as a scientific approach to the study of self. I use it daily as a process for making decisions, solving problems – for living my life. For example, I consider each situation by asking myself what I am feeling and understanding, then consider the options available, and finally select one or more that creates a win-win situation that moves me towards my noble goal – a more ethical world.

Self-science begins with appraisal, ignites choice, and transforms coping into self-actualization. Imagine the positive changes in the world, if everyone practiced the principles of emotional analysis, choice, and action.

Aristotle said our habits make the difference, so I decided to order my soul in the same way I mastered multiplication tables and cooking – through practice and more practice. I'm still actively engaged in all the above activities. They have enriched my life immeasurably. I feel my soul expanding.

My favorite picture book (sadly out of print) has just fourteen words in it. I reread it frequently and share it often with others. It is Sandra Boynton's story of a tiny mouse whose job it is to move a gigantic purple elephant (Boynton 1980). He tries pulling, pushing, bribing with peanuts and crying, all to no avail. Finally, he becomes inventive and moves the elephant speedily with the noise from a large golden trumpet. It is a very good thing he is a critical, creative thinker. He discovers he has ten more elephants to move.

And so do you ... And so do I ...

Oh yes, the fourteen words:

"If at first you don't succeed, don't cry, cry, cry – just try, try, try."

Time for reflexion, time for women
My birthday has always been a time of reflection. As I have celebrated year 40, 45, and soon even 77, I examine my own journey – the beginning, the continued struggles, and the progress. This time becomes an opportunity to examine my fears, integrate the learnings, and grow. It is a time to analyze what I have accomplished and what still needs to be done.

Each year I set a personal goal. One year, a year of trauma for my family, it was to generate more joy for myself and others – friends, family, colleagues, even strangers. As a result, there was more laughter in my life. Last year my goal was to be more blunt (i. e., for me this means to be more candid, more straightforward, to move toward rather than away from confrontation). Certainly, I need I would be facing both a major fear (i. e., the world won't love me) and a driving need (i. e., I must be perfect). This meant that I had to be more willing to step forward on various projects, committees, or goals, and to share my thoughts/ideas. This current year it is to express gratitude for family, friends, and the continued opportunity to retain a "zest" for life.

Yesterday, I was at a brunch having a conversation with a CEO in Silicon Valley. His words to me were, "Anabel, help the women take over the world; the men are doing a terrible job; we cannot get past our need for power and control." My reply, "I will do everything that I can."

Author

Anabel Jensen, President and co-founder Six Seconds
Anabel Jensen has multitasking down to a science. Although she was chosen as a Woman of Influence for her work at Six Seconds, Jensen also has been teaching full time for 50 years. She is a full professor in the School of Education and

Leadership at the College at Notre Dame de Namur University in Belmont, where she teaches in the credential program for graduate students.

It was nearly 18 years ago that Jensen co-founded Six Seconds, a nonprofit organization dedicated to teaching emotional intelligence. She has stated that her goal is to develop one billion emotional intelligence practitioners by 2039, which happens to be the year she turns 100. With over 40 years of pioneering work in the field of emotional intelligence education, Anabel is an inspiring and caring speaker who helps people find the best in themselves and each other.

Jensen has co-authored four books on teaching emotional intelligence, written numerous articles on the subject, and has trained more than 15,000 educators and leaders around the world.

3.3   Wunderbare Wendepunkte: Underdog und Über-Ich

3.3.1   Mein Weg zum wahren Erfolg

Simone Richter

„Entspannt" ist nicht gerade ein Adjektiv, mit dem mein Umfeld mich beschreiben würde. Da käme viel eher „ehrgeizig", „kommunikativ" und „direkt". Doch mit Mitte 30 bin ich auf dem besten Weg, das zu ändern. Nicht, weil ich nicht gerne kommunikativ, ehrgeizig und direkt bin – es gibt nun einfach mehr Facetten, die ich ausleben möchte und kann. Es macht mich glücklich und das trägt entscheidend zu meinem Erfolg bei.

Aufgewachsen bin ich im „Häusle-Bauer-Land" Baden-Württemberg als Enkeltochter von Einwanderern und Kind von Firmengründern, beiden ging die Arbeit nie aus. Sowohl meine Großeltern als auch meine Eltern vermittelten meinem Bruder und mir, dass nur derjenige etwas schafft, der hart und viel arbeitet. Geld war dabei nur ein Absicherungs-Bestandteil, nie der Hauptfokus. Sie lebten diese Überzeugung und somit wurde sie auch Teil meiner Werte.

Dieser Antrieb stand leider in völligem Gegensatz zu einer ausgeprägten Liebe zu Schlaf und dem Unverständnis für Überflüssiges. Darum war eine 1 als Note nicht wichtig, wenn ich mit einer 3 und mehr Freizeit auch durchkam. Dazu kam, dass ich mich nur zu gerne ablenken ließ. Die Entdeckung des anderen Geschlechts zum Beispiel führte in Kombination mit Pragmatismus dazu, dass ich Ende der siebten Klasse vom Gymnasium auf die Realschule wechselte, um nicht sitzen zu bleiben. Denn für mich bedeutete sitzen bleiben, zum damaligen Zeitpunkt, in Zukunft nicht mehr besonders sein zu können.

Es war mir früh wichtig, gesehen, geschätzt und gehört zu werden. Anders als andere zu sein – etwas Besonderes. Dieser Wunsch trieb mich und meinen Ehrgeiz mehr als alles andere. Erfolg war dabei nicht unbedingt ausschlaggebend. Aber da ich etwas unternehmen wollte um besonders zu sein, schloss ich die Alternativen Punk oder Hippie zu werden aus. Bis zum Fachhochschulabschluss, den ich im Anschluss an die Realschule machte, war der Pragmatismus noch vorherrschend. So bekam ich zwar meinen Abschluss, aber bis heute habe ich vermieden diesen mit irgendjemandem zu teilen.

Der Pragmatismus brachte mich auch zu der Erkenntnis, dass ich mit diesem Abschluss keinen Studienplatz bekommen würde, der mich nur im Entferntesten in die Nähe einer Universität für besondere Menschen brachte. Auch die Aus-

sicht, im Ländle eine Lehre zu machen, schien mir nicht zielführend. Ein Zufall lenkte dann aber meine Aufmerksamkeit
auf eine Ausbildung zur Groß- und Außenhandelskauffrau
bei deutschen Firmen in Singapur. Genau das Richtige, es
würde mich zu einer von wenigen Deutschen machen, die
ihre Ausbildung in Asien gemacht haben – etwas Besonderes
also. Ich schickte also meine Bewerbungen in miesem Englisch (1998 gab es kaum gute Übersetzungsprogramme) an
ausbildende Firmen in Singapur. Alle bis auf eine lehnten
mich direkt ab, ohne wirkliche Begründung. Obwohl ich nur
ein einziges Vorstellungsgespräch hatte, machte ich mich alleine auf den Weg nach Singapur und stellte mich der Herausforderung. Im Anschluss an das Gespräch schien auch
meiner Einstellung nichts mehr im Weg zu stehen. Zurück
in Deutschland erhielt ich jedoch die Nachricht, dass sie sich
dazu entschlossen hätten, in diesem Jahr nicht auszubilden.
Ich war niedergeschlagen und enttäuscht, alle meine Hoff-
nungen lagen in diesem Schritt. Also suchte ich mir eine
Praktikumsstelle und bewarb mich im nächsten Jahr wieder
bei den Firmen in Singapur. Wieder eine Einladung, wieder ein Gespräch. Nun erfuhr ich, dass ich zuvor abgelehnt
wurde, weil noch nie ein Kandidat diese Ausbildung absolviert hatte, dessen Eltern nicht zu dem Zeitpunkt in Asien
berufstätig waren. Mein späterer Chef und der Vertreter des
Programms in der Industrie- und Handelskammer sagte aber,
er würde das Risiko eingehen und die Verantwortung für eine
18-Jährige alleine in Asien übernehmen. Ich habe ihn auch
nicht enttäuscht, hatte eine großartige Zeit und nach mir gab
es sehr viele, die direkt aus Deutschland ihre Ausbildung in
Singapur machen konnten.

Jetzt war ich was Besonderes, oder? Ein Merkmal von Unter-
nehmern ist, dass sie immer etwas unternehmen wollen und sich

neue Herausforderungen suchen, sobald ein Ziel erreicht ist. So auch ich. Singapur eröffnete mir einen Blick auf einen breiteren Horizont! Als ich 2000 in Singapur ankam, lernte ich Menschen kennen, die Mitte 20 waren und eigene Firmen gegründet hatten, bevor die Internetblase platzte. Wow, dachte ich, die sind besonders. Leider musste ich auch einsehen, dass die Blase jetzt geplatzt war und niemand sie wieder zusammenflicken würde. Ich war davon überzeugt, dass solch eine Chance sich mir und meiner Generation höchstwahrscheinlich nicht mehr bieten würde. Zu dieser Zeit hätte ja auch keiner gedacht, dass mobile Endgeräte mal mehr können würden als SMS und Telefonate. Durch meine offene und kommunikative Art lernte ich darüber hinaus viele sehr unterschiedliche Menschen kennen. Menschen, die mir früh sagten, dass ich mich nicht anstrengen oder verstellen müsste, um etwas Besonderes zu sein – in ihren Augen war ich das. Dass sie Recht haben, habe ich leider erst sehr viele Jahre später verstanden. Mein Zwang, etwas Besonderes zu sein – das weiß ich heute – hinderte mich lange daran, glücklich zu sein. Permanent hatte ich das Gefühl, nicht dazuzugehören, obwohl ich mir nichts sehnlicher wünschte.

Singapur war mein Zuhause geworden und nach der Ausbildung nahm ich einen Job in einer PR-Agentur an. Es war eine von Honkong-Chinesen geführte lokale Firma. Leider lief mein Arbeitsvisum sechs Monate nach Beginn des Jobs aus. Zu diesem Zeitpunkt gab es viele lokale Studienabgänger, die keinen Job fanden und da ich kein Studium hatte, verweigerte mir die Regierung ein neues Arbeitsvisum, in der Hoffnung, meine Stelle würde mit Einheimischen besetzt. Allen Anstrengungen von verschiedenen Stellen zum Trotz musste ich binnen 14 Tagen meine Sachen packen und zurück nach Deutschland ziehen. Es brach mir das Herz, mein Leben, meine Freunde und mein Zuhause hinter mir lassen zu müssen.

In Deutschland angekommen, informierte ich mich über Studienmöglichkeiten im Ausland, da mein Fachhochschulabschluss immer noch zu schlecht war für eine gute Fachhochschule in Deutschland. Außerdem fühlte ich mich im Englischen nach drei Jahren auch sehr wohl und erhoffte mir mit einem englischsprachigen Studium wiederum bessere Chancen in der Zukunft. Mein Pragmatismus meldete sich stärker denn je – Kanada war mir zu kalt, England zu regnerisch, die USA zu teuer und da blieb nur Australien übrig. Es war in der gleichen Ecke der Welt wie Singapur und somit bewarb ich mich an Universitäten in Melbourne. Sydney hatte ich ausgeschlossen, da es mir Singapur zu ähnlich schien – Weltstadt, Nachtleben und so.

Zu meiner Überraschung wurde ich auch direkt an einer guten Universität in Melbourne angenommen und mein Herz und Stolz konnten wieder etwas heilen. Bis zum Studium waren es sechs Monate, welche ich mit einem Praktikum bei einer Firma in Stuttgart überbrückte.

In den drei Jahren in Melbourne schloss ich mit Ach und Krach mein Studium ab, jobbte als Assistenz bei einem Typen, der ein großes Festival in Australien mitorganisierte und ließ mich auf den Laissez-faire-Lebensstil der Australier ein. Da ich zu Beginn des Studiums bereits 23 Jahre alt war und meine Kommilitonen 18, beschloss ich, außerhalb des Campus zu wohnen, nämlich in der Stadt. Der Job in der Organisation einer Bühne des Festivals besserte nicht nur mein Taschengeld auf, sondern brachte mich auch in Kontakt mit spannenden Menschen rund um die Musikbranche. Außerdem brachte die Zeit in Down Under auch meine erste feste Beziehung mit sich. Als diese nach zwei Jahren und kurz vor Ende meines Studiums zerbrach, hatte ich keine Lust mehr, mich um ein Arbeitsvisum und einen Job in Australien zu bemühen und zog zurück nach Deutschland.

Es verschlug mich nach Berlin und zu einer Firma, in der ich meine Vorliebe für Musik einbringen konnte und unter vielen jungen, zugezogenen Menschen war – Jamba!. Ich hatte einen Job in der Musiklizensierung ergattert und war von da an verantwortlich für die Lizensierung von Musik und die Betreuung von Plattenfirmen. Es war eine großartige Zeit! Der Job brachte zwei bis drei Konzertbesuche pro Woche mit sich und dadurch lernte ich Berlin und viele andere Mitzwanziger sehr schnell kennen. Die Firma hatte zu dem Zeitpunkt rund 800 Mitarbeiter und wurde von Menschen geführt, die nur ein paar Jahre älter waren als ich. Wow, dachte ich, alles scheint möglich zu sein. Mein Ehrgeiz und Engagement wurden geschätzt, bedeuteten jedoch, dass ich nur mit und für die Firma lebte. Ich hatte viel Entscheidungsfreiheit, was ich liebte.

Einmal hatten wir von meinem Chef VIP-Tickets für Rock-am-Ring bekommen und verbrachten ein wildes Wochenende mit Kollegen und Kunden. Am Montag darauf kam ich ins Büro und schämte mich für – ja, was eigentlich? Ich war mir nicht sicher, ob ich Grenzen überschritten hatte oder nicht. Mit Vorliebe Grenzen auszutesten, war etwas, das mir vorher schon – sowie auch später noch – immer wieder Bauchschmerzen verursachte. Ich verkroch mich also den ganzen Tag und hoffte, dass mich niemand auf das Wochenende ansprach. Noch mehr hoffte ich, dass mir das Wochenende nicht beruflich schaden würde. Mein Chef kam am Ende des Tages zu mir und ich dachte schon „Jetzt kommts". Er lachte aber nur und meinte, dass wenn ich mich so offensichtlich schäme, es nur Interesse wecken würde. Anstatt defensiv damit umzugehen, sollte ich doch einfach offensiv damit sein und sagen, was für ein tolles Wochenende ich hatte. Ein Rat, der mich von da an immer begleitete und mehr als einmal die Gerüchteküche und den Gang nach Canossa erspart hat.

Leider bekam ich nach zwei Jahren bei Jamba! eine neue Chefin und diese schränkte meine Freiheitsgrade ein. Wir fanden keine wirkliche Grundlage für eine Zusammenarbeit, woraufhin ich mich entschloss, den Job zu wechseln. Im Gebäude nebenan war bei einer Firma eine Ausschreibung für eine Stelle als Key Account Manager im Mobile-Marketing. Ich dachte mir, mobile Endgeräte waren das Geschäft von Jamba! und Kunden hatte ich die zwei Jahre über auch gern und gut betreut. So wechselte ich nach bestandenem Vorstellungsgespräch ein Haus weiter zu YOC.

Zu Anfang war Mobile-Marketing deutlich weniger glamourös als Musik-Management, aber ich mochte den Spirit und das schicke Büro. Mit dem Ansprechpartner bei meinem Kunden Coca-Cola tat ich mich jedoch schwer. Irgendwie schienen wir keinen Draht zueinander zu finden und jede Freigabe einer Aktion wurde zum Hürdenlauf. Auch war ich irritiert, dass meine bis dahin gemachten Erfahrungen keine Anerkennung fanden. Ich musste ganz von vorne anfangen und das fiel mir schwer. Ich wollte mal wieder zu viel und das viel zu schnell.

Die Problematik mit dem Kunden ging ich allerdings frontal an, indem ich ihn zum Mittagessen einlud und wir glücklicherweise eine gemeinsame Leidenschaft entdeckten – die Musik. In meiner täglichen Arbeit versuchte ich, die Defizite schnellstmöglich aufzuholen und arbeitete hart daran, meine Kenntnisse des Mobile-Marketings und von mobiler Technologie zu verbessern. Daraufhin wurde ich relativ schnell befördert und als meine Chefin sich dann entschloss, wieder in ihr Heimatland England zu gehen übernahm ich den Kunden Coca-Cola ganzheitlich inklusive Team von drei Leuten. Die harte Arbeit zahlte sich aus.

Die Betreuung eines so großen und bekannten Kunden schüchterte mich ein, aber was die wirkliche Aufgabe werden sollte, war das Management des Teams. Über zwei Jahre hinweg arbeitete ich 80 Stunden die Woche und lebte nur noch für den Job. Ich baute den Kunden zum umsatzstärksten der Firma auf und etablierte Mobile als wichtigen Bestandteil seines Marketingmixes. Immer mehr fühlte ich mich von meinem Team alleingelassen und verstand nicht, dass sie nicht dasselbe Engagement und denselben Ehrgeiz hatten wie ich. Oft fühlte ich mich regelrecht gemobbt und behindert, obwohl ich immer nur den gemeinsamen Erfolg wollte. Das Team distanzierte sich immer mehr von mir und der Druck auf mich wuchs. Ich wurde immer launischer und konnte kein Verständnis für die Befindlichkeiten meiner Teamkollegen aufbringen. Was nur noch mehr dazu führte, dass sie sich von mir distanzierten. Ich war erfolgreich, aber allein. Es gab nur noch die Arbeit und den Erfolg für mich.

In dieser schwierigen Zeit lernte ich meinen heutigen Mann kennen. Er arbeitete im Team meines Ansprechpartners, war also mein Kunde. Ich fühlte mich wieder geborgen und fand Halt. Beruflich wurde die Situation aber unerträglich und trotz der Unterstützung meiner Vorgesetzten kam ich einer totalen Erschöpfung und einem Nervenzusammenbruch immer näher. Als sich letztendlich der berufliche Stress anfing, auf meine Beziehung auszuwirken und ich ein Jobangebot eines ehemaligen Geschäftspartners erhielt, beschloss ich nach fast drei Jahren, die Firma zu verlassen.

Unter der Versprechung von mehr Geld und weniger Arbeit wechselte ich in die digitale Vermarktung von Axel Springer, um dort das mobile Geschäft auszubauen. Bevor ich jedoch da anfing, gab mir mein neuer Chef den Rat, die ersten Monate im neuen Job mit der Vernetzung im Konzern zu verbringen. So richtig konnte ich mir nichts darunter vorstellen und ich fühlte mich unwohl dabei, mich mit Menschen zu verabreden, die ich noch nicht kennengelernt hatte. Ich nahm den Rat aber an und netzwerkte ganz bewusst zum ersten Mal in meinem Leben.

Dieser Rat erwies sich als unbezahlbar! Obwohl ich davon überzeugt war, dass jemand wie ich bei einem Konzern wie Axel Springer nicht lange und gerne gesehen wäre, entwickelte sich meine Karriere prächtig. Noch innerhalb meiner sechsmonatigen Probezeit wurde ich gebeten, Teil einer Arbeitgeber-Branding-Kampagne des Konzerns zu sein. Da ich mir erhoffte, als Werbegesicht nicht gekündigt zu werden, sagte ich zu. Im ersten Jahr im Konzern wurde auch prompt die Wichtigkeit von mobiler Vermarktung angezweifelt, was mir die Möglichkeit gab, mich vor allen digitalen Leitern und dem Vermarktungsvorstand des Unternehmens zu positionieren. Später erfuhr ich, dass genau dieses Meeting der Grundstein für meine spätere Karriere im Konzern war. Ich hatte mich selbstbewusst und mit wirklicher Überzeugung von meinen Themen präsentiert.

Nach etwa zwei Jahren in der mobilen Vermarktung und viel Überzeugungsarbeit begann das Thema im Unternehmen Fuß zu fassen und meine Aufgaben entwickelten sich mehr und mehr in Richtung Aus- statt Aufbau. In dieser Zeit beschäftigte ich mich dann immer mehr mit neuen Geschäftsmodellen und in einem Gespräch mit einer Kollegin erfuhr ich, dass es im Verlag eine neue Abteilung genau für solche Themen geben würde. Daraufhin fingen wir gemeinsam an, eine Idee auszuarbeiten. Diese präsentierten wir erfolgreich und konnten den Vorstand davon überzeugen, die Idee zu verfolgen, um daraus eine eigene Firma zu machen. Diese neue Aufgabe forderte mich ungemein, gab mir aber gleichzeitig sehr viel Freiraum für Kreativität und Unternehmertum im Konzern. Die Aussicht, als CEO/Geschäftsführerin das entstehende Unternehmen führen zu dürfen, erfüllte mir einen lang gehegten Wunsch.

Leider wurde diese wunderbare Zeit von der Krebserkrankung meines Vaters überschattet. Nach gerade mal sechs Monaten musste ich dann abrupt das Projekt verlassen, da mein Vater verstarb und ich meine Familie in unserem Familienunternehmen unterstützen wollte. Dieses schlimme Erlebnis brachte aber auch etwas mit sich, was mein Leben für immer veränderte: Mein Vater vertraute sich mir kurz vor seinem Tod an. Er sagte, dass er alles, was er sich in seinem Leben vorgenommen hatte, auch erreicht hatte. Jedoch erst jetzt, den Tod vor Augen, verstand er, dass diese Ziele zu einseitig und unwichtig waren. Es dauerte einige Zeit, bis ich verstand, was er meinte – er bereute, sich auf den beruflichen Erfolg fokussiert zu haben. Dies eröffnete mir die Erkenntnis, dass man Zeit für Beruf und Privatleben schaffen muss, um sein Potenzial und Glück voll ausschöpfen zu können. Sich nur in die Arbeit zu vergraben, kann auf Dauer krank, einsam und unzufrieden machen.

Die nächsten Monate verbrachte ich bei meiner Familie, 600 km von zu Hause entfernt. Ich fühlte mich allein und war weit weg von meinem Partner, meinen Freunden, meinem Zuhause und meinem Job – alles was mir bis jetzt Halt gegeben hatte. Ich kümmerte mich vorrangig um meine Mutter und den Betrieb, dabei blieb kaum Raum für meine eigene Trauer. Mehr und mehr merkte ich, wie ich mich verlor und nur noch funktionierte. Nach fünf Monaten zog ich die Notbremse, zog zurück nach Hause und wollte schnellstmöglich wieder in mein altes Leben zurück.

Positiv war, dass ich in meinem alten Job so wertgeschätzt wurde, dass ich nach meiner Auszeit wieder auf eine gleichwertige Position zurückkehren konnte. Zu meinem Erstaunen bekam ich einen Geschäftsführerposten in einem anderen „Start-up" des Konzerns angeboten und nachdem ich meine zukünftige Geschäftspartnerin getroffen hatte, sagte ich zu. Ich war froh, wieder in meinem gewohnten Umfeld zu sein und eine neue Aufgabe zu haben, die mir erlaubte, meine Karriere weiter auszubauen. Mein Freund machte mir einen Antrag und wir heirateten im kleinen Kreis. Mein Leben schien wieder perfekt.

Mit der Zeit merkte ich allerdings, dass nichts mehr so war wie zuvor. Ich wurde immer unzufriedener mit meiner Beziehung, meinen Freundschaften und meinem Job. Das führte bei mir zu großen inneren Konflikten, da ich nicht verstand, warum ich nicht mehr glücklich sein konnte, obwohl ich alles hatte. Erst das Burn-out einer Freundin gab mir eine mögliche Erklärung. Es war einfach alles zu viel gewesen. Ich, die nie aufgegeben hatte, immer ehrgeizig und engagiert war, schaffte es kaum, morgens aufzustehen und war zunehmend traurig. Wut auf mich selbst verschlimmerte alles nur noch mehr. Das wirkte sich natürlich auch beruflich aus. Meine Unsicherheit und Stimmungsschwankungen verwirrten meine Mitarbeiter. Als meine Geschäftspartnerin dann schwanger wurde und ich allein die Führung übernehmen musste, klappte gar nichts mehr.

Ich suchte mir extern Unterstützung und fing gleichzeitig an, die Trauer um meinen Vater aufzuarbeiten und mir über meine Ziele im Leben Gedanken zu machen. Die Aussage meines Vaters ließ mich nicht mehr los. Dazu hatte mich einer meiner alten Chefs einmal beim Mittagessen gefragt, was ich denn im Konzern noch erreichen wolle und ich hatte keine Antwort parat. Ich wollte glücklich sein und wertgeschätzt werden. Aber das war natürlich sehr unkonkret. Die Frage des „wie erreiche ich das denn" blieb unbeantwortet. Also fragte ich (frei nach Carlos Castaneda) meinen Tod um Rat und überlegte mir: Wenn ich wüsste, dass ich sterben müsste, wäre das, was ich tue, genau das, was ich auch dann noch tun würde? Das war es nicht. Ich wollte etwas anderes und beschloss, dem auf die Spur zu gehen. Ich entschloss mich, meinen Job und all das Prestige, das damit einherging, aufzugeben. Ich stieß auf wenig Verständnis für meine Entscheidung in meinem Umfeld, aber die Unterstützung meines Mannes gab mir Kraft. Da ich nicht wusste, was ich wollte, nur, dass ich diesen Job nicht mehr wollte, sprang ich ins Ungewisse. Für mindestens sechs Monate würde ich mich nur darum kümmern, herauszufinden wer ich bin und was ich wollte und wie das Glück wieder seinen Weg zurück in mein Leben finden könnte. Keine To-dos, keine Gespräche über potenzielle Jobs, kein Netzwerken. Oft bestand mein Tagesziel darin, zu frühstücken und sonst nichts zu tun. Gott, war das anstrengend. Im Nachhinein war es das Schwerste, was ich je getan habe. Gleichzeitig war es aber auch das Wertvollste.

Bis zu diesem Abschnitt in meinem Leben hätte ich anderen immer geraten, hart zu arbeiten, pragmatisch zu sein und wenn nötig das nötige Selbstbewusstsein vorzutäuschen. Ganz nach dem Motto „Fake it till you make it". Das sehe ich heute anders. Noch immer glaube ich, dass Erfolg auf harter Arbeit beruht. Jedoch würde ich immer dazusagen, dass man sich zu den beruflichen Zielen wahre Ziele im Privatleben suchen und diese mit dem gleichen Engagement verfolgen sollte. Für mich sind Kinder und eine glückliche Partnerschaft ein solches Ziel. Daran arbeite ich. Mein Mann und ich haben in dem Zug unser Traumhaus rund 60 km außerhalb der Stadt gefunden und ich erlebe mein Umfeld, die Natur und mich selbst viel bewusster. Die Kinder können kommen!

Dazu habe ich einen Job gefunden, der mir viel Freiraum für diese privaten Ziele lässt und mich sehr erfüllt. Ob das an meiner neuen Einstellung liegt oder an meinen bisherigen Leistungen – wohl etwas von beidem. Ich lebe jetzt auf dem Land, erlebe die Natur, bin auch ohne die Bestätigung anderer glücklich und arbeite als freie Beraterin nur soviel ich will. Trotzdem bin ich weiter erfolgreich und bekomme Anerkennung für meine Leistungen, nur ist mir das jetzt einfach nicht mehr so wichtig wie vorher. Ich nehme mir jetzt die Freiheit, facettenreicher, bewusster und ruhiger zu sein und bin damit und mit mir selbst glücklich. Auf keinen Fall schließe ich aus, eine verantwortungsvolle Position eines Tages wieder erstrebenswert zu finden. Nur gibt es davor einfach noch ganz viele andere Dinge, die ich erleben möchte. Dieser persönliche Erfolg ist gerade mein Weg zum Ziel und deshalb nehme ich bewusst wahr und wertschätze jeden Schritt dahin.

P. S.: Meine Freunde mögen die neue Simone auch, kaum einer weiß so wirklich, was ich aktuell beruflich tue, aber jeder weiß, wie gut es mir geht.

Die Autorin

Simone Richter, Unternehmensberaterin für Innovations- und Transformationsmanagement, DG-i

Simone Richter berät vorwiegend Banken im Innovationsmanagement und bei deren Herausforderungen durch den digitalen Wandel. Sie startete ihre Karriere bei Jamba!, wo sie weltweiten Musiklizenzen einkaufte. Zum Thema „Mobile" inspirierte, schulte und beriet sie Coca-Cola weltweit für die YOC AG. 2011 wechselte sie zu Axel Springer SE, strukturierte und steuerte dort die übergreifende Mobile-Vermarktung. Als Geschäftsführerin der Plattform www.celepedia.de, einer 100 %igen Tochter von Axel Springer SE, gestaltete sie zentral die Innovationsinitiative des Mutterkonzerns mit. Ihren größten Mobile-Erfolg realisierte sie 2009/2010 mit der Mobile-Kampagne „Handy leer? Fanta her!" für die Coca-Cola-Marke „Fanta". Diese wurde auf 200 Mio. Flaschen vertrieben, woraufhin eine Million Deutsche teilnahmen. Ausgebildet wurde sie als Groß- und Außenhandelskauffrau in Singapur und absolvierte ein International-Business-Studium in Australien. Simone Richter ist mit ihrem Mann vor Kurzem aus Berlin raus aufs Land gezogen.

3.3.2   Die Geschichte einer spazieren gehenden Ex-Superhero-Frau-Anwärterin

Alexandra Lotte Quadt

Ich wurde 1980 geboren und wuchs in einer Zeit auf, in der die Wirtschaft brummte, Frauen große Schulterpolster trugen und sich knallroten Lippenstift und noch röteren Nagellack aufmalten. In einer Zeit, in der Feministinnen und Emanzen rausgingen, sich nahmen, was sie wollten, sich in straff geschneiderte Kostüme zwängten und in die Chefetagen hochkletterten, indem sie sich wie Männer verhielten. Big hair, big shoulders, big dreams und anscheinend big steps for womankind. Das ist jetzt gleich zu Anfang mal ein ordentliches Klischee aber darauf komme ich später noch mal zurück.

Im Gegensatz dazu lebten meine Eltern ein sehr traditionelles Ehemodell. Papi war Unternehmer, Mami Hausfrau. Sie brachten mir bei, dass ich alles erreichen könnte und sie waren ein gutes Beispiel dafür. Sie hatten nichts, als sie aufwuchsen und mein Dad mit meiner Mum im Rücken bis Mitte 30 sehr viel erreicht.

So bekam ich auch von klein auf mit, dass es ganz normal ist, sich im Beruf so richtig reinzuhängen. Im Leben meines Vaters drehte sich in meiner Kindheit fast alles um den Job. Da ich voller Stolz aufwuchs, so einen erfolgreichen Vater zu haben, war seine Karriere auch eine Art Blueprint für meine Vorstellung von meinem eigenen späteren Berufsweg. Ich wollte nicht wie er Verleger werden, aber ich habe lange Zeit auch nie ernsthaft in Erwägung gezogen, einen Angestelltenjob zu machen, nur um meine Rechnungen zu bezahlen. Nach der Schule wollte ich Unternehmerin werden, auch wenn mein Bild von der Art der Unternehmung gänzlich unklar bis schemenhaft war.

„Nur die Harten kommen in den Garten"
Ich hatte leider, wie das nun mal bei vielen Anfang-20-Jährigen so ist, keine Ahnung vom Leben. Meine Eltern ermöglichten es mir, im Ausland zu studieren, mir stand alles offen. Und ich hatte zu Hause schon früh gelernt, dass nur die Harten in den Garten kommen. Also habe ich mich nach meinem Studium in meinen ersten Jobs reingehängt – und zwar auf nahezu manische Art und Weise. Da ich neben einer recht schnellen Auffassungsgabe, einem vorlauten Mundwerk und einer überdurchschnittlich hohen Begeisterungsfähigkeit auch über ein hohes Energielevel verfüge, war das nicht schwer.

Ich habe Chancen im Bereich „Online-Business" gesehen und mich wie ein Berserker auf alles gestürzt, habe in den Jobs während meiner Twens alle Projekte an mich gerissen, die ich nur greifen konnte, oft mehr geleistet, als von mir erwartet wurde und mich dabei manchmal so verausgabt, dass es sogar einmal dazu kam, dass ich mittags aus dem Büro floh, weil ich keine Luft mehr bekam und mich im Park nebenan unter einem Busch versteckte, unter dem ich erst wieder herauskroch, als meine Schwester vor mir stand, um mich nach Hause zu bringen. Da blieb ich dann für drei Monate. Zu Hause. Selbstmitleid hat das nicht ausgelöst, sondern eher eine grundsätzliche Verwirrung über den Sinn meines Berufslebens. Ich hatte mich doch reingehängt, hatte verhandelt, nicht gemeckert, die Anerkennung der Männerdomäne „Start-up" gewonnen, in der ich mich bewegte. Ich war schnell, begeistert, konnte anfassen und die Postkarte mit Rainer Werner Fassbinders Satz „Schlafen kann ich, wenn ich tot bin", die über meinem Bett hing, habe ich beim Wort genommen. Nur im Job meinem Wunschbild zu entsprechen, reichte nicht. Ich reiste, machte zahlreiche Nebenprojekte, antwortete selten mit „Nein" auf Fragen, die Spannung und Innovation versprachen. Nebenbei pflegte ich als Dauersingle einen riesigen Freundeskreis, machte Wochenend-Trips und tanzte als Letzte auf vielen Festen.

Das ging dann immer so lang, bis alle paar Monate ein Zustand der absoluten Erschöpfung eintraf und mein Super-Leben mich atemlos machte. Dabei sah doch auf Facebook und in meinem Lebenslauf alles so verdammt spannend und großartig aus!

Die vernachlässigte Frau

Ich war zu einer Art Kerl geworden, zu dem 2010er-Pendant des Bilds, das ich von den Emanzen meiner Kindheit hatte. Das muss ich jetzt erklären, und bitte nehmt es mir nicht übel, liebe Emanzen. Mir wurde mal erzählt, dass der Charakter eines Menschen sich aus männlichen, weiblichen und kindlichen Attributen zusammensetze. Wenn ich zurückdenke, habe ich meinem männlichen Teil im Beruf Platz eingeräumt, dem Spieltrieb des Kinds in meinem Privatleben Freilauf gewährt, aber der Frau räumte ich keine Daseinsberechtigung ein. Sie war zwar immer in mir und sehnte sich manchmal lautstark und fast schmerzlich danach, Wärme und Sanftheit auszuleben, ich habe ihr aber nicht zugehört und sie eigentlich zum Teufel geschickt, da sie für mich Schwäche verkörperte. Sie fühlte sich zu emotional, zu weich an und hatte in meinem Leben scheinbar keinen Platz. Sie passte nicht zu meinen knallroten Lippen, meinen kurzen Haaren und meinem Superlativ-Leben.

Kein „big picture"

Wirklich viel gelernt habe ich, ehrlich gesagt, aus diesem fehlenden Ausleben meiner Weiblichkeit auch in meinen frühen 30ern erst einmal nichts. Nach kurzen Erholungspausen habe ich mich wieder reingehängt, mich engagiert, Vollgas gegeben. Aber ich fühlte mich oft leer, ausgelaugt. In den Medien und in meinem Umfeld sah ich diese Wesen, die alles schafften, supererfolgreich waren, mehrere Kinder gleichzeitig großzogen, sportlich und gutaussehend waren, sich wahnsinnig gesund ernährten und von ihren ebenso erfolgreichen Männern genau dafür geliebt wurden: dafür, dass sie Superhero-Frauen waren, die ganz zielstrebig ihren Weg gingen und sich scheinbar nicht beirren ließen. Aber ich wurde und wurde keine von ihnen. Und irgendwie dünkte mir, dass ich nie so sein würde – so ein glitzernder weiblicher Superlativ-Kerl.

Eine besonders weise Frau hat mir damals eine Geschichte erzählt, die ich hier kurz wiedergeben möchte, da sie auf jede Situation im Leben anwendbar ist.

Die Stadt mit der Mauer

Stellen Sie sich vor, Sie sehen eine Stadt mit einer Mauer, sagen wir, von einem Hügel aus. Jeden Tag gehen dort durch ein großes Tor Hunderte von Menschen ein und aus. Also beschließen Sie, dass Sie da auch reinwollen. Sie gehen von Ihrem Hügel zum Tor. Das Tor ist zu. Sie denken sich: „Das gibts ja nicht, das Tor war doch eben noch für Hunderte Menschen offen, warum ist es jetzt zu?" Sie kommen nicht rein, gehen wieder und probieren es am nächsten Tag wieder. Same Story, das Tor ist zu. Am nächsten Tag wieder, obwohl Sie vom Hügel wieder gesehen haben, wie unglaublich viele Leute da rein- und rausgehen. Langsam werden Sie etwas panisch, weil Sie unbedingt in die Stadt wollen. Was jetzt? Sie können sich hinsetzen und heulen, sich den Schädel und die Fäuste am harten Holz blutig schlagen oder aufgeben und nicht reingehen. Aber Sie wollen da rein. Hier kommt der Clou: So eine Stadt hat niemals nur ein Tor. Also gehen Sie spazieren und suchen ein vielleicht viel kleineres und möglicherweise verstecktes Türchen. Voraussetzung ist, dass Sie da reinwollen.

Also zu den Zielen zurück. Da hapert es ja für die meisten schon, so auch bei mir, denn diese Themen haben für mich nie zusammengepasst. Ich wusste Anfang 30, dass ich irgendwie folgende Themen auf einen Nenner bringen wollte:

1. etwas machen, das mir wirklich Spaß macht, mich erfüllt,
2. genug Geld verdienen, um mir meinen anspruchsvollen Lebensstil leisten zu können,
3. einen Zustand des Angekommenseins empfinden.

Und das ging nicht zusammen. Ich sah alles sehr schwarz und weiß. Super Karriere oder wenig Geld verdienen, hart sein oder weich, stark oder schwach, aktiv oder passiv, Louboutin oder Flipflop.

Natürlich habe ich die falschen Fragen gestellt, bin davon ausgegangen, dass es nur schwarz und weiß zur Auswahl gibt.

Eigentlich ist Grau das neue Schwarz (oder Weiß)

Aber ich war unglücklich, weil mein ganzes Reingehänge und Mühegeben nie mehr als Lob einbrachte, das das Loch in meinem Glück nicht auszufüllen vermochte. Weil ich mir in meinem ganzen Aktionismus und manischen Herumgerenne, suchend nach dem weit entfernten Begriff „Ziel", eine Sache nie erlaubt habe: mich zurückzulehnen, zwischen den Zeilen zu lesen, grau als Option zu sehen.

Der Moment, an dem ich durch mein Leben zum wirklichen Hinsehen gezwungen wurde, kam, als ich nach zweieinhalb Jahren meine eigene Firma verließ. Ich hatte mich mit 32 mit einer Freundin zusammengetan und ein E-Commerce-Start-up gegründet, das mir im zweiten Jahr aus vielen Gründen große Sorgen bereitete und wie ein Hinkelstein auf meinen Schultern lastete. Eines Abends, kurz vor Weihnachten, fragte mich mein Vater: „Nenn mir einen einfachen Grund, warum du das noch weitermachen willst." Ich konnte die Frage nicht beantworten und machte zwei Tage später Schluss. Ohne einen Plan B. Ohne überhaupt eine Ahnung davon zu haben, wie es weitergehen sollte. Erst war ich erleichtert, kurz darauf fand ich mich frei fallend in einem schwarzen Loch ohne Boden wieder. Einen Monat danach reiste ich umher, hörte mir Jobangebote an, hatte sogar zwei Verträge vor mir liegen und fühlte absolut nichts. Gar nichts. Ich sah das Papier, die Zahlen, den Jobtitel und fühlte nichts als absolute Indifferenz. Aber ich war trotzdem getrieben von meiner gewohnten Herangehensweise. Erst mal Vollgas geben, mit meinen Ellbogen auf dem Tisch laut bellend meinen Standpunkt klarzustellen, den Kerl herauskehrend.

Und dann kam der Moment, an dem ich mich hinsetzte und folgender Gedanke sich in meinem Kopf breitmachte: „Hey, du bist keine Superhero-Frau. Die gibts vielleicht gar nicht! Jetzt lass doch mal los und überlege ganz ehrlich, wie dein Leben aussehen soll. Und zwar unabhängig von irgendwelchen Idealbildern."

Diese Frage nach einem Ziel, einer Perspektive, die mich so lange Zeit gequält hat wurde plötzlich wurde drängend. Ich verstand, dass ich immer nur außen gesucht hatte. Ich hatte es an beruflichem Erfolg aufgehängt und an privatem Standing. Und dann verstand ich, dass ich den Spieß umdrehen musste. Dass ich mich nicht reinhängen, sondern zurücklehnen sollte, um ein klares Bild zu bekommen. Wer zu nah an etwas dran ist, kann es nicht mehr genau erkennen, oder nur noch fragmentiert, da die Weitsicht fehlt.

Das war die größte und wichtigste Erkenntnis meines 35-jährigen Lebens: „Lean the fuck back. Die Welt geht nicht unter, wenn du eine Weile einfach nur zusiehst und vielleicht auch einfach mal den Raum verlässt, ohne irgendjemandem zu sagen, wo du hingehst. Weil es nicht alles schwarz und weiß ist. Es geht ja schließlich um gar nicht so viel."

Das Ergebnis meiner Überlegung war nicht „gar nichts tun", sondern alles, was ich tat, dem unterzuordnen, was ich selbst gerade brauchte. Und das, meine Lieben, sind wir Frauen weder genetisch noch historisch gewohnt: uns das zu erlauben.

Wir leben in einer Zeit, in der alle von Gleichberechtigung sprechen, und doch sind diese uralten Muster noch so stark in uns verankert, dass Frauen, die man darauf anspricht, warum sie so verbissen die Leiter hochklettern, ganz empört sind, wie man diesen Einsatz bloß infrage stellen kann. Sie haben sich reingehängt. Das muss doch zu was führen, Fleiß ist schließlich der Heilige Gral, auch wenn er sich gegen eigene Bedürfnisse richtet.

Fuck Begrifflichkeit

Unsere Zeit hat ein großes Problem: Begriffe. Alles in unserer Welt ist irgendwie definiert, nicht nur in Wort sondern auch in Bild oder sogar Video. Wir werden bombardiert mit Endlösungen. Bilder von Selfmade-Millionären, Videos von glücklichen Familien, Blog-Posts von „Yoga Pro Mums". Wenn die Protagonisten noch nicht ganz im Olymp ihrer Disziplin angekommen sind, ist das auch kein Problem – dafür gibt es Filter, die alles tipptopp aussehen lassen. Ich spreche jetzt natürlich nicht für alle Superhero-Frauen, sondern für mich. Das muss schließlich eine jede selbst wissen. Um mich gemütlich zurückzulehnen und mich selbst und meine Bedürfnisse zu spüren, habe ich beschlossen, mich von diesen Bildern freizumachen. Und wie? Naja, gnadenlose Ehrlichkeit mit mir selbst, gepaart mit einer realistischen Einschätzung der Umstände.

1. Was brauche ich für mich, was ist mir persönlich wichtig?
2. Wie erreiche ich das unter Berücksichtigung meiner derzeitigen Lebenssituation?

Um das Ganze in einem Beispiel zu veranschaulichen: Mein Ziel nach dem vergangenen Sommer war es, strukturierter und weniger zu arbeiten, ein Team um mich zu haben, nicht mehr Chefin zu sein und mehr Zeit für mein Privatleben zu haben. Jedenfalls für die nächsten zwölf Monate. Ich habe mich auch endgültig von dem Glauben verabschiedet, mich für immer festlegen zu müssen und die Frage nach den Fünf-Jahres-Zielen in zwei Teile geteilt:

„Welche Art von Leben möchte ich in den nächsten Jahren führen?

Was genau brauche ich jetzt in meiner konkreten Lebensphase?"

Diese Fragen sind situationsflexibel, Antworten gibt es wie Türen in der Mauer um die Stadt. Ich lerne, die toughe Superhero-Frauen-Tour abzulegen, lehne mich zurück und freue mich auf die nächsten Spaziergänge um Stadtmauern.

Die Autorin

Alexandra Lotte Quadt, Freigeist, AVQU.com

Alexandras Karriere wurzelt im Kunst- und Design-Bereich. Angetrieben von ihrem ganzheitlichen Zugang zum kreativen Prozess von der Idee bis zur Realisierung hat sie sich in die Medienproduktion vertieft und spezialisierte sich in der Kommunikation innerhalb von Editorial- und Marketing-Teams. Sie arbeitet als Projektleiterin für interdisziplinäre Projekte zwischen Handel, Kultur und Kollaborationen.

3.3.3   Progress, not Perfection – How I Learned about Success and Failure

Melissa Alam

When I was around 12 years old, my mom enrolled me into Sunday school at the local mosque in our Chicago hometown. I had no prior connection to our religion; it was barely a thought in my mind. The only time religion crossed my path would be witnessing my mom excuse herself to pray each morning, afternoon and night. She quickly noticed this disconnect as well, so she did what any proud South Asian mother would do – she reached out to the local Islamic school. Growing up as a first generation U.S. citizen, my mother's greatest fear was of me growing up too "American." These weekly classes were her saving grace and only hope of bringing up a "good" daughter in her eyes – aka one who would be religious, culturally aware and still traditional in thought and action.

So began my weekly commute to the mosque. I felt forced to go, and I had no desire to miss my Sunday morning cartoons for this intangible notion of religion. I started late in the semester, so my first day of class had me sticking out like a sore thumb. My awkwardness with my headscarf (or hijab) wrapped around my head and my deer in the headlights look during class was a clear sign that I did not belong. I got comments from other students, who had been assimilated into an Islamic lifestyle since birth, asking about my credentials for being in this school. "Are you half white?" they asked because of my lighter skin color. "Did you convert from Christianity?" in regards to my American first name. It seemed that my peers would much rather believe some other, exotic story about me sitting next to them in class rather than the simple truth – my parents immigrated alone to a foreign country and their only daughter was in need of a religious kick in the ass.

This was one of the first moments (of many) in which I felt like a true underdog. Most of my classmates would probably bet against me when it came to surviving the year, but I didn't let my lack of "Muslimness" become a handicap for me, though. This feeling to prove others wrong started to unleash itself inside of me, and a streak of competitive fire began to form. I was being put to the test, and boy was this the holiest test I'd ever have to take.

As the weeks went by, I learned about the prophets, different prayers (or surahs), and the history of Islam. The end of the school year came quicker than I expected, and we had our final exam on the horizon. The main component of our exam consisted of us mimicking out loud in front of our teacher the typical prayer sequence all devote Muslims commit to five times a day. It was the shortest prayer sequence (Maghrib) to perform, but it was all in Arabic.

Long story short, I aced it. I taught myself to memorize the multiple Arabic prayer sequences like a script, and not only that, but I ended up winning one of those major "Student of the Year" awards at our closing ceremony. I made my mom super proud, and I wasn't an outcast at school anymore. That moment has always been etched into my memory as one of my prouder experiences; it was when I really started to believe in my own capabilities and myself.

Fast-forward to the summer of 2014. I'm 26 and now in the beautiful city of Philadelphia. I had become as independent as one can be – I lived on my own in a great apartment and had a successful digital marketing business. But something was missing. I had been freelancing for two years at this point, and I felt this disconnect between the woman people saw me as and the woman I wanted to be. I wanted to be someone greater – with influence, power and a positive reputation. I wanted to be known. So I called out to the universe (I should also point out that I had by now become agnostic, much to my parent's disapproval) for answers or a sign ... anything to point me towards a new direction.

And then I got it. My business mentor at the time had a beautiful office space that she was moving out of in the coming months because her company was growing too big for the space. I pulled a Sherlock Holmes and quickly searched online for her office's listing. After successfully finding it and negotiating whether or not I could afford it on my own, I decided that the answer would be yes. The sign I was passionately looking for had finally arrived.

After thinking about it for twenty more seconds, I called my mom to see if she could support me a bit as I started this random, new venture. I also promised to move back home (which as a typical South Asian mother, she loved) right away in order to save money. I then called my mentor to pitch her my idea – I wanted to open a space for women to feel productive, connected and supported. There was nothing like it in Philadelphia at the moment, and I wanted to fill that void.

A month later, I signed the lease, paid my deposit and began the process of creating Philadelphia's first all-female co-working space. On November 1st, 2014, The Hive was officially open.

The next 15 months after opening were a whirlwind of press and media, tons of work, collaborative opportunities and speaking gigs. I was beginning to become the poster girl for millennial female entrepreneurs.

The Hive slowly started to see new members monthly, who would come in with their laptops and work on projects or meet with clients throughout the day. It was a collaborative workspace meant to motivate everyone who entered. We also held workshops and events at night, bringing out both men and women for further professional or personal development. We also held a very successful full-day conference in the area called the "Fearless Philly Conference", bringing out over 120 women and 15 speakers to discuss topics on self-worth, personal branding and empowerment. The platform The Hive provided was so beneficial to the community that all the stress I faced running the space was always worth it.

Soon after, the date of my lease was up for renewal. Everything was looking great about the business and brand from the outside, but on the inside I wasn't making any money. I wasn't receiving any new member signups during the summer or winter months where women were most likely at the beach or hibernating at home. The space was turning into both a blessing and a curse at the same time.

I began an endless cycle each day of weighing out my pros and cons for continuing The Hive once my lease was up. Could I get an investment from somewhere? Should I get a smaller space? Should I stay in the same space and continue shelling out money I didn't have from my own pocket? I had been applying to different programs for potential funding opportunities throughout the year, but all I received were rejection letters. I knew then I had a great idea, but not a great business model.

After almost a year and a half of being this active role model for entrepreneurship and female empowerment, I had to make the sad decision of closing down The Hive.

I was fine at first. Not having the burden of expenses anymore was amazing. Not having to physically be somewhere from morning to night was a relief. But a few weeks after closing, I started to feel this sort of emptiness. Like I was falling into a dark abyss where the identity I worked so hard to create was slowly disappearing now that I didn't have my business anymore.

Closing your first business is a lot like ending a relationship. You have the honeymoon phase when everything is great and fresh, but after some time you start to resent parts of your business for not changing, making more money or growing. The passion I had when I started The Hive was almost dim now, and I knew in my heart that it was the perfect time for me to find a new passion.

So what does one do when he/she is ready to re-spark that passion in his/her life? Well, multiple things. I traveled to new countries for weeks now that I had the time. I met and made new friends around the world now that I could focus on other people. I wrote, a lot. I meditated. I thought of new business ideas and how they'd be profitable and scalable while still making a difference. I started to really take my damn time and think of what I wanted from life (in my case, partnership) and in business (also in my case, partnership). I took a, what I call, life reset, and began to focus on personal growth during this period of entrepreneurial healing.

My whole experience with starting and closing my first business has given me a new perspective to the words "success" and "failure". From my (very few) days as a dedicated student of Islam, I conditioned myself to think that hard work and dedication would always equal first place or that shiny gold star. I never expected that even my strongest effort towards a goal could mean a failure in the long run. Starting and closing The Hive was one of the most beautiful lessons I needed to learn on humility and how to keep striving for progress, not perfection.

Author

Melissa Alam, Digital Brand Strategist and Founder of Femme & Fortune

Melissa Alam is digital brand strategist, photographer and founder and editor of Femme & Fortune, an online lifestyle magazine for ambitious women. A self-proclaimed #ideaholic, Melissa is best known for creating the first all-female co-working space in Philadelphia called The Hive. When she's not busy growing her businesses, Melissa can be found traveling the world and creating events to bring together the community around her. She has been featured in publications such as BuzzFeed, The Everygirl, Philly.com, Bunch Magazine and more. You can find her online at @RingTheAlam.

3.4   Auf Safari mit dem inneren Kompass

3.4.1   Prinzipien weiblicher Führung

Joana Breidenbach

Während meiner Kindheit verbrachte ich viel Zeit mit Tagträumen: Ich stelle mir vor, eine gefeierte Punkmusikerin zu sein, der Tausende von Fans auf der Bühne zujubeln. Ein anderes Mal war ich eine erfolgreiche Anwältin, die komplexe Streitfälle löste. Oder ich sah mich als gut angezogene Diplomatin in Südafrika das Apartheitsregime zu Fall bringen. Und meist tauchte in diesen Fantasien noch ein begehrenswerter Mann auf, den ich verführen und mit dem ich eine Familie gründen würde. Während meiner Internatszeit in England wettete ich dann mit meinem Freund Pete um 50 Pfund, dass ich es später mal in die Regenbogenpresse schaffen würde. Das war vor 30 Jahren.

Die Idee, über „Lean back" zu schreiben, fand ich spontan super. Dass ich mal über weibliche Führungsqualitäten nachdenken würde, hätte mich bis vor Kurzem sehr überrascht. Zum einen hätte ich bestritten, dass es so etwas wie geschlechterbezogene Verhaltensformen per se gibt. Zum anderen habe ich im Lauf meines Lebens viel zu wenige Frauen in Führungspositionen getroffen und die, die ich traf, imponierten mir nicht sonderlich. Spontan könnte ich nur ein einziges Rollenvorbild nennen: Laura Nader, meine radikale, streitbare Anthropologie-Professorin an der University of California in Berkeley. Da ich nie angestellt war, beziehen sich meine einzigen Berührungspunkte mit Unternehmensführung wiederum auf meine eigene Rolle bei betterplace und die meiner Mitgründer, Vorstandskollegen, Partner und Kunden.

Was mich dennoch dazu brachte, hier über Prinzipien weiblicher Führung zu schreiben, hat viel mit meiner (fünfjährigen) Meditationspraxis und den dabei gesammelten Erfahrungen zu tun. In dem Chaos meiner Gedanken und Gefühle traten bestimmte Themen, Strukturen und Zusammenhänge hervor und bewirkten, dass ich eine bessere Landkarte meines Lebens und meiner Umgebung vor Augen habe, dass ich meine eigene Dynamik und die anderer Menschen klarer zu verstehen glaube.

Was folgt, ist mein Versuch, einige Prinzipien zu beschreiben, die in der Retrospektive für meinen Weg wesentlich waren und sind. Einen Weg, den ich trotz Schwierigkeiten, als sehr glücklich und erfüllend beschreiben würde.

Flow, oder: Folge der Elektrizität im Körper.
Während meines Studiums der Kulturanthropologie, Kunstgeschichte und Geschichte an der Uni München besuchte ich Dutzende von Seminaren und Vorlesungen. Die meisten waren ganz okay, aber wenige begeisterten mich wirklich. Ich war fleißig, arbeitete To-do-Listen ab und war gleichzeitig völlig ahnungslos, was ich mit meinem Leben machen sollte. Für meine Promotion ging ich dann nach Berkeley und ans University College London. Und plötzlich war ich Feuer und Flamme; ich konnte gar nicht genügend Vorträge hören, Bücher lesen und mit meinen Kommilitonen diskutieren. Innerhalb von 18 Monaten schrieb ich meine Promotion.

Ich hatte ein Thema entdeckt, das mich richtig interessierte: Wie entwickelt sich kulturelle Vielfalt in einer Zeit, in der alles mit allem vernetzt ist? In den 1990er-Jahren gingen viele davon aus, dass die Menschen sich im Zuge der Globalisierung immer ähnlicher werden würden, dass ein kultureller Einheitsbrei entsteht. Doch Anthropologen berichteten von ihren Feldforschungen das genaue Gegenteil: Aus der Mischung zwischen unterschiedlichen Lebensweisen entsteht eine neue Vielfalt. Menschen eignen sich Fremdes auf sehr unterschiedliche Weise an und machen daraus etwas Eigenes. Australische Aborigines übertragen ihre alten Jagdregeln auf die Art, wie sie mit Toyotas durch die Wüste fahren. Chinesen lösen ihre kulturspezifischen Dilemmata, indem sie bei McDonalds speisen. Sexpics-Händler im Internet folgen einem strengen ethischen Kodex.

Diese kontraintuitiven Erkenntnisse und die lebendigen, spannenden Geschichten, die ich aus der ethnologischen Fachliteratur bezog, mussten – da war ich mir total sicher – einer größeren Öffentlichkeit zugänglich gemacht werden. Daraus entstand mein erstes Buch (Breidenbach und Zukrigl 1998), das in mehrere Sprachen übersetzt wurde, auf das viele Medienanfragen folgten und das u. a. in einer langjährigen monatlichen Kolumne für brand eins mündete.

Meine Begegnung mit dem Thema „kulturelle Globalisierung" wurde so etwas wie eine Referenzerfahrung. Seitdem folge ich einem fast schon animalischen Spürsinn. Ich merke körperlich, ob mich ein Thema, Format oder Mensch anspricht oder nicht. Ob etwas eine innerliche Resonanz erzeugt und mein Nervensystem anregt oder einfach nur „interessant" ist. Das Prinzip greift auch bei der Trendforschung, die wir im betterplace lab betreiben und kommt mir dabei zugute, innerhalb der überwältigenden Informationsflut interessante Trends und Fallbeispiele herauszufiltern.

Die gleiche Art von „Britzeln" spürte ich auch, als mir mein Kollege Dennis vor zwei Jahren das Buch „Reinventing Organizations" von Frederic Laloux (Laloux 2014) in die Hand drückte. In ihm beschreibt der Unternehmensberater eine neue Art von Führungsprinzipien, die auf Selbstmanagement und kompetenzbasierten Hierarchien gründen. Ich war sofort „angezündet" und wollte die Prinzipien im betterplace lab ausprobieren. Glücklicherweise war das Team ebenso angetan, sodass wir einen Prozess starteten, innerhalb dessen sich unsere ganze Organisation stark transformiert hat.

Arbeite ich an Themen, die mich elektrisieren, dann entsteht oft das, was der ungarisch-amerikanische Psychologe Mihaly Csikszentmihalyi als „Flow" bezeichnet hat, ein Zustand, in dem man völlig absorbiert ist und ganz in der Gegenwart lebt. Dieser Zustand tritt meist dann ein, wenn man an der Grenze der eigenen Kapazitäten operiert und seine Grenze Stück für Stück erweitert.

Gestaltung, oder: Who am I and what is my work?
Interessant finde ich die Frage, inwieweit Zustände wie Flow, beruflicher Erfolg und innere Klarheit über die eigene Persönlichkeit miteinander zusammenhängen. Im Zuge meiner meditativen Praxis komme ich immer mehr mit etwas in Kontakt, das ich mit „Essenz", „Kernmotivation" oder „innere Ausrichtung/Radar" bezeichnen würde. Es scheint etwas zu geben, worin ich gut bin und was mir entspricht. Eine der klassischen spirituellen Fragen ist ja „Who am I and what is my work?" Eine Antwort darauf zu finden, ist nach meiner Erfahrung gar nicht so einfach. Ich versuche es trotzdem mal.

Alles, was ich gerne und gut gemacht habe, hat ein paar wenige Gemeinsamkeiten: Ich suche das Neue am Horizont (ethnologische Erforschung neuer Kulturformen, Disruption durch Internet-Plattformen, Sozialunternehmertum, digital-soziale Trends, neue Organisationsmodelle). Dazu zählt auch, dass ich liebend gern neue Reiseziele erforsche, mich (in Maßen) für Mode interessiere, neue Musikrichtungen verfolge. Ich lauere auf gesellschaftliche Trends, wie momentan die neue Philanthropie der Silicon-Valley-Unternehmer, die aufkommende Diskussion um das Grundeinkommen oder die Beziehung zwischen Internettechnologie und Bewusstseinsentwicklung. Mein Interesse für Letzteres geht in die gleiche Richtung: Wenig ist für mich spannender, als in der Meditation in Neuland – jenseits von Körperempfindungen, Gefühlen und Gedanken – vorzustoßen. In diesem Zusammenhang fand ich die Aussage meines Kollegen Ben sehr aufschlussreich. Bei einem Feedbackgespräch sagte er, mein Qualitätsanspruch unterscheide sich von dem anderer Menschen. Mir ginge es hauptsächlich darum, etwas Aufregendes zu produzieren, das eine Grenze auslotet.

Dazu gehört viel Experimentieren. Vor Kurzem habe ich mit ein paar Freunden „Five Minutes A Day" gestartet, eine Publikation auf medium.com, für die wir Schlagzeilen aus den aktuellen Nachrichten auswählen und Menschen dazu einladen, fünf Minuten darüber zu meditieren. Wir möchten erforschen, wie sich unsere Beziehung zur Welt durch eine solche kontemplative Praxis verändern lässt und unser Weltinnenraum erweitert werden kann.

Vor Kurzem bin ich aus dem betterplace-Vorstand ausgeschieden und in den Aufsichtsrat der gut.org gAG gegangen. Das ist die gemeinnützige Aktiengesellschaft, die betterplace.org und das betterplace lab betreibt. Seitdem habe ich mehr Zeit, mich auch anderen spannenden digital-sozialen Initiativen zu widmen. So bin ich Gründungsmitglied von ReDI, einer fantastischen Flüchtlingsinitiative, bei der wir Geflüchtete zu Programmierern ausbilden.

Neben meinem Bedürfnis, Neues in die Welt zu bringen, habe ich ein ausgeprägtes Interesse an Differenzierung. Ich hasse Klischees und Stereotype, z. B. wenn Menschen von „dem Islam", „den Deutschen" oder „dem bösen Google" sprechen. Mein populärwissenschaftliches Schaffen rund um Globalisierung, ebenso wie meine Arbeit im Bereich der Digitalisierung ist davon geprägt, dass ich versuche, einfachen Thesen komplexere, vielschichtigere und realere Beschreibungen gegenüberzustellen. Die Welt ist unordentlich und setzt sich aus unendlich vielen Perspektiven zusammen, von denen keine für sich alleine beanspruchen kann, die Wahrheit zu sein. Ebenso ist es mir ein Anliegen, den kontinuierlichen Wandel sichtbarer zu machen.

Als Richtschnur, ob ich am richtigen Platz in meinem Leben bin, nehme ich die Regel, dass man sich diese Frage nur dann stellt, wenn man es nicht ist. Nachdem meine ersten 30 Lebensjahre viel um die Frage nach dem Sinn meines Lebens kreisten, taucht sie in den letzten 20 Jahren fast nicht mehr auf. Ich mache, was ich mache und das fühlt sich gut an.

Für diese Unabhängigkeit spielt meine Mutterschaft eine maßgebliche Rolle. Als Mutter erlebe ich, wie alle meine Seins-Ebenen – Körper, Gefühl und Verstand – auf eine völlig neue Art und Weise synchronisiert waren. Mutterschaft war für mich überraschend selbstverständlich, extrem bereichernd und beglückend. Ich vermute, dass dies eine wichtige Referenzerfahrung war, an der ich messen konnte, ob andere Dinge auch im Lot waren oder nicht. Nachdem ich wenige Jahre später meine ersten beruflichen Projekte startete und erlebte, dass sie nicht nur mir selbst viel Spaß machten, sondern auch von der Öffentlichkeit gut angenommen wurden, gewann der Platz in mir, der mir selbst vertraut, einen immer größeren Stellenwert. Mit der Zeit entsteht ein positiver Feedback-Loop – je mehr ich meiner eigenen Motivation folge, desto öfter gelingen Projekte, desto mehr vertraue ich meiner Motivation usw.

Dieses Prinzip kann sich in verschiedenen Facetten im Führungsstil auswirken. Insbesondere beobachte ich, dass es mir wichtig ist, dass meine Kollegen und Mitarbeiter in ihre eigene Kraft kommen und im besten Sinne des Worts eigenwillig sind. Nichts würde mich mehr langweilen als ein zwar hochgradig funktionierendes, aber stromlinienförmig operierendes Team ohne Ecken und Kanten. Als Chefin kann man seine Mitarbeiter dazu ermutigen, sich selbst besser kennenzulernen und Persönlichkeitsentwicklung nicht als Privatangelegenheit zu sehen, sondern im Kern des beruflichen Werdegangs zu verorten. Zugleich habe ich auch mein Bedürfnis, Neues in die Welt zu bringen, sehr stark ins betterplace-lab-Team eingebracht und messe unsere Ideen und Produkte daran, wie „frisch" sie sind. Nichts schmeckt schlechter als das Kaugummi vom Vortag.

Beziehungsfähigkeit, oder: Erfolg kommt durch ein offenes Miteinander.
Leben entfaltet sich aus meiner Sicht zwischen zwei Polen: belonging und becoming, unserem Zugehörigkeitsgefühl und dem Impuls zu wachsen. Ersteres wird oft als typisch weiblich, Letzteres als männliche Qualität beschrieben. Wenn ich im Folgenden auch manchmal von männlichen und weiblichen Aspekten spreche, meine ich damit nicht Männer und Frauen, sondern dementsprechende Anteile in jedem Menschen. Wir alle tragen männliche und weibliche Anteile in uns und Schönheit und Gesundheit liegen darin, eine gute Balance zwischen beiden in sich und der Welt herzustellen. Ohne Zweifel sind unser Wirtschaftssystem und die damit zusammenhängenden Führungsstile einseitig männlich ausgerichtet und erzeugen die bekannten Dysfunktionalitäten, von Burn-out am Arbeitsplatz über unreflektiertes Wachstum bis zur Ausbeutung unserer Umwelt. Das erste Prinzip „Folge

der Elektrizität im Körper" deckt eher den männlichen Pol ab und beschreibt, wie ein authentisches Werden und Wachsen stattfinden kann. Gerade diese Teile zu hegen und zu pflegen und nutzbringend für die eigene Entwicklung einzusetzen, ist aus meiner Sicht wichtig für Frauen in Führungspositionen.

Das zweite Prinzip, die Beziehungsfähigkeit, stellt einen balancierenden Gegenpol dar und ist für mich unverzichtbare Basis jedes Wachstumsprozesses, Karrierewegs und Führungsverhaltens. In meinem Leben spielt beispielsweise die Tatsache, dass ich meinen lebenslangen Partner Stephan schon als 19-jährige Studentin kennenlernte, eine wichtige Rolle. Für meinen gesamten weiteren beruflichen Lebensweg hatte ich eine Basis, die mir extrem viel Stabilität und Zutrauen gab, in die Welt hinaus zu gehen. Ganz zu schweigen davon, dass es mir erspart blieb, viel Lebenszeit mit der Suche nach dem passenden Partner zu verbringen.

Auf dieser Basis – die nicht nur eine emotionale, sondern auch eine wirtschaftliche Komponente hatte – konnte ich mich in den ersten Berufsjahren sehr frei bewegen. Mit meiner Freundin Ina, mit der ich 1991 ein paar intellektuell intensive Monate am University College London verbracht hatte, entstand die Idee, ein Buch zu schreiben: Wenn wir von der neuen anthropologischen Globalisierungsforschung begeistert waren, sollte es uns doch auch gelingen, eine breitere Öffentlichkeit dafür zu gewinnen. Ina lebte damals in Kapstadt und so mietete ich ein kleines Haus an der südafrikanischen Küste, in das ich mit meiner Familie und einer Kinderhilfe einzog. Dies war der Auftakt einer langjährigen Arbeitsbeziehung: Ina und ich nebeneinander vorm Laptop, oft mit einem meiner kleinen Kinder auf dem Schoß. Innerhalb eines Jahrs hatten wir ein Manuskript fertig und tingelten durch die Verlage. Es dauerte noch ein weiteres Jahr, bis der Antje Kunstmann Verlag in München das Buch annahm. Zur Überarbeitung trafen wir uns für einen Monat auf Koh Samui. Meine Berliner Kinderladen-Freundin Ibi passte auf die Kinder auf, während wir die Korrekturen der Lektorin einarbeiteten.

Kollaboration mit Gleichgesinnten ist für mich unverzichtbar. Sie gibt mir Sicherheit und spornt mich zu guten Leistungen an. Ein paar Jahre später formte ich eine enge Zusammenarbeit mit dem ungarischen Sinologen und Anthropologen Pál Nyiri. Wir inspirierten einander zu den unterschiedlichsten Themen: schrieben über Internetnutzung in Belize (Breidenbach und Nyiri 2002) im Jahr 2001, als das Thema alles andere als Mainstream war, führten Interviews über die Lebenskultur theoretischer Physiker in der Sowjetzeit, machten Feldforschung zum aufkommenden Massentourismus in Russland und China. Dabei publizierten wir jeweils zwei Versionen unserer Erkenntnisse: eine populärwissenschaftliche auf Deutsch (z. B. das Buch „Maxikulti", Breidenbach und Nyiri 2008, Artikel für GEO, FAZ und brand eins) und eine wissenschaftliche auf Englisch (z. B. „Seeing Culture Everywhere", Breidenbach und Nyiri 2009).

Diese Arbeiten, die mich durch die ganze Welt führten, wären ohne mein enges Berliner Freundinnen-Netzwerk unmöglich gewesen. Meine Freundinnen, gemeinsam mit meinem Mann, versorgten meine Kinder in meiner Abwesenheit und ich wusste, dass sie gut behütet und umsorgt waren. Ich wiederum revanchierte mich, indem ich ihre Kinder zu uns nach Hause und mit in die Sommerferien nahm.

Auch der Erfolg von betterplace basiert auf der Fähigkeit zur Kooperation und Beziehung. 2006 waren wir mit unseren Kindern auf einer fünfmonatigen Weltreise, als mein Mann mir eines Tages eine Mindmap unter die Nase schob und von seiner Idee erzählte, eine Internetplattform für soziale Projekte zu bauen. Sie sollte ein offener Marktplatz sein, auf der sich soziale Initiativen aus der ganzen Welt kostenlos präsentieren und um Unterstützung werben könnten. Um Vertrauen herzustellen, hatte Stephan sich ein „Web of Trust" ausgedacht, in dem Menschen, die das Sozialprojekt kennen, ihre Bewertung abgeben konnten. Nach einigen Diskussionsrunden ließ ich mich von dem Konzept überzeugen und nach unserer Rückkehr formten wir in Berlin ein kleines Team, um die Idee weiterzutreiben. Kurze Zeit später, im Sommer 2007, hörten wir, dass es in Berlin – keine 500 m von unserem damaligen Büro – ein anderes Team gab, welches eine ganz ähnliche Idee verfolgte. Wir luden deren Gründer, Till Behnke, zum Abendessen zu uns nach Hause ein. Wir fanden einander sympathisch und unsere Modelle sehr kompatibel. Nach einem weiteren Treffen entschlossen wir uns, die Teams zusammenzulegen und betterplace.org gemeinsam zu erschaffen.

betterplace.org ist mittlerweile die größte deutsche Spendenplattform, über die Millionen von Spenden an bislang über 17.000 soziale Organisationen fließen. Das 2010 von mir gegründete betterplace lab ist von einem Zwei-Menschen-Team zu einem Thinktank mit zehn Mitarbeitern angewachsen, in dem wir Trendforschung machen und Unternehmen, Ministerien und zivilgesellschaftliche Organisationen dahingehend beraten, wie sie digitale Technologien sozial wirksam nutzen können.

Diese Bereitschaft, offen auf andere, gerade auch potenzielle Konkurrenten, zuzugehen, ist meines Erachtens einer der wesentlichen Erfolgsfaktoren für unser Sozialunternehmen. Der Gesellschafterkreis von betterplace, der uns nicht nur die Startfinanzierung für die Plattform ermöglichte, sondern bis heute im engen Austausch mit dem Vorstand und dem Team zusammenarbeitet, ist der Humus, auf dem unsere Aktivitäten gedeihen können.

Als betterplace für mich immer arbeitsintensiver wurde, gründeten wir betterplace junior. Hier versammelten wir meine Kinder und alle ihre an Hilfsprojekten interessierten Freunde. Gemeinsam starteten wir Fundraising-Aktionen, beispielsweise mit Alba Berlin für den Bau eines Basketballplatzes für die Choki Arts School in Bhutan. Zum Weltwassertag veranstalteten die Jugendlichen an drei internationalen Schulen in Berlin Sportwettkämpfe, während derer Spenden für Wasserprojekte gesammelt wurden. In den Ferien besuchten wir betterplace-Projekte, u. a. in Mali und Kenia, über die die Kinder bloggten.

Gemeinsames Arbeiten und Leben praktizieren wir auch im betterplace-Kernteam. Jedes Jahr verbringen unterschiedliche betterplace-Teams Zeit in einem Weiler, den meine Familie in Südfrankreich unterhält. Das Team vom betterplace lab kommt dort sogar jeweils eine Woche im Sommer und im Winter unter. Die Zeit nutzen wir zur Strategie-Weiterentwickelung, Reflexion unserer laufenden Arbeit und der kontinuierlichen Überprüfung der Teamdynamik. Beim gemeinsamen Kochen und Diskutieren, Wandern und Kreativarbeiten entsteht ein wertvoller Vertrauensraum, der ein offeneres und kritischeres Miteinander-Arbeiten ermöglicht.

Im Lauf meiner Meditations- und Selbsterfahrung vertieft sich mein Verständnis der Bedeutung von Beziehungen. Mittlerweile sehe ich den enormen Unterschied, den es macht, ob Menschen einfach nur funktional netzwerken, d. h. sich rein transaktional aufeinander beziehen, oder in eine engere Beziehung treten wollen. So kann man beispielsweise in Fundraising-Situationen riesige Unterschiede beobachten. Einige Projektmacher begegnen potenziellen Förderern nach dem Motto: „Ich mache ein gutes Projekt, hast Du Geld für mich?" Andere verstehen es, energetisch eine Beziehung aufzubauen, dem anderen zuzuhören, sich körperlich auf das Nervensystem des Gegenübers zu beziehen und diesen als ganzen Menschen statt als Geldbörse anzusehen. Natürlich gelingt es mir auch nicht immer, in Beziehung zu treten und mich anderen zu öffnen. Aber ich bemühe mich, mein eigenes Bindungsverhalten zu reflektieren: Wieso bin ich in einer Situation so unsicher und ziehe mich im Dialog zurück? Wieso entsteht in einer anderen Situation ein lebendiger Interaktionsraum?

Rezeptivität, oder: Halte den Raum für dich und andere. Mein langjähriger Widerwille gegen eine Einteilung menschlichen Verhaltens in weibliche und männliche Aspekte gründete darin, dass ich Weiblichkeit als Passivität missdeutete. Erst seit Kurzem verstehe ich, dass es sich bei der entsprechenden Qualität vielmehr um Rezeptivität handelt. Womit ich wieder viel mehr anfangen kann.

Rezeptivität entsteht, wenn es einem Menschen gelingt, einen größeren Bewusstseinsraum zu halten und andere Menschen und Ereignisse in sich abzubilden. Diese Fähigkeit steht im Zentrum der Meditationspraxis. Hier geht es darum, Raumhaftigkeit in sich und zwischen sich und der Welt zu entwickeln. Während des Sitzens nehme ich meine Empfindungen wahr – körperliche und emotionale Zustände –ebenso wie die vielen Gedanken, die durch meinen Kopf schießen. In der Konzentration auf die Beobachtung identifiziere ich mich immer weniger mit dem Beobachteten: Es entsteht ein größerer Raum, in dem das Ziehen in der Schulter, die Wut auf den Kollegen oder die Planung des nächsten Meetings nicht mehr mein ganzes Bewusstsein ausfüllt.

In diesen neuen, luftigeren, freieren Raum kann viel intuitives Wissen einfließen. Nach meiner Erfahrung leben wir zu einem großen Teil aus der Vergangenheit heraus. Wir wiederholen das, was wir gestern und vorgestern gemacht haben, bzw. beziehen uns auf das in der Vergangenheit erworbene Wissen. Wo aber ergibt sich in diesem rückwärtigen Bezug die Chance, Neues zu entwickeln? Viele Meditationstheorien gehen davon aus, dass Neues durch den Kontakt des Meditierenden zu einer schöpferischen Quelle entsteht. Jeder von uns kennt solche Momente der Inspiration (über die ich ja auch in meinen Ausführungen zum ersten Prinzip berichtet habe), bei denen frische Gedanken und Einsichten wie aus dem Nichts kommen. Regelmäßige Meditation fördert diese Momente und hilft damit, ein „Update" der eigenen Entwicklung zu erstellen. Viele Studien konnten mittlerweile nachweisen, dass Meditierende mehr in der Gegenwart verankert sind, flexibler und „flüssiger" agieren als solche ohne vergleichbare Bewusstseinspraxis.

Vor diesem Hintergrund bedeutet Führung, meine eigene Intuition zu trainieren und ernst zu nehmen. Viele unserer besten Projekt- und Produktideen sind aus solchen ungeplanten Momenten heraus entstanden. So hatte ich vor drei Jahren die Idee, das ganze betterplace-lab-Team sollte eine weltweite Forschungsreise machen. Seitdem kann sich jeder im Team ein Land aussuchen, in das er für einen Monat reist, um die lokale digital-soziale Szene zu erforschen. Mit dem „Lab Around The World" waren wir mittlerweile in über 25 Ländern; die Recherchen tragen viel zu unserer Trendforschung bei, schärfen unseren Blick für Entwicklungen, relevante Forschungsfragen und interessante Innovatoren. Manche Reisen bekommen wir durch Kundenaufträge gegenfinanziert, andere müssen wir subventionieren. Aber allein die Freude, die das Team beim Reisen und Explorieren hat, lohnt den Aufwand.

Im Zuge der Transformation des betterplace-Teams von einem (flach) hierarchisch organisierten Gebilde mit mir als

Chefin hin zu einer Organisation, die auf Selbstorganisation und kompetenzbasierter Hierarchie basiert, kommt meiner (mehr oder weniger) ausgeprägten Fähigkeit, den Raum zu halten, eine neue Bedeutung zu. Statt als Chefin verstehe ich mich jetzt eher als Gastgeberin, die schaut, dass sich die Gäste gut verstehen, jeder in sein Potenzial hineinwächst. Insbesondere geht es darum, das Team als Ganzes in sich abzubilden und die Fähigkeit einzelner Mitarbeiter zu stärken, ebenfalls das ganze lab (und nicht nur die eigene Projektarbeit) auf dem Schirm zu haben. In diesem Bereich gibt es für mich noch viel zu lernen; oft bin ich viel zu dominant, nehme selbst zu viel Platz ein und behindere damit das Wachstum meiner Kollegen.

Meine zunehmende Fähigkeit, mich selbst und Gruppen besser zu beinhalten, kommt mir in vielen Alltagssituationen zugute. Früher litt ich oft an großem Lampenfieber, das gelegentlich zu wahren Horrorszenarien führte: Bei einem Vortrag in Sydney vor vielen Jahren war ich so aufgeregt, dass mein Mund vollkommen trocken wurde und ich kein Wort über die Lippen brachte. Erst eine aus der Uni-Cafeteria eilig herbeigeschaffte Wasserflasche linderte meine Pein.

Als ich 2015 auf der Bühne der 10.000 Menschen umfassenden Hanns-Martin-Schleyer-Halle in Stuttgart saß und mit Angela Merkel über die gesellschaftlichen Auswirkungen der Digitalisierung diskutierte, machte ich erst mal eine kleine Übung, die ich von meinem Meditationslehrer kannte: Beim Betreten der riesigen Halle stellte ich mir vor, dass der gesamte Fußboden ein paar Zentimeter hoch mit Wasser bedeckt sei. Von meinen Beinen aus spürte ich diesem Wasserteppich bis in den letzten Winkel der Halle nach. Statt Angst vor den vielen Zuschauern zu haben, konnte ich so eine Beziehung zu ihnen aufbauen.

Der schwedische Autor und Filmregisseur Kay Pollak erzählte neulich auf einer Konferenz, wie es ihm gelingt, ein ganzes Arbeitsteam zu koordinieren: jeden Morgen vor der Arbeit nimmt er sich ein selbst gemachtes Kartenspiel vor. Auf den Karten sind Fotos der Teammitglieder. Darüber kontempliert er jeweils kurz, stimmt sich auf einen nach dem anderen energetisch ein. Indem er sich auf diese Art das ganze Team auf den inneren Bildschirm holt, kann er wesentlich konstruktiver mit großen Teams arbeiten.

Ein Beispiel für Rezeptivität aus meinem Alltag zeigt vielleicht auch, wie dieses Kapitel zustande gekommen ist: Nachdem ich eine Reihe von Anfragen im Bereich „weiblicher Führungsstil" auf dem Schreibtisch liegen hatte, war mein erster Schritt, meine Kollegen zu fragen: „Wie empfindet ihr meinen Arbeits- und Führungsstil?" Die darauf eintreffenden E-Mails haben maßgeblich zu meinem Selbstverständnis und diesem Text beigetragen.

Inklusivität, oder: Sei mit deiner ganzen Persönlichkeit präsent.
Eines der Feedbacks zu meinem Führungsstil lautete:

> I would say that you're very integral, in that you very readily combine rational arguments and formal procedures with your emotions and intuitions about a situation or a person. ... This gives you a clarity which people around you, who might be operating with a more limited range of perspectives, don't have.

Im beruflichen Alltag ist es mir sehr wichtig, dass ich und die Leute, mit denen ich arbeite, sich als ganze Menschen zeigen. In früheren Zeiten – bzw. wahrscheinlich auch heute noch in vielen Unternehmen – galt es als professionell, wenn man sich nur mit einer sorgsam kalkulierten Teilpersönlichkeit präsentiert. Mir erscheint das seltsam und wenig erstrebenswert. Ich glaube, man kann viel besser miteinander arbeiten, wenn man auch voneinander weiß, was sonst so im Leben läuft. Wenn meine Kollegin gerade zu Hause Stress hat, weiß ich das lieber, denn dann kann ich ihr Verhalten und ihre momentane Leistungsfähigkeit viel besser einschätzen und darauf ggf. Rücksicht nehmen.

Ich kann mir vorstellen, dass die hohen Burn-out-Raten, die Umfragen in Unternehmen zutage fördern, auch damit zu tun haben, dass Mitarbeiter viel Energie darein stecken müssen, Teile ihrer Persönlichkeit und ihres Innenlebens zu verstecken, da sie als „unprofessionell" gelten. Für mich ist es unvorstellbar, nicht als ganze Person im Büro präsent zu sein. Dazu gehört auch, dass ich meine Kollegen an meinen Sorgen teilhaben lasse. So war es für mich selbstverständlich, dass ich mit meinen Teamkollegen im betterplace lab über schwierige Finanzlagen sehr offen rede. Als im Sommer 2014 bei mir eine Krebserkrankung diagnostiziert wurde, habe ich dies bei betterplace in unserem wöchentlichen Stand-up ebenfalls erzählt. In den folgenden Monaten der Therapie war es spannend zu beobachten, wer aus dem Team mit mir über das Thema sprechen wollte (und konnte) und wer nicht. Auch wenn ich es völlig respektiere, dass andere Menschen essenzielle Themen wie schwere Krankheiten nicht im größeren Kreis teilen möchten, wäre dies für mich keine Option gewesen.

Natürlich fällt es Menschen unterschiedlich leicht, über ihre Gefühle zu sprechen. Im betterplace lab üben wir das, indem wir beispielsweise vor dem Team-Meeting eine kurze Check-in-Runde machen, bei der jeder berichtet, wie es gerade läuft. Interessant ist zu sehen, wie viel tiefer gehender die Aussagen werden, nachdem einer in der Gruppe sich ein bisschen weiter geöffnet hat als seine Vorgänger. Ebenso benennen wir bei Meetings oft einen „Achtsamkeitswärter", der die Dynamik in der Gruppe beobachtet und sie darauf hinweist, wenn die Aufmerksamkeit nachlässt und die Gruppenenergie sinkt.

Arbeitsweisen wie diese haben dazu geführt, dass ich nach einem langen Arbeitstag oft energetisiert statt ermüdet bin.

Noch eine andere Facette trägt für mich zu einem gelungenen Arbeitsleben bei: eine große Bandbreite von Aktivitäten. Ich mag es sehr, eine Mischung aus Arbeiten zu verrichten, die sehr operativ und grundlegend sind, z. B. einen Blog-Post zu schreiben, eine konkrete Trendrecherche zu machen oder eine Vertriebsplanung aufzusetzen. Dann wieder gefällt es mir, eher Makro-Themen zu verfolgen und Einzelaufgaben zu delegieren. Dieses Verhalten stößt bei manchen Kunden, gerade in Großunternehmen, auf große Verwunderung. Ich erinnere mich beispielsweise an einen Digital-Workshop, den wir mit Jugendlichen im Auftrag eines Telekommunikationsunternehmens durchführten. Da der Workshop über zwei Tage ging, mussten manche von uns als Aufsicht bei den minderjährigen Jugendlichen im Zelt übernachten. Für mich war es kein Problem, mich selbst für diesen Job anzubieten. Meine Kollegin aufseiten des Telko wiederum konnte sich nicht vorstellen, dass ich als Unternehmensgründerin einen solchen „niederen" Job machen würde.

Frauen für eine neue Wirtschaft

Unsere Welt würde sehr davon profitieren, wenn becoming und belonging geschlechterunabhängig in jedem Lebensweg – ebenso wie in der Gesellschaft als ganzer – in einem ausgewogenen Verhältnis zueinander stünden. Der Weg des einseitigen Turbokapitalismus, des Raubbaus an Individuen, Umwelt und Ressourcen steht an einer Kehrtwende. Ob wir den notwendigen Umschwung schaffen, wird maßgeblich auch von uns Frauen abhängen, die jetzt endlich vermehrt in der Wirtschaft, Politik und Zivilgesellschaft an die Macht kommen. Wir brauchen als Gesellschaft dringend mehr weibliche Kompetenzen – durch mehr Frauen in der Wirtschaft, aber auch durch Wachstum und Lernen der Männer. Wir haben die Chance, die Werkzeuge, die in einer männlich dominierten Welt geschmiedet wurden, um die Prinzipien und Verhaltensformen zu ergänzen, die bislang vernachlässigt wurden und somit einen „betterplace" für alle zu schaffen.

P. S.: Meine Wette mit Pete habe ich übrigens gewonnen: Am Abend des Tages, an dem ich in der Hanns-Martin-Schleyer-Halle mit der Kanzlerin auf der Bühne saß, aß ich in München mit Melinda Gates und Ursula von der Leyen im Garten von Maria Furtwängler. Wir diskutierten über die Rolle von Frauen für Entwicklung. Ein Foto dieses Zusammentreffens erschien einen Tag später in der „Gala". Meine Familie lachte sich darüber schlapp.

Die Autorin

Joana Breidenbach, (Mit-)Gründerin betterplace.org, Gründerin und The Godmother betterplace lab, Aufsichtsrätin gut. org gAG

Joana Breidenbach ist promovierte Kulturanthropologin und Autorin zahlreicher Bücher zu den kulturellen Folgen von Globalisierung, Migration und Tourismus, etwa: „Tanz der Kulturen" (Breidenbach und Zukringl 1998), Maxikulti (Breidenbach und Nyíri 2008) und „Seeing Culture Everywhere" (Breidenbach und Nyíri 2009). Joana Breidenbach ist Mitgründerin von betterplace.org und Gründerin des betterplace lab.

3.4.2 Karriere ist eine Kreuz- und Querfahrt

Nina Ranke

Mein Leben lang war ich getrieben. Von dem Wunsch, etwas zu erreichen, erfolgreich zu sein, alles gut und richtig zu machen. Bis ich erkannt habe, dass „richtig" sich erst dann auch richtig anfühlt, wenn es sich nicht nach externen Faktoren bemisst, sondern nur danach, was sich buchstäblich richtig anfühlt. Und dass mein persönliches Lean back weniger ein initiales Erlebnis war, sondern vielmehr ein Prozess, in dem ich gelernt habe, bei allem, was ich tue, immer meinem Bauchgefühl zu folgen.

Scheitern first. Selbstverwirklichung und die Welt um die 20

Jura-Studium, Promotion, rasche Karriere im Management eines großen Unternehmens. Klingt nach einem stringenten, klar geplanten Karriereweg? In Wirklichkeit war dieser Weg von etlichen Brüchen geprägt, von Umwegen und Zweifeln. Und trotzdem hat sich am Ende daraus ein für mich ein schlüssiger Weg ergeben.

Zunächst einmal war dieser Weg aber vor allem weit von dem entfernt, was mir ursprünglich einmal als Lebensmodell vorschwebte. Ich wollte Musikerin sein, kreativ und frei arbeiten, mich selbst verwirklichen. Doch zu ausgeprägt war schon damals auch die rationale Seite, der Ehrgeiz, erfolgreich sein zu wollen und das Streben nach Anerkennung – eine Zerrissenheit, die mich lange begleiten sollte. Zunächst versuchte ich, diese beiden Seiten noch zu vereinbaren: Ich entschied mich, Journalistin zu werden, Feuilleton bestenfalls, und zog für ein geisteswissenschaftliches Studium nach Berlin, das ich aber nach zwei Semestern abbrach. Warum daraus nichts wurde? Ein Grund war sicherlich, dass ich ein zu ambitioniertes Bild mit mir herumtrug, wie eine angehende erfolgreiche Kulturjournalistin zu sein habe – schon während des Studiums für diverse Medien arbeitend, thematisch klar fokussiert und bereits mit 20 bestens vernetzt in den Kreisen, die ihr auch künftig ihre Geschichten liefern würden. Da ich an diesem selbst auferlegten Anspruch eigentlich nur scheitern konnte, beerdigte ich das Projekt „Journalismus" nach zwei Semestern, ohne den Dingen die notwendige Zeit zu geben, sich zu entwickeln.

Über Zweifel und das Ende des ewigen „Eigentlich"

Um eine erneute Enttäuschung zu vermeiden, war die einzig schlüssige Konsequenz aus meiner damaligen Sicht, einen Weg einzuschlagen, über den ich mir bis dahin keinerlei Illusionen gemacht hatte: ein Jurastudium. Solide, viele Möglichkeiten, anspruchsvoll und weit entfernt von dem, was ich je in Erwägung gezogen hatte. Da ein erneutes „Scheitern" keine Option war, zog ich das Studium bis zum Ende durch, haderte aber fortwährend mit der Vernunftentscheidung, die ich da getroffen hatte: Fragte man mich, was ich studierte, vermied ich das Wort „Jura" gerne und konstruierte stattdessen kompliziert ausweichende Sätze, in denen die Ausdrücke „eigentlich" und „Journalistin" vorkamen. Angetrieben wurde ich vor allem durch den festen Willen, das Ganze – wenn auch nicht mit großer Leidenschaft, so doch mit größtmöglichem Erfolg – zu Ende zu bringen. Eine der Jahrgangsbesten nach dem ersten Staatsexamen, Promotion in einem Jahr, zweites Staatsexamen. Der Ehrgeiz hatte mich bis dahin getragen, das Interimsziel war erreicht, aber was dann?

Der Bauch gewinnt am Ende immer
Der konsequente nächste Schritt wäre der Einstieg in eine Großkanzlei gewesen, darauf hatte ich zumindest der Form nach hingearbeitet: sechsstelliges Einstiegsgehalt, zweistellige Zahl an täglichen Arbeitsstunden. Das klang nach Ehrgeiz, Erfolg und Anerkennung. Die Voraussetzungen erfüllte ich und die Weichen schienen gestellt. So wollte ich die letzte Station meines Referendariats in New York verbringen, in einer großen deutschen Wirtschaftskanzlei, die schon signalisiert hatten, dass sie mich danach gerne einstellen würde. Alles war gebucht, ich freute mich auf die Stadt meiner Kindheitsträume. Und plötzlich, aus dem Nichts, kam das Gefühl, dass es irgendwie doch keine gute Idee sein würde. Nicht mehr und nicht weniger. Die Entscheidung war schwer, da alle mir dazu rieten, diese Chance wahrzunehmen, eine großartige Erfahrung – „New York, bist du verrückt" – und meinen plötzlichen Unwillen als Angst abtaten, die ich zu überwinden hätte, wenn ich weiterkommen wolle. Komfortzone, Selbstbewusstsein, das Übliche. Ich hörte auf mein Bauchgefühl, cancelte New York und bewarb mich stattdessen in der Rechtsabteilung des Medienunternehmens, in dem ich heute noch arbeite. Zurück zumindest

in die Branche, die mich einst angezogen hatte, wenn auch nicht als Journalistin. Während also meine Referendariatskollegen in großen Kanzleien und Botschaften rund um die Welt aufregende Monate verbrachten, blieb ich in der Stadt, in der ich seit nunmehr zehn Jahre lebte und arbeitete in einem Unternehmen, in dem es für mich ohne anwaltliche Erfahrung keinerlei Perspektive für einen Berufseinstieg als Juristin geben würde. Keiner konnte es verstehen – und es war eine der besten Entscheidungen meines beruflichen Lebens.

Wenn das kalte Wasser lockend deinen Namen ruft ...

Nicht jedoch etwa, weil sich plötzlich alles gut angefühlt hätte: Im Gegenteil vergingen die drei Monate, ohne dass sich mein Bauchgefühl noch einmal gemeldet hätte – mit der frohen Kunde etwa, nun das Richtige zu tun oder zumindest zu wissen, was danach kommen sollte. Bis plötzlich eine interne Stellenausschreibung erschien, die erneut alles änderte: Der Vorstandsvorsitzende suchte einen neuen Assistenten. Ohne genau zu wissen, was das bedeutete, war mir nur eines klar: Dieser neue Assistent wollte ich sein, sofort und unbedingt. Ich war bereit, neun Jahre juristische Ausbildung erst einmal an den Nagel zu hängen. Ich bewarb mich – und statt der Assistentenstelle bot man mir einen Platz im Traineeprogramm des Unternehmens an. Weitere 18 Monate ausbildungsähnliche Tätigkeit, mit ständig wechselnden Schreibtischen und Vorgesetzten. Dieses Mal rieten mir nicht nur die anderen ab, sondern auch mein Ego beschwerte sich und wedelte beleidigt mit den hoch dotierten Kanzleiangeboten, die mir mittlerweile vorlagen. Dennoch sagte ich zu, nicht 100%ig überzeugt zwar, aber am Ende doch wieder meinem Bauchgefühl folgend, das ich durch die Zweifel hindurch aufblitzen sah. Der richtigen Motivation zu folgen und sich weder von gut gemeinten

Ratschlägen noch dem eigenen Ego verleiten zu lassen – eine oftmals schwierige Übung, die nicht wenig an Selbstreflexion und Ehrlichkeit erfordert, vor allem sich selbst gegenüber.

Über Ego und die ewige Frage von „Was bin ich eigentlich?"
Rückschläge inbegriffen: Das Traineeprogramm überlebte mein übergroßes Juristen-Ego nicht bis zum Schluss und ich stieg nach wenigen Monaten wieder aus. Es hatte sich dennoch als die richtige Entscheidung erwiesen, hatte ich doch dort einen Kollegen kennengelernt, der mich als seine Nachfolgerin als persönliche Referentin des Marketingchefs vorschlug. Nicht, dass ich mich vorher je im Marketing gesehen oder entsprechendes Vorwissen mitgebracht hätte, aber langsam das Gefühl bekommend, dass offensichtlich alles irgendwie seinen Sinn habe, nahm ich das Angebot an. Es folgte eine sehr intensive Zeit, in der ich unglaublich viel arbeitete und in der ich mindestens genauso viel lernte. Die aus heutiger Sicht grundlegend war für alles, was später kam. Ob ich mir in dieser Zeit sicher war, dass das nun das Richtige sei? Nein, keineswegs. Mein Ego hatte sich die lustige Marotte einfallen lassen, neuerdings auf die Frage, was ich denn beruflich mache, zu antworten: „Ich mache was mit Marketing, aber eigentlich bin ich ja Juristin." Mir war durchaus bewusst, dass diese Umkehrung der Verhältnisse ein schönes Sinnbild meiner nach wie vor bestehenden inneren Zerrissenheit war. Ich wollte etwas sein, was ich nicht war, das es in dieser Form offensichtlich aber auch nicht gab oder über das ich zumindest nicht Bescheid wusste. Hätte man mir damals die Klassikerfrage gestellt, wo ich mich in fünf Jahren sehe, hätte ich verzweifelt die Hände gerungen. Und dennoch hatte ich irgendwie das Gefühl, dass ich so weitermachen müsse wie bisher: geduldig sein und auf den richtigen Moment warten, in

dem mein Bauchgefühl mir schon sagen würde, was als nächstes zu tun sei.

Hoch gepokert und gewonnen – tatsächlich?

Und so kam es dann auch: Als mein damaliger Chef mich fragte, welche Aufgabe in seinem Bereich ich denn perspektivisch interessant fände, antwortete ich spontan: „Die Abteilung xy. Aber nur als Leiterin." Das war natürlich ein wenig größenwahnsinnig, denn auch wenn mir das Thema lag und ich es mir zutraute, hatte ich gerade einmal ein paar Monate Berufserfahrung, keine Führungserfahrung und zudem war die Stelle besetzt. Dennoch dachte ich mir in diesem Moment: „Warum nicht auch einmal das sagen, was man wirklich will? Warum sind wir Frauen nur immer so bescheiden und zurückhaltend und eins nach dem andern, da kann ich ja noch gar nicht alles, was in der Jobbeschreibung steht, das muss ich alles erst noch schnell lernen und dafür ganz fleißig sein, während Männer sich ganz selbstverständlich auf herausfordernde Positionen bewerben und darauf vertrauen, dass sie die notwendigen Fähigkeiten schon on the Job erwerben können oder im Zweifel jemanden mit Ahnung in ihrem Team haben werden?"

So pokerte ich also hoch – mit Erfolg: Als die Leiterin der besagten Abteilung sich einige Monate später in die Elternzeit verabschiedete, machte mein Chef mich zu ihrer Nachfolgerin. Ich war stolz, diesen großen Schritt gemacht zu haben und auch mein Ego versöhnte sich langsam wieder mit mir. Leicht war die Zeit, die dann folgte, allerdings nicht. Meine geringe Erfahrung versuchte ich mit noch mehr Arbeit zu kompensieren. Auch ich fiel dem „Fleißiges-Bienchen-Syndrom" zum Opfer. Aus Angst, dass irgendjemand denken könnte, ich sei der Stelle nicht gewachsen, wollte ich allen beweisen, dass ich sie allein durch meinen immensen Einsatz auf jeden Fall verdiente. Nichts anderes als Leistung sollte der Grund für meinen Erfolg sein – und das sollten bitteschön auch möglichst alle sehen und anerkennen.

Erkenne den Feind in dir

Dabei hätte es eigentlich nicht besser laufen können: Ich arbeitete mich schnell ein, wir funktionierten nach einer kurzen Eingewöhnungsphase als Team hervorragend und erzielten sehr gute Ergebnisse. Trotzdem wollte ich immer noch besser werden, haderte fortwährend mit meiner Führungsrolle, wollte sie einmal so und einmal so ausfüllen, einmal geliebt werden und einmal streng sein und fand, dass wir immer noch mehr neue Themen angehen könnten. Ich merkte, dass ich immer weniger abschalten konnte. Wenn ich abends nach Hause kam, meist spät, war ich hypernervös, getrieben, konnte schlecht einschlafen und morgens kaum aufwachen. Mit der Zeit wurde es immer später, da ich, selbst wenn alles erledigt war – was es in der Regel ja nie ist –, im Büro saß und fiebrig überlegte, was ich vergessen haben oder noch besser machen könnte. Ich scheiterte schlichtweg an meinen eigenen Ansprüchen.

Der Zusammenbruch

Und dann der Schlag. Es war vermutlich zu viel gewesen, zu viel Beweisenwollen, zu viel Druck und Erwartungen, die mir in Wirklichkeit nur ich selbst auferlegt hatte. Morgens beim Frühstück plötzlich Sprachausfall, Todesangst, vermutlich eine Durchblutungsstörung im Gehirn. Blaulicht, Schlaganfallstation. Das Ganze hatte keine langfristigen Konsequenzen, aber mit 30 war es dennoch eine durchaus existenzielle Erfahrung, nichts, womit man im Entferntesten rechnet, ein Warnsignal, möglicherweise. Doch wie umgehen mit einem solchen Warnsignal? Plötzlich stand ich da, völlig allein und überfordert mit der Frage, was das zu bedeuten habe und ob und wie ich mein Leben denn nun ändern solle. An sich ein klassischer Lean back Moment: ein externes Erlebnis, das einen wachrüttelt, zum Innehalten zwingt und es einem in der Folge ermöglicht, entsprechend zu entschleunigen und ein besserer und glücklicherer Mensch zu werden. Das dachte ich zunächst auch und war nach den aufreibenden Monaten zuvor fast ein bisschen erleichtert, dass sich nun endlich etwas ändern würde. Doch leider musste ich feststellen, dass das so nicht funktionierte. Nichts veränderte sich, weder kündigte ich meinen Job, noch reiste ich umgehend nach Goa, um dort „Eat Pray Love" zu machen. Ja, ich schaffte es nicht einmal, mein Arbeitspensum auf ein etwas gesünderes Maß zu reduzieren. Stattdessen fand ich mich einige Tage nach meiner Rückkehr ins Büro wieder unter Strom bis spät abends am Schreibtisch sitzend – ein zutiefst frustrierendes Erlebnis, empfand ich es doch als großes Scheitern, dass ich mich nicht auf Knopfdruck selbst glücklich machen konnte.

Der Lean back Effekt kommt nicht von selbst
Heute ist mir klar, dass der Lean back Effekt sich auch in einer solchen Situation nicht von selbst einstellt, sondern dass man sich auch dann Zeit für solche Veränderungen lassen muss. Dass man sich die Zeit geben muss, um zu verstehen, welches überhaupt die richtige Konsequenz für einen selbst ist, um Druck herauszunehmen und die Dinge in seinem Sinne zu steuern. Und dass es manchmal dauern kann, bis der Moment der Veränderung kommt. Auch hier sind weder andere noch die eigene

Motivation, stellt sich diese als die falsche heraus, die richtigen Ratgeber. Ich wollte jetzt so schnell wie möglich nicht mehr getrieben, unter Druck und abgearbeitet sein, sondern zufrieden, entspannt und mit mir selbst im Reinen – und das gefälligst sofort. Diesen als Willen zur Entschleunigung getarnten falschen Ehrgeiz erkannte ich in diesem Moment leider nicht als solchen, aber natürlich war er insgesamt wenig zielführend.

Die Kehrtwende

Zum Glück hatte mich mein Bauchgefühl trotzdem nicht komplett verlassen: Als nach einem Jahr entschieden wurde, dass ich die Abteilung nach der Elternzeitvertretung dauerhaft und mit erweitertem Verantwortungsbereich führen sollte, lehnte ich das Angebot zur Überraschung aller ab und nahm eine Stelle in einem anderen Bereich an. Zwar inhaltlich wieder näher an meiner juristischen Ausbildung, aber wieder eine Elternzeitvertretung ohne relevante Führungsverantwortung und mit nicht ganz klarer Perspektive. Objektiv betrachtet stellte das Ganze durchaus ein Risiko dar und viele rieten mir, mich doch für die sicherere Variante zu entscheiden, aber mein Gefühl signalisierte mir, dass dies der Schritt sei, auf den ich nach den Geschehnissen der letzten Monate so dringend gewartet hatte.

Und wer ist am Ende dann schließlich der Held? Natürlich, mein Bauchgefühl!

Und tatsächlich würde ich diese Entscheidung aus heutiger Perspektive als die andere entscheidende Abzweigung, die ich bisher auf meinem beruflichen Weg genommen habe, bezeichnen. Denn noch vor Ablauf der Vertretungszeit wurde entschieden, dass der gesamte internationale Bereich, in dem auch meine kleine Abteilung angesiedelt war, von Berlin nach Zürich verlegt werden sollte. Noch während diese einschneidende Veränderung verkündet wurde, hatte ich meinen Entschluss gefasst. Auch bei Zürich war es mir so gegangen: Ohne mich konkret an die Stadt erinnern zu können, hatte ich ein positives Bild vor Augen – was reichte, um mich innerhalb von wenigen Wochen nicht nur mein berufliches, sondern auch mein privates Leben komplett über den Haufen werfen zu lassen. Zwar war die Veränderung immens und naturgemäß mit vielen Unsicherheiten verbunden, aber ich wusste mittlerweile ja, dass ich mich auf meinen Bauch würde verlassen können und Geduld sich im Zweifel auszahlen würde.

Endlich angekommen

Auch in diesem Fall stellte sich dieses Grundvertrauen in meine eigene Entscheidungsfähigkeit als richtig heraus: Als nämlich mein Vorgesetzter nach kurzer Zeit das Unternehmen verließ, bekam ich die Chance, seine damalige und meine heutige Position zu übernehmen – nach gerade einmal vier Jahren in dem Unternehmen, in dem ich damals als Trainee gestartet war und von einer solchen Aufgabe nur träumen konnte. Eine Zeit, in der ich immer wieder viel darüber gegrübelt habe, welches wohl der richtige Schritt sein würde, was mein Ziel ist, wer und was ich überhaupt sein will. Und ob das alles so Sinn ergibt, wie ich es angehe, ob meine unterschiedlichen Etappen überhaupt einen stringenten Weg ergeben. Heute weiß ich, dass man diesen Weg nicht immer planen kann – muss man auch nicht. In der Rückschau sehe ich den roten Faden nämlich ganz deutlich: Solange ich auf mich höre, tue ich das Richtige. Dann muss ich nicht heute schon sagen können, wo ich in fünf Jahren sein will, sondern ich kann mich darauf verlassen, dass ich schon wissen werde, wann es Zeit für den nächsten Schritt ist und dass ich dann mutig genug sein werde, diesen auch zu tun.

Die Autorin

Nina Ranke, *COO Axel Springer International Zürich*

Nina Ranke, 34, wuchs in der Pfalz auf und studierte Rechtswissenschaften in Berlin. Nach Tätigkeiten in verschiedenen Kanzleien, Promotion und zweitem Staatsexamen begann sie 2011 als Management-Trainee bei der Axel Springer SE. Sie war u. a. in der Vermarktung und dem Lizenzgeschäft tätig und ist heute als Chief Operating Officer bei Axel Springer International für das internationale Content-Geschäft verantwortlich. Privat interessiert sie sich sehr für alles, was mit guter Küche und Weinen zu tun hat, reist gerne und fotografiert – am liebsten alles gleichzeitig. Sie lebt mit ihrem Mann in Zürich.

3.4.3 Alles eine Frage der Balance. Mein persönliches Yin und Yang

Carmen Rex

Wenn ich für mich zurückschaue, dann habe ich anscheinend immer schon ein Talent dafür gehabt, mir Räume zum Wachsen zu schaffen. Mir Herausforderungen zu suchen, die eigentlich eine Nummer zu groß sind und mich wagemutig hineinzuwerfen. Für meine Umwelt (und durchaus auch für mich) kam dies oft überraschend. Ich kann selbst nicht immer erklären, warum mich dieser Impuls, mich auf ein neues Wagnis einzulassen, auf einmal überkommt. Irgendwo in mir steckt ein großer innerer Drang, der mich auf Dinge bringt, die es jetzt zu tun gilt; wie ein innerer Kompass, der mich zu dem dazugehörigen Quäntchen Glück führt.

Mit 15 hatte ich mir in den Kopf gesetzt, dass ich in der elften Klasse ein Austauschjahr in den USA machen möchte. Meine Familie war eher heimatverbunden, so waren wir als Familie nie in den Urlaub geflogen oder gar im Ausland gewesen. Entsprechend überrascht waren meine Eltern, als ich ihnen mitteilte, dass ich in die USA gehen wollte. Andere gingen für ein paar Wochen, ich musste gleich ein ganzes Jahr gehen. Glücklicherweise waren meine Eltern schon immer extrem unterstützend und so nahm das Schicksal seinen Lauf. Ohne großen Bewerbungsmarathon erhielt ich eine Zusage und saß bald im Flieger über den Atlantik – als Erste in meiner Familie. Dass Englisch nicht zu meinen Stärken zählte und mir Latein und sogar Altgriechisch deutlich besser lagen, sei nur am Rande erwähnt. Man darf mich zu Recht für unbedarft halten. Ich erinnere mich noch genau, wie ich an meinem ersten Morgen in den USA „Sesamstraße" schaute und rein gar nichts verstand. Ich fühlte mich in der Familie, zu der ich kam, nicht willkommen, war in einem komplett fremden Land, als Telefonieren noch unglaublich teuer war und sämtliche Kommunikation per Brief stattfand – kurzum, ich fühlte mich schrecklich und mich packte das heulende Elend, für gute sechs Wochen.

Interessanterweise kam Aufgeben überhaupt nicht infrage. Im Nachhinein weiß ich, dass ich nicht der einzige Abbrecher gewesen wäre. Nicht wenige haben den Auslandsaufenthalt abgebrochen und sind frühzeitig nach Hause zurückgekehrt. Das jedoch kam mir noch nicht einmal in den Sinn, im Gegenteil. Nach sechswöchiger Leidensphase kam ich an den Punkt, an dem ich selbst die Initiative ergriff. Die Organisation, mit der ich vor Ort war, wollte mich nicht unterstützen, sondern schob alles auf den Kulturschock. Ich sollte einfach abwarten, es würde schon werden. Ich wusste, dass es das nicht war und so habe ich mir selbst eine Familie gesucht. Eine Lehrerin, die an der Schule unterrichtete, die ich besuchte, hatte Interesse daran, mich aufzunehmen und ruckzuck war ich in einer neuen Familie mit einer kleinen Schwester und einem kleinen Bruder plus Hund in einem Vorort von Dallas. Und die Welt war von jetzt auf gleich wieder in Ordnung.

Mein spezielles Muster

Dieses Muster „kenne" ich mittlerweile an mir. Ich bringe mich selbst in Situationen, in denen ich gerne denke: „Oh nein, Carmen, was hast du nun schon wieder gemacht?!" Damals, in den USA, war das noch sehr schwierig für mich, aber mittlerweile weiß ich, dass ich mir die für mich genau richtigen Ziele setze und letztlich auch meistere. Es sind genau die Erfahrungen, die mich wachsen lassen. Mein innerer Kompass, oder eher Seismograf, sorgt dafür, dass ich die

Komfortzone verlasse. Das Jahr in den USA hat für vieles den Grundstein gelegt, aber vor allem für ein tiefes Vertrauen in die eigenen Fähigkeiten. Ich habe erlebt und verstanden, dass ich Herausforderungen meistern kann, indem ich mich letztlich darauf einlasse und ich so für mich in die aktive Rolle komme. Dies ist der Moment, in dem ich Klarheit bekomme und die Dinge in die eigene Hand nehme. Wenn ich das tue, wird immer etwas Gutes daraus.

Was jetzt?

Gestärkt von der US-Erfahrung war das Abitur kein Problem, wohl aber die Studienwahl. Mein Traum war es, Tourismus zu studieren; das stand für mich für die große, weite Welt, die mich weiterhin anzog. Meine Mutter fand die Idee gar nicht gut, die Arbeitszeiten, keine Wochenenden etc. Ich ließ mich überreden, blieb in Bochum und dachte, mit Wirtschaftswissenschaften könnte ich im Anschluss in einem Hotel arbeiten und idealerweise gleich im Management starten. Leider war mir hier sofort klar, dass es überhaupt nicht zu mir passte. Unpersönlich, riesige, übervolle Vorlesungen und so richtig verstehen wollte ich es irgendwie auch nicht. Ich war kreuzunglücklich und völlig orientierungslos, denn meine Zukunftsplanungen hatten immer ein Studium beinhaltet. Warum nicht eine Ausbildung machen? Zum Glück waren da wieder meine Eltern. Sie sagten, ich würde es mir nicht verzeihen – und sie sich auch nicht –, wenn ich meine Chancen und mein Potenzial nicht maximal ausschöpfen würde und studiere. Ja gut, nur was?

Der Zufall wollte es, dass ich immer viel jobbte, so auch beim Musical „Starlight Express". Dort hatte ich eine Kollegin, die Psychologie studierte. Wir teilten uns einen 40-Stunden-Vertrag und sie meinte irgendwann, Psychologie würde super zu mir passen und ich könne es auch mit Wirtschaft verbinden. Psychologie?

Beworben hatte ich mich inzwischen für „Medienwirtschaft & PR", ich stellte mir die Arbeit „schillernd" vor, wurde aber nicht genommen. So versuchte ich es mit Psychologie. Für mich vollkommen überraschend, da NC-reguliert (und offensichtlich sehr begehrt), bin ich erst abgelehnt worden. Damit hatte ich nicht gerechnet. Glücklicherweise gab es das Nachrückverfahren und eine Woche später hatte ich meinen Platz. Von Tag 1 an wusste ich, „Hier bist du absolut richtig" – mit einer unglaublichen Klarheit. Bis heute noch bin ich davon überzeugt, dass es die beste Entscheidung war. Wieder hatte der innere Seismograf die Richtung gewiesen – und auch das entsprechende Quäntchen Glück hatte nicht gefehlt.

Erneut über den Teich
Nach dem Studium ging ich zu einer Unternehmensberatung nach München. Ich hatte einen abwechslungsreichen und herausfordernden Job, tolle Kollegen, die Karriere entwickelte sich sehr positiv, spannende Projekte – und ich war frisch verliebt. Das Leben war gut, aber irgendetwas fehlte. Obwohl ich nur an den Wochenenden in München war, wurde es mir zu klein und so reifte – zunächst unbemerkt – in mir der Wunsch nach neuen Erfahrungen. Der innere Seismograf schlug wieder an. Eine Freundin von mir hatte sich im Jahr zuvor über ein Nachwuchsprogramm bei der UN beworben. Ich fand das wahnsinnig toll, aber nicht für mich. Das änderte sich, da wollte ich hin. Mein damaliger Freund unterstützte meinen Wunsch und ehe ich mich versah, gab es ein Jobangebot von der UN in New York und ich löste mein Leben in München auf.

Leider stellte sich der Studieneffekt nicht ein, mich von Tag 1 an pudelwohl zu fühlen. Im Gegenteil, es war eher wieder wie bei meinem Austauschjahr. Da stand ich nun, hatte einen tollen Job mit Perspektive aufgegeben, eine lebenswerte Stadt verlassen und lebte eine Fernbeziehung. Und alles meine Entscheidung! Die ersten Monate (ausgerechnet Winter) waren schwierig, und auch die Beziehung hat die Distanz nicht überlebt. Aber wiederum war Aufgeben keine wirkliche Option.

Verantwortung erfahren

Ich treffe Entscheidungen, bei denen die Konsequenzen zunächst unangenehm sind, weil sie vieles, was vorher gut war, auf den Kopf stellen. Wenn ich mich in der neuen Situation wiederfinde, lasse ich die Dinge erst einmal geschehen. Und oft ist die neue Situation im Vergleich zum vorherigen Status quo „gefühlt" schlechter und ich leide darunter. In dem Moment jedoch, in dem ich Verantwortung übernehme, verändert sich alles sehr schnell und ich spüre, es musste alles genau so sein. Meist treffe ich dann auf Menschen, die mir weiterhelfen. Diese sind natürlich vorher auch da, aber im Kreisen um mich selbst sehe ich sie nicht. Ist der Seismograf ausgerichtet und ich bin in der Resonanz, kommen diese Menschen fast automatisch in mein Umfeld und ich kann die Hilfe, die sie bieten, fokussiert nutzen.

Der Seismograf und das Quäntchen Glück

Oder wie ich es eher bezeichnen würde, mein persönliches Yin und Yang – Passivität versus Aktivität. Wenn das Yin Oberhand gewinnt, dann bin ich passiv, lasse die Dinge geschehen und glaube, Fleiß und es anderen recht zu machen, bringen mich weiter. Dies erfüllt mich aber nicht auf Dauer. Wenn ich diese Antreiber zur Seite lege und meine Yang-Anteile nutze, gestalte ich mein Leben. Ich bin im Fluss und in meiner Balance.

Auch in New York kam erneut der Punkt, an dem ich von jetzt auf gleich meine „passive Leidensphase" beendete und die Dinge in die Hand nahm. In diesem Fall war es ein HR-Direktor einer UN-Tochter, der anbot, ich könne mich jederzeit an ihn wenden, wenn ich Unterstützung bräuchte. Ich war soweit. Ich vertraute mich ihm an und er schaffte es, mich zu UNDP zu holen und auch die deutsche Botschaft zu überzeugen, dass ich dort bessere Perspektiven hätte. Der Wechsel entwickelte sich sehr positiv und ermöglichte mir eine begehrte Festanstellung bei der UNICEF. Schnell hatte ich eine erste Führungsfunktion. Das ergab sich einfach. Ich war eigentlich zufrieden mit dem Status quo – für mich gestalten zu können, einfach machen und Hebelwirkung entfalten. Ich lernte, dass der Hebel oft mit Führung einhergeht.

Wachstum beschleunigt
Neben dem Wachstumsfeld „Führung" hatte ich zudem die Möglichkeit verschiedener Auslandseinsätze. So ergab sich die Chance, für einen Monat in Afghanistan einzuspringen. Ich war hochgradig fasziniert und mir war sofort klar, dass ich das mache. Der innere Seismograf ... Sie wissen schon.

Ich hatte einen Heidenrespekt, weil ich nicht absehen konnte, ob ich in einem solchen Gefahrenumfeld überhaupt funktioniere oder gelähmt vor Angst bin. Mit einem ungeheuren Respekt reiste ich nach Kabul. Für mich vollkommen überraschend, gefiel es mir von der ersten Woche an und ich blieb sechs Monate. Ich habe mich in dieser Extremsituation noch einmal neu kennengelernt und einen weiteren Grundstein für ein tiefes Vertrauen in die eigenen Fähigkeiten gelegt.

Alle sechs Wochen wird man für sieben Tage zur Erholung ausgeflogen, und wie ich es selbst empfand, das Maß für „normal" neu zu eichen. Die Gefahr ist immer da, wenn auch subtil, und um einigermaßen normal zu leben, führt dies dazu, dass man seinen Gefahrensensor immer weiter herunterfährt. Ich erinnere mich an ein Abteilungsleitermeeting, während dessen es einen riesigen Detonationsknall in allernächster Nähe gab. Keiner zuckte mit der Wimper, das Meeting lief völlig ungerührt weiter. Man gewöhnt sich an das Risiko von Bomben, daran, dass bei −17° C der Generator ausfällt, man sich nicht frei bewegen darf etc. Der Maßstab für Gefahr verändert sich, man nimmt sie vordergründig nicht mehr als Stress wahr. Es war eine unglaublich herausfordernde und gleichzeitig wertvolle Erfahrung!

Nach sechs Monaten ging es zurück nach New York, da ich die Stelle meiner Chefin übernehmen sollte, die in Rente ging. Auch dieser Herausforderung stellte ich mich gerne. Als ich einige Jahre später an den Punkt kam, den nächsten Karriereschritt anzugehen, war ich irgendwie mittlerweile die perfekte Nummer zwei geworden, die gerne noch mehr Arbeit annahm und alles bestens erledigte. Auf den besten Umsetzer verzichtete man ungern und blockierte daher meine Bemühungen, einen Job außerhalb New Yorks zu finden. Nach mehr als sechs Jahren in New York beschloss ich, dass es Zeit war, wieder näher bei der Familie und Freunden zu sein. Und auch für einen Wechsel in den Privatsektor wurde es Zeit. Schweiz und Berlin waren ursprünglich mein Ziel, aber es wurde erneut München. Der neue Job war spannend, ein großes, globales Unternehmen, gute Perspektiven, es passte. Dies ist nun wiederum mehr als sechs Jahre her, in denen ich intern die Möglichkeiten hatte, mich stetig weiterzuentwickeln und zu wachsen.

Ziele mal anders

In der Reflexion ist dies für mich eine wichtige Erkenntnis. Ich treffe auf viele Menschen, die für sich klare Ziele haben und auch mich nach meinen Zielen fragen. Das wird fast erwartet, sobald man sich auf bestimmten Ebenen bewegt. Ich habe dies in der Form nicht, zumindest nicht für die nächsten zehn Jahre, durchdekliniert. Was mich treibt, ist mein persönliches Wachstum. So setze ich mir – oftmals unbewusst – fordernde Ziele oder „katapultiere" mich in neue Herausforderungen. Situationen, in denen sich oftmals das altbekannte „Was hast du nun schon wieder gemacht?!" einstellt. So gehe ich über meine Grenzen und erreiche neue Plateaus. Schaue ich im Nachhinein auf Situationen und wie ich mich darin verhalten habe, lerne ich mich besser kennen und verstehen und überlasse es nicht mehr dem Zufall, welche Herausforderungen es für mich gibt.

Vielmehr ändert sich meine innere Haltung, aus der heraus ich agiere. Ist dies in Balance, dann gelingt es mir, mein Yin und Yang zu nutzen und all meine Energie auf ein Ziel auszurichten. Dann handle ich fast intuitiv und mit Leichtigkeit. Wenn ich nicht in Balance bin, dann versuche ich, durch Fleiß und indem ich es anderen recht mache, die Erwartungen zu erfüllen. Das reicht für sehr gute Leistung, aber nicht für die großen Dinge und ist auf Dauer anstrengend.

Aktuell habe ich erneut einen Schritt gemacht. Dieses Mal war es eine aus einer neuen inneren Haltung heraus geprägte bewusste und reflektierte Entscheidung. Es gibt für mich noch viel zu lernen, aber ich vertraue heute auf meine Fähigkeiten und den Kompetenzschatz, den ich entwickelt habe. Groß wird es, wenn man die richtige Haltung für sich gefunden hat. Karriere ist in meinen Augen vielfältig, ich bin neugierig und gespannt, wohin mich meine führt.

Die Autorin

Carmen-Maja Rex, VP for Human Resources Process Automation, Siemens AG Process Industries and Drives

Carmen-Maja Rex (Jahrgang 1971) hat ihre beruflichen Wurzeln sowohl in der Privatwirtschaft als auch im Non-Profit-Bereich. Nach ihrem Diplom in Psychologie begann sie ihre Karriere als Unternehmensberaterin bei Accenture im Bereich „Change Management/Human Performance". 2003 ging sie zunächst über ein Förderprogramm der deutschen Regierung zu den Vereinten Nationen nach New York City. Es schlossen sich mehrere Stationen und Festanstellungen im HR-Bereich mit Schwerpunkt „Recruitment und Talent Management" bei der UN, UNDP und UNICEF an. Dies beinhaltete auch Einsätze in Krisengebieten, wie Afghanistan und Timor-Leste. Seit 2010 ist Carmen Rex bei der Siemens AG tätig. Anfänglich war sie im Bereich „Corporate Executive Development" eingesetzt bei der Steuerung und Besetzung von Konzernschlüsselfunktionen, mit Schwerpunkt auf dem Finanzbereich. Positionen als Global Head of Pipeline and

Placement und aktuell als VP Human Resources für einen Geschäftsbereich folgten. Carmen-Maja Rex lebt mit ihrem Partner in München.

Literatur

Andersen, H.-C. 2016. *Des Kaisers neue Kleider*. München: Don Bosco Medien GmbH.

Boynton, S. 1980. *If at First*. New York: Little Brown and Co.

Breidenbach, J. et al.: Five Minutes a Day. https://medium.com/five-minutes-a-day Zugegriffen: 05. Mai 2016

Breidenbach, J., und P. Nyíri. 2002. *Zur Lage der kleinsten wirtschaftlichen Einheit, dem Menschen – Eine Mennonitin in Belize*. Bd. 5, 14.

Breidenbach, J., und P. Nyíri. 2008. *Maxikulti: der Kampf der Kulturen ist das Problem – zeigt die Wirtschaft uns die Lösung?* Frankfurt am Main, New York: Campus-Verlag.

Breidenbach, J., und P. Nyíri. 2009. *Seeing culture everywhere. From genocide to consumer habits*. Seattle: Univ. of Washington Press.

Breidenbach, J., und I. Zukringl. 1998. *Tanz der Kulturen*. München: Kunstmann.

Carroll, L. 2015. *Alice's Adventures in Wonderland*. London: Pan Macmillan.

Goleman, D. 2009. *Emotional Intelligence: Why It Can Matter More Than IQ*. London: Bloomsbury Publishing.

Grimm, J., und W. Grimm. 2000. *Das eigensinnige Kind*. Emmerthal: Ed. Einstein.

Henderson, A. 1911. *George Bernard Shaw. His Life and Works*. London: Hurst and Blankett.

Kierkegaard, S. 1966. *Entweder – Oder, zitiert nach Max Frisch, Stiller*. Frankfurt a. M.: Fischer Taschenbuch.

Laloux, Frederic. 2014. *Reinventing organizations. A guide to creating organizations inspired by the next stage of human consciousness*. Brüssel: Nelson Parker.

Janssen-Jurreit, M. 1979. *Frauenprogramm, gegen Diskriminierung: Gesetzgebung, Aktionspläne, Selbsthilfe. Ein Handbuch*. Reinbek: Rowohlt. bei Hamburg.

Plath, M. 2014. *Partizipativer Theaterunterricht mit Jugendlichen: Praxisnah neue Perspektiven entwickeln begeistern*. Landsberg: Beltz.

Plath, M. 2015. *Spielend unterrichten und Kommunikation gestalten: Mit schauspielerischen Mitteln für Unterricht begeistern*. Landsberg: Beltz.

Ortega, Y., und J. Gasset. 1968. *Der Mensch und die Leute*. München: DTV Taschenbuch.

Shenk, D. 2011. *The genius in all of us: New insights into genetics, talent, and IQ*. New York: Anchor Books.

4

Den eigenen Weg in den Fokus nehmen: Adlerblick und Vogelperspektive

Inhaltsverzeichnis

© Springer-Verlag Berlin Heidelberg 2017
S. Hoffmann-Palomino, B. Praetorius, C. Kirbach (Hrsg.), *Die LEAN BACK Perspektive*,
DOI 10.1007/978-3-658-13924-7_4

*"I may not have gone where I intended to go, but I
think I´ve ended up where I needed to be."*
Douglas Adams

Jeder Weg braucht ein Ziel. Viel zu häufig orientieren wir
Frauen uns an den Erwartungen, die von außen an uns heran-
getragen werden. Viel zu oft versuchen wir, es allen anderen
recht zu machen und vergessen dabei, was uns selbst wichtig
ist. Wir lassen uns von gesellschaftlichen Konventionen leiten,
die tief in uns selbst verankert sind, und nehmen uns ungebe-
tenes Feedback von außen – leider gerne auch von anderen
Frauen, die ein anderes Modell leben – zu sehr zu Herzen.
Durch den unnötigen Anpassungs- und Leistungsdruck stehen wir uns dann selbst im Weg.

In dem ersten Teil dieses Kapitels beschreiben unsere Autorinnen, wie sie das Leben in die eigene Hand genommen und sich frei von innerem Leistungsdruck gemacht haben. Diese Druckreduktion führt zu neuer Freiheit und gibt Energie für den nächsten Karriereschritt. Es geht darum, die eigene Karriere selbstbewusst zu gestalten und das persönliche Wachstum ins Visier zu nehmen.

Und dann ist da noch der Schwerpunkt „Familie und Führung für Frauen". Verschiedene Lebensmodelle – verschiedene Führungsstile. Wie können neue Wege aussehen und wie kann eine Lebensmodell-Vielfalt entstehen, die mannigfaltige Möglichkeiten für unterschiedliche Bedürfnisse bietet?

Das Kapitel schließt mit dem Blick auf das Wachstumspotenzial, das eine Führungsaufgabe bietet.

4.1 Das Leben in die eigene Hand nehmen

4.1.1 Das Ziel klar vor Augen – und auf ins Ungewisse!

Leila Summa

In meinem beruflichen Leben hat sich gefühlt vieles zufällig ergeben oder sagen wir mal so: Das Schicksal nahm seinen Lauf. Hätte mich jemand vor einem, drei, fünf, acht oder 13 Jahren gefragt, wo ich heute sein möchte, wäre das nicht dort, wo ich heute bin. Schlimm? Im Gegenteil, denn unsere Wünsche sind oft nur Ableitungen unseres Vorstellungsvermögens, aber nicht des effektiv Möglichen. Das Leben und das eigene Schicksal halten viele Überraschungen und „Once-in-a-lifetime-Opportunitys" bereit. Und zwar immer dann, wenn man es am wenigsten erwartet. Aber noch viel wichtiger: Oft kommen diese unerwarteten Chancen dann, wenn man persönlich reif genug ist, um in eine neue Entwicklungsphase einzutreten.

Was jedoch nicht ganz zufällig verlief und mir relativ früh bewusst wurde, war mein übergeordnetes Ziel: Ich wollte Spuren hinterlassen und Dinge verändern. Später wurde dieses Ziel noch konkreter: Mir gefiel der Gedanke, digitaler Pionier zu sein und die vernetze Zukunft aktiv mitzugestalten. Wie ich das genau erreichen wollte, das wusste ich nicht. Vermutlich war es diese Unsicherheit, die dazu führte, dass ich mir in regelmäßigen Abständen immer wieder die Frage stellte, ob ich auf dem für mich richtigen Weg bin. Oft führte das dann zu einer beruflichen Neuorientierung, einer Weiterbildung oder zum Schritt ins Ausland.

Reden, reflektieren und brutal ehrlich sein – mit sich selbst
Es gibt wohl Menschen, die für sich alleine Gewissheit finden, was sie in ihrem Leben tun oder nicht tun möchten und andere Menschen nicht an ihrem Innenleben teilhaben lassen oder denken, dass sie selbst am besten wissen, was für sie gut ist. Ich gehöre nicht zu diesen Menschen, sondern glaube ganz stark, dass sich kein System vollständig selbst verstehen kann. Infolgedessen führe ich sehr gerne Gespräche mit anderen mir bekannten, aber teils auch unbekannten Menschen – mit möglichst unterschiedlichem Hintergrund, von meiner Einstellung abweichenden Meinungen und anderem Ausbildungsstand. Letzteres war für mich als Arbeiterkind ohnehin üblich und hat meine Entscheidungen von früh auf massiv begünstigt. Ich habe als Kind bereits gelernt, dass ich mir beruflichen Ratschlag nicht innerhalb meiner Familie holen kann, sondern hier auf den Austausch mit anderen Personen angewiesen bin.

Ein Beispiel: Nach der Matura habe ich mir zum ersten Mal die Frage nach meinem beruflichen Ziel gestellt. Ich musste zum ersten Mal wirklich entscheiden, welche Themen mich interessierten. Ich habe mich für Publizistik mit Psychologie und Pädagogik im Nebenfach entschieden. Im Nachhinein eine sehr gute Kombination, der Hang, das menschliche Wesen verstehen zu wollen und die Rolle der Medien in unserem Alltag ergründen zu wollen, ist mir seitdem geblieben. Und er hat mir in meiner beruflichen Entwicklung mehr als wertvolle Dienste geleistet. Das konnte ich kurz vor Studienende natürlich noch nicht ahnen. Damals trieb mich eher die Frage um, was ich denn nach dem Studium machen solle. Es gab dann zwei einschneidende Erlebnisse, die mein Leben beeinflussten:

Ausgerechnet mein damaliger und bis heute noch sehr nicht-digitaler Freund hatte mir 1996 ein Buch zum Thema Internet geschenkt. Das war damals noch etwas Neues, etwas Progressives. Was ich darin beschrieben fand, hat mich fasziniert und motiviert, so schnell wie möglich online gehen zu wollen. Ich erinnere mich noch sehr gut an mein erstes Mal. Die allererste Verbindung mit dem World Wide Web hat mich dermaßen elektrisiert und meine Leidenschaft geweckt, dass ich vor der Entscheidung stand, mein Studium – kurz vor dem Abschluss – für ein Praktikum zu unterbrechen oder ggfs. abzubrechen.

Erlaube dem Zufall, dein Leben zu zünden

Als ich mich genau zu dieser Fragestellung mit meinem damaligen Freund bei einem gemütlichen Abendessen austauschte, klingelte es an der Haustür. Es war ein älterer Herr mit akademischem Auftreten, der eine Umfrage machen wollte. Ich erklärte mich bereit, seine Fragen zu beantworten, dafür beschenkte mich das Leben mit einer Antwort auf meine Frage: Studium beenden und die neu entfachte Leidenschaft für das neue Medium „Internet" temporär pausieren oder Studium abbrechen und mit vollem Elan auf die Suche nach einem Job im digitalen Umfeld machen, um Praxisluft zu schnuppern und Online-Pionier zu werden? Ich entschied mich für Letzteres. Die Entscheidung habe ich in dem Moment gefällt, in dem mir der sehr nette Herr verriet, dass er vor Jahren eine mit summa cum laude ausgezeichnete Dissertation zum Thema „Drosophila melanogaster" verfasst hatte, einen zweifachen Doktortitel hatte und nun aufgrund seiner „Überqualifikation" mit 45 Jahren langzeitarbeitslos war. Seither hausiere er für eine minimale Entschädigung und sammle Antworten für statistische Erfassungen. Es war für mich danach so offensichtlich, dass ich die Praxis der universitären Theorie vorziehe und mich meiner neu entfachten Leidenschaft „Internet" widmen wollte. Mit allen Konsequenzen.

Dies ist nur ein Beispiel aus meiner Vergangenheit, das aufzeigt, dass es sich lohnt, intentionslos auf Menschen zuzugehen. Dass es sich lohnt, Menschen zuzuhören, Aussagen auf sich wirken zu lassen, Ad-hoc-Begegnungen nicht nur auf der Oberfläche zu belassen und sich manchmal zu fragen: Weshalb trifft diese Person mich oder weshalb treffe ich diese Person? Aber vor allem hilft es, sich einzugestehen, dass sich die eigene Meinung ändern darf. An einer Meinung festhalten, so merkte ich zwar, gibt mir manchmal die Illusion von Gewissheit und Sicherheit. Dies fühlt sich temporär super an. Schlussendlich – das habe ich über die Jahre verstanden – gehört bei mir jedoch zu jedem Entscheidungsweg auch eine gewisse Volatilität meiner Einstellung dazu, um richtig zu entscheiden. Oder anders formuliert: Es gibt mir heute eine große Sicherheit zu wissen, dass ich meine Meinung bis zur finalen Entscheidung mehrmals infrage gestellt habe. Der Weg zur Entscheidung ist für mich immer sehr schwer, die Entscheidung danach sehr einfach und fühlt sich dann richtig an.

Hardcore by heart: radikal deinem Herzen folgen

1996 hatte ich mir also in den Kopf gesetzt, mich als Webdesigner anstellen zu lassen. Dass ich damals keinerlei Kompetenz und Erfahrung vorzuweisen hatte, hat weder mich noch den mich vermittelnden Headhunter gestört. Ich glaubte an meine Lernfähigkeit und ich wusste nicht, was ich nicht wusste. Das war mein Glück und gab mir unglaubliche Energie. Manchmal ist es definitiv besser, nicht zu wissen, was oder wieviel man nicht weiß – kann ich retrospektiv sagen. Es nimmt einem die Angst davor, etwas nicht zu schaffen und erlaubt, die Energie für eine positive Mindset aufzuwenden. Ich denke, dass dies u. a. die Gründe waren, weshalb ich mich auch später in meinem Berufsleben immer wieder dermaßen mutig in neue berufliche Abenteuer gestürzt habe. Doch wie hat sich das damals abgespielt, vor bald 20 Jahren? Und welchen Einfluss hatte das auf mein zukünftiges Arbeiten?

Monatelang war ich quasi rund um die Uhr online, erkundete das WWW, lernte autodidaktisch, wie man Websites programmiert, las Artikel übers Internet und versuchte, das alles zu verstehen. Zudem absolvierte ich noch einen der ersten Internet-Lehrgänge, die es damals gab. Bereits während des Lehrgangs wurde ich als Kurslehrer von der gleichen Schule eingestellt – und das knapp ein halbes Jahr nach meinem ersten Einloggen ins Internet.

Parallel dazu ging es los mit unterschiedlichen Positionen, die mich danach zur Onlineredaktion des Tagesanzeigers in Zürich geführt haben. Fünf Jahre lang habe ich dort in unterschiedlichen Positionen im Online-Bereich gearbeitet und die Online-Redaktion mitaufgebaut. Es war mein erster Job und hat mich folglich maximal geprägt. Ich habe in dieser Zeit wirklich viele Fortschritte gemacht, sowohl inhaltlich als auch persönlich. Vor allem habe ich damals schon gelernt, dass ich meinem Herzen folgen muss. Also das zu tun, wofür ich wirklich brenne – und mich nicht von Formalia, Risikoscheu oder Mangel an Selbstvertrauen davon abhalten zu lassen. Auch habe ich gelernt, dass ich mir viel mehr zutrauen kann, als ich dachte.

Im Gymnasium war ich ein Minimalist, mein Ehrgeiz erwachte erst, als die Themen meine Leidenschaft weckten. Diese neue Seite kannte ich definitiv noch nicht an mir und viele Menschen in meinem Umfeld auch nicht. Noch heute nutze ich diese Einsicht immer wieder, auch bei meinen letzten Jobwechseln von UPC cablecom zur Migros, von der Migros zu Facebook Deutschland und von Facebook zu XING: Wenn ich an einem Job plötzlich über eine lange Phase hinweg merke, dass meine intrinsische Motivation nicht mehr so hoch ist wie bisher üblich und ich viele negative und ausbremsende Punkte erkenne, frage ich mich: „Brenne ich wirklich noch für diesen Job, oder ist es Zeit für mich zu wechseln?" Oft signalisiert mir mein Gefühl auch, dass meine „Aufbauarbeit" nun zu Ende ist. Ich wurde meistens geholt, wenn es etwas neu zu entwickeln galt. Aufbauarbeit macht mir persönlich unglaublichen Spaß und triggert maximal meine Leidenschaft. Leidenschaft wiederum korreliert bei mir überproportional mit Leistung und Lean in. Ohne Herz keine Power. Das war und ist auch immer noch eine einfache, aber äußerst wichtige Selbsterkenntnis.

Ebenso prägend war die Einsicht, dass Leidenschaft leiden schaffen kann und es einfacher ist, dies als Gegenpol zu akzeptieren, als sich dagegen zu wehren. Sie kennen das sicherlich: Je mehr man sich in einem Job engagiert, desto mehr beschäftigen einen berufliche Dinge auch außerhalb der Arbeitszeit. Nimmt dies überhand und scheint ein Problem unlösbar, tendiert man in Momenten der Verzweiflung dazu, in Gedanken damit zu spielen, einen unanspruchsvollen und langweiligen Nine-to-five-Job zu suchen. Doch dies – habe ich für mich gemerkt – ist ebenfalls ein Trugschluss. Es ist nicht weniger schmerzhaft für mich, einen Job auszuführen, bei dem ich nicht mit vollem Herzen dabei bin.

Um dem Herzen zu folgen, zahlt man zuweilen aber auch einen hohen Preis. Ein Wechseln kostet Energie und ggfs. auch viel Geld. Beides muss man bereit sein aufzuwenden: Ich habe einmal in meinem Leben bei einem Jobwechsel einen sehr hohen Lohnverlust in Kauf genommen, weil mich das Thema dermaßen interessiert hat und ich daran glaubte. Im Nachhinein eine sehr gute Entscheidung. Die Aufbauarbeit und das digitale Transformationsprojekt, welches ich damals verantwortet habe, war eines meiner Eintrittstickets für den Job bei Facebook Deutschland.

Erkenne deine Freunde. Und halte dich von den anderen fern.

Erstmalig beim Tagesanzeiger, dann bei UPC cablecom, bei der Migros, bei Facebook und auch bei XING ist etwas passiert, das sich wie ein roter Faden durch meine Berufsbiografie zieht. Es gab jemanden, der mir „Vorschusslorbeeren" gegeben hat. Jemand, der an mich geglaubt hat und Dinge in mir gesehen hat, die ich selbst noch nicht sehen konnte. Jemand, der wusste, dass man mir durch einen (über)anspruchsvollen und verantwortungsvollen Job die Chance gibt, über mich hinauszuwachsen und mein volles Potenzial auszuschöpfen. Jemand, der es verstanden hat, die Stärke meiner Person aus meinen Lebenslauf zu lesen und den Mehrwert für das eigene Unternehmen zu erkennen. Welche Personen für mich diese unglaublich wichtige Funktion hatten, sah ich zu dem Zeitpunkt aber noch nicht, das habe ich erst später in der retrospektiven Betrachtung erkannt und zu schätzen gelernt. Mit einigen dieser Menschen stehe ich heute noch in Austausch.

Breathe in, breathe out, lean in und lean back

Ich habe unglaubliche 21 (!) Semester berufsbegleitend studiert. Wie Sie sich vorstellen können, kann ich mit gutem Recht behaupten, dass zu der Zeit das Pendel zwischen Lean in und Lean back doch deutlich zugunsten der Lean in Seite ausgeschwenkt ist. Und auch wenn aus meiner Sicht Karriere bedeutet, ein gutes Mittelmaß und eine gute Balance zu finden: Zwischen beiden gab und gibt es immer wieder Zeiten, in denen mehr das eine und mal mehr das andere präsent ist. Aber ich merke auch, dass, je weiter ich voranschreite, meine Lean back Mindset an Ausprägung und Relevanz gewinnt und mir Türen öffnet, die ich mit reiner Leistungsfokussierung und Lean in nicht hätte öffnen können.

Was ich jedoch gelernt habe: Erfolg zu suchen oder zu erarbeiten, hat bei mir nie unmittelbar funktioniert. Beruflicher Erfolg, d. h. beispielsweise eine Beförderung oder ein neuer Job, kamen bei mir immer dann, wenn ich sie am wenigsten erwartet hätte. Und nicht unmittelbar als Belohnung für jahrelange und erwiesenermaßen erfolgreiche Lean ins. Ein ehemaliger CEO und mittlerweile guter Freund hat mir einmal gesagt, ich solle weniger fordern vom Leben. Ich solle versuchen, nicht immer an den nächsten Karriereschritt zu denken und zu hoffen, dass die eigene Leistung belohnt wird. Er meinte, dass dann automatisch Dinge mich finden werden.

„Try not to think. Don't try not to think. Don't try not to try not to think. Just be." Ich dachte, das sei einfacher, als es effektiv ist. In den (zugegebenermaßen seltenen) Fällen, in denen ich es geschafft habe, hat es jedoch wirklich funktioniert. Das waren immer die Momente, in denen ich plötzlich die tollsten Angebote und Zeichen der Wertschätzung bekommen habe.

Irgendwann las ich einmal einen spannenden Artikel über das „Marshmallow-Experiment" von Walter Mischel (Clear (o.J.)) und mir wurde vieles klar: Das Experiment wurde in den 1960er-Jahren von dem Neuropsychologen Walter Mischel von der Columbia University in New York durchgeführt. Amerikanische Vorschulkinder wurden vor ein Marshmallow gesetzt. Ihnen wurde eine zweite Süßigkeit als Belohnung in Aussicht gestellt, wenn sie das Marshmallow zwanzig Minuten lang unberührt lassen würden. Äßen sie das Marshmallow jedoch vor Ablauf der Zeit, würde es keine Belohnung geben. In einer Langzeitstudie wurde dann festgestellt, dass die geduldigen Kinder erfolgreicher wurden im Leben. Diese wissenschaftliche Erkenntnis half mir unglaublich. Sie benennt und beweist Dinge – für mich vorher quasi als ungeschriebene Gesetze –, die als Intuition oder persönliche Einschätzung dienen. In entscheidenden Situationen, in denen meine Ungeduld größer ist als das Vertrauen, dass mein beruflicher Einsatz dementsprechend belohnt wird, erinnere ich mich daran. Erfolg ist oft auch eine Sache der Zeit.

Hypes gehen vorüber, die eigene Kompetenz bleibt

Bei Migros habe ich in den zwei Jahren, die ich dort war, nicht nur eine Produktbewertungsplattform gestartet, sondern komplett den Bereich „Digital Marketing und Social Media" aufgebaut. Wir waren die ersten, die eine Crowdsourcing-Plattform zur Produktentwicklung aufgebaut haben. 2009 haben wir die ersten crowdgesourcten Produkte ins Regal gestellt. Die Plattform gibt es bis heute und sie hat unzählige Preise gewonnen. In der Schweiz hatte ich es damit geschafft, mir eine gute Reputation im Bereich „digitales Marketing" aufzubauen. Schon nach dem Intranet 2.0 bei CableCom wurde viel über mich geschrieben, aber bei Migros ging ein ziemlicher Hype los. Auch natürlich, weil ich damit eine erfolgreiche Vorzeigefrau im Digitalumfeld war. Ich kann mich nicht mehr erinnern, auf wie vielen Veranstaltungen ich gesprochen habe, alles männliche Redner und – ich.

Als ich 2011 zu Facebook Germany ging, wurde im Tagesanzeiger sogar eine ganze Seite über mich berichtet. Ein toller Abschluss einer herausragenden Zeit. Natürlich hat es mich gefreut, aber mal ehrlich – ich hatte nach wie vor das Gefühl, dass ich gar nicht so gut bin, wie alle anderen denken. Also wollte ich mich noch mal so richtig auf den Prüfstand stellen und mich mit den Besten messen. Ich hatte mir in den Kopf gesetzt, diese würde ich bei Facebook Germany finden.

Schon vor einiger Zeit hatte ich eine Matrix erstellt mit den Koordinaten „Impact" und „Brand". In dieses Koordinatensystem habe ich aus meiner Sicht spannende Unternehmen eingetragen vor dem Hintergrund der Frage: „Was will ich, was ist mir wichtig bei meinem zukünftigen Job?" Mit Brand identifizieren und viel Impact haben. Als ich den Zettel erneut zur Hand nahm, stellte ich fest, dass ich bei Migros nicht noch mehr Impact haben und dort auch nicht mehr besser werden konnte.

Erstmalig habe ich sehr direkt gepitcht und meinen zukünftigen Chef per XING ausfindig gemacht und angeschrieben. Und erneut gab es jemanden, der Potenzial gesehen hat, wo ich es noch nicht sehen konnte. Mein neuer Chef hat ein sehr ausführliches Gespräch mit mir geführt und – ohne mich persönlich getroffen zu haben – eingestellt, untypisch für Facebook. So kam ich dann nach Hamburg. Und wieder einmal hat jemand an mich geglaubt. Sehr schön.

Auf implizites Wissen vertrauen
Ich habe bei Facebook bekommen, was ich gesucht habe – und mehr. Ich habe festgestellt, dass Lernen schwer sein kann,

weil ich teilweise so wenig wusste, dass mir noch nicht einmal klar war, was ich nicht weiß und was ich fragen muss. Es gab viel Bekanntes, aber unglaublich viele Dinge, die ich zu Beginn nicht verstanden habe: von der deutschen Kultur über Sales-Strukturen, Verkäufermentalität bis hin zu Conversion- und Mediaplanung sowie Kampagnenoptimierung. Genau hier habe ich meinen größten Sprung gemacht. Und plötzlich wurde mir bewusst, dass ich zwar inhaltlich noch sehr viel lernen kann, mein implizites – durch die Jahre angesammeltes – Wissen jedoch wie ein Accelerator auf meine Lernfähigkeit wirkt.

Mein Kompetenzprofil ist mittlerweile breit genug und reichhaltig, sodass ich viele Situation meistern kann, sofern ich – und das ist der wichtigste Punkt – daran glaube. So simpel es klingt, so schwierig ist es: zu lernen, jederzeit auf die eigenen Kompetenzen zu vertrauen und darauf, dass ich das kann, was mich bis jetzt erfolgreich gemacht hat. Das war die schönste Lektion für mich. Endlich habe ich den tiefen Glaubenssatz meiner Arbeiterkind-Historie verloren, dass die anderen sowieso alles besser können und ich weniger schlau bin. Ich habe ein tiefes Vertrauen in die eigenen Fähigkeiten entwickelt und Wertschätzung der ganzen Erfahrungen, die ich bisher gemacht habe, all das implizite Wissen, das mich auszeichnet. Erstmalig hatte ich bei meinem Wechsel zu Facebook Germany das Gefühl: Es gibt nach wie vor viel zu lernen, aber inhaltlich. Alles was ich brauche, um die nächsten Herausforderungen anzunehmen, ist schon da.

Was sich vor allem für mich herauskristallisiert hat, ist eine Stärke, die – laut meinem Umfeld – nicht so häufig anzutreffen ist, nämlich, visionäre Ideen zu haben und diese auch erfolgreich und vor allem nachhaltig umzusetzen. Diese Stärke möchte ich auch noch heute jeden Tag nähren und ausarbeiten.

Macht als positives Gestaltungselement

Für mich war es immer wichtig, als Persönlichkeit und Führungskraft zu wachsen. Wann immer mein Wachstum in einem Unternehmen an eine Grenze stieß, suchte ich mir eine neue strategische Herausforderung. Es war immer wieder schade, tolle Teams zu verlassen, aber mich trieb und treibt heute noch der Wunsch nach immer mehr Verantwortung und Gestaltungsspielraum. Nicht Ideen bei Chefs pitchen, sondern selbst bestimmen und gestalten. Dazu muss ich nicht notwendigerweise eine Führungsfunktion haben, auch hoch aufgehängte Stabsstellenfunktionen in Matrixorganisationen haben Durchschlagskraft. Ich hatte auch schon ein 100-köpfiges Projektteam, das war ein echter Hebel.

Ich habe mich auch nie bewusst für eine Führungsfunktion entschieden. Das war mir nie wichtig. Wichtig war immer der Impact. Der geht natürlich oft mit Führung einher. Aber auch hier geht es mir nicht um das Signal nach außen (möglichst großes Team), sondern um Wirkkraft, also möglichst wenig Leute mit viel Ergebnis. Das ist für mich Macht, Impact und Gestaltung. Wenn Leute sagen „Die bewirkt was, die hinterlässt Spuren", dann ist das das schönste Feedback für mich.

Dinge rauswerfen: die Kunst, manche Dinge nicht zu tun

Ich habe zwei Mal in meinem Leben erlebt, dass ein Nein zu einem Job-Angebot richtig sein kann, sofern man klar signalisiert, dass sich das Nein auf das Angebot und nicht auf das Unternehmen bezieht. Mit meinem aktuellen Arbeitgeber stand ich sehr lange in Kontakt und hatte unterschiedliche Gespräche für verschiedenen Positionen. Irgendwann bekam ich exakt das Angebot, welches für mich attraktiv war. Genau das, was ich wollte und warum ich zuvor zweimal Nein gesagt hatte.

Das ist bis heute karrieretechnisch eines meiner wichtigsten Learnings: auch wenn man sich gebauchpinselt fühlt, trotzdem konsequent Nein zu sagen, wenn die Opportunity nicht genau passt. Die perfekt passende Gelegenheit wird kommen. Für mich war Nein sagen schon eine Herausforderung. Lange gab es da diesen kleinen Stachel: „Hast du da nicht die ideale Option abgesagt? Was, wenn dich niemand anders mehr haben will? Was, wenn nur noch schlechtere Angebote kommen?" Die Angst, eventuell eine Chance zu verpassen, habe ich mir völlig abgewöhnt. Ich habe so viele Chancen erhalten, Chancen für mich kreiert, es ist höchst unwahrscheinlich, dass hier keine mehr kommen sollte. Heute vertraue ich darauf, dass noch viele spannende Optionen auf mich warten. Ich werde sie finden.

Was ich auch gelernt habe, egal wie viel man in einem Unternehmen erreicht hat, irgendwann kommt durchaus der Punkt, an dem man hierarchisch nicht weiterkommt. Man wird für herausragende Leistung gelobt, aber nicht befördert. Lange habe ich dem Irrglauben angehangen, ich müsse dann mehr Leistung erbringen, dann käme die Beförderung. Aber das ist ein kompletter Irrglaube. Erhält man sehr gutes Feedback und wird trotzdem nicht befördert (auch wenn man sich sehr dafür einsetzt), dann *will* einen niemand befördern. Dann muss man sofort wechseln. Entweder glaubt jemand an dich, dann befördert er dich ohne 30 weitere Leistungsbeweise. Wenn nicht, sollte man sofort gehen. Hier hilft es, eine ganz andere Haltung zu entwickeln, sich auf Stärken zu besinnen und nicht zu glauben, dass man mangelndes Selbstwertgefühl mit übermäßigem Einsatz kompensieren kann.

#Message to you, Rudy

Wenn ich so auf meinen Karriereweg zurückblicke, gibt es nichts, was ich ändern würde, aber ein paar Dinge hätte ich, die ich meinem zwölfjährigen Ich mitgeben würde, wenn ich könnte.

- *Wenn andere an dich glauben, dann gibt es dafür einen legitimen Grund.* Manchmal hat mich das irritiert und ich dachte, die fordern mehr von mir, als ich leisten kann. Aber ich habe gelernt, darauf zu vertrauen, dass die anderen Dinge sehen, die ich noch nicht sehen kann.
- *Erfolg erarbeiten wollen, ist schwerer als einfach erfolgreich sein zu wollen.* Das heißt: Erfolg muss nicht wehtun, man muss ihn sich *nicht* mit Blut, Schweiß und Tränen verdienen. Man darf ihn einfach haben. Man kann erfolgreich sein, ohne notwendigerweise auf alles stolz zu sein. Am besten ist es beides, wie eine Wellenbewegung: Lean in, lean back, lean in, lean back. Ergebnisse erzeugen und Ergebnisse für sich arbeiten lassen.
- *Manchmal ist es gut, die Dinge nicht zu bekommen, die man will.* Manchmal habe ich mich komplett versteift, Dinge zu erreichen, die eigentlich nicht gut, aber zu einer fixen Idee geworden waren. Manchmal habe ich übersehen, dass sich das Ziel verändert hat und der Traum eigentlich auch ein anderer geworden ist. Den alten Traum loszulassen und zu sagen „Ich will es gar nicht mehr", war für mich nicht immer einfach. Manchmal hat es sich wie Versagen angefühlt. Im Nachhinein erst habe ich gesehen, dass der Job das Gegenteil von dem für mich bereitgehalten hätte, was ich eigentlich wollte.
- *Leidenschaften schaffen Leiden.* Ich kann nicht funktionieren ohne Leidenschaft, aber wenn man leidenschaftlich ist, denkt man mehr darüber nach, was nicht so gut läuft, man denkt insgesamt mehr nach und geht durch das eine oder andere Tal der Tränen. Das muss man einfach nur im Kopf behalten.

- *Unterlegenheit faken, um nicht anzuecken, fliegt immer auf.* Die anderen sind auch nicht doof. Wenn dich jemand zu stark findet, ist es nicht dein Problem, sondern das Problem des anderen. Nicht jedes Problem muss man zu seinem eigenen machen.
- *Meaning is the new money.* Man sollte immer das tun, was einem Spaß macht und nicht das, womit man Geld macht, denn Geld alleine macht nicht glücklich. Ein bedeutungsvoller Job ist die neue Form von Geld.
- *Selbsterfüllende Prophezeiungen sind mächtig.* Wenn ich an einem Punkt stehe, an dem ich denke, ich komme nicht weiter in meiner Karriereentwicklung, habe ich die Tendenz, das mit anderen zu teilen. „Das klappt eh nicht, sie werden XY nicht machen, mir den Job nicht geben etc." Es wird leider realer, je mehr ich das mit anderen teile, und bildet einen Teufelskreis. Positiv denken und Aussagen prüfen: „Welche Fakten sprechen dafür oder übertreibe ich jetzt total?" Wieder auf neutralen Boden stellen und Situation neu betrachten.
- *Scheitere erfolgreich.* Man sollte nicht so tun, als wäre alles gut, sondern selbstbewusst dazu stehen und daraus lernen. Was würde man nächstes Mal anders und besser machen? Nicht an sich selbst zweifeln. Nicht anzweifeln, dass man als Frau fähig ist, erfolgreich zu sein, nur weil einmal etwas schief gegangen ist. Und das nicht am eigenen Selbstbewusstsein nagen lassen.
- *Kontrolle ist ein Irrglaube.* Frauen in Führungspositionen tendieren aus Unsicherheit heraus öfter zu einem unglücklichen Kontrollbedürfnis. Bloß keine Blöße geben. Besser sein als die Männer. Mehr Selbstbewusstsein, mehr Sicherheit helfen, dann brauchen wir weniger Kontrolle. Und wirken überzeugender als Führungskraft, denn das Gegenteil von Kontrolle ist empowern.

Erfolg hat m. E., wer es schafft, im richtigen Zeitpunkt der beruflichen Entwicklung den Tipping-Point zwischen Lean in und Lean back zu finden. Leidenschaft und mehr Lean back ist für mich eine schwere Konstellation. Meine Tochter hilft mir dabei. Sie hat meinen Fokus verändert: Anstatt immer das Perfekte zu tun, versuche ich vermehrt (zugunsten der Zeit mit meiner Tochter) das Relevante zu tun, um den gleich großen Impact zu haben.

Die Autorin

Leila Summa, Senior Vice-President Marketing Solutions XING

Leilas Welt sind die digitalen Medien. Seit 19 Jahren verantwortet und begleitet sie digitale Business-Transformationsprojekte im Bereich „Medien, Marketing und Sales". Startpunkt ihres beruflichen Werdegangs war die Tamedia AG, wo sie die Anfänge des Dotcomhypes erlebte sowie am Aufbau von tagesanzeiger.ch beteiligt war. Anschließend arbeitete Leila Summa bei einem führenden Schweizer Telekommunikationsunternehmen. Sie hat dort das webbasierte Employee Relation Management-Portal aufgebaut sowie Web 2.0 (Blogs, Wikis, Podcasts & Co.) als Teil einer effektiven Unternehmenskommunikation und zur Steigerung der Mitarbeiterloyalität eingeführt. Bei der Schweizer Migros hat sie den Aufbau des mehrfach ausgezeichneten Produktbewertungs- und Crowdsourcing-Portals migipedia.ch verantwortet. Anschließend war sie in unterschiedlichen Positionen bei Facebook im Bereich „Global Marketing Solutions" tätig. Seit 2016 baut sie bei XING mit ihrem Team den neuen Bereich „Marketing Solution" auf.

4.1.2   About Overperforming, Scar-sharing and Chinese Wisdom

Xochilt Balzola-Widmann

There are moments in your life that define you. For me it was the day where my mum told me that since I spoke four languages if I studied very hard I could become an international secretary. I was only 14 years old back then. But somehow I did not quite get it. Why would I study very hard to only become a secretary? Not an engineer or a doctor? And why did my mum think this was a great thing? Although her mother worked all her life, my mother really thought that the best a woman could achieve was to be a secretary. This really struck me as I could not comprehend why that would be so great. I was supposed to lean in, study very hard but set back my goals to a lower level. Furthermore, she never told my brothers the same thing. They could become anything. They did not even have to study very hard. The possibilities for them were endless. It is then that I decided to take destiny into my own hands. Not to become a secretary but to become much more. Since that day, I knew

I had to be the best at everything because of the misconception that girls cannot become the same or more as boys. Let's face it, from the beginning we run an uphill race so we better be very well prepared but also be very smart about what we do.

I was lucky since that time to know very fast what my first career goal should be. I had a very successful father so I wanted to be at least as successful as he was. My goal was to become an MD – a managing director. I was only 14 so I did not know of what but I wanted to have something to say and do something meaningful.

Only a goal will do the trick

No matter if you are going to lean in or lean back, the most important thing is to have a first clear goal. What do you want to be? It is a tough decision as it will follow you the rest of your life. I meet so many young very talented ladies, that when asked what do you want to be, they do not know the answer. These are women that have gone to the best schools and usually have top MBAs behind them. Still that simple question remains a struggle. They have worked very hard from the beginning, have excellent grades yet that simple question remains unanswered. That is a main difference between women and men. Women work incredibly hard, they struggle but they do not know what exactly they want. This might be because from little on we are told we should have it all – career, motherhood, relationship. We should have and excel at everything and must work extra hard to do it. Men, on the contrary, just need to be successful, the rest comes with it. At college, the men basketball team had a slogan: "Born to be the best, want to be the best, going to be the best." The women basketball team did not have that slogan …

Yet how to find one

So the first thing is to separate yourself from everything what society tells you and for yourself answer the simple question: what do you want to be? The answering of that question usually starts with knowing what you like. What interests you personally? You will be working for the most part of your life so you might as well do what you like. For me it was the interaction with people. From early on, I used to work at a small retail tennis and golf store. Not for pay, but just because I liked talking to people. I liked that they asked me things and I could help them. That passion has followed me throughout. When I ask some very smart ladies what they like, they are afraid of telling the truth. They expect that I want to hear something. You have to be true to yourself and ask what do you really like doing. Try to look back at your own childhood and see where you had the most fun. That experience usually remains throughout your life.

From then, the next question is what you are good at. And here again we run into society. Men can tell you very fast what they are good at. They are inflicted with self-confidence from early age so they know what they are good at. Even if they are not, they can tell you what they believe their superpower is. I was asked one day, what my superpower was. Even for me that was a tough one. Not because I did not know but because I was taught to be humble and not to brag about what I could do better than the rest. It is good to be humble but at the same time you should know yourself enough to know what you excel at. Lean in here is key. You need to work extra hard and see what you can do best. If you give it your upmost effort, where are you the best at you will achieve great results. This is key early on as these results will take you were you want to go. For me it was my studies. I was very good at University and was only 21 when I finished all my studies. That helped me enter into the working space fast and be better than the rest as I had a stronger background that most people my age.

Straight forward – or: how courage helps

From then on, I started to path my way into becoming an MD. What was missing in my CV? What did I still have to learn to be better than the rest? All career moves I did in the following eight years were targeted at getting all the knowledge and experience I could possibly get. I looked at jobs as opportunities to learn and achieve my ultimate goal. These were full "lean in" years. Working as much as I could and learning as much as I could to get to the level I wanted to be at. At the beginning of my career I learned that you first have to wash the plates before you can cook. So this is exactly what I did. Because of my studies, I was able to progress very fast to the next levels but the goal still remained. In retrospective, could I have relaxed, sure. But if you are young and have the energy then use it and absorb as much as you can in the early years.

At the same time, you have to look at opportunities and grab them. This is where "lean back" comes in. When I was 26, I saw the opportunity to moving to a sales manager role. It was in another city but it was the right time. Of course I could have acted as most of us do. Being scared of a new city, a new job with much more responsibility. Until then I had no experience in managing a team. But then I remembered that my brothers were never scared of anything. Even if they did not have the qualifications, they just jumped in there and somehow made it work. I had the qualifications so I jumped over my shadow and made it happen. I could have stayed at my old role, I was good at it, it was a very good environment. But you need to be smart and seize the day. You need to go places that are uncomfortable to test yourself.

Hit and sunk

At 32, I was finally there. I was an MD. The organization I inherited was in shambles so for the next year and a half I had a lot to do. But then, I was promoted to Vice President Europe. Wow, I had reached my goal of MD, was too busy to think of the next goal and suddenly I had reached even more. This was not expected, I was 34 and was Vice President Europe. All European countries reported to me, the whole business of one of the biggest companies in the entertainment business. The moment where you get promoted is a huge rush and then an epiphany. First, the amount of responsibility that you now have. This did not really scare me, I was used to driving countries so this was about the same and would work as long as I had an awesome team. Second, and most important, the realization was "what next"? I was 34 and had overachieved my first goal by far. It was like when you wait months for the new season of your favorite show. It suddenly is there. You binge watch the whole weekend and view the season in two days and then? What happens then? You fall into a hole. I was so obsessed with reaching my goal, leaning in, always overperforming that I forgot to ask what is next. If I had to do it all over again I would answer this question first. Here we go back to when I was 14 years old.

What's missing

As I was not expected to reach that much, I did not really ask myself: "what if I overperform the goal?" You must ask yourself that question and have an answer. I was so busy with being the best, reminding myself of the slogan that was in the men's basketball training camp, that I totally forgot to really enjoy what I was doing. My focus was to prove to the people that had put that trust in me, that they were right. I could not let them down. My region had to deliver the best results. Always. Afterwards, you know that you should have enjoyed that time more. Relaxed more. During that time, I also gave birth to my two girls, always on the job and with hardly no break. When you want to prove to the world that you can do it all as men, you allow yourself no break. Funnily enough, I had fallen into the stereotype of wanting to have it all, being perfect. Women are expected to do that. Not men. Even today, so many people call me "Superwoman". Nobody calls my husband "Superman". Why not? He also has a career and kids.

So after five years of running Europe, I was so exhausted that I had to do something completely different. And by different, I mean new country, new language, new everything. So the only choice to keep growing, break the habit and learn was to go to China.

Chinese whispers

In China I learned two things that will carry me for the rest of my life. The first was an all-in-one lesson. Chinese believe that first you should learn, then apply what you have learned and finally teach others. The second lesson was "Carpe Diem"!

In China, they say that at the beginning you have to learn from a mentor, then you have to concentrate on what you do well and when you are older you need to teach the new generation. Although I knew that when I came to China, it is worth to put these three ideas into one coherent strategy. First learn! Learn from an experienced colleague. Best yet get a mentor and learn from him/her. It is amazing what somebody experienced can give you. In retrospective, I learned from every boss I had.

Good or bad. They all thought me one key lesson that I still use today. One of the most important lessons I learned was to listen. To listen in order to get the information you need. Even if you think that the other side is not right. It is good to hear the other view, learn how it is built, what the goods and the bads are. No matter where you go in your life, be sure to always take one lesson with you that can elevates you to the next level.

The second part of this Chinese wisdom is to apply what you have learned. On the second part of your career life, not only have you learned a lot but at this time you know what you are good at. Take what you are good at and do it to perfection. The worst thing that can happen is that you put all the learning you have to waste. So please use it! From one of my bosses I learned that you get a "scar" for every mistake you make. Cherish that scar. It is like your back is full of scars and each one taught you something. Never forget. A few weeks ago, we were brainstorming on ideas how to push the business. Then someone gave an idea and one of my team members said: "Oh we tried that last year and we have the scar to prove it." Although you should always keep trying, you should also learn from your mistakes and change the strategy if needed.

The last part of the Chinese wisdom – and this is very Chinese – is that when you get older you should teach others. Give your wisdom further. Well, why do you think I am writing this book? I truly believe that other women should profit from my scars. It would be in vain to go through all the stuff I went through if I could not share my knowledge. If these lines can help other women with achieving their goals and being happy, well that would be enough for me. Every time I get asked to go to lunch, and I see very talented young ladies listening to my stories and asking advice, I realize why teaching is actually the coolest part of the Chinese wisdom. It feels awesome to be able to help and to give. If you are at the beginning of your career, you will not realize this. Neither did I. This comes with experience.

The second and most important lesson I learned in China was to seize the day. Live every moment. Now this is all about leaning back and embracing what comes your way. The feeling when I landed for the first time in China was one excitement combined with fear and agitation. Here I was, a polyglot suddenly completely analphabet. You arrived in this country and you cannot read any signs, you do not speak any language. It is like you are three years old but you are not. You have to embrace this moment. How many times in your life you get to be three years old? So have fun with it. When I was 21 years old I emigrated from the US to Germany. I lived in a normal street in Munich. The building number was 21 and there was a sign in front of it. So I figured this was the street name. Sure enough I went to the foreign ministry to register and they asked where I lived. Very proud of myself I said: in the "Einbahnstraße 21". They started laughing and told me that was not possible. I immediately retorted that this was the name of the street. They kept laughing and denying it ... This game went back and forth until someone told me "Einbahnstraße" meant "one-way street". Well, this exact feeling was the one I had in China. And your only way to survive is to embrace this moment. You go back to the beginning, everything is new. You get to do it all again. Just have fun and seize the day! The stories you will be able to tell when you leave everything behind and start new are amazing. So you must have fun. You have made it this far. You learned, you went through a lot pain. You had ups and downs. Now it is time to lean back and enjoy the path that you have set out for yourself. Use your scars well and seize the day!

Author

Xochilt Balzola-Widmann, Chief Sales Officer at Westwing Home & Living

Xochilt Balzola-Widmann has over 18 years of pan-European management experience, operating in complex technological environments both online and offline. She is a veteran of the gaming industry, having held senior posts at Activision Blizzard and Electronic Arts. At Amazon she was responsible for the company's Kindle product line in Central Europe. During her 20-year career, Xochilt also held management and sales roles for the European divisions of Ingram Micro and Symantec. She has managed operations across multiple geographies, holds a master's and a bachelor degree in business administration and is fluent in five languages.

4.1.3   I Have a Secret for You: Those in Leadership Roles Don't Always Know Best

Julie Mossler

If life is a series of moments, each of those moments has an equal chance to define or destroy us, to color our journey or paint it gray. One happened very early in my career – in university pre-career, actually – that was so formative that 14 years later, I still use it as guidance to handle conflict with authority and decide when to follow my gut.

Flashback to 20-year-old me: crisp lemon-yellow leaves under my feet, broken cobblestone and ivy-covered brick guiding my path. I imagined the old buildings housed linguistic secrets and truths told between coeds for the past hundred years. I was in college.

My first classes in journalism school were special. Special because I had been accepted into the top journalism school in the US, The University of Missouri-Columbia J-School. Special because I had been writing since I was a little girl. Special because I was on my own for the first time, away from home, with a crippling bout of shyness but a high grade point average and doing quite well considering the competition. I had a true sense that I was where I was supposed to be.

But special doesn't mean perfect, and I wrestled with migraine headaches that meant frequent trips to the emergency room and brutal drug therapies that left me drowsy and confused. My grades remained steady but some days the most I could do was get to class, sink into a chair and hope knowledge would permeate the pain.

One day after missing a test due to my illness I decided to be direct with my professor, an esteemed figure in the school who taught news and ethics. I informed him of my condition and asked if there were a way I could work as a teacher's assistant or get additional exercises in advance to work around my disability.

His response was to recommend I look into vocational school.

"I must have heard you incorrectly – I have a solid a in your class."

"But I've seen hundreds of students like you … and between the pain on your face, and your scheduling needs, you could save yourself an immense amount of money and discomfort by looking into a trade with less commitment. Vocational school could mean being a secretary or air conditioning repair. It's clear you are not a social person. And you do not have the physical stamina. Beyond that, no one professional will be willing to work with you because of the discomfort *you* cause *them.*"

Stunned, I left the room silently and took the longer, indirect path to my dorm so the tears could dry before I got home. It broke my heart to hear someone respected tell me this was the end of the road. And I surely believed him. Why did I think I was cut out for college anyway? And why didn't someone tell me what a fool I was before I tried? Across the quad, a group of fraternity men played football and students picnicked on the quad over textbooks and sweatshirts, filled with school pride. All better, stronger humans than me. I couldn't believe it was over just after it had begun. My shadow shrank into my feet as I drifted further away from the packs of friends and walked home in the coming dark.

By the time I arrived to my dorm, the tears had not dried and I was even more upset, terrified by the impending conversation of telling my parents that I was leaving school. The hysteria compelled me to call them between sobs before I even knew what to say.

"How's our girl?"

"I'm so sorry I disappointed youuuuuu!!!" I wailed.

"What happened? Are you in trouble?"

"He says I have a horrible face and no one will ever like me in air conditioning repaiiiirrrrrrrr ..."

Once my parents were able to decipher what had happened, they burst into laughter.

"So this guy says you should look into vocational school. Is that what YOU want to do?"

"NO!"

"Are you passing his class?"

"I have an a ..." My voice shook.

"Then you go get an A+ and do whatever you want to do."

"But he ..." I paused, trying to remember the reasons why I took his word as the law. I had none, except that he was a figure of authority.

"Julie is he in the administration? Is he in the police? Is he God?"

The tears gave way to anger, at Professor Bentley but more so at myself. Seriously – who the hell WAS this guy to tell me to quit college? Especially as a promising student doing well in his class, and especially with a disability? In the United States, you can be sued for that. My parents had taught me to respect my elders and those in authority, but my blind regard for the rules had betrayed me in this situation.

I stayed in school, I aced Bentley's class and I use my journalism degree every day throughout my varied career. Our run-in is the illustration of *reaction* vs *response*:

Reacting is behavior change due to a stimulus, often involuntary or passive.

Responding is a conscious decision to behave after said stimulus.

Until that day, I thought reacting and responding were one in the same, and I blindly assumed that someone like Professor Bentley was in power because he deserved to be there. Therefore, if he acted in a certain way toward me, his action could only be considered appropriate, and my reaction (assuming I needed to quit school and choose a different career) was therefore not to be challenged either.

But we always have a choice in how we handle bad news or opinions that counter our own, and I beg you to explore that friction when it presents itself. First, I should have blown off his opinion as just that – opinion – and gone about my day. I should not have reacted, and instead responded differently. Even more importantly, there are people like my professor at every level of every organization of life – from authority figures, like your boss, teacher or parent – to specialized experts such as doctors and professionals. Not all of them are experts at what they do, or behave correctly all of the time. *And there waits your chance to sense opportunity, challenge authority that needs to be challenged, and become a true leader of change.*

Knowing when to trust an authority figure and when to trust your gut is a skill that serves every aspect of life. We all hear stories about the patient whose life is saved upon a second opinion, the intern who catches the boss's mistake, the survivors who fled a burning building when the rescue crew told them to stay put. In your career this is the difference between finding your path and giving up on your passion.

My first three jobs were at PR agencies focused on media relations – calling reporters to secure news stories. After the novelty wore off when landing a story on the front page of the newspaper, I asked to assist on business development and larger creative campaigns. I loved our world and wanted to understand how our work impacted our clients' businesses. This curiosity was marked as a negative on my performance review.

"Julie is a high performer and the leader on our team, however her desire to do everything is cloying and unnecessary. Her job is media relations and she should stick to that. Instead of asking to expand her skills she should try to do more of what she is already good at."

It was clear that my manager and I viewed career development vastly differently. I couldn't help being curious, and I noticed that having a business degree – something she did have – was unique and valuable in the public relations industry. Yet her feedback was that I "already knew 99 % of the art of PR" and that there was very little left to learn. At 27, how could I already be at the end of my career path? I just wanted to pause the progress, like knowing you only have two pages left of your favorite book.

At the same time, my manager began to bully the younger teammates in the office. Since they didn't have children, they were expected to pack press kits until midnight. She made comments on a turbulent flight that if the plane went down, as a mother her life would be more valuable than theirs. Employee hours increased, as did the amount of industry awards and new business won. Office culture and happiness plummeted.

One day after she required me to use a sick day to attend a funeral, I quit without having another job.

I owned a home and no savings. I had a mortgage to pay, and I had been laid off amid the recession barely two years before. But there was something so ridiculous about being blind to Professor Bentley, and now blind to the destiny of my career ... I wasn't willing to do it again.

It was a few weeks before Thanksgiving in the US, traditionally a very slow hiring time. My usually supportive parents were nervous. How would they support a daughter who had already moved out? A funny little newsletter used to entertain me on lunch breaks at my old job, and one day I noticed they were hiring part-time publicity work.

The company was Groupon. I was the first PR and Consumer Marketing hire and one of the first 100 employees. Within three months I was running PR for 18 countries, and eventually managed communications, policy and crisis for 48 countries and throughout our IPO. The job changed my life. One of the greatest reasons I flourished at Groupon was because they operated like a true startup and allowed me to explore anything I was interested in. Priorities change daily at a startup and everything is urgent. That means everyone gets a project to grab and own. It turns out I am pretty good at the intersection between business development, crisis and consumer marketing ... and I never would have grown as a person if I stayed on the career path someone else had drawn for me.

A few weeks into my time at Groupon, I got an e-mail from an old coworker at the previous job. "How did you know she wasn't a good manager? How did you know you'd get another job? How do you know how to do all the responsibilities that you now handle? *How do you know?*"

I thought it was sad that she didn't have the same faith in herself. But I thought it was even sadder that she had worked there for nearly ten years and to this day, still has not figured it out. Her title is "media relations expert" and that is because someone else has defined it for her.

Not every organization permits the kind of flexibility where we can flaunt freedom in the face of structure and piss off authority. But never, ever be afraid to ask why something is done the way that it is. Often times, the answer is not because the leader of the organization wants it that way ... it's because no one has taken the time to identify a different solution. You could be that person! In startups, this is true because everything is new and there aren't enough people to get it all done. In behemoth organizations, you may find that "the way things are" haven't been optimized in 15 years.

Instead of challenging authority, be curious. Keep your eyes open. Ask questions. And look for opportunities to be a leader for change wherever you can. Google has 20 % projects which encourage employees to pursue passions and solve problems outside of their job scope. There are lots of little projects that don't neatly fit inside anyone's job – by making it your pet project and rallying internal supporters, you can both inspire change and implement small steps without being negatively disruptive.

Life requires both book and people smarts, and the sooner you embrace that truth the easier your career path will be. This is best navigated by knowing your worth and the value you bring to your specific organization. There is a famous quote that asks "What would you do if you knew you could not fail?" I challenge you to ask yourself "What would you do if someone told you you would fail?" Your answer could change your life.

Author

Julie Mossler, Chief Marketing Officer, Waze

Julie Mossler serves as the head of brand and global marketing at Waze, connecting drivers, governments and influencers to make connected cities a reality. She leads a cross-functional team within the Waze Growth organization, developing integrated programming to increase new and active users and product engagement while building a brand that drivers love. Julie is responsible for cohesive strategy and team development across Growth & Consumer Marketing, PR, Policy, and Digital/Social, in close cooperation with Product. Prior to managing Waze communications and brand during acquisition by Google in June 2013, Julie was the first public relations, policy and consumer marketing hire at Groupon, building the communications department globally and navigating through its IPO. She shaped policy on controversial deal categories from gun ranges to furriers, served as primary global spokesperson and developed award-winning integrated marketing stunts to accelerate growth.

Julie was named to Business Insider's Top 50 Tech PR People in 2013 and PRWeek's 40 Under 40 roster. She also appeared on PRWeek's Innovation 50 in 2014. She holds a B.J. in Journalism from the University of Missouri-Columbia.

4.1.4   Ich werde mal Aufsichtsrätin!?

Carola Lichtenberg

Irgendwie anders

„Sei immer höflich und bescheiden, dann mag dich jeder gerne leiden. Denn höflich und bescheiden sein, das kostet nichts und bringt viel ein." Der wohl meistzitierte Satz aus einem Poesie-Album der 1970er-Jahre. Nahezu jedes Mädchen hatte eines dieser schön gebundenen Notizbücher, die oft mit einem kleinen Schlüsselchen versehen, den Inhalt wie einen Schatz hüteten. Wir Mädchen tauschten die Büchlein untereinander zum Zeichen der Freundschaft aus. Jede durfte sich dann mit einem Spruch und selbst gemalten Bildchen verewigen. Und wir waren traurig, wenn uns die Schulkameradin das Büchlein nicht anbot, denn es galt als großer Vertrauensbeweis, sich eintragen zu dürfen. Und wer Teil einer Mädchen-Clique à la Hanni und Nanni war, der hatte ohnehin Glück. Mädchen, die nicht opportun waren oder die Jungs gar als gleichwertige Spielkameraden ansahen, wurden ausgeschlossen. Jungs sind „nur" die Beschützer und späteren Ernährer, sollen hart und cool sein. Meine Schulkameradinnen und ihre typischen Themen haben mich nicht wirklich interessiert. Ich wollte Freunde auf Augenhöhe statt Konkurrenz. Egal ob Mädchen oder Bub. Und so tobte ich lieber mit den Jungs und schwatzte ihnen beim Wettrennen das Pausenbrot ab. Ich war extrovertiert, sehr entschlossen und stellte den

Lehrern zu viele Fragen. In den Augen der Erwachsenen war ich oft zu keck. Aber statt mein Potenzial zu erkennen, wurde ich als schwierig abgestempelt. Bis mir später mein erster Chef sagte: „Wer schwierig ist, denkt."

Schneller erwachsen als gewünscht

Meine Mutter war kaufmännische Angestellte und hat mir vor allem praktische Dinge beigebracht, statt mit mir zu spielen oder gar meine Talente zu fördern. Mein Vater war Kunstschmied und passionierter Jäger. Manchmal nahm er mich mit in seine Werkstatt, die nach Metall und harter körperlicher Arbeit roch. Ich durfte ihm zusehen, wie er am offenen Feuer aus stahlhartem Eisen wunderschöne Gitter schmiedete. Von meinem Vater habe ich ebenfalls die Naturverbundenheit. Auch ich bin Jägerin geworden und kann heute am besten Nachdenken, wenn ich auf Wild ansitze. Als Schlüsselkind wurde ich zur Selbstständigkeit erzogen und ich bin bis heute unabhängig und gut organisiert. Beide Eltern waren sicher keine Intellektuellen und sie haben sich auch nicht besonders für meine Begabungen interessiert, aber sie haben mir pragmatisches Rüstzeug fürs Leben mitgegeben. Ohne Murren akzeptierte ich gravierende Veränderungen; auch als meine Mutter entschied, aus unserem kleinen Ort 50 Kilometer weiter in die Großstadt München zu ziehen. Ich war zwölf Jahre alt, verlor gerade meinen letzten Milchzahn, spielte noch mit Plüschbären und war überhaupt ein echter Spätzünder. Es wurde damals einfach über den Kopf der Kinder hinweg entschieden. Wer das nicht wollte, musste warten, bis er volljährig war und sich dann sein eigenes Leben schmieden.

Die erste Zäsur kam kurz nach meinem 16. Geburtstag. Im vorletzten Schuljahr der Realschule sollte man sich schon auf eine Lehrstelle bewerben, um danach einen klaren Übergang zu haben. Mein großer Bruder machte zu der Zeit eine Banklehre, also bewarb ich mich auch bei einer großen Bank und wurde genommen. Meine Noten waren sehr gut und so hätte ich problemlos nach der zehnten Klasse auf das Gymnasium wechseln können. Obwohl sogar die Lehrer zu mir nach Hause kamen und meine Mutter zu überzeugen versuchten, wollte sie mich lieber früher als später unabhängig sehen. Mit einer Lehrstelle könnte ich schneller Geld verdienen und für mich selbst sorgen. Meine Überzeugung war aber so stark, dass ich entschied, mein Leben selbst in die Hand zu nehmen. Zu der Zeit lag mein Vater mit Darmkrebs im Endstadium in unserem Kleinstadt-Krankenhaus, weit weg von mir. Da ich minderjährig war, konnte nur er mir helfen, den Ausbildungsvertrag bei der Bank vorzeitig zu kündigen, um doch noch aufs Gymnasium zu wechseln. Ich telefonierte mit ihm und er war einverstanden. Kurz bevor ich in den Zug steigen konnte, ist er leider verstorben und konnte nicht mehr die Auflösung unterschreiben. Ich hatte nicht nur meinen geliebten Vater verloren, es musste auch ein Plan B her.

Mit meiner Mutter hatte ich zu der Zeit den üblichen pubertären Kleinkrieg und so entschied sie – kurz nach dem Tod meines Vaters –, sich eine eigene Wohnung zu nehmen und nicht mehr Mutter sein zu müssen. Weil die Mieten in München unbezahlbar waren, zog ich in unserem Mietshaus in den Hobbyraum einer Nachbarin, ohne Küche, ohne Badezimmer, aber mit WC auf dem Flur. Eines Abends saß ich in meinem neuen Zuhause, starrte auf den kleinen Schreibtisch, auf dem nur eine Einzelkochplatte stand und wusste: Das Einzige, was mich hier rausbringt, ist ein strategischer Plan. Um auf dem zweiten Bildungsweg das Abitur zu machen, ist eine abgeschlossene Berufsausbildung Voraussetzung. Also entschloss ich mich, die Banklehre durchzuziehen.

Ich war noch niemals in New York
Nach der Ausbildung bei der Bank holte ich nun endlich die allgemeine Hochschulreife nach, ich war auf dem Level der Bildungsbürger angekommen! Neben BAföG finanzierte ich mir den Lebensunterhalt als Straßenkünstlerin. Zwischen der konservativen Banklehre und der Leidenschaft für die Bühne war ich auf der Suche nach mir selbst. Kauffrau oder Künstlerin? Anfang der 1990er-Jahre verließ ich München, um in New York Musical zu studieren. Das war schon ein Riesenschritt damals. Denn es gab kein Internet, das alle Informationen parat hält, keine sozialen Netzwerke, die einen mit zu Hause verbinden. Keine Handys oder Skype, nur R-Gespräche oder Fax auf Thermopapier. Es war wie ein richtiger Abschied. Meine Mutter führte ohnehin ihr eigenes Leben, interessierte sich nicht sonderlich für mich und wir hatten wenig Kontakt. Ich hatte aber auch keine Zeit zu verlieren. Das Geld für den Flug und die ersten Monate Aufenthalt verdiente ich mir als Bedienung auf dem Münchner Oktoberfest, in New York hoffte ich auf ein Stipendium. Angst vor der Fremde hatte ich nicht, zu groß waren die Neugier und der Drang, etwas aus mir zu machen.

Ich hätte mir ein Leben auf der Bühne durchaus vorstellen können, aber von bloßer Kunst meinen Unterhalt bestreiten, wollte ich nicht, das wurde mir in New York klar. Und trotzdem war dieser Aufenthalt in vielerlei Hinsicht gut für mich. Ich sammelte eine Menge Lebenserfahrung, meine Englischkenntnisse wurden so gut, dass so mancher Taxifahrer meinte, ich käme aus Boston. Ich übte mich darin, wie eine

US-Amerikanerin zu sein, um bei den Castings am Broadway einigermaßen durchzukommen. Noch heute profitiere ich von meinem guten Englisch und die gelernten Attitüden einer „Kosmopolitin" helfen mir beruflich enorm. Kein Weg ist umsonst. Keine Erfahrung überflüssig. Alles ist von Wert! Immer wieder nehme ich mir einen Augenblick Zeit, trete zurück, um zu sehen, auf welchem wunderbaren Fundament ich stehe, das habe ich damals wie heute beherzigt und dann meine Entscheidungen getroffen.

Wir Kinder der sogenannten analogen Generation sind heute zwischen 40 und 50 Jahre alt und bringen den größten Anteil Burn-out-Erkrankter hervor. Auch das stimmt mich immer wieder nachdenklich und ich wünsche, dass diese Menschen Methoden finden, um zu sich selbst zu kommen. Unsere Welt hat sich vor allem durch die Digitalisierung stark verändert. Früher war nicht alles besser, nur anders. Wenn ein Mädchen, wie ich es war, versucht, eine Art Führungsrolle zu übernehmen – und wenn es nur die eigene Entwicklung betrifft –, wird es als herrschsüchtig abgestempelt und wenig gefördert. Da hilft nur, sich selbst treu zu bleiben.

Zurück zu Hause – das Paradies Filmhochschule …
Nach meiner Rückkehr aus New York ergatterte ich einen der begehrten Studienplätze an der Münchner Filmhochschule in der Produktionsklasse. Bernd Eichinger war hier, Doris Dörrie, Roland Emmerich, Wolfgang Petersen – das sind jetzt quasi meine Kollegen und ich war stolz, in diesen erlauchten Kreis aufgenommen zu werden. Die Aussichten Mitte der 1990er-Jahre für Absolventen der Filmhochschule waren sehr gut, keiner hat sich wirklich Sorgen gemacht. Wir würden alle einen Job in der Filmindustrie finden. Von 1000

Bewerbern pro Studiengang wurden rund zehn angenommen.
Man fühlte sich schon wie eine kleine Elite. Konkurrenzdruck
unter uns Studenten gab es kaum, zu erlaucht war der Kreis,
die Hochschule finanziell gut ausgestattet und für jeden war
die Zukunft gesichert.

… und die Ernüchterung
Die zweite Zäsur meines Lebens kam nach dem Studium, als
es darum ging, in der Filmbranche Fuß zu fassen. Wie viele
schwankte ich zwischen den Optionen „Werbe- und Musik-
videos produzieren" und „gleich den großen internationalen Kinofilm produzieren". Die Produktionsbedingungen in
Deutschland waren für alle Hersteller gleich schwierig. Es war
oft frustrierend, wenn man bis zu zwei Jahre oder länger kämpfen musste, bis ein Projekt finanziert war, oder man es danach
ganz begraben musste. Vor allem aber fand ich es unerträglich,
dass es für Entscheidungsträger wichtig war, wer man war. Ob
man coole Klamotten trug und Zeit für Partys und Alkoholex-
zesse hatte, wen man kannte oder mit wem man zusammen war.
Du warst hip oder raus aus der Münchner Filmschickeria. Jetzt
machte sich meine Herkunft aus der kleinen Stadt bemerkbar.
Meine Eltern standen ja nun allem anderen als der Filmbranche nahe, bei uns gingen weder Intellektuelle ein und aus, noch
waren wir finanziell gut ausgestattet. Das Problem gab es zwar
nicht zwischen Männern und Frauen, weil die Medienbranche
in der Hinsicht eigentlich liberal ist. Es wurde einfach viel Wert
auf Äußeres gelegt. Und so befand ich mich in der ersten Sinn-
krise meines Lebens und das kurz vor meinem 30. Geburtstag.
Nun hatte ich endlich den Abschluss der Münchner Filmhochschule und stellte fest, dass der höchste Bildungsanspruch endlich ist und zweifelte am Nutzen. Und jetzt?

Was jetzt?

Ich packte meine Sachen und reiste nach Neuseeland, versprach mir, erst wiederzukommen, wenn ich wüsste, was mein nächstes Ziel sein würde. Jetzt mal innehalten, durchatmen und wieder einen Schritt zurücktreten – lean back in Neuseeland. Weit genug weg von Deutschland, um mich neu zu finden. Ich kaufte mir ein altes Auto und fuhr die beiden Inseln ab. Tagsüber ging ich wandern und genoss die fantastische Natur, abends schrieb ich Tagebuch.

Nach vier Monaten war ich fertig mit Denken und die Entscheidung war gefallen. Ich werde nicht den Konventionen folgen, um Filmproduzentin zu werden, so wie es die Filmhochschule gerne gesehen hätte. Ich wollte vor allem stetig Geschichten erzählen und nicht warten, ob ein Projekt nun finanziert wird oder nicht. Zurück in Deutschland zog ich nach Berlin und wollte Fernsehjournalistin werden. Ich arbeitete für die Deutsche Welle Hörfunk und machte englisches Programm. Ich wechselte zur Fernsehabteilung und lernte, klassische TV-Beiträge herzustellen. An der Münchner Filmhochschule vertiefte ich parallel meine Kenntnisse in Fernsehpublizistik – das musste ich geradezu –, weil mein „Bildungskomplex" immer von mir erwartet, noch ein Zertifikat vorweisen zu können. Die Aufbruchstimmung in der angeblich neuen Medienstadt Berlin wurde durch die Pleite des Medienmoguls Leo Kirch jäh unterbrochen. Die Jobs wurden weniger und Berlin gefiel mir als Stadt noch nie so recht, denn ich vermisste die Berge und meine Freunde. Es war meine Mutter, die sich plötzlich als beste Freundin erwies und mir anbot, zunächst bei ihr zu wohnen, wenn ich zurück nach München wollte. Wir sprachen uns aus, ich bin wohl reifer geworden und sie altersmilde.

Und noch eine Herzensangelegenheit ergab sich. Ich lernte einen Mann kennen und lieben, der allerdings nahe Frankfurt wohnte. Meine vorherigen Beziehungen waren nicht so ernst zu nehmen oder erwähnenswert, doch jetzt war ich sehr verliebt. Erstmals hätte ich mir vorstellen können, mit diesem Mann eine Familie zu gründen, obwohl ich eigentlich nie Kinder wollte. Als es in Berlin beruflich nicht weiterging, entschied ich, zurück nach München zu ziehen. Es war wunderbar, wieder zu Hause zu sein, mit meiner Mutter verstand ich mich bestens und mein Freund war sehr einverstanden. Wir wanderten viel in den Bergen und er machte mir sogar einen Heiratsantrag. Alles schien perfekt. Gerade als wir die verschiedenen Möglichkeiten durchdachten, wo wir denn nun leben wollten, bekam ich einen großen Auftrag vom Fernsehsender ZDF. Eine Serie für das Umweltmagazin; sie kauften mir alle Vorschläge ab! Mein Leben war wunderbar! Ich hatte einen Mann, den ich liebte, wir wollten heiraten, eine Familie gründen und wir würden zusammen ein neues Leben aufbauen.

Al Gore und mein planetarischer Ernstfall
Als Al Gore im Jahr 2006 „Das Comeback des Jahres" war, wollte ihn jede Fernsehanstalt der Welt haben. Auch ich war vom Ehrgeiz gepackt. Kokett und sehr entschlossen hatte ich die größenwahnsinnige Idee, dem US-Vizepräsidenten einen Brief zu schreiben. Meine Hartnäckigkeit und das selbstbewusste Auftreten trugen Früchte. Stellen Sie sich vor, Sie bekommen die Chance, den ehemaligen Vizepräsidenten der USA für Filmaufnahmen zu treffen. Stellen Sie sich weiter vor, das Interview verläuft auch noch gut und der Mann lädt sie ein, ihn auf seinen Reisen zu begleiten, um daraus einen

Film zu machen! Genau das ist mir passiert. Normalerweise bekommen Fernsehjournalisten Zehn-Minuten-Slots! Ich bekam eine Stunde mit Al Gore! Ich spürte, beruflich am Zenit meiner Karriere angekommen zu sein. Das war der Durchbruch. Und mein Freund spürte das auch. Das Drama begann. Er dachte gar nicht daran, sich für mich zu freuen, machte mir stattdessen Vorwürfe, wo das wohl hinführen würde! Da könnte ich ja gleich nach Amerika ziehen! Was würde denn aus der Familienplanung werden und so weiter. Ich war schwer getroffen und zerrissen. Al Gores Klimawandel-Szenario wurde zu meinem planetarischen Ernstfall. Meine Welt brach zusammen. Ich war Mitte dreißig, hätte gerne mit diesem Mann eine Familie gegründet, aber nicht unter diesen Bedingungen. Nach all dem Kampf, etwas aus mir zu machen, wollte ich mich nicht daran hindern lassen, den nächsten Schritt in meine Unabhängigkeit zu gehen. Auch wenn wir ein Paar sind und füreinander da sein sollen, möchte ich nicht mein Wachstum hemmen oder mich gar brechen lassen. Ich entschied mich schweren Herzens gegen den Mann.

Meine erste Begegnung mit Al Gore fand dann in Südfrankreich statt. Ich war sehr stolz auf mich, als er mir die Hand schüttelte und ich fand gut in das Interview rein. Am Ende des Interviews bat ich ihn um ein Treffen am Strand, um dort ein paar Aufnahmen unter freiem Himmel zu machen. Schließlich sprechen wir ständig über die Umwelt und sitzen dabei meist innen. Er freute sich über diese Idee und seine Security stand Kopf. Eine halbe Stunde später klingelte das Handy. Al Gore ließ nach mir fragen und mein Herz raste. Wir trafen uns an der Promenade und machten die Filmaufnahmen. Er war entspannt und wir unterhielten uns angeregt über seine Mission, den Klimawandel „populär" zu machen. Am Ende der Begegnung war eine spannende Nähe zwischen uns. Es hatte nicht dieses Mann-Frau-Ding, sondern eine interessante Vertrautheit. Er spürte, ich würde ihm nichts tun, ihn nicht mit hinterhältigen Fragen konfrontieren und prinzipiell auf seiner Seite stehen. Er blickte mich lange und fest an und gab seinem Assistenten ein Zeichen. Der steckte mir eine Visitenkarte zu und ich war überglücklich.

Ich begleitete Al Gore 15 Monate lang in unregelmäßigen Abständen und es entstanden zwei Filme daraus. Wir trafen uns oft an Orten, wo sonst keine Presse vertreten war, irgendwo auf der Welt, wenn er Vorträge hielt oder sein Kinofilm Premiere hatte. Er freute sich merklich, wenn er mich sah. Er gab mir das Gefühl, besonders zu sein. Ein cleverer Verführer! Privat habe ich Al Gore als warmen Familienmenschen erlebt, der eigentlich lieber in der zweiten Reihe steht und seine Themen auf andere Art nach vorne bringt. Sein Vater war eine starke Persönlichkeit und US-Senator in den Südstaaten. Der Sohn sollte es ihm gleichtun, der Vater schob ihn regelrecht dorthin. Al Gore lebte unter dem ständigen Druck, die Erwartungen seines Vaters zu erfüllen und den perfekten Sohn geben zu müssen. Da war es ihm recht, ein Thema fernab des Vaters zu finden und so wurde Al Gore der erste globale Superstar im Kampf gegen den Klimawandel. Er musste sich nach seiner Wahlniederlage gegen George W. Bush im Jahr 2000 selbst retten. Denn das war mehr als nur eine politische Niederlage; den Vater immer im Nacken. Wie macht man aus einem Wahlverlierer eine grüne Ikone? Al Gore entwickelte einen schlichten Diavortrag über den Klimawandel und reiste damit um die Welt. Ein Hollywood-Regisseur machte daraus eine Klimashow und Al Gore bekam den Oscar für den besten Dokumentarfilm. Das weltweit stattfindende Rockkonzert „Live Earth" mit den größten Superstars nutzte er für seine Popularität und konnte sich vor Sponsoren kaum retten. Und so kam man nicht umhin, Al Gore auch noch den Friedensnobelpreis zu verleihen. Bis heute hat er mit seiner Klimakampagne 100 Mio. Dollar verdient.

Die Leidenschaft in der Nische

Ich habe erlebt, wie er weich wurde und mir mit feurigem Blick von seiner Mission erzählte, aber wenn seine Entourage pfiff, drehte er sich auf dem Absatz um und ließ mich stehen. Wie man zwei Gesichter haben kann und die Menschen verführt. Es wurde mir klar, dass man für ein Thema brennen kann, sich dazu eine Nische erschafft und der Erfolg mit einer guten Kampagne garantiert ist. Wie wichtig Körpersprache, souveränes Auftreten oder ein langsamer Gang ist. Witze auswendig lernen, Pointen auf den Punkt bringen. Seinen Vortrag habe ich so oft gehört, dass ich die Anekdoten drumherum schon auswendig konnte. Es war perfektes amerikanisches Entertainment. Und perfekt wollte auch ich sein. Also schaute ich mir alles ab und versuchte, dem Geheimnis auf die Spur zu kommen. Er nutze den schweren Autounfall seines Sohns, den Tod seiner Schwester, die an Lungenkrebs gestorben ist, alles gehörte plötzlich zusammen und formte Al Gores Mission. Und obwohl Kritiker behaupten, dass sein Lebenswandel alles andere als umweltfreundlich ist, ging er unermüdlich seinen Weg und suchte sich so viele Verbündete, dass alle anderen verstummten.

Eine der spannendsten und lehrreichsten Erfahrungen meines Lebens in jeder Hinsicht. Al Gore hat mir stets vertraut, wollte nie die Filme vor der Ausstrahlung sehen und hat sich auch von einer sehr privaten Seite gezeigt. Er hat niemals versucht, mit mir zu flirten und trotzdem ist eine interessante Nähe zwischen uns entstanden. Nach den beiden Filmen boten sich viele Chancen für mich, alle nutzte ich und arbeitete ohne Pause. Es war wie ein Rausch und es ging immer nur nach oben. Mit Ende dreißig war ich finanziell unabhängig und Geschäftsführerin einer gut gehenden Fernsehproduktionsfirma in München.

Nur der Scheich ist wirklich reich?!

„Cabin crew, all doors in park", hauchte eine Stimme durchs Bordmikrofon und ich konnte es kaum erwarten, mein Handy wieder einzuschalten. Ich saß in der überfüllten Maschine aus Brüssel, die täglich um 20.30 Uhr in München landet und für viele von uns schon Routine ist.

Nach der Zollkontrolle öffnet sich die Schiebetür und man blickt in wartende Gesichter. Angehörige suchen ihre Lieben, Taxifahrer halten Schilder mit fremd klingenden Namen hoch und kleine Kinder stehen ungeduldig mit einem fast verwelkten Blumenstrauß da. Das ist meist der Moment, in dem mich ein wenig Sehnsucht überkommt. Hätte ich ein „normales" Leben gewählt, würde hier mein Ehemann mit dem Nachwuchs stehen und mich freudig in den Arm nehmen. Wir würden ins kuschelige Zuhause fahren, gemeinsam zu Abend essen, die Kinder ins Bett bringen, vielleicht noch ein Glas Wein trinken und dem anderen zuhören.

Für meine Dreharbeiten bin ich viel auf Reisen, da bleibt einfach wenig Zeit für eine klassische Familie. Und es ging mir auch nie darum, auf jeden Fall Mutter zu werden, meine Sehnsucht war es, ein gemütliches Zuhause zu haben, mich geborgen und sicher zu fühlen. Und das hatte ich mir erschaffen. Der Kühlschrank war voll, die Auftragsbücher auch, ich lebte alleine in einem 200 qm-Penthouse in Münchens Nobelviertel und in der Garage wartete ein Porsche auf mich. Das Leben war gut.

Auf dem Weg zum Flughafenparkplatz blickte ich erneut auf mein Handy, aber es kam keine Nachricht rein. Seit Tagen versuchte ich, meine Mutter zu erreichen. Das ist zwar nicht ungewöhnlich, aber dieses Mal machte ich mir Sorgen, weil sie kurz zuvor im Krankenhaus gewesen war. Ich fuhr hin und klingelte. Sie machte nicht auf. Das kann passieren, beruhigte ich mich. Ich schloss die Tür auf und warme Wohnungsluft kam mir entgegen. Mein Blick ging zu Boden und ein Schock fuhr durch meine Glieder. Kerzengerade lag meine Mutter mitten im Wohnzimmer. Es war still in der Wohnung. Sie regte sich nicht. Meine Mutter war tot. Was war um Gottes willen passiert?! Die Gerichtsmedizin erklärte, dass meine Mutter an den Folgen eines Kreislaufkollapses gestorben war. Die vorherige Operation hatte wohl ihr Immunsystem zu sehr geschwächt. Trotzdem machte ich mir Vorwürfe, dass ich nicht für sie da gewesen war.

Ich sollte am nächsten Tag nach Dubai fliegen, eigentlich eine gute Idee. Erst mal weg von hier, Gedanken ordnen und überlegen, wie es weitergeht. Außerdem hatte ich Termine dort einzuhalten und eine Vertretung gibt es für mich nicht. Das Filmgeschäft ist ein People-Business, die Kunden vertrauen mir, meine Schnelligkeit ist legendär, meine Präzision gefragt und oft werde ich bei den Dreharbeiten mit Vorständen großer Unternehmen, Politikern oder bekannten Schauspielern Zeuge pikanter Zwischenfälle. Diskretion ist oberstes Prinzip. Meine Firma besteht ja nur aus mir, meiner Kreativität und einem guten Ruf, den ich mir über Jahre hinweg erarbeitet habe. Seit einiger Zeit stand ich in Kontakt mit einem arabischen Scheich, dem ich empfohlen wurde. Obwohl die Scheichfamilie den Kontakt suchte, dauerte es einige Zeit, bis sie es zuließen, dass ich für sie arbeite. Der Auftrag lautete, einen Film zum gegenwärtigen Tourismusaufkommen zu drehen. Natürlich war ich neugierig auf das Land, wo neben Milch und Honig noch so viel Öl fließt, dass ein ganzes Volk davon sehr gut leben kann. Am meisten interessierte mich der

Alltag der Scheichs, die hinter dicken Palastmauern leben und ab und zu mit ihren weißen Limousinen in die Wüste fahren, um ihre Falken fliegen zu lassen. Die Familienbande der Royals sind unzertrennlich. Das Thema Familie interessierte mich sehr, gerade jetzt nach dem Tod meiner Mutter und ich wollte auf neue Gedanken kommen.

Edle Ledersofas und ein atemberaubender Blick über Abu Dhabi stimmten mich auf meine erste Begegnung mit einem echten Scheich aus den Emiraten ein. Die Tür ging auf und es erschien Seine Hoheit in einem cremefarbenen Dishdasha, akkurat gebügelt. Er ließ sich langsam in den schweren Ledersessel gleiten und begann, mit seinem islamischen Gebetskettchen zu spielen. Er musterte mich intensiv. Ich setzte mich ebenfalls und erklärte, dass wir jetzt die Kamera bereitmachen würden. Das Interview lief gut, er erzählte mir von seinen Plänen, mehr Touristen in sein Land zu holen und welche Bauvorhaben er realisieren wolle. Dass Allah es schon richten werde und er sich nur als sein Diener sehe. Am Ende mussten wir noch ein paar Bilder drehen, wie er auf und ab ging. Das machte er mit Bravour und der Dreh war beendet. Er beobachtete mich immer noch sehr genau und ließ dann über seinen Berater sagen, wir wären zum Lunch in seinen Palast eingeladen.

Wir wurden im Hotel von großen weißen Autos abgeholt und fuhren durch die Straßen von Abu Dhabi auf den Palast zu. Hinein in eine andere Welt. Der Scheich saß bereits auf der einen Seite mittig an der langen Tafel und deutete auf den Platz gegenüber. Der Tisch war voller Essen. Der Scheich aß mit den Fingern und forderte mich mit einer Handbewegung auf, ebenfalls mit dem Essen zu beginnen. Besteck gab es keines und so griff ich mit der Hand auf denselben Teller wie der Scheich. Es war die traditionelle Art, ein Mittagessen gemeinsam einzunehmen. Später habe ich realisiert, dass es genau diese Rituale sind, die ein so mächtiger und finanziell unabhängiger Mensch braucht, um sich zu erden und bei sich zu bleiben. Das war ein interessanter Lebensansatz für mich und ich dachte viel darüber nach. Zum Abschied musterte mich der Scheich, lächelte mir zu und wünschte alles Gute.

Sich selbst treu bleiben

Zurück in München war business as usual. Ich drehte meine Filme, verhandelte mit Sendern oder Kunden und die Ereignisse in den arabischen Emiraten traten etwas in den Hintergrund. Vielmehr holte mich die Trauer über meine Mutter ein. Es zog mir den Boden unter den Füßen weg. Ich fühlte mich sehr allein und stellte alles infrage. Meine gut gehende Firma, mein gut situiertes Leben, einfach alles. Eines Abends saß ich auf der Couch und guckte Fernsehen. Mein Handy klingelte und ich sah eine fremde Nummer auf dem Display. In gebrochenem Englisch stammelte eine männliche Stimme „How are you" und ein „Good to hear you" und mir fiel fast der Hörer aus der Hand. Ich hatte den Scheich am Telefon. Ich erzählte ihm von meiner Mutter und er wirkte betroffen. Es war fast ein bisschen vertraut mit ihm. Ein paar Tage später flog ich auf seine Einladung hin nach Dubai und tauchte in eine Welt wie in „1001 Nacht" ein. Es tat so gut, umsorgt zu werden und ich verbrachte viel Zeit mit dem Scheich. Er erzählte mir von seiner Art zu trauern und wie es ihm ging, als seine Mutter starb. Gerade dieser Austausch über den unterschiedlichen Umgang mit Leben und Tod half mir, meine Gedanken zu sortieren. Dabei war ich umgeben von einem so unsagbaren Reichtum, guten Gerüchen, sich verneigenden Dienern, die rückwärts den Raum verließen, bestem Essen und jeder Wunsch wurde mir von den Augen abgelesen.

Im Gegensatz zu Al Gore, der sich den Reichtum quasi erarbeitet hat, war der Scheich bereits reich geboren worden. Aber ich bemerkte keinen Unterschied zwischen den beiden. Es war das viele Geld an sich, das die Menschen verändert. Beide haben diesen langsamen Gang, dieses distanzierte Dauerlächeln in ihrem Gesicht und eine Entourage an Menschen um sich, fast wie Jünger. Ein Bild der absoluten Souveränität und Macht. Der Amerikaner, dessen Vater eine solche Übermacht war und der den kleinen Al Gore fast zerbrach, der Araber, dessen Onkel der höchste Scheich im Königshaus der Emirate war und dessen Weg ebenfalls vorgezeichnet wurde. Privat sind beide wie liebe Jungs mit großer Sehnsucht nach menschlicher Wärme, Nähe und Ehrlichkeit. Beide wollten ganz andere Berufe ergreifen und haben sich trotzdem gebeugt. Wie schafft man diese Zerreißprobe? Indem man sich insgeheim treu bleibt. Al Gore liebt es, in Tennessee auf dem Landsitz seiner Eltern in der Erde zu buddeln, der Scheich fährt jede Woche in die Wüste, um mit den Nomaden in ihren Zelten mit den Händen zu essen. Es ist also wichtig, sich auch privat eine Nische zu schaffen, die unantastbar ist, einen nährt und wärmt. Diese Wärme hatte ich mit meiner Mutter gehabt, die mir jetzt unendlich fehlte. Es ist die letzte Bastion eines Familienbunds gefallen und ich hatte das Gefühl, ganz allein auf der Welt zu sein. Mein äußerer Reichtum gab mir die Unabhängigkeit und Sicherheit, die ich immer wollte. Aber es fehlte mir jetzt an innerem Reichtum und Halt. Mir wurde klar, dass ich etwas verändern würde.

Sichtweisen und Blickwechsel

Mein Einstieg ins Berufsleben ist jetzt fast 30 Jahre her. Meine Reise bis hierher hat mich gelehrt, immer das Yin und Yang im Auge zu behalten, abzuwägen, was gut für mich ist und was ich nicht mehr brauche. Ich habe beruflich viel erreicht, fast die ganze Welt bereist und für meine Ziele nicht immer die gleiche Route gewählt. Aber ich bin drangeblieben, habe nie aufgegeben, ein erfülltes Leben zu führen und meine Unabhängigkeit zu bewahren. Als das Mädchen aus der kleinen Stadt in die große Welt hinaus wollte, da konnte es ihm nicht schnell genug gehen. Schnell musste es auch lernen, dass es auf sich alleine gestellt ist und es kein Netz und doppelten Boden gibt. Ich war ein unerschrockenes und sehr entschlossenes Mädchen und wusste, ich werde immer auf die Füße fallen. Früher wollte ich immer besser werden und aufsteigen, heute läuft mir ein wenig die Zeit weg.

Nach der Rückkehr aus Dubai legte ich viele meiner Geschäfte nieder und kaufte mir eine Ferienwohnung in den Tiroler Bergen. Ein Paradies auf 1000 Metern Höhe mit Blick in ein langes Tal und auf ein idyllisches Bergdorf, wo die Welt noch in Ordnung scheint. Hier verbringe ich meine Wochenenden und gedankliche Auszeiten, kann ganz wunderbar die Perspektiven wechseln, indem ich auf meinem Balkon sitze oder auf den Bergen die Welt von oben betrachte. Und ich erfüllte mir einen lang gehegten Wunsch: Ich holte mir einen Hund ins Haus. Mein Australian Shepherd namens Aaron ist mein ganzes Glück und natürlich der schönste Hund der Welt. Er ist jeden Tag gut gelaunt, ausgesprochen intelligent, freut sich, morgens mit mir aufzuwachen und abends mit mir in einen Münchner Biergarten zu radeln. Dieser Hund hilft mir, auf dem Boden zu bleiben. Denn jetzt muss ich mir genau überlegen, welche Dienstreise wirklich sinnvoll ist, wohin ich ihn mitnehmen kann. Wir machen gemeinsam Hundesport, ich bin fit und gesund und er hat für mich sogar eine Jagdhundausbildung über sich ergehen lassen. Der beste Freund, den ich je hatte. Das Leben hat es wieder mal gut mit mir gemeint.

Ferne schafft Weite schafft Überblick

Noch immer arbeite ich als Filmemacherin, kann es mir glücklicherweise aussuchen, wo ich meine Energie reinstecke. Die Begegnung mit Al Gore hat mich nachhaltig inspiriert und legte den Grundstein dafür, dass ich mich heute als intuitive Beraterin den Menschen zur Verfügung stelle. Im Gespräch vertrauen mir Topmanager oder andere Persönlichkeiten, die in der Öffentlichkeit stehen, ihr Innerstes an, ich biete mich als Projektionsfläche an und wir ordnen berufliche und private Perspektiven. Und manchmal sehe ich auch Dinge, die andere nicht sehen. Mein Ziel ist es, noch gestaltender zu wirken – mit großem Hebel. Vielleicht als Aufsichtsrätin?

Der Scheich hat übrigens seit kurzem WhatsApp. Und wenn ich diese Zeilen geschrieben habe, dann setze ich mich in den Flieger nach London. Es ist mal wieder Zeit für mich, die Perspektive zu wechseln und die Gedanken zu ordnen.

Die Autorin

Carola Lichtenberg, Fernsehproduzentin

Die Fernsehproduzentin Carola Lichtenberg hat zunächst eine Banklehre absolviert, bevor sie an der Filmhochschule München (HFF) ihr Handwerk als Filmemacherin in der Abteilung „Produktion und Medienwirtschaft" erlernte. Sie produziert als Autorin und Regisseurin Dokumentationen für TV-Anstalten und Imagefilme für internationale Unternehmen. Als Fernsehjournalistin hat Carola Lichtenberg rund 500 Interviews geführt und entwickelte daraus Seminare für Kommunikation. Sie ist zertifizierte interkulturelle Trainerin, arbeitet als Businesscoach und lebt in München.

4.1.5 Inside Out

Diana Chan

When I was first asked to be a part of this "Lean back" project, I was truly excited because I felt that the leaders of this initiative were onto something very important that took me up to now to realize was true.

Having grown up in the typical Asian household where one's worth was defined by achievements and education, I quickly learned that progression and recognition should always be the goals in life and I took that to heart. In my mind, acceptance from people was predicated on who I was and what I had accomplished in my professional life. I thought that I would be defined as successful if I become President of a company one day. I could say to myself that I was one of the few female Presidents of visible minority to be the leader of the organization. What a concept!

I read lots of self-improvement and business strategy books along the way. I devoured Sheryl Sandberg's book "Lean In" with great enthusiasm and interest. What other tips could I learn from this female mentor that could help me on my ascent to the top of the corporate ladder? Chapter by chapter, I compared my actions to Sheryl's advice to determine if I was leaning in enough and taking my seat at the table. I became a much focused, one-dimensional female "executive" with a single goal in mind. So how did I move from being a "Lean in" fanatic to embracing the "Lean back" philosophy? I believe my journey from "in" to "back" can be summarized in three lessons that I learned along the way.

Lesson #1
Showing vulnerability is about courage not weakness

Being of Asian descent, I grew up learning to stay composed while ensuring emotions were kept to myself. My outer facade was what I took with me throughout my career and wore with a badge of honor.

There was a point where I was a Director of Sales and going through a difficult marriage separation while trying to maintain my composure at work. No one knew what I was going through as I went through the motions of cheering on my sales team towards success while crumbling on the inside. I thought I had everyone fooled. Then one day, I took one of the managers, who had resigned, out for farewell lunch and she told me something startling. She said, "Did you know that people are scared of you?" I was shocked. How? Nice, kind, caring … that was me to the employees. She said "you only ask about business and never ask about their lives or interests". That was a big "aha" moment for me.

So I read some more books and took some more leadership courses to learn how to be better. I remember a quote from leadership guru John Maxwell – "People don't care how much you know until they know how much you care". I learned that people can't connect to an enigma. I realized I was acting like a robot, not a person.

At my next company, I had an executive coach who insisted that I watch a TED talk by Brene Brown called "The Power of Vulnerability …" Me showing vulnerability?! That thought was scarier than anything else I could imagine. I decided to challenge myself outside my comfort zone.

I started to take the time and genuine interest in the people around me professionally. "How are you doing today?" "How did it go with your son at the hockey tryout?" I started to share some of my life. "My son plays hockey too. He was so nervous the first time he tried out for his AA team …"

It progressed from there. As I continued to be more "human", I felt something changing with my interactions at work and the connections with the people around me. We would talk, support each other and in the end become a stronger team.

Leaning back = having the inner strength to show vulnerability.

Lesson #2

There is great power in two little letters – NO

How does one go through life trying to please everyone? If there was someone who once tried, that would be me. There wasn't a task, challenge, project or event that I didn't want to do. When I was a VP of Marketing, there were a couple of Marketing Manager positions that were vacant and I attempted to ensure I did my own job and those jobs too without interruption. I refused to give in to the notion that I could not do it all and never created boundaries for myself and others. I worked nights, weekends and vacations to ensure I was at everyone's disposal to show my value.

I ended up being "restructured" out of my role as the VP. I gave up my life and this is what I had to show for it. My relationship with my young kids had been compromised and my family and social life suffered. Here I was with no job and a whole lot of time for reflection.

My driven self said to go look for the next corporate opportunity – VP level or higher. My exhausted and disillusioned self had me step back and take a hard look around me … and that is where my life changed. I decided I would start my own business of marketing and sales consulting, I would become involved with my son's hockey team and daughter's activities and I would make my family life a priority while being happy with work. My income went down, my sense of self went up and I was finally in control of my life. All it took was two small letters.

Leaning back = saying "no" when it matters.

Lesson #3

Change your beliefs, change your potential

I am going to end with the lesson that really impacted my life. When I was at Fresenius Medical Care, they engaged with a company called the Pacific Institute to roll out a performance achievement program within their management levels called "Investment in Excellence". Based on cognitive psychology, the group learned about how the mind works and most importantly how our beliefs shape our actions and results in life. Even more interesting, we came to understand the importance of self-talk and how it helped to form beliefs. Eliminating negative self-talk, i. e. "I can't do it", "It's too hard for me" would stop the cycle of limiting beliefs about what can be achieved.

I realized that my mind was a powerful tool that and I needed to rewire it to change the way my life would go. I now take the time to reflect and get my mind in shape for the day and that is my standard practice. Leaning back = changing your beliefs.

As I look back over my career and life, I realized something that is probably obvious to many people. Being true to myself – as a mother, daughter, friend, partner and professional – and ensuring quality time in each of these areas has actually allowed me to be the happiest and most satisfied I have ever been in my career. I decided to go back to corporate life with a company that walks the talk in terms of promoting diversity, work-life balance and drive towards results and I am loving it! So don't be so hard on yourself. Lean back, maximize your quality of life and success will come!

Author

Diana Chan, Director of Marketing, EXPLORE – Cardiac & Vascular Group at Medtronic

A high-energy, collaborative sales and marketing executive with global experience. Diana has achieved results through building synergistic teams, clear communication of measurable objectives and has proved her ability to develop solutions for a broad spectrum of management challenges. Exploring her entrepreneurial side, Diana founded a business to provide strategic sales and marketing support to complete key projects for organizations with limited resources. She has more than 20 years of experience within the pharmaceutical and medical device industry with various leadership positions at Medtronic, C.R. Bard and Fresenius Medical Care. Diana is a certified facilitator for The Pacific Institute's "Investment in Excellence" Leadership Program and has conducted sessions all over North America. She is proud to have spearheaded initiatives such as company participation in triathlons and runs to support charitable foundations.

4.1.6   Re-re-re-defining "International Career Woman": The Spark You'll Find, Shooting Into the Dark

Joana Picq

All we want is a straight line to success, stability, accomplishment and a sense of purpose. But careers, like the rest of our lives, don't tend to follow straight lines. Careers, like relationships, tend to show us that there are no destinations, that there are ultimately journeys to be embarked upon, or engulfed within.

Hindsight is 20/20 vision, but looking into the future is at best bats vision. Ours and everyone else's, even those experienced people who mean to give us good advice, from our parents to our mentors and partners. Nobody can know for sure where each potential path will lead you. It is almost pointless trying to predict career choices, not only for how inaccurate those predictions can be, but because we cannot even predict that our goals will remain unchanged – we are ever changing beings whose passions, desires and aspirations are dynamic, not static.

Throughout my career I have watched my ambitions change, industries morph, networks implode, seemingly small choices turn into big opportunities, and seemingly big opportunities turn into dead ends. I've followed other people's advice out of fear, admiration or doubt, down a path that ultimately just wasn't mine to walk. I've also at times followed my gut and personal desires, and eventually realized my personal choices always bring the best reward, even if (or especially if) they seem like shots in the dark.

I had always been glorified as a child for being rational – growing up in the French school system you'll get extra points for maths skills. In fact, you can get away with murder – the murder of all of history and grammar – as long as you can nail geometry, equations and derivatives. Which I did, from a very young age (you can call me the literature assassin). I'll never know whether it was truly passion or my need for validation that drove me deeper into maths, but by the time I finished school it seemed I had little other alternatives but to continue my studies down that path. The world around me made it very clear that maths was my only talent, and one worth pursuing. At 17 I had little to no idea what career I wanted for myself – immerse in doubt I followed my mother's advice and applied for engineering school. "You'll become a professor if you study pure maths, you'll limit your choices" she told me. Wise lady.

Later in engineering, now immersed in self-doubt, I followed the "cool kids" into civil and industrial specialization. I'm pretty sure my life would have been completely different had the mechanical or chemical engineering kids been cooler in my Brazilian university in Rio ... Or if I'd watched Star Wars before I met any of them.

Within an ocean of self-doubt, some things started popping inside me as true convictions. Almost out of nowhere – natural instinctive urges. Urges that turned into dreams, with such strong intent that little could get in the way of me reaching them one day. My goal to become an "international business woman", flying around the world for a large corporate, being all tough and powerful, felt like my life calling. A calling I assumed would take me a lifetime to fulfill. Little did I know about what the future could hold. It's fascinating how limited our creativity can be in designing the potential of our own lives ...

At 20 I followed a friend and my travel bug onto a ski resort in Colorado. What felt like a simple school break that would help me improve my English, ski a bunch and make a bit of cash on the "side" of my real life plan back at university, turned out to be the biggest catalyst for the most important changes in my life. I made friends from all over the World, and forever changed who I was. I returned to Brazil knowing I had a World to discover, and determined to do so.

I joined IBM for an internship upon my return, a goal I had set when I was 13 as I walked my dog past the IBM building, smelling "America" and all that non-localness that made my heart pump faster. A year in, my manager offered me a fulltime position to grow my career there, like most IBMers who spend on average 15 years at the company. Against most people's opinion and advice, including my mother's and my manager's (who had become an admired mentor to me), I quit my job instead. I sold the car my grandfather had given me before his death, and bought a round-the-world ticket.

It's 2003, I'm 22, and I'm off to discover far-away places following the far-away people I had met in Colorado. I backpacked through Europe with my best friend, lived in South Africa and Australia for a few months each, and took my first steps on a road of self-discovery. I renounced the security of a role at IBM to follow my curiosity for the world, and not once have I regretted it. Not even when I found myself back at my mother's house a year later, without a dime, studying day and night to finish my degree within a semester. Not even when six months after that I found myself in Paris at my father's house, with his second wife and two kids, looking for a job for over six months. When we follow our deepest urges we never question them. We may question ourselves, but we don't question our drive.

Nobody seemed to believe I would get anywhere when I deserted Brazil in 2004 to look for my "international career" in Europe. After five months in limbo in Paris, I started to question that tactic – "Paris". Despite being French, speaking three languages, having worked in multinationals, I just wasn't "hiring material" for the French. The one company told me I wasn't "French enough" – good luck being an immigrant in Paris ...

My one and only shot left was to join Microsoft, an international "open-minded" company, and above all a multinational (that could fulfil my dream). 1500 of us applied for their marketing academy, and only five of us made it to the finals. Out of the five, I was the only one who had worked in technology before, and who knew what "Linux" and an "operating system" meant. I thought I had it in the bag ... The moment I found out I didn't have it I cried so profusely and hopelessly that the fellow train passengers all tried to console me, assuming someone must have died. My belief that I could fulfil my dreams without the need to follow the conventional path was dead. My excitement and my feeling of self-worth were nearly extinct. For two weeks I went through the motions with my step mother's help, as we both sat in disbelief that "Microsoft" hadn't materialized. We were both so certain it would, after four months of interviews.

But there came that second wind that saved me from my own disillusion – the call. That call the universe always sends when we need it. The call from Microsoft offering me another smaller role – a six-month contract, on very low pay, to work on their security server product.

The role felt like crumbs compared to what I'd initially applied for, but turned out to be the biggest opportunity of my career. Not only did I report to one of Microsoft's most ambitious up-and-comers at their HQ (who in turn offered me other jobs as he scaled up the Microsoft ladder), but I also got to meet some of my dearest friends in that server unit, who mentored me throughout my career at Microsoft, propelling me to an international role as soon as that contract ended. Being rejected from the Microsoft academy was the biggest blessing in disguise of my life, and I've learned since never to underestimate bad news – they might be the best thing that ever happens to me.

At age 25 I joined the Microsoft EMEA HQ in Paris, on an international role, and for the next three and a half years I travelled over two countries a week, managing budgets across Europe, Middle East and Africa with the likes of HP, IBM and Dell. I was the "international business woman" I'd always wanted to be – and I LOVED EVERY SECOND OF IT. Until I didn't love it anymore. Until Microsoft's way of managing acquisitions (aka firing people without notice), its constant internal politics (bargaining for head-counts, navigating VPs, etc.) and its overall "bubbliness" (aka corporate self-absorption) got to me. I realized then that maybe my dream wasn't exactly what I'd thought it was – maybe I wanted an international career but it didn't have to be at some big multinational ...

So I took another leap of faith, against many people's advice, and moved to London to work at a startup. Or what I thought was a startup – it's hard to really grasp just how ignorant we are until we learn the basics ... After six months at VMWare, a virtualization software company that had already IPOed at that point and was anything but a startup, I learned one of the most important lessons of my life – humility. I've learned that lesson repeatedly since, and I'm sure I'll keep getting much-needed refreshes of it ... But at that point I assumed my career would only ever just keep blooming – I was smart, I got shit done, and people knew it. I felt invincible. I was earning £100 K at age 28, living by the Thames with a garden facing the sunset over the river. I needed the wake-up call. Not only did I get fired after an argument with my management, but I was lucky enough to be fired exactly one week before recession devoured Europe.

I might have been quick to follow my instincts throughout my life, but at that stage I felt lost about what it was that I really wanted out of my career – money, fulfilment, flexibility, travel?? – and I had very expensive monthly bills to pay. Had recession not kicked in, I would have taken one of the few uninteresting roles I was being offered by smaller companies in the space. I must be one of the only people who prays her gratitude to Madoff every night when I go to bed ... Thank you Madoff for the recession that took the money and stability away from me, giving me back my freedom. Amen.

With a whole continent – two in fact – paralyzed in the midst of economic negativity, I had no choice. I was not going to make money whatever happened. I was finally free to not worry about making money, and could focus on doing my own thing, and having fun in the process. I reconnected with my Paris Microsoft friends who'd left to become entrepreneurs, and followed their footsteps. I turned my back on five years of building a network in enterprise software across EMEA to discover the joys of building a web business. And the joys of failing at it, repeatedly. I learned to be completely out of cash again. I learned to be the Microsoft event organizer, rather than being a speaker at it, and to be grateful for the opportunity to pay my bills. I learned to fall back on my feet no matter how high the fall, and I learned to work for the pleasure of it again, rather than the "success" or recognition. I met everyone and anyone who wanted to share their startup journey with me, and I allowed myself to feel a bit lost for a minute, facing this ever surprising journey that is my life ... I allowed myself to not be sure about what I wanted to do, to test different avenues, explore various ideas, with different people, trusting that at some point the light bulb would light up.

After three years and four failed startups in Europe and Brazil, I was simultaneously offered to join Oxford's MBA program or to launch a French online luxury travel company in Brazil. Oxford had been a dream, but MBAs felt like my past corporate life at that stage, one I had already travelled, enjoyed and moved on from. So again, against most people's advice, I opted for the least predictable path, because it felt right. It felt exciting. I finally had a product that worked and enough investment to build a team and acquire users – I hired 13 people in Rio and together we were VoyagePrive.com. br. Together we dealt with clients whose trips didn't go to plan, hotels who didn't want to discount their rooms, and together we celebrated every little victory and fumed at every little hiccup.

But a year in it became clear to me that I had to give entrepreneurship a real try again, to build my own business again and see how far I could go. I had learned a lot from the past failures and setting up an established business in an emerging market, I was ready to start over and make new mistakes.

But they had to be new – previous mistakes were no longer allowed:

1. This time I would focus, and only build one business (not four at once).
2. I wouldn't jump on every idea that crossed my mind (no buying domains every other day).
3. I would choose something I felt I would enjoy doing for five years (not an idea that seemed like it could make money within six months).
4. I would take on coding to learn to communicate with a developer team (if nothing else).
5. I would not live anywhere; I would embrace the nomad in me (versus trying to be grounded and feeling claustrophobic).

And so I took on coding – online and in NYC – and started playing with ideas – some better than others. None truly hit the "five years investment" mark, but I decided to try and build a mobile app as a product, rather than a business, to experiment with new things. One night at 1 a.m. I thought to myself "my Argentinian friend Diego from London would be the perfect person to help with ideas for this cocktail app!" and so the next morning I called him on Skype, and he decided to help me as an angel investor. But every investment he made, he made with his lifelong business partner Martin, based in Argentina, so I also chatted to him. Martin was also in, and together the three of us played around with mockups. For about a month ... Until I got familiar with their business, Jampp, that had just pivoted to mobile app marketing. I quickly realized I knew many entrepreneurs who would want their technology and service, if it was as good as they had described it to be.

Jampp was not looking for new partners, and I was not looking to join an existing business, but being the opportunistic open people that we all are, I soon joined the founding team. Low pay, building up equity over time – anything but a safe move. My mother's anxiety kicked in again – wise but anxious lady. But even she will admit now that it was by far the best move I could have made. I accidentally found my bliss.

Never in a million years would I have imagined I would love to do sales. Especially advertising sales. Yet it is the most fulfilling job I have ever done. Four years in and I enjoy it more than ever – I get to work with some of the smartest people in the world, marketers from NYC to San Francisco, Rio, Dubai, London, Paris, Berlin, Kuala Lumpur, Bangkok and Cape Town, among other places. Marketers looking to grow the user base of some of the most interesting apps ever made – Uber, Twitter, WeChat, OpenTable, DeliveryHero, Knip, FoodPanda, Souq, OLX ... I sell advertising to brands that actually improve the life of smartphone users, and I LOVE every second of it. I am proud of what we do. Proud to see us evolve from a bootstrapped team of five to a VC backed team of 70 without losing our core values. Proud of the talent we've convinced to join us on this journey, and the unfathomable meaning they have given to the word "Jampper".

I could never have imagined that this seemingly shot in the dark would ever transform into a fulfilling steady job. A truly international job that nevertheless allows me to grow my roots in Cape Town, buying a house and adopting a dog, things I never thought I would even desire for my life. And there is no way of knowing where this will lead me, and all Jamppers. We might continue to grow, or face stagnation periods, or collapse altogether. But all in all I hope we will continue to thrive individually and as a group, allowing life to be ever mutating, trying not to become hostage of our need for security or control over the unpredictable future.

As my wise friend Patrick once told me on my early days at Microsoft: "La vie se doit d'être exceptionnelle!". It doesn't matter if the journey is easy, difficult, windy or flat – just as long as it feels exceptional. Listen to the voice inside of you more often than you succumb to external advice, and I guarantee you, you'll be pleasantly surprised.

Author

Joana Picq, Partner, Jampp

Joana Picq is a civil engineer turned tech fanatic, French-Brazilian turned Capetonian. She is a partner and founding member at Jampp, leaders in user acquisition and user engagement for mobile apps globally, with offices in Argentina, USA, UK, Germany and South Africa.

Prior to her career as a web entrepreneur, Joana spent four years at Microsoft doing business development across Europe, Middle East and Africa. She then failed multiple startups in Europe and Brazil, successfully expanded The Next Women from a blog to an international magazine, worked as Entrepreneur in Residence at X.Million Capital, acted as a board advisor for Astia.org and mentored accelerators around the world. She returned to Brazil to launch VoyagePrivé.com in 2011 before joining Jampp as a nomad and later settled in Cape Town.

Joana is an avid surfer and trail runner.

4.1.7   Indian Tea in a British Cup – About Internal Diversity and the Joy of Holding Space

Tia Kansara

I'm one of five kids. I learnt about teamwork from my siblings, where everyone plays a positive and constructive role. I'm the middle child that got all the attention for all the wrong reasons. I was loud, rebellious, and proud to be. I cared of course that being Indian there was preference for speaking only when spoken to and living up to the challenge of a good Indian girl. Both of my grandfathers were born in India – circa 1920 s and worked in East Africa – their lives were products of the Indian Ocean Trade routes. The melange of African and Indian culture brought conservative, paternal traditions to my upbringing. I think my parents didn't realize what would happen when these conservative norms mixed with Britain.

My European culture allowed me much more freedom than the culture that remained largely at home, restrictive. When I was out of the house in Birmingham – I was British, I spoke English. At home – the language was Gujarati. It was much later when I realized what a pleasure it was to be multilingual and multicultural. I now see it is a positive thing to draw the best out of India, East Africa and Europe – but at the time it was a nuisance not be "normal".

Education, just a nice feature in the hunt for a husband?
Our parents had two sets of rules, one for my sisters and me, and the other for my brothers. The girls had a curfew of 5pm, which meant less interaction with the "outside world" till the next day of school. It was a dual existence where most of my friends didn't understand why I couldn't come to play after school. This meant my friendships were only school-bound.

"The point of going to school was to do well in life," said mom. This would lead to a good income, and eventually a good husband – who would be easier to find if one's education was bargaining power. My parents had strong opinions about a woman's role in life, which was to accompany a man.

A woman's role is to accept her fate, in whatever way it is given. My parents evolved from the cultural narrative of "a traditional Indian woman should not have an opinion" to a slow seepage of British attitude where "you can't tell me what to do" came into the language at home. I remember when I turned 18, my father mentioned that it was the right age to get married – to which my mother responded "after she has her degree!" to buy more time. After my degree, it was my mother who mentioned it was time to get married, to which my father responded: "but she's not on her own two feet yet, let her get a job!"

Discussions with my parents about the role of a woman led to my ability to see many perspectives and feel comfortable arguing my case with my parents. I didn't want to feel forced to marry someone, only to feel I had no say in my life.

A sprinkle of focus and a dash of "sin-agonismos"

Times were changing and there was no best case to follow. Families had to amalgamate two very strong, different, cultures. I often felt a deep sense of culture shock as I shifted between these, it helped me open my mind but also narrow it when the social circumstances required it. This period of cultural intensity helped me focus my time on education and the arts and in solitude studying and practicing. My focus became my most significant strength, equally – my desire for solitude. I see now how I can seamlessly move into "focus mode", which often perplexes people around me (who may desire more attention from me).

The first shock my mom experienced was when my school reports arrived home. "Top student" – "100 % in exams" – it must have been strange that a child as naughty as me would do so well in school. I aced all my classes and with my best friend Ramona, became the prefect of the year, a privilege for top students. Ramona also had a strict mom. Our friendship thrived, she was strong, caring and competitive. It was later I learnt the word for the competition we thrived on,"sin-agonismos (συναγωνισμός)" Greek for positive competition.

When focused on a task, healthy competition with Ramona helped me getting through the tasks quicker and they were more fun. Thus creating the right environment for me to be productive. Perhaps it's because there was a group of us working together – that any form of jealousy from peers was diluted. Today Ramona and I are still in touch, she's just had her second child!!

The hardest battle: "I against I"
My formative years helped me identify more about what I wanted separate from what was expected of me at home. I like to take stock sometimes of where I am (in life) as it was a difficult period to break out of the mould (of the ideal woman prepared for marriage) and quite easy to forget the struggle to pave my own path that I now walk. This path is what I wanted for myself, but didn't realize was available to me.

My biggest sticking point was: "what if I'm not allowed?" Daydreams would come to an end when there was the eventuality I would need to ask my parents for permission. I remember my mentors would recognize that the issue might just be my own thinking. Understanding "I against I", is much more difficult than "I against the world". It has taken a while for me to understand that I am the master of me. Coaching and mentorship helped to arrive at this freedom.

Never lose gratitude for people who mentor and coach you. Or even close relations (friends and family) that are there to challenge you when you need them most. Where would I be without my inner voice that I've been taught to listen to? I remember a time with my coach when she asked why I thought I couldn't do something. "It's tough" was my response – actually it was something I'd never done before and I thought I didn't have the potential to do it. My coach highlighted there was a difference when one has empirical grounds to say that – I didn't!

Mind creates matter

Sports was never part of my childhood. Teenage life at home was a funny mix of Bharat Natyam and Bollywood. Dance and music for performances in Indian cultural shows were a frequent occurrence, Hindu festivals aplenty! However, I do remember enjoying martial arts – since my brother frequently watched Bruce Lee movies – my admiration grew tremendously for the Far East and grew even more when I started martial arts and studying Japanese. When I started university, I also became familiar with the military, passing my Military Training Qualification and later achieving the status of a physical training instructor. This taught me discipline and mind over matter, the pain led to gain, which later was helpful for testing my perseverance – a key ingredient in contributing something big in the world. I practice sports regularly now and I think it has brought a lot of peace and balance in my life! Attention on my physical body was important for later observing how I managed my responses and what held me back.

I remember a lesson I learnt whilst working with my business partner, Dr. Rod Hackney, to make space for exploring what I loved. I wasn't sure what I would be doing in the firm. Rod taught me that great people are worth working with and for them a role can always be sculpted to suit the skills they have. He did the same with me when we first started Kansara Hackney Ltd. He'll quote me saying "But I'm not sure what I bring to the table". His response was, "you'll see".

This taught me people need time to figure out their contributions, holding a secure space whilst they do this and feeling supported is paramount. It taught me a powerful tool for aiding employees to curate their own position and empowering them to take their own work into their hands. Previous bosses and colleagues of mine would feel comfortable when I could take initiative on my own, which gave them confidence I could handle the work and take on the responsibility to see the task through to the end.

The magic of responsibility and accountability

Can we all take responsibility for our work? Leadership involves this quality with a few other key ingredients. My learnings from leadership have developed over the course of my life, I wonder how much of my childhood has impacted my understanding of social relations. Big families often require you to be mindful of many people and negotiate what you want from a young age (without being aggressive). What determines your behavior is often your placement in the family and how your parents communicate your responsibility to other members to hold you accountable.

Solitude in my earlier years helped my education but I would have loved to have been out playing with my friends and developing meaningful relationships. As a result my siblings and I are extremely close, where we finish off each other's sentences! My older sister and brother helped me navigate my childhood as they provided a supportive environment.

This accountability is necessary and having people to rely on will give you an opportunity to understand their needs and expectations. If you ask whether their needs are being met, learn from their responses and treat this like feedback. This exercise will teach you what your own boundaries are.

To grow: look at your feet

Learning more about yourself can help you become more honest about who you are and what your expectations are. The trick in great leadership is the emotional intelligence (EI) to pass this information forward in a manner that the receiver will appreciate and act on (EI relates to the Neocortex – the part of the brain related to modern human evolution). Sometimes when you're in the moment, things don't make sense – but as you reflect, which is what I enjoy doing (whilst going for a walk in the park or reading) I'll have an idea that pops into my head: "What if ...?" And that's where a lot of my self-development has sprouted. Down time is important to process things that happen in my life, and taking good breaks away from everything, or scheduling restful activities help me honor this.

Experiencing the powerful trade-off for personal commitment

The most recent skill I've learnt is how to curate a shared vision (for the Thousand Network) – and then hold all accountable for the development of it. This has required stewarding and a subtle energy to move people towards one aim. I've noted that to hold this space is the strongest of leadership super powers – where you can lead a group to their highest potential. Thousand Network is the phoenix that emerged from the ashes of a community called Sandbox Network. When the Sandbox Network collapsed in 2014, there was a huge drive amongst the community to hold the space for all the members to come together and decide what to do without the topdown approach previously applied.

It was during this time, a group were voted in (the community's first democratic step) to make decisions on behalf of the community. This is when I stepped up as a member of the governance team and later chair. It's been a rewarding time to see members of the community provide advice as well as support with their time for no financial compensation. The biggest learning for me was that a group of people would maintain the core values of something if they are worth keeping. People will travel to the ends of the earth and back to support you if you're honest and hold firm to your principles.

"I have ten minutes. How can I help you?"
What I noted working in a relatively masculine work place was how I also needed to assume aggression to be heard. Over time I realized this aggression was making me intimidating, and difficult to approach. A great leader is welcoming to all, if you come with suggestions, you should be heard – or feel listened to. Many conflicts can be resolved by listening attentively, being present and making your constraints known. It's much better to tell someone you have ten minutes, than to sit and listen anxiously whilst drumming your fingers.

A recent example is the drafting of a message to a colleague who was causing considerable damage to the motivation of a client's team. A male member of the team had constructed the e-mail, and the language just wasn't friendly, once I'd e-mailed back some suggestions, it was clear perhaps the first draft was a little off-balance. Working with men often requires this – see-sawing. We had a positive response from the e-mail that was sent, but that's also because we both worked on it to soften the tone.

The essential: scheduling off-time
Parenting is also see-sawing. When work and pleasure are combined and you love doing what you do, it becomes a chore to relax, beware of becoming overwhelmed when your ambition can make you turn into a monster whilst getting tasks done. You could say you wouldn't be able to achieve things if you didn't work as much as you did, but the reality is at the cost of what in your personal life? As women we have even bigger responsibility when we give birth and manage our families.

Enjoying your work can create internal strife when you're torn between both. I've found marking "time-out" in the calendar can make a big impact – scheduling "you-time" or "family-time" when the mobile and laptop are off! I'm really hoping that when I have children I'll be able to maintain a good relationship with myself, my partner and my work. I love seeing families where both parents share parenting. I love seeing fathers actively participating in the upbringing of their children and also considering their partner's careers.

No doubt: the time for female leadership has come
Because this support is available there is a huge opportunity for women who want to take up more visible positions in leadership. The time has come for us to put some thought and action into female leadership where we feel comfortable and introduce a new kind of role model. One where we don't end up looking like males, short hair, trousers and speaking bluntly – I've been there and done that.

I found myself feeling more man than woman. But I've found a less aggressive stance when I empower myself to stand tall and feel the space. It's like rooting into the ground – a great feeling. When you can honor your female energy and use your intuition to sense the situation. The female side of me has learnt to live louder and balance out my male energy. Like yin and yang – there's a desire to have more balance between these sides of me.

During my thesis data collection in Abu Dhabi, I felt afraid of showing my feminine side – I was getting more attention being female in a predominantly male sector. I felt I needed to protect my female side to feel comfortable in the male-only work place. But I realized I was being pushed into a corner, I needed to expand this corner to feel I was standing on my own ground and that I needn't shy away. So I would speak up and have my opinions heard.

I'm an evolving being and I don't want to stop exploring who I am – this is the best opportunity I've ever had. I realized that my childhood helped me to push through feelings of confinement with expanding the situation. Now, whenever I feel I am being compartmentalized by someone or a situation, I allow myself the freedom to be who I want to be because I deserve it.

Author

Tia Kansara, Director, Kansara Hackney Ltd.

Tia is an award-winning entrepreneur. She is the founder and director of Kansara Hackney Ltd. KH are the first sustainable lifestyle consultancy in the UK, leading specialists in sustainable design and implementation for the future generation of private and commercial clients.

Her recent work involved providing city governments with her concept of Replenish, a per capita assessment of ecosystem services and publishing her first book, "Replenish". Replenish cities give more back to nature, rather than sustaining the status quo they generate ecosystem services, banish waste and create movements through lifestyles that are pro-nature. Tia is a visiting professor at Centre of Environment Planning and Technology (CEPT), University teaching Replenish: exploring smart cities partnered with the Royal Government of Bhutan, the Gross National Happiness Centre, GIFT City and Masdar City to equip students with an understanding of the future challenges of the Indian Government's 100 smart city campaign. She also launched the Pink Ladoo campaign in India on October 11 2015. In 2016, Tia launched the Garbage bank initiative between CEPT University and NID in Ahmedabad to raise awareness of waste management in Gujarat.

She was the first female Asian physical training instructor for the Territorial Army in the UK, her hobbies include rock climbing, diving, hiking, kung fu, yoga, meditation and singing. She speaks Gujarati, Hindi, Urdu, Arabic, English, French, Japanese and has studied Sanskrit.

4.2 Re-inventing "having it all"

4.2.1 How I Became a Mum While Loving my Job

Caroline Ragot

I love my job. I would even say that I'm a bit of a workaholic, a condition which is not necessarily good, and which I'm trying to get rid of. So what happened when I decided to become a mum?

Quite frankly, I'd never been very keen on children. Having a baby was not an obvious move, since I loved my life just the way it was. I loved the extensive travels with my husband; the lazy weekends and lavish nights of tapas and drinks or impromptu barbecues. I also enjoyed the luxury of working on a Sunday afternoon if I pleased, or if I didn't, instead practicing some yoga or going long boarding on the beach. So when one day we decided to have a baby, this lifestyle was in serious danger, and I was scared. But it turned out to be the best decision we ever made.

The pregnancy

I was convinced that Hollywood's depiction of pregnancy, as of everything in life, was completely over-exaggerated. Then one morning while walking my dog I found myself staggering towards a tree for support, hoping that passersby wouldn't take me for a drunk. Needless to say, the following few months were not very easy. Drunklike dizziness was followed by the constant feeling of being hungover, or jet-lagged, or both. This continued for three months. On one occasion, I was about to give the welcome speech for the first edition of Women in Mobile, an initiative I co-founded with my friend Vanessa Estorach, and I was convinced I was going to vomit. I felt so miserable, I even forgot to be nervous! This is one of the great things about pregnancy: you stop being a control freak. Suddenly you stop caring so much about arbitrary things – and what a relief it is! I loved it. Best of all, I didn't vomit and I'm sure that hardly anyone noticed how I felt. It taught me a great lesson: to stop stressing out about doing things perfectly – it's exhausting and honestly, nobody cares.

I work for InfoJobs, the leading job board in Spain, as the mobile strategist. The task is to convert a traditional, web-focused company into a mobile-first company. Let me go out on a limb here and say that my pregnancy was one of the best things that could have happened to InfoJobs. Changing a company is hard, because humans are creatures of habit – we don't like change! This is tough when your job is to drive innovation, so I was in for a long haul. It took me a good two years to create awareness about mobile and another two to get all the teams on track; four long years and endless patience to make the mobile transition happen. The last part was most difficult for me as I'm not exactly a stoic, so the journey was good but strenuous.

When I announced that I was expecting a baby, my director started getting nervous. I was the only person in the company with the term "mobile" in their job-description, and also the only one accustomed to small screens. So as my tummy steadily grew, mobile became top-priority at InfoJobs. As long as I was around there was at least someone to accompany the bumpy transition to mobile, and this seemed reassuring enough. But my approaching maternity leave created a sense of urgency, even panic: carpe diem before the water breaks! This was exactly what the company needed. We planned a six-month transition time, hired new people, trained others, and by the time I went on leave, InfoJobs was ready to release new versions of our apps without me.

In week 35 my company, Schibsted Spain, gently pushed me out the door and told me to start getting ready for the baby. As a social benefit, Schibsted allows mums to start their maternity leave at week 34. I'm very grateful for this impetus because at that point, I hadn't prepared a thing. When my baby boy arrived two weeks early I felt even more lucky that they had insisted I take the time to get ready.

The birth

I've released a number of apps and updates in my career, but by far my best release – longer than an Android one but fortunately shorter than an iPhone's – was that of my beautiful baby boy. 22 hours of labor! Eliot was in no rush. So as my baby threw coins ("in or out?") I lay there in excruciating pain thinking, strange as it may sound, about my CEO, Jaume Gurt. Let me explain: at InfoJobs you are offered opportunities for professional as well as personal growth. Jaume Gurt believes in human leadership and happy companies. I feel very privileged that Jaume introduced me to meditation, the amazing practice that helped me get the headspace I desperately needed. I can remember my first class vividly; the teacher could not make it that week so Jaume stepped in and guided my first meditation. When your CEO asks you to visualize a blue light coming out of your heart and try to feel your chakras it's frankly a bit awkward, especially as a beginner. But I decided to keep an open mind and forget who was teaching the class. I slowly became accustomed to the practice and for the last four months of my pregnancy I meditated every night before bed. On D-Day I was having contractions every five minutes. This went on for eight hours and the pain was nearly unbearable. In my despair, I started meditating. Every time a wave of contractions came, I visualized a flower filled with light growing while the pain reached its peak. Without this method I don't think I would have lasted for the four more hours it took to dilate enough to receive the epidural. Had I pushed the red button earlier I would have probably had a caesarean operation. Giving birth naturally to my wonderful boy Eliott was the most beautiful thing I have ever done. I know it fits every cliché, but it was by far the most incredible experience of my life. So in a very strange way, my company was a great help in the most intimate moment, and for that I will always be thankful.

The maternity leave

I reap the fruits of meditation daily, even if I still have a lot to learn about the practice. The ability to anchor yourself is key to enjoying anything, and everything! Otherwise you may end up doing so much that you can't truly enjoy any of it. If you were feeling too busy before, just wait until you have a kid! What has worked for me is trying to be in the present moment as much as possible. Multi-tasking does not exist. It took me a while to figure this out, but I realized that while I thought I was doing several things at a time, I was really just interrupting one task and switching to another. This is stressful and consumes a lot of energy. So meditation helped me to feel less stressed and thus happier.

Another thing I learned as a new mum was the importance of saying no. I used to have a lot of time on my hands that I was happily investing into work, but now I need to prioritize because nothing is more important to me than the time I spend with my family. It works a bit like software development: you know you don't have time to include every cool feature or fix tiny bugs. So you need to sort out your priorities depending on the company's business goals. This is the job of the product owner, a position I know pretty well. My personal "business goals" are first to be happy with my family and second to enjoy my work. Like any good product owner, I know I must sometimes say no in order to focus on the essentials. I think this is one of the most important skills to master, and I still have a long way to go.

Since I've confessed to being a workaholic and my job is the second point on my agenda, it may come as no surprise that I took my baby to work. I would like to share with you my experience of being an active professional with a newborn. Though I enjoyed a wonderful maternity leave from September to January, this does not mean I disconnected 100 % from work. I spent 80 % of my time caring for my beloved baby, and 20 % keeping in touch with my professional life. The first thing I learned was not to be shy – just take your newborn with you everywhere and don't worry, you'll manage. What's the worst that can happen? Say your baby starts crying in the middle of a meeting. Easy. You take him out and give him the attention he needs. Say you're not able to return to the room. You apologise and you leave. If someone doesn't like it, that's their problem. Don't feel responsible for the way other people feel about your parenting decisions. With this credo in mind, I took Eliott with me everywhere I went, and breastfed him in public places. Once again, if this offends anyone, tough luck! It's 2016! Breastfeeding in a discrete way should not bother anyone. So Eliott and I went to InfoJobs together many times, whether it was for a meeting or just a quick catch up with a member of the team.

My last assignment as mobile strategist before going on leave was to define and plan our mobile retention strategy. I spent hours evaluating different tools so I was eager to see them in action after the team had integrated them during my absence. So naturally I went to the office to follow a training for the new mobile marketing automation tool we had just included in our Android app. Two representatives from the provider travelled from London to train our staff. When I arrived, ten minutes late, they were surprised to see me carrying Eliott. But they smiled and greeted me: "Happy to see you back, Caroline, and what a beautiful boy you have!" After the crowd and Eliott were introduced, they restarted the demo, five minutes later. I was able to participate and voice some thoughts, and it felt great to be included in a meeting that was important to me. After a while, Eliott started crying, so I asked whether anyone minded if I breastfed. He calmed down, and the meeting continued. It was a great meeting, and everyone was perfectly comfortable. Easy! I got out of the room and bumped into Dominique Cerri, the new CEO of InfoJobs. Eliott was awake by then. She looked at him, smiled and said "please can I cuddle him?" She took Eliott in her arms and told me "I am explaining the new organization to all employees in half an hour, that would be great if you could stay". I attended the presentation leaving the room discretely when Eliott became cranky. My colleague Lorena saw us outside and was eager to help; so for the next 15 minutes she cared for him while I was able to slip back into the room. It was a great day at the office, and it felt fantastic being there with Eliott!

This is just one of many examples. On another instance I took Eliott to a meeting at City Hall with my co-founder and PR manager for Women in Mobile. Again, we were welcomed to the meeting by three ladies who were happy to see me with Eliott in a baby sling. When he was two months old, I brought Eliott and my husband to a women in Mobile after work. At the time I was exclusively breastfeeding, but had not managed to express milk that morning so I had no choice than to bring Eliott along. So we arrived at the trendy bar pushing the pram, where the owners let us settle down in a quiet room on the side. My husband watched Eliott as he slept, while my co-founder Vanessa and I started giving the welcome speech. When I heard muffled cries I paused, and addressed the crowd: "I think I'm hearing my beautiful baby boy cry. He might be hungry so let me feed him – I'll be back in 20 minutes." Vanessa continued and my husband and his friend took the opportunity to grab a drink at the bar. When

I returned, Vanessa looked over to see whether I could introduce the speakers for our next big event. I got the message and climbed the stage with Eliott in my arms. Later in the evening, one of the guests approached me saying: "It was amazing seeing you on stage with your son in your arms. It was so inspiring – it showed me that yes, it *is* possible."

Nine out of ten times I brought Eliott to a professional encounter it was great. Once I had to cancel a conference call for Women in Mobile because he was teething and was crying too much. Everyone was very understanding because they knew I was on maternity leave, and Vanessa was able to take over. Another time I was refused entrance to an event at the Mobile World Congress that was open to guest 16 years and above. Sometimes things don't work out as they were planned, but most of the time they do.

Back to work
I am transitioning back to work progressively. I have vowed to impose my own rhythm on the process and I refuse to rush myself because I want my first year with Eliott to have quality. The most important point on this subject is that gender equality starts at home! I spoke a lot with my husband Craig to figure out the best solution for the three of us. Craig is lucky to love his job as well, so neither of us were keen on giving up our career. We agreed to make the transition from home to the real world as smooth as possible for Eliott, so we did not want to stick him straight into kindergarten after my four-month leave was over. So we came up with the following plan: Craig would take one day off from work to stay with Eliott and we would get a nanny for two mornings a week so I could go back to work at 40 % from January to March. If everyone felt ready, Eliott would start kindergarten in April from nine to

three and I would work at 60 %. The plan worked – while I'm writing this, Eliott is spending his first day in kindergarten at seven months!

My conditions

My transition back to work was smooth, because I imposed my own demands and goals onto the process. Just before going on maternity leave, I asked the CEO of Schibsted for a meeting. Over lunch, I told him all the reasons I would love to return to Schibsted after my leave, but also explained the things that were making me consider looking for a professional change. It was an honest, friendly and positive conversation. He asked me: "Well, what would be your dream job?" and I replied truthfully: "I would like to come back to Schibsted and work with a small team to create a new app and make it grow into a sustainable business. A bit like working as an entrepreneur in a startup." a few months later, after putting Eliott to bed, I received an e-mail from my CEO. He was offering me my dream job, to build a new app from scratch in startup mode. It may only have been luck, I don't know. But the lesson here is to be bold! Tell your boss honestly what your expectations and goals are, always, no matter if you're having a baby or not. If they regard you as a valuable asset to the company they may make it happen.

My husband

I mentioned earlier that gender equality starts at home; sharing *everything* is key. Craig and I both take care of our son. We take turns getting up at night now that I'm no longer breastfeeding. We both cook. We both walk the dog. We both work. Doing all of this every day is nuts; you have to make compromises. So when I suggested that Craig take Mondays off so that I could go to the office that day, he thought it was a great idea. Though he may dislike the term, he has always been a feminist. For him this was an opportunity to put his beliefs into action by sharing the responsibility of caring for Eliott at home. After asking his Manager at Magento he called me to confirm that it was no problem, he could spend Mondays at home with Eliott. The same night he admitted: "You know, actually, it wasn't that easy for me to ask for one day off. The company was ok with it, but I immediately felt bad about it. What if colleagues thought I was lazy and just wanted an extra day off? What if they thought I was no longer qualified for my job? Then I reminded myself that women have the same doubts and fears, only that the pressure is much higher, to be a good mother and to have a career despite of it. I decided to be brave and go for it." By now, Eliott and Craig love their Mondays, and they have adapted well to spending time as a pair, without any motherly help. Our son will only be four, five, six or seven months old once, while we have our whole lives to work. There are things that can wait and others that can't. We're still learning how to be good parents and a good team of three, but so far the journey has been the happiest experience of our lives.

Final thoughts

I am aware of how lucky I am. I have a job that I love at a company that is trying its best to make my new life as a mum as easy as possible. Frode Nordseth, Schibsted Spain's CEO, once told me that he would like to see more women in tech and more female leaders, and that the only way to make it happen is by empowering those women delivering great results, and supporting them in finding a balance between their personal and professional lives. And because I know how fortunate I am, I wanted to share this journey to becoming a working mum with you. I believe that it is much more powerful sharing positive and motivating stories than only focusing on negative experiences. Although it is our duty to denounce bad practice, we must also raise our voices when we have experienced good practice. Tech companies just can't afford *not* to have more women working for them. Proving to women that their company facilitates being a mother while having an ambitious career is the way to go!

Author

Caroline Ragot, Mobile Strategist, Schibsted Spain

Caroline Ragot is an expert in mobile technology with a strong focus and passion for apps. She was the leading mobile strategist at InfoJobs, the #1 job board in Spain. Her role was to convert InfoJobs into a mobile-first company. Now she is a mobile intrapreneur for Schibsted Spain where she creates new app businesses. Caroline started working in the mobile industry in 2006, shortly before the revolution of Android and iOS. She worked on many projects with companies like Nokia, BlackBerry, Microsoft, Google, AT&T, SFR and Vodafone. Driven by a passion for mobile, she conceptualized the first exhibition about smartphones and their impact on our daily lives at the Arts Santa Monica Museum in Barcelona, curated in 2012 by the Catalan government. In 2014, she co-founded Women in Mobile, an initiative to increase the visibility of all women shaping the future of the mobile industry. In 2015, she was awarded the prize Women in Tech by the Women Observatory of Economics and Business of the Barcelona Chamber. She is also an active member of the Appcircus community where she serves as a mentor and jury member.

4.2.2   Die Berater-Mindset einer Fulltime-Mama: über die Schönheit des „Zwittermodells"

Simone Kreyer

Im Gegensatz zu vielen anderen verlief meine Karriere eher intuitiv. Ich hatte selten bis nie ein konkretes Ziel vor Augen. Häufig habe ich sich mir bietende Herausforderungen einfach angenommen, ohne dass ich diese davor jemals in Erwägung gezogen hätte. Nicht selten befanden sich diese Chancen auf anderen Gebieten oder standen in starkem Gegensatz zu meinen Jobs davor. Ich war einfach mutig – manchmal könnte man es auch naiv nennen. Ich habe ausprobiert. Dennoch bin ich im Nachhinein stolz darauf, da sich daraus wichtige Erfahrungen und spannende Möglichkeiten ergeben haben, die ich heute nicht vermissen möchte. Während ich dabei zu Beginn meiner Karriere Erfolg sehr stark im Sinne von Lean in definiert habe, rückten, als ich Mutter wurde, andere Themen in den Vordergrund. Dazu zählen als essenzielle Bestandteile meines ganz persönlichen Karriereziels unter anderem Gestaltungsfreiraum, individueller Wertbeitrag und Vereinbarkeit

von Familie und Beruf. Geschadet hat es nicht, die besten
Angebote erhielt ich, als ich bereits Kinder hatte. Punkte wie
das Ablegen von Selbstzweifeln, die Offenheit für Herausforderungen, vor denen man sonst Angst gehabt hätte, sowie das
unerschrockene Verteidigen seines Standpunkts sind absolut
notwendig, um seinen individuellen Weg zu finden und erfolgreich umzusetzen.

Im Zweifel Ja sagen: planlos zum Erfolg

Schon in der Schule habe ich die Personen beneidet, die jeden
Karriereschritt akribisch geplant haben. Sie wussten bereits
vor dem Abitur, was sie studieren möchten, welche Seminare
sie belegen und bei welchen Unternehmen sie später ein Praktikum machen wollten, um dort dann ihre Karriere zu starten. Erst nach der Abiturprüfung entschied ich mich spontan
für ein Mathematikstudium, schließlich hatte ich Mathe als
Leistungskurs belegt. Relativ schnell stellte ich allerdings fest,
dass der Stoff eher trocken war. Deswegen wechselte ich nach
einem Semester in die Psychologie. Dort angekommen, stolperte ich regelrecht in meine Praktika. Zurück im Studium
empfahl mich eine Bekannte für einen Frauenworkshop bei
einer Top-Management-Beratung. Meine Mentorin, die mir
dort zugewiesen wurde, war großartig und überzeugte mich
von einer Bewerbung, obwohl ich eigentlich bereits ein Angebot für eine Promotion in der Tasche hatte. Als ich nach
meinem Marathon-Interview-Tag mit meinem Vertrag in der
Hand nach Hause lief, freute ich mich zwar, war aber auch
unentschlossen. Bis dato hatte ich nie vorgehabt, in die Beratung einzusteigen. Ich dachte mir aber: „Was habe ich zu
verlieren? Promovieren kann ich auch später noch." Was ich
dann – einem anderen Zufall geschuldet – einige Jahre später
auch tat.

Meine Zeit bei der Beratung war ebenso spannend wie unvorhersehbar, denn ich fing pünktlich zum Start der Finanzkrise an. Die Themenschwerpunkte waren dadurch klar gesetzt, sodass mein Vorhaben, meinen Psychologie-Hintergrund in interessante Marketing- oder Branding-Projekte einzubringen, erst mal geparkt werden musste. Bis auf wenige Ausnahmen absolvierte ich Projekte im Bereich „Restrukturierung und Reorganisation" im Banken- und Versicherungssektor. Obwohl es garantiert nicht mein Wunschgebiet darstellte, fand ich schnell Gefallen an den Themen und fühlte mich bei den Kolleginnen und Kollegen in diesem Sektor sehr wohl.

Auch mein „educational leave" lief ganz anders als geplant. Eigentlich hatte ich vor, einen MBA in Kanada zu absolvieren. Die Zusage war bereits in der Tasche und die Koffer schon fast gepackt, da lernte ich meinen Mann kennen. Zwei Jahre Fernbeziehung nach Übersee hätten wir wohl nicht überstanden, sodass ich mich kurzerhand entschied, den MBA abzusagen und – wie nach dem Studium schon angedacht – in Deutschland zu promovieren. Eine absolut richtige Entscheidung, vor allem aus privater Sicht.

Zurück im Beraterleben genoss ich die Arbeit sehr. Gerade mit den Aufgaben einer Projektleiterin betraut und bereit, endlich das Steuerrad im Beraterkarussell in die Hand zu nehmen, wurde ich jedoch schwanger. Für mich war klar, dass ich den Beraterjob als Mutter, die ihr Kind jeden Tag sehen möchte, schweren Herzens an den Nagel hängen musste. Was mich allerdings mehr beunruhigte war, dass ich keine Ahnung hatte, was ich alternativ zur Beratung tun sollte. Per Zufall traf ich in der Elternzeit einen ehemaligen Kollegen, der gerade einen Inkubator für E-Commerce-Start-ups in Berlin gründete. Am Ende des Treffens bot er mir die Stelle als Director of HR an. Bis heute wundere ich mich über mich selbst, dass ich ihm zugesagt habe. Weder hatte ich wirklich Ahnung von operativer HR-Arbeit noch von Start-ups. Auch wusste ich nicht, wo die Reise des Inkubators genau hingehen sollte, da wir bei null anfingen. Ich rekrutierte mein Team, setzte Prozesse auf und implementierte diese, stellte innerhalb eines Jahrs über 200 Personen ein und half beim Aufbau des Inkubators sowie der Start-ups. Anders als geplant, stellte sich der Lebenszyklus des Inkubators leider als sehr kurz heraus. Kurz nach dem einjährigen Bestehen entschied der Investor, die Türen zu schließen. Dennoch war die Zeit unglaublich intensiv, lehrreich, abwechslungsreich und emotional, sodass ich weder die Kündigung bei der Beratung noch die Erfahrungen im Inkubator bereue.

Außerdem bot sich für mich aus der Schließung eine weitere Option. Ich erhielt von einem damaligen Vorstandsmitglied des Investors das Angebot, nach München zur Muttergesellschaft zu wechseln und die Leitung Personal für den Digitalbereich zu übernehmen. Die Rolle war durch starkes Wachstum und Fragmentierung in dem Bereich nicht wirklich klar umrissen, dennoch reizte mich die Vorstellung, hier wieder neue Dinge zu lernen. Durch Zufall nahm mein Mann zur gleichen Zeit ein Angebot in München an, sodass wir innerhalb weniger Monate die Koffer packten und aus der Hauptstadt in den Süden zogen.

Habe ich geplant, Beraterin zu sein? Nein! Habe ich geplant, in den Bereich „HR" zu wechseln? Nein! Habe ich geplant, in einem Start-up tätig zu sein und danach wieder in einen Konzern zu wechseln? Nein! Es hat sich alles ergeben und ich habe die Gelegenheiten ergriffen, als sie kamen. Keine der Stationen jedoch bereue ich. Jede hat in ihrer Weise dazu beigetragen, zur nächsten zu führen. Ungeplant, unvorhersehbar. Und natürlich gab es viele Angebote, zu denen ich Nein gesagt habe. Also vielleicht Zufall mit System?

Re-defining Priorities: Umdenken durchs Mutterwerden

Während meiner Zeit als Beraterin definierte ich mich sehr stark über meine Arbeit. Diese war geprägt durch intensives Arbeiten, viele Überstunden, ständiges Reisen und toughes Auftreten. Die meiste Zeit versuchte ich, dem Beraterideal gerecht zu werden. Zudem funktionierte der Belohnungsmechanismus mit ständigem Feedback, rascher Karriereentwicklung und dementsprechender Entlohnung sehr gut.

Meine Schwangerschaft zog mir dann schlicht den Boden unter den Füßen weg. Nicht, dass ich mich nicht gefreut hätte, schließlich wollte ich ja ein Kind bekommen. Doch sie kam viel schneller und intensiver als erwartet. Aufgrund einer Komplikation musste ich ab dem fünften Monat im Bett liegen. Ich war von heute auf morgen plötzlich raus. All das, was mich bestätigt und worüber ich mich hauptsächlich definiert hatte, war von jetzt auf gleich weg. Natürlich drehte sich das Beraterrad weiter, viele Kollegen absolvierten spannende Projekte, reisten in interessante Städte oder wechselten den Job und nahmen neue Herausforderungen an, während ich mit meinem kleinen Sohn zu Hause saß und Windeln wechselte. Die Welt fühlte sich ungerecht an und meine intensiv ausgelebte Selbstbestimmung war mit einem Mal dahin.

Freundinnen schenkten mir in der Elternzeit das Buch „Lean In" von Sheryl Sandberg (Sandberg 2013). In vielen Punkten erkannte ich mich in meiner Beraterzeit wieder und wurde im Großteil in meinem Tun bis dahin bestätigt und motiviert. Als Mutter revidierten sich jedoch andere Punkte relativ schnell. Beispielsweise war es für mich undenkbar, unmittelbar nach der Geburt wieder einzusteigen und die Kinderbetreuung zum Großteil in die Hände Dritter zu geben. Die Zeit mit meinem Kind war und ist mir zu wichtig. Zudem war es in unserer Partnerschaft keine Option, dass mein Mann sich um unseren Sohn kümmert und deswegen beruflich zurücktritt.

Theorie und Praxis

Gestärkt durch Sandbergs Thesen, war ich bereit, ins kalte Wasser zu springen und mich mit Kind beruflich auf unbekanntes Terrain zu wagen. Gleichzeitig formulierte ich aber für mich die Bedingung, Zeit für mein Kind zu haben. Daher nahm ich die Position als Director of HR beim Inkubator in Berlin nur unter der Prämisse an, jeden Tag um 16 Uhr gehen zu können, damit ich meinen Sohn von der Krippe abholen konnte. Stolz darauf, „mein Modell von Karriere" zu leben, scheiterte dieses jedoch relativ schnell. Ich zermartere mir ständig das Hirn, wie ich Kind und Beruf unter einen Hut bekommen sollte. Immer noch im Beratermodus machte ich Calls und Interviews am Handy, während ich mit meinem Sohn auf dem Spielplatz war, oder saß abends nach dem Zubettbringen stundenlang am Rechner. Da ich ja „schon" am Nachmittag ging, setzte ich mich selbst unter Druck, alles sofort nachholen zu müssen und uneingeschränkt erreichbar zu sein. Zudem hatte ich ständig ein schlechtes Gewissen. Zunächst meinen Teams, Vorgesetzten, Kollegen und am meisten mir selbst gegenüber, da ich nur bis 16 Uhr im Büro war. Sobald ich mich auf den Weg zum Kindergarten machte, kam dann das schlechte Gewissen meinem Kind gegenüber, das so lange in der Kita bleiben musste.

Das Modell war einfach von mir noch nicht wirklich durchdacht sowie mit meinen Vorgesetzten und Teams noch nicht ausreichend diskutiert worden. Mir war nur eines klar: So konnte es nicht weitergehen. Es musste doch eine Möglichkeit geben, eine anspruchsvolle Führungsposition als Mutter einzunehmen, ohne dass man ständig von einem schlechten Gewissen getrieben ist.

Hochmotiviert, in München viele Dinge zu ändern, scheiterte ich dennoch häufig an organisatorischen Gegebenheiten und am Ende an dem Druck, den ich mir selbst machte. Nicht selten musste ich mir Kommentare anhören wie: „Echt, Du hast ein Kind? Und wie kriegst Du das hin?" Gerne hätte ich mich zu dem Thema mit anderen Frauen ausgetauscht, allerdings gab es nur wenige auf dem Level in einer Führungsposition in Teilzeit. Die meisten Frauen hatten noch keine Kinder, oder die Männer beziehungsweise Dritte kümmerten sich ganztägig um die Betreuung. Viele Frauen hatten gar keine Kinder. Gäbe es mehr erfolgreiche Modelle von Führung in Teilzeit, würde sich das aus meiner Sicht zum einen auf die Akzeptanz auswirken, zum anderen würden diese Damen auch als Rollenmodelle für Gleichgesinnte gelten und sich im besten Fall ähnliche Profile in eigene Teams setzen oder sie generell fördern.

Kriterien für Erfolg

In der zweiten Elternzeit beschäftigte ich mich erneut mit dem Thema. Obwohl mein Verlangen nach spannenden Herausforderungen unverändert war, musste sich etwas an der Umsetzung ändern.

Sehr schnell landete ich bei der Frage, wie weiblicher Erfolg oder Karriere denn überhaupt definiert sind. Häufig lässt sich Erfolg oder Karriere durch männliche Kriterien wie zum Beispiel durch Macht, Einfluss, Titel und Position und dementsprechende Entlohnung beschreiben. In Unternehmen und Gesellschaft hat sich diese Definition von Karriere oder Erfolg aus meiner Sicht gefestigt. Für einen Großteil der Arbeitnehmer – genauso wie für mich während meiner Beraterzeit – ist diese klassische Definition von Karriere garantiert attraktiv.

Aber passt sie denn generell zu Frauen und insbesondere zu Frauen mit Familie und Kindern? Passt sie heute noch zu Eltern generell?

Bei unzähligen Treffen mit anderen Müttern, die sich in einer ähnlichen Situation wie ich befanden, haben wir stundenlang darüber diskutiert. Fast ausnahmslos wurde das klassische Karrieremodell als nicht mehr attraktiv angesehen. Viele Mütter fanden es ähnlich wie ich bis zur ersten Schwangerschaft interessant. Aber bei vielen änderte sich spätestens, wenn das erste Kind da war, die Definition von Karriere. Bei den Frauen, die nach der Elternzeit im Beruf bleiben wollen, geht es überhaupt nicht darum, keine Karriere mehr zu machen, ganz im Gegenteil. Weiterhin wollen Frauen spannende Positionen, auch gerne als Führungskraft mit vielen Herausforderungen und großer Verantwortung. Aber sie wollen nicht mehr 120 % ihrer Zeit und Energie in Arbeit investieren. Es rücken alternative Kriterien wie der individuelle Wertbeitrag, Selbstverwirklichung, spannende Herausforderungen und ein gut funktionierendes Team in den Vordergrund – oder auch die Möglichkeit, Dinge zu bewegen und zu gestalten. Auch für mich sind das die Bestandteile einer erstrebenswerten und attraktiven Karriere, wenn parallel noch Zeit für die Familie bleibt. Und darin besteht das größte Dilemma für Organisationen und für mich selbst. Ich denke im Übrigen nicht, dass das ein rein weibliches Thema ist. Auch viele Männer möchten sich mehr in die Familie einbringen, insbesondere wenn die Kinder noch klein sind. Wenn Führung in Teilzeit gesellschaftlich anerkannt wäre, wären vermutlich auch viel mehr Männer interessiert.

Jeder soll sein Modell finden und leben

Es gibt eine Vielfalt von Modellen, Familie und Karriere unter einen Hut zu bringen und jeder muss für sich entscheiden, was für ihn und die Familie passt. Ich kann jede Frau verstehen, die sich bewusst dazu entscheidet, weniger oder auch gar nicht zu arbeiten, um für die Kinder da zu sein. Ihnen gilt mein vollster Respekt, da ich selbst weiß, wie anstrengend es, ist Vollzeit-Mama zu sein. Auch respektiere ich die Mütter, die nach kurzer Zeit wieder Vollzeit in den Job einsteigen und ihre Kinderbetreuung entweder an den Mann, die Großeltern, die Tagesmutter oder die Nanny abgeben können und wollen. Meine Vermutung ist aber, dass gerade bei den sehr gut ausgebildeten Frauen das Modell zwischen Vollzeit-Mama und Vollzeit-Arbeit angestrebt wird. Firmen bieten schon eine Reihe attraktiver Teilzeitmodelle, tun sich mit wirklich verantwortlichen Führungsfunktionen in Teilzeit aber nach wie vor schwer.

Welche Erleichterung wäre es für mich als Vertreterin des Teilzeitmodells, wenn Führung in Teilzeit viel breiter akzeptiert, respektiert und beworben wäre. Welchen großen Unterschied würde es machen, wenn eine Mutter in einem Interview für eine neue anspruchsvolle Position von dem Vorgesetzten dazu ermutigt werden würde, die Rolle in Teilzeit auszuüben. Wie motivierend wäre es, wenn man gemeinsam diskutiert, wie sich die Führung in Teilzeit umsetzen lässt. Uns Frauen würde damit ein enormer Druck genommen. Dafür aber müssen sich Unternehmenskulturen verändern.

Sich als Paar arrangieren

Auch ein starker Partner ist ein weiterer wichtiger Faktor. In einigen Fällen Vollzeit arbeitender Frauen übernimmt der Mann einen Großteil der Kinderbetreuung. Das dürfte allerdings bis dato leider eine Ausnahme sein bei Partnerschaften mit äquivalenter akademischer Ausbildung und Karriereambition. Ich sehe in meinem eigenen Bekanntenkreis, dass leider nach wie vor das Thema „Kinderbetreuung" an den Frauen hängt – unabhängig davon, wie es organisatorisch gelöst wird. Aus eigener Erfahrung sind die ständigen Diskussionen, wer wie viel Zeit in die Kinderbetreuung steckt, unglaublich zermürbend und häufig ist es aussichtslos, eine Gleichberechtigung zu erzielen. Ferner komme ich in den Auseinandersetzungen mit meinem Mann sehr schnell zu dem Argument, dass der Part, der mehr verdient, weniger für die Kinderbetreuung verantwortlich ist. Auf der einen Seite ist das ein nachvollziehbarer Punkt, auf der anderen Seite allerdings unfair. Das Gehaltsgefälle, hervorgerufen durch mehrere Elternzeiten, in vielen Fällen ein Altersunterschied sowie grundsätzlich schlechtere Bezahlung von Frauen, ist häufig schon so groß, dass die Frau es ohnehin durch einen Jobwechsel oder einen Karrieresprung nicht in wenigen Monaten ausgleichen kann. Auch wir sind einmal auf demselben Level gestartet ...

Natürlich sollten die Finanzen nicht oberste Priorität haben, dennoch enden viele Diskussionen an dieser Stelle. Ich habe gelernt, im ersten Schritt für mich selbst zu definieren, wie meine Karriere mit Beruf und Familie aussehen kann und schaffe mir selbst den Rahmen. Hierzu zählen z. B. Kindertagesstätten mit längeren Öffnungs- und weniger Schließzeiten oder ein sehr guter Babysitter.

Lean in Qualitäten nutzen, Lean back Perspektive einnehmen

Karriere wird aus meiner Sicht durch eine Mischung aus Lean in und Lean back ermöglicht: Man muss sie nicht akribisch planen. Viele Chancen ergeben sich, auch wenn man sie nicht gerade sucht. Aber generell zu wissen, wo man hinwill, hilft in jedem Fall. Steht man vor einer spannenden Aufgabe, sollte man keine Scheu haben, diese trotz Ungewissheiten und unbekannter Risiken anzunehmen. Zudem sollte man keine Angst vor einer individuellen oder alternativen Definition von Karriere haben. Wichtig ist es, diese dann selbstbewusst und mit Nachdruck einzufordern und proaktiv den Rahmen dafür zu schaffen. Dazu gehört auch eine klare und kontinuierliche Kommunikation an das Team, den Vorgesetzten und die Kollegen. Notwendig ist auch die ständige Rückendeckung durch den Vorgesetzten und, im besten Fall, noch der Ebene darüber. Hilfreich sind zudem zuverlässige Mitarbeiter, die in der Zeit, in der man sich um die Kinder kümmert, Themen und Entscheidungen übernehmen.

Es sei an dieser Stelle nochmals erwähnt, dass es nicht darum geht, dass Frauen bei solchen Modellen ab einer gewissen Uhrzeit alles stehen und liegen lassen und nicht mehr erreichbar sind. Die meisten Frauen in Teilzeit sind intrinsisch motiviert, wollen sehr gute Ergebnisse abliefern und für ihre Teams da sein. Sie sind auch prinzipiell erreichbar, allerdings am Nachmittag mit einer Verzögerung und starken Priorisierung nach Relevanz.

Einige grundlegende Einschränkungen für solche Modelle existieren jedoch. Es setzt schon ein gehöriges Maß an Ehrgeiz, Motivation und Zielstrebigkeit voraus, um Führung in Teilzeit erfolgreich zu leben. Zudem gibt es Jobs, in denen sich die beschriebenen alternativen Modelle einfach nicht realisieren lassen. Dazu gehören Tätigkeiten mit erhöhtem Reiseaufwand, mit vielen internationalen Schnittstellen oder im hochpreisigen Dienstleistungssektor mit „24/7-Mentalität", wie z. B. Unternehmensberatung. Auch sind absolute Top-Jobs, wie z. B. Vorstand oder CEO-Positionen mit Öffentlichkeitswirkung ausgenommen. Noch. Wer weiß, wie sich die Gesellschaft auch hier entwickelt.

Für alle anderen Funktionen möchte ich dringend ermutigen, es zu versuchen. Sicherlich ist dies oft auch im Bewerbungsgespräch ein iterativer und langwieriger Prozess. Aber warum nicht heute schon den ersten Schritt machen? Wenn wir es nicht versuchen, bleibt so viel ungenutztes Potenzial von weiblichen Führungskräften auf der Straße liegen.

Die Autorin

Simone Kreyer, Senior Category Manager at Amazon Deutschland Services GmbH

Simone Kreyer studierte Psychologie in Frankfurt am Main und Sydney, Australien. Nach dem Studium stieg sie als Beraterin bei McKinsey&Company, Inc. ein und beriet hauptsächlich Banken und Versicherungen zu den Themen „Restrukturierung" und „Reorganisation". Während ihres „educational leave" promovierte sie an der ESCP in Berlin und Paris. Nach ihrer ersten Elternzeit half sie als Director of HR beim Aufbau des Inkubators EPIC Companies GmbH von ProSiebenSat.1 Media SE in Berlin und wechselte danach zur Muttergesellschaft nach München, wo sie als Personalleiterin für den Digitalbereich tätig ist. Privat verbringt sie hauptsächlich Zeit mit ihrer Familie in der Natur und liebt den Tatort sonntags abends. Als sie den Beitrag für das vorliegende Buch verfasste, befand sie sich in der Elternzeit mit ihrem zweiten Kind. Kurz nach Abgabe ihres Beitrags kündigte sie bei dem Münchner Medienhaus und nahm ein Angebot von Check24 an. Dort ist sie aktuell als Managing Director im Bereich „Shopping" tätig und repräsentiert nicht nur eine der wenigen Frauen in Führungspositionen, sondern übt diese Rolle auch in Teilzeit aus.

4.3   Durch Führung wachsen

4.3.1   Turning Your Passion into Your Dream Job: Confessions of a PR Maven

Ayelet Noff

Often, life is all about being in the right place at the right time and forecasting where the future will bring us. It's about momentum; grabbing it when you get it, and putting your heart into whatever you do.

In 2000, I moved to Israel. At the time, there was an instant messenger that the first early adaptors used to use: ICQ. It was the world's first chat application. And if you want to call it that, it was the birth of social media. In 2002 I became ICQ's Marketing Manager and I was there until 2006. If you are old enough to remember, 2006 was the time when all these social media tools started appearing and gaining traction – social media was on the rise, and I was there to watch its dawn.

Working in social media when "social media" wasn't a term
Back then, Myspace was the dominant player amongst the social platforms. This new way to engage online was raising so many questions: What distinguishes someone's digital identity from their physical one? In 2006 I started a blog called Blonde 2.0 to discuss all these sort of questions. I was determined to form a narrative around it. At the time, social media was not considered professional, only personal. Yet I saw the potential it held for businesses to reach their target audiences quickly and very cost effectively.

The first companies that were interested in utilizing social media in a business context were, of course the most internet savvy companies – startups. I started consulting them on how to utilize social media as well as handle their public relations. Fast forward to today – Blonde 2.0 has 25 employees working in Boston and Tel Aviv, and we are about to expand to New York and London.

The magic of authentic networks
The key to success was navigating large networks both physical and virtual, and word of mouth. People loved what we were doing and how we were doing it. And they told their friends about it. These were our first steps on the moon. And "social" does what it means: building bridges enabled us to create the mini empire that we have today.

Now we work with over 70 clients, amongst them are PWC and Applied Materials. But today most of our clients are still startups. That has remained our main business from the beginning on. And it's the reason I still love this job.

Growing pains: from freelancing from my house to managing 25 employees in two offices on two different continents

The love for my work and the rising success of my business were pushing me into a new role. A role I hadn't played before and at first, was not easy for me to take on. The biggest change for me was that I could no longer do everything alone. I am a go-getter by nature and I want to do everything myself because I know what I'm capable of. Yet with growing responsibility I understood that even if I would have liked to, it was impossible for me to do everything, and so, I learned to delegate.

Trusting your employee is key: love them

At the beginning I was a micro-manager. I wanted to have everything under my control because I felt that I needed to. Yet it turned out to be a very exhausting experience, both for myself and my employees. I soon learned that if I trust my employees and give them the encouragement they need, they'll be able to deliver much better results. When you seed trust and responsibilities, you earn them back.

Let people do their thing

I am good at doing my thing. I grew into it. So I try to do the same with my employees. I give them the space to grow into and to find what they love and which strengths they can develop in order to further improve themselves in this field. To help them to find their own career path is one of the biggest pleasures I have as a boss. In a way my employees are like my startups, and together we define their story. In short: I would never give the job of promoting a sports application to a couch potato or a foodie app to a McDonald's fan.

Allow yourself to learn: I wasn't born with the skill-set I am operating on today

I always worked hard to get to where I wanted to be. My professional development was characterized by leaning in and leaning back, to find my own rhythm and let my skills unfold. To understand in which direction I want to go and then go for it.

Many years ago I remember being afraid to ask for a pay rise. I was terrified, but I stepped up and did it, because I had to – for my own self-respect. And it worked. Overcoming fear by leaning into things that scare the crap out of you can speed up your development.

Grow together

Decisions of a leader are very different to those of a micro manager. The decisions I am making now must accommodate the needs of the whole company. Any mistake can be very harmful. To give an example, the biggest challenge for me right now is figuring out in which direction to expand, and into which market?

PR is about people

You have to build and maintain relationships with the people you work with. This atmosphere will radiate from inside the company to all your external relationships. There is a lot you can do wrong when you try too hard to get a journalist to write about your client. I know because I was a journalist myself. How do you pitch a journalist and when is the right time to do it? There are a lot of opinions regarding this matter, but good relationships with journalists form when you learn what interests them and give back – not just ask. You get what you give. And whatever you decide to do, always be honest.

My career is my baby

I love what I do. I wouldn't be successful at what I do if I wasn't passionate about it. My work is my life and I made it my number one priority. I feel very fortunate to be able to do what I love. I am usually surrounded by people from my industry. There isn't a clear line between work and non-work. We share a lot of passions, we are fascinated by the power of change through technology and want to make a difference in this world. A lot of my business contacts have become my friends and vice versa. I'm lucky to have found an industry of kind spirits that share the same passions that I do. For these reasons I never feel like I am working – I am just enjoying life.

My tip for women is very simple:

Get out of your comfort zone and do things that are scary. Push yourself. In my comfort zone, I was always in control. I stepped outside by giving in, letting go and leaning back. This made me grow, turned me into a better leader and made my business more successful. Find people who you trust and let them run certain parts of the show. Leaning back and trusting others while focusing on what you need to and what you're good at, is a very important element in the growth of any career.

Die Autorin

Ayelet Noff, Founder and CEO, Blonde 2.0

Ayelet Noff is the Founder and CEO of award-winning PR firm Blonde 2.0 with offices in Tel Aviv and Boston. Founded in 2006, Blonde 2.0 HQ's are right at the heart of the startup nation and the firm specializes in publicizing and marketing the hottest technology startups, enterprises, VCs, and lifestyle brands globally. Blonde 2.0 has 25 employees from all around the world and helps its clients receive coverage in major publications, engage with consumers and influencers, and create a consistent buzz on the Web and beyond.

In 2015 Blonde 2.0 was awarded multiple awards by the prestigious PR Daily for the Yo Launch Campaign. PR Daily announced: "PR pros are often tasked with making something 'go viral,' but few succeed. However, that's just what Blonde 2.0 accomplished with the messaging app 'Yo.' The excellent work of igniting a positive virtual firestorm earned top honors in not one but two categories in Ragan's 2015 Digital and Social Media Awards: Best PR Campaign and Best

Viral Campaign." In addition, in 2015, Blonde 2.0 also won PR News' Platinum Viral Campaign of the Year Award for its Yo Launch Campaign.

Ayelet has been named one of the startup nation's "Movers and Shakers" on Forbes: http://www.forbes.com/sites/ilyapo-zin/2014/09/26/the-ten-startup-nation-movers-shakers-you-need-to-know/

4.3.2   Vom Sprung ins kalte Wasser zum Impulsgeber

Inga Bergen

Ich wachse gerne an Aufgaben, die eigentlich zwei Nummern zu groß für mich sind. In meiner Karriere habe ich schon einige Male herausfordernde Jobs angenommen, für die ich nicht wirklich die passende Erfahrung oder Qualifikation hatte, aber mit Kreativität, guten Ideen und meinem Erfolgs-willen überzeugen konnte. Als ich meinen ersten Job als CEO angetreten habe, wusste ich, dass es anstrengend werden würde und ich mich auf unbekanntes Terrain begab. Eine große Herausforderung hatte ich gesucht – und gefunden.

You get what you asked for
Nach einem Jahr als Geschäftsführerin saß ich dann an einem Sommerabend allein im Konferenzraum und rekapitulierte unsere Schritte. Das Management und ich hatten den kompletten Tag über Kündigungsgespräche geführt, wodurch die Stimmung unter den Mitarbeitern angespannt war. Die Gespräche waren nicht einfach für mich gewesen, doch absolut notwendig, damit das Unternehmen überlebensfähig blieb. Bereits nach kurzer Zeit im Unternehmen war klar, dass wir nicht

um den Schritt herumkommen würden, die Mitarbeiterzahl zu reduzieren. Wir arbeiteten weder effizient noch rentabel, unser Geschäftsmodell steckte in einer Krise und war nicht mehr zeitgemäß. Das Unternehmen musste sich radikal wandeln, oder wir würden untergehen – neue Kompetenzen und Fähigkeiten waren gefragt.

Mir war klar: Wenn wir zu lange zögern und auf Besserung hoffen, dann schieben wir das Unvermeidliche nur unnötig auf und verlieren wertvolle Zeit. Auch harte Entscheidungen zu treffen, gehört zur Verantwortung dazu. Ich wusste, dass es sich lohnen würde: Viele Mitarbeiter waren erfahren und engagiert, wir hatten einige tolle Kunden und arbeiteten an spannenden und innovativen Projekten.

An diesem Abend im Konferenzraum telefonierte ich mit meiner Mentorin, die schon mehrere Jahre als CEO hinter sich hatte. „Die nächsten Wochen werden hart für dich werden, auch deine engsten Mitarbeiter im Unternehmen werden dir in den nächsten paar Wochen misstrauen. Da musst du durch. Wenn der erste Schock überwunden ist, wird es wieder besser werden", sagte sie.

Als ich am nächsten Tag ins Büro kam, erwartete mich ein trostloser Anblick. Einige Tische waren verlassen und die Atmosphäre war getrübt. Die nächsten Wochen waren geprägt von angespannter Stimmung, einige Mitarbeiter mieden mich und Gespräche verstummten, wenn ich den Raum betrat. Wieder andere kamen ständig zu mir und suchten intensiv den Kontakt, weil sie verunsichert waren. Obwohl ich wusste, dass ich das Richtige getan hatte und im Sinne des Unternehmens gehandelt hatte, war ich nicht zufrieden mit dem Wie. Ich dachte oft darüber nach, wie ich die Ausführung hätte besser machen können. Voranzugehen und Entscheidungen zu treffen und dafür nicht geliebt zu werden, kein positives Feedback zu bekommen, unmittelbar keine Erfolge zu sehen und trotzdem den Blick nach vorne zu richten und seine Vision zu vermitteln – das war meine Aufgabe als Führungskraft in der Krise und das war mir vollkommen klar. Das Ausmaß an Wertschätzung und Respekt gegenüber den Mitarbeitern in einem solchen Prozess jedoch kann gar nicht groß genug sein. Das war für mich ein wichtiges Learning.

Neuausrichtung ohne Selbstzweifel
Ich hatte die letzten Monate damit verbracht, die Bedürfnisse und Strategien unserer Kunden besser zu verstehen, mich im Markt zu vernetzen und Wettbewerber zu analysieren. Die Nachfrage nach unseren Leistungen entwickelte sich rasant und wir mussten schnell mit zeitgemäßen Produkten und Workflows antworten. Als Kernteam entwickelten wir einen Plan, wie wir uns aufstellen wollten und steckten uns Ziele ab, um den Gesellschafter von der Sinnhaftigkeit unseres Vorhabens zu überzeugen.

Die Erfahrung aus meinen vorherigen Jobs im Bereich der strategischen Geschäftsentwicklung halfen mir im Umstrukturierungsprozess, weil ich ein gutes Händchen für Kundenbedürfnisse und die Entwicklung von Geschäftsmodellen hatte. Allerdings wurden mir auch viele neue Fähigkeiten abverlangt. Im kalten Wasser lernt man am schnellsten zu schwimmen, das war meine Devise. Jetzt war das Wasser kalt und ich ruderte ganz schön.

In den nächsten Monaten ging es darum, das Unternehmen neu auszurichten und das Vertrauen der Mitarbeiter zu gewinnen. Das war hart, natürlich hatte ich eine Idee, wo wir hinwollten, aber es gab keine 100 %ige Sicherheit. Ich verbrachte meine Zeit damit, abwechselnd die Strategie und die Vision zu erklären, mit meinem Kernteam dazu passende neue

Arbeitsweisen und -prozesse einzuführen und kleinteilig zu intervenieren, wenn Sachen in die falsche Richtung liefen.

Mitarbeiter merken sofort, wie die Lage ist. In den zwölf Monaten nach der Restrukturierung habe ich dreimal grundsätzliche Entscheidungen revidiert, weil sich erst beim Machen herausstellte, dass eine Kursänderung nötig war. Das Team reagierte mit Unsicherheit, denn es erwartete Stabilität.

Zum CEO-Dasein gehören genau diese Momente des Zweifelns. Für mich war es nicht einfach, mir selbst Kursänderung zuzugestehen. Nicht auf Teufel komm raus das Gesicht wahren zu wollen, sondern entschlossen zu handeln, wenn alle Zeichen dafürsprechen, dass ein eingeschlagener Weg nicht funktioniert. Und gerade wir Frauen sind anfällig dafür, dann schnell in Selbstzweifel zu verfallen, Misserfolge auf uns und unsere Kompetenzen zu beziehen und Erfolge dem Zufall zuzuschreiben. Bei Männern beobachte ich das genau andersherum. Das erhält das Selbstwertgefühl, geht aber zulasten von Reflexion und Lernfähigkeit. Nicht zuletzt deshalb sorgen gemischte Teams hier für eine konstruktive Balance.

Führen in Zeiten des Erfolgs

Nach wie vor finde ich, eine der anspruchsvollsten Aufgabe einer Führungskraft ist es, eine abstrakte Strategie mitreißend zu vermitteln. In meiner Karriere habe ich bis heute noch keine Führungskraft erlebt, die das wirklich geschafft hat.

Eine Strategie wird für alle Mitarbeiter verständlich und greifbar, sobald man erste Beispiele zeigen und Erfolge vorhalten kann. Daher muss man in einer Krise schnell Erfolge zeigen, auch wenn sie klein sind. Glücklicherweise kamen die Erfolge langsam wieder und es wurde einfacher.

Ich wollte das neu zusammengesetzte Team dazu bringen, eigenständiger zu arbeiten, mehr Verantwortung tragen zu wollen und natürlich stolz auf das zu sein, was wir machten.

Daher hatte ich einen guten Bekannten, der selbst erfolgreicher Unternehmer ist, in die Firma gebeten. Er hatte als Freundschaftsdienst über zehn Interviews mit den verschiedensten Mitarbeitern geführt, um mir und einem Kollegen aus dem Führungsteam hinterher zu sagen, ob wir bereit waren, zu expandieren. Seine Botschaft war, dass wir erst noch ein paar Hausaufgaben erledigen sollten, denn unsere Prozesse waren noch nicht klar und nachvollziehbar genug. Wir gingen das in den nächsten Monaten strukturiert an und hatten ein paar Monate später unser Ziel zum großen Teil erreicht.

Unerwartet war sein Feedback meinem Führungsstil gegenüber, denn ich hatte meine Mitarbeiter vorher gebeten, ganz offen ihm gegenüber zu sein. Als CEO bekommt man selten direktes Feedback, wenn sich jemand traut, sollte man das wirklich zu schätzen wissen. Die Interviews meines Bekannten waren also auch für mich eine Chance, zu verstehen, wo ich stand. Er begann unser Gespräch mit den Worten: „Du musst dich entscheiden, ob du ein Wartime-CEO oder ein Peacetime-CEO sein willst. Als Peacetime-CEO solltest du dein Team mehr mitnehmen, weniger alleine vorausrennen und die Mitarbeiter vor vollendete Tatsachen stellen. Das, was noch vor ein paar Monaten gefragt war, ist mittlerweile eher kontraproduktiv, denn wenn du willst, dass dein Unternehmen wächst, musst du dein Team dazu befähigen, dieses Wachstum zu stemmen." Das hat mir die Augen geöffnet. Führung ist, wie gesagt, immer im Kontext zu sehen. Das was im Kontext „Krise" funktioniert hat, ist für die Zeit danach ungeeignet. Und umgekehrt.

Ich habe in den darauffolgenden Wochen versucht, zu reflektieren: Wo standen wir, was war meine Aufgabe und neue

Rolle in Zeiten des Erfolgs? Es ging jetzt darum, meine Haltung zu ändern und mich selbst eher als unterstützenden Teil des Teams zu sehen, als Visions- und Impulsgeber. Natürlich war ich weiterhin verantwortlich für den Erfolg und musste getroffene Entscheidungen vertreten können. Aber es war nicht mehr notwendig, mit dem Kopf durch die Wand nach vorne zu rennen, denn ich hatte ein starkes, erfahrenes und motiviertes Team um mich, das selbst auch Verantwortung übernehmen wollte und konnte. In diesen Wochen merkte ich, dass sich die Kraft, die man als Unternehmen entfalten kann, potenziert, je mehr Menschen an einem Strang ziehen, konstruktiv zusammenarbeiten und in eine Richtung gehen. Meine neue Aufgabe würde es sein, Impulse zu setzen und dafür zu sorgen, dass wir uns weiter verbessern würden. Und natürlich war es an mir, den Markt und unsere Kunden zu verstehen und dieses Wissen in die Firma hineinzutragen und dafür zu sorgen, dass wir neue Themen und Potenziale rechtzeitig erkannten. Ich lernte, anderen Raum geben und mir die Zeit zu nehmen, um z. B. wichtige Entscheidungen transparent zu machen und die (ernst gemeinte) Möglichkeit zu geben, eigene Ideen einzubringen (das ist nur bei wichtigen Themen nötig, der Schrifttyp auf der eigenen Visitenkarte gehört nicht dazu).

In der Retrospektive kann ich sagen, dass ich in einen komplett anderen Führungs-Modus wechselte, als sich die ersten Erfolge einstellten. Führen in Krisensituationen bedeutet, sich selbst immer wieder davon zu überzeugen, dass am Ende des Tunnels der Erfolg wartet. Und es bedeutet, mit all seinen persönlichen Defiziten konfrontiert zu werden.

Ich hatte ein Unternehmen in der Krise übernommen. Gleichzeitig war ich erstmalig für die Geschicke eines Unternehmens vollumfänglich verantwortlich. Viele Dinge machte ich zum ersten Mal. Etwas zu tun und dabei zu lernen, begreife ich als eine riesige Wachstumschance für mich persönlich. Man muss ins kalte Wasser – und es dann mit allen Höhen und Tiefen aushalten. Und diese als Lernchance begreifen. Das beschleunigt nicht nur das eigene Wachstum, sondern wirkt sich gleichzeitig positiv auf die eigene Führungsfähigkeit aus. Man sieht mit dieser Haltung viel mehr Potenzial in anderen, vertraut seinen Mitarbeitern und fördert sie, indem man das Potenzial in ihnen entdeckt, welches sie oft selbst noch nicht sehen. Und genau diese Haltung gibt mir den Hebel, den ich als CEO brauche. In Krisenzeiten und in Erfolgszeiten. Diese Haltung zu entwickeln, war essenziell für mich und ich war sehr stolz, als die Mitarbeiter dann wieder mit eigenen Impulsen und Ideen kamen und sich eingeladen fühlten, das Unternehmen mitzugestalten. Gleichzeitig konnten wir wieder Erfolge feiern, neue Kunden und Aufträge gewinnen und neue Produkte entwickeln und erfolgreich verkaufen.

Neue Fahrwasser

Eineinhalb Jahre später feierten wir unsere Weihnachtsfeier. Wir waren aufs Land gefahren, um auf einem Gutshof mehrere Ideen für neue Produktprototypen zu entwickeln und am Abend unsere Weihnachtsparty zu feiern. In den letzten Monaten hatten wir ein halbes Dutzend neue Kunden gewonnen, zahlreiche neue Kollegen einstellen können und viel positive Resonanz aus dem Markt bekommen. Ich hatte uns PR- und Marketing-Unterstützung organisiert, Artikel veröffentlicht, auf Konferenzen gesprochen, gemeinsam mit dem Vertriebs-Team Kunden gewonnen und mir über Zukunftsthemen Gedanken gemacht. Natürlich gab es noch immer jede Menge Verbesserungspotenzial, dennoch war der positive Trend unverkennbar.

Ich war in die Rolle des CEOs hineingewachsen. Ich hatte gelernt, meinem Team den Change zu „übergeben" – angestoßen hatte ich die Neuausrichtung, aber umsetzen und zum Erfolg führen, konnten sie nur die Mitarbeiter. Dazu gehörte auch loszulassen. Natürlich kontrollierte ich Ergebnisse und Resultate, hatte aber gelernt, mich weniger kleinteilig zu einzumischen. War das am Anfang der Change noch notwendig gewesen, auch weil ich Veränderung wollte und mein Team permanent daran erinnerte, wenn sie in alte Muster zurückfielen, war meine Aufgabe jetzt eher, das Ziel vorzugeben und den dafür nötigen Freiraum zu geben. Ich hatte ja die Leute an Bord, denen ich vertraute und vor allem viel zutraute (oft mehr als sie sich selbst).

Genau vor einem Jahr zu Weihnachten hatte ich jedem Mitarbeiter einen individuellen Brief geschrieben und mich für Ideen, Einsatz oder eine besondere Leistung bedankt, die ich als wichtig für den Change-Prozess bewertete. Ich hatte auch jedem ein Päckchen Kekse gebacken, um meine Wertschätzung auszudrücken. Wir hatten begonnen, monatliche Company Meetings abzuhalten, um über Fortschritte zu berichten, wir hatten Beer o'clocks gemacht, damit Kollegen von ihren Engagements und Projekten berichten konnten. In erster Linie hatten wir einen Kulturwandel vollzogen. Als ich in das Unternehmen kam, arbeiteten die Teams vordefinierte Arbeitspakete ab und fühlten sich nur in begrenztem Maß verantwortlich. Jetzt definierten sie ihre Arbeitspakete selbst und konnten ihre Ideen und Problemlösungsansätze einbringen.

Am Tag der Weihnachtsfeier arbeiteten wir in verschiedenen Teams an Ideen für neue Produktprototypen. Und ein Team hatte sich vorgenommen, unsere Unternehmenswerte und unsere Vision zu definieren, als Skulpturen zu bauen und dann dem Rest des Teams vorzustellen. In den Jahren zuvor hatten wir ausschließlich im Führungsteam an solchen Themen gearbeitet und ich wollte wissen, welche Ideen und Ansätze von den Mitarbeitern kommen würden. Das Risiko, dass Themen aufkommen würden, die nicht im Einklang mit unserer Strategie und unseren Zielen standen, war mir bewusst. Am Abend versammelten wir uns alle im Saal des Gutshofs und erwarteten die Präsentationen. Ich war absolut begeistert über die kreative Kraft, die sich in den Ideen widerspiegelte, es waren einige dabei, die wir sicher umsetzen werden. Das Team, das sich mit unseren Werten, der Strategie und den Zielen beschäftigt hatte, präsentierte als letztes. Neben der Tatsache, dass die Skulpturen und deren Präsentation wirklich lustig waren und wir uns alle köstlich amüsierten, war ich fast geschockt über die Präsentation zu unseren Werten, der Strategie und den Zielen. Das Team zeigte unsere Strategie, unsere Werte und unsere Ziele in seinen eigenen Worten.

Als Laie mag man jetzt sagen: „So what?" Als Führungskraft, die gerade eine strategische Neuausrichtung und einen Turnaround hinter sich hat, war ich fast zu Tränen gerührt. Natürlich hatten wir unsere Strategie ein paar Mal präsentiert und besprochen, doch vor einem Jahr hatte es noch Unsicherheiten gegeben. Die Präsentation des Teams auf unserer Weihnachtsfeier war ein Zeichen, dass wir mittlerweile unsere Werte lebten, alle die gleiche Strategie verfolgten und ein gemeinsames Ziel hatten.

Dazu muss man wissen: Die Fragen „Wer sind wir, was machen wir und wo wollen wir hin?", sind die zentralen Fragen, die man als gute Führungskraft beantworten muss. Man muss auch Sinnstifter sein, denn Menschen wollen nicht nur arbeiten, sondern sie wollen auch einen Sinn sehen in dem, was sie tun.

Gleichzeitig ist mir klar geworden, dass man sich selbst reflektieren und über eigene Motive und Verhaltensweisen im Klaren sein muss, um Sinn stiften zu können. Man muss sich selbst steuern können und merken, wann man an seine Grenzen stößt. Am Ende des Tages gilt es, Strategien zur Bewältigung der anstehenden Probleme zu entwickeln und das Ergebnis zu reflektieren, um das eigene Wachstum zu beschleunigen. Dann ist Führung ein Impulsgeber in einer Gruppe von Menschen, die bereit sind, einen Impuls entgegenzunehmen. Das hatte ich geschafft und es machte mich stolz, zufriedene Mitarbeiter zu sehen, die stolz auf ihre Leistung sind.

Die Autorin

Inga Bergen, Geschäftsführerin Welldoo GmbH

Inga Bergen hat im Leben schon einiges an Erfahrung gesammelt. Nach der Schule machte sie eine Ausbildung zur Touristikkauffrau, anschließend studierte sie Management und Internationale Politik und hospitierte unter anderem bei den Vereinten Nationen und beim Auswärtigen Amt. Vor zehn Jahren entwickelte sie ihre Leidenschaft für digitale Strategien,

Business Design und nutzerzentrierte Produktentwicklung. Vor Welldoo war sie in der Geschäftsentwicklung von Sony Pictures und studiVZ tätig. Als Director bei FJORD/Accenture im Bereich „Design & Business Development" betreute Inga Bergen die digitale Transformation u. a. von Dax-Konzernen.

4.3.3   Vom Türenschlagen und Raum-abgeben-Können

Eva Maria Zoll

Vor jedem Regenbogen regnet es.
Vor ungefähr zwei Jahren, im Frühjahr 2014, bekam ich mitten in der Nacht eine SMS von einem Freund. Er fragte mich, ob ich in den kommenden vier Wochen Zeit hätte. Sie müssten eine Deadline einhalten und bräuchten Unterstützung. Er hatte kurz zuvor sein eigenes Unternehmen gegründet und Nachtschichten gehörten seitdem zum Alltag. Ich antwortete amüsiert, dass wir uns gerne in den nächsten Tagen treffen könnten, um mehr darüber zu erfahren. Zu diesem Zeitpunkt war mir noch nicht bewusst, wie dieser Moment mein Leben verändern würde.

Seine SMS erreichte mich in einer Zeit der Unsicherheit, die geprägt war von Selbstzweifeln und Sorgen über meine Zukunft. Wenige Wochen zuvor hatte ich eine Idee aufgegeben, aus der möglicherweise ein profitables Unternehmen hätte entstehen können. Seine Nachricht hätte also zu keinem günstigeren Zeitpunkt kommen können. Ich brauchte dringend ein neues Projekt, in dem ich mich nicht nur verwirklichen und zu dem ich einen sinnvollen Beitrag leisten konnte, sondern das auch meine Rechnungen bezahlte.

Dieses Gefühl der Unsicherheit war vermischt mit einem mir durchaus bekannten Pessimismus. Ich kannte das nur allzu gut. Morgens aufzuwachen, mich leer zu fühlen und mich – bevor ich überhaupt aufgestanden bin – in negativen Gedanken und einem Meer aus Selbstzweifeln über meine Fähigkeiten und meinen Wert zu verlieren und mich abschließend mit der Frage aller Fragen zu konfrontieren: „Welchen Sinn hat das Leben eigentlich und wieso bin ich überhaupt hier?".

Dieses Mal fühlte es sich intensiver und dringender an als sonst. Vielleicht, weil mir dieselben Gedanken so oft durch den Kopf kreisten, vielleicht, weil ich sie noch einmal mehr aushalten musste, um sie richtig verstehen, richtig deuten zu können. Wie bei so vielem kann ich nun im Nachhinein sagen: Obwohl es schmerzhaft war, hatte es seinen Sinn.

Die negative Spirale nahm ihren Lauf. Ich erinnere mich noch sehr lebhaft an dieses Gefühl. In meiner Verzweiflung suchte ich sogar den Rat meiner Mutter. Ich hatte Angst, an Depressionen zu leiden oder irgendwie verrückt zu sein und entschuldigte mich dafür, eine so komplizierte Tochter zu sein. Ich bin heute noch sehr dankbar für den pragmatischen und deutlichen Ratschlag meiner Mutter. Sie versicherte mir, ich sei weder depressiv noch verrückt und sie glaube fest an mich, dass ich auf dem richtigen Weg sei.

Seit dem Uniabschluss und dem Umzug nach Berlin vor drei Jahren hatte ich eine ganze Reihe von Jobs, ohne jemals das Gefühl zu haben, dieses Mal das Richtige gefunden zu haben. Meine Anstellung bei einer Beratungsfirma für ganze neun Monate am Stück schien damals schon ein kleines Erfolgserlebnis zu sein.

Im Zweifel ab in den Zirkus

Mitten in diesen chaotischen Zeiten voller Selbstzweifel erschien mir die SMS meines Freunds wie ein gutes Omen.

Wir verabredeten uns für den nächsten Tag, um die Details zu besprechen. Dort erzählte er mir, er sei mit seinen beiden Co-Gründern zu einem Pitch bei einer der größten und wichtigsten Start-up-Konferenzen in New York eingeladen. Bis dahin waren es jedoch nur noch vier Wochen und sie mussten zwingend diesen Termin einhalten.

Zu dem Zeitpunkt unseres Gesprächs war noch nichts auch nur ansatzweise fertig. Es gab keine Website, keine Kommunikation, keine Präsentation. Noch nicht einmal die App war richtig fertig. Die drei Männer waren energiegeladene, brillante Ingenieure. Sie brauchten jedoch dringend Unterstützung für die Vorbereitung des App-Launchs auf einer großen Bühne mit starkem Medieninteresse.

Mein Freund erklärte mir, dass sie jemanden wie mich bräuchten, um den Launch vorzubereiten, die Marketingstrategie zu entwickeln, den Pitch zu entwerfen, eine Story aufzubauen – im Prinzip auf ein Boot aufzuspringen, das gerade noch gebaut wurde, gleichzeitig jedoch schon mit Maximalgeschwindigkeit durch den Ozean fuhr. Ich hatte die Möglichkeit, mitten während der Fahrt einzusteigen. Es klang nach einer spannenden Herausforderung und so sagte ich ihm für die nächsten Wochen spontan zu.

Meine Selbstzweifel begleiteten mich auf diesem Weg. Die Technologie und den eigentlichen Service des Produkts hatte ich noch nicht 100%ig verstanden. Als erster Nicht-Ingenieur im Team war ich der festen Überzeugung, dass unsere Zusammenarbeit nur von kurzfristiger Dauer sein würde und wir nach dem Pitch in New York wieder getrennte Wege gehen würden. Ich hatte nicht das Gefühl, dass meine Fähigkeiten bei einem so technisch ausgerichteten Unternehmen wirklich gebraucht würden.

Der schwarze Gürtel in „optimistischer Vermutung"

Heute besteht unser Team aus 20 Mitarbeitern. Unser Hauptsitz ist in Berlin. Nach dem Pitch in New York bot mir das Trio einen dauerhaften Platz im Team an. Ich fühlte mich geehrt, herausgefordert und verrückt genug zuzusagen und mit an Bord zu gehen.

In den vergangenen zwei Jahren habe ich mehr gelernt als ich mir je hätte vorstellen können und mit Abstand viel mehr, als mir jeder MBA hätte beibringen können. Wenn es um die Beschreibung von Start-ups geht, wird häufig die Metapher einer Achterbahn verwendet. Emotional ist die Anfangszeit auf jeden Fall gekennzeichnet von Höhen und Tiefen. Aber um wirklich begreiflich zu machen, um was es bei einer Firmengründung geht, benutze ich lieber das Bild eines Boots.

Zu Beginn springt man bei voller Fahrt in ein Boot, das nicht einmal fertig gebaut ist. Es befindet sich mitten auf dem Ozean und bewegt sich in rasanter Geschwindigkeit fort. Ab und zu springen neue Passagiere auf, die dich unterstützen. Auf dem Boot gibt es etwas Wasser und Essen. Man weiß genau, wie lange es ausreichen wird. Um dich herum siehst du weit und breit nichts anderes als das Meer, aber dir ist auch klar, dass es irgendwo hinter dem Horizont Land geben muss. Vielleicht ist dein Ziel aber gar nicht, dieses Land zu erreichen. Vielleicht geht es vielmehr darum, mitten im Wasser eine ganz neue Insel zu errichten. Man kann sich allerdings nicht wirklich sicher sein, wo genau sich diese Insel befinden soll, und zu allem Übel ist auch das Wetter extrem wechselhaft. Nichts ist vorhersehbar. Nichts ist planbar. Das Boot wurde mit einem 80/20-Ansatz gebaut, es gab keine Zeit für Schnickschnack, nur das Wesentliche ist vorhanden. Es muss vorwärtsgehen, gleichzeitig droht ständig Schiffbruch. Der

Druck und die Geschwindigkeit sind hoch. Die Unsicherheit sorgt häufig für angespannte Stimmung.

Die größte Aufgabe, die man auf diesem Boot hat, das sich rasend schnell durch einen Ozean der Ungewissheit fortbewegt, ist, so zu wirken, als hätte man eine genaue Vorstellung von dem, was man da tut. Viele der Passagiere saßen niemals zuvor in einem solchen Boot. Jeder improvisiert jeden Tag aufs Neue. Jeder tut täglich Dinge, die er noch nie zuvor getan hat. Und das über Wochen, Monate und Jahre. Jeder gibt sein Bestes. Es ist ein bisschen, als würde man im Schnelldurchlauf einen schwarzen Gürtel im Mutmaßen erlangen.

Lektion zur Mondlandung: ohne Vision keine Flugkraft

Das Einzige, und ich meine das wirklich Einzige, das ein Team auf einem solchen Boot zusammenhält, ist ein starker gemeinsamer Glaube an das Produkt; eine klare Vision und das unausweichliche Ziel, das Leben vieler Menschen damit zu verbessern. Bei Mimi entwickeln wir einen neuen Standard, der es jedem ermöglicht, Musik und Sound individuell an sein Hörprofil angepasst zu genießen. In Form einer App bietet das einzigartige Mimi-Erlebnis vielen Menschen wieder Zugang zu Musik und Kommunikation.

An einem innovativen Produkt zu arbeiten, das den existierenden Markt erschüttern wird, ist eine Herausforderung für sich. Dazu ein Team zusammenzustellen, das eine gemeinsame Vision teilt und die Fähigkeiten besitzt, unter enormem Druck zusammenarbeiten zu können, ist eine ganz andere. Vielleicht ist es verrückt anzunehmen, dass jeder im Team aus dieser Erfahrung wächst und lernt – persönlich wie auch beruflich –, aber das ist unser Ziel bei Mimi.

Wenn man in einem Start-up-Unternehmen arbeitet, sind einige Dinge sofort klar. Jeder in deinem Umfeld ist sehr ambitioniert. Alles ist ständig in Bewegung. Du musst dich immer wieder an Aufgaben heranwagen, die du noch nie zuvor erledigt hast: eine Kommunikations-Strategie entwickeln, eine Jobbeschreibung verfassen und jemanden einstellen, über die Veröffentlichung des neuesten Produktfeatures entscheiden, einen Artikel schreiben oder dir ein Produkt vorstellen, das es so noch gar nicht gibt. Diese Herausforderungen sind spannend, aufregend und gleichzeitig einschüchternd und definitiv kraftraubend.

In der Dunkelkammer der Ungewissheit begegnet dir die Schönheit des Offensichtlichen

In meinem Job bei Mimi kann ich alle täglichen Probleme mit meinen individuellen Fähigkeiten und Fertigkeiten meistern. Ich bin Generalist. Ich bin pragmatisch und empathisch. Ich bin offen und geradeheraus, manchmal eigensinnig. Ich denke schnell, sehe ständig Möglichkeiten und bin es gewohnt, neue Ideen, die sich in meinem Kopf entwickeln, direkt mit anderen zu teilen. Wenn ich mit einem Problem konfrontiert werde, denke ich sofort über eine mögliche Lösung nach. Ich habe viel Energie und von Zeit zu Zeit ein hitziges Temperament. Ich erkenne unerledigte Aufgaben schnell und gehe dann einfach an die Arbeit. Für mich ist die Welt der Start-ups wie ein riesiger Sandkasten auf einem Spielplatz – mit unbegrenzten Möglichkeiten, die Dinge zu erkunden und den Problemen auf den Grund zu gehen. Manchmal fühlt es sich an, als hätte ich zu viele Glückspillen geschluckt und könnte gleichzeitig das erdrückende Gefühl eines Herzinfarkts spüren.

Es gibt einige Dinge, die man immer wieder über Start-up-Firmen hört: Es gibt wenig Struktur, es mangelt an Führung und klaren Zielen, keiner hat ausreichend Arbeitserfahrung und das Team wächst sehr schnell. Daneben gibt es jedoch eine Sache, die den Kern eines Start-ups besonders kennzeichnet: das Team. Um ein Start-up aufbauen zu können, braucht es ein dynamisches Team, das sich schnell neuen Gegebenheiten anpassen kann. Wächst das Unternehmen, so muss auch das Team mitwachsen. Und wenn das Team wächst, verändern sich die Aufgaben und Verantwortlichkeiten der Teammitglieder. In einer kleinen Gruppe waren meine Fähigkeiten als Ideengenerator gefragt. Als wir dann gewachsen sind, musste auch ich mitwachsen.

Natürlich gibt es dafür kein formelles Training oder Führungs-Coaching. Man lernt alles während des Machens. Man erfüllt verschiedenste Rollen und macht täglich eine Reihe von unterschiedlichsten Jobs. Während man also die Segel setzt, man daran arbeitet, das Boot auf Kurs zu halten, permanent neue Menschen mit an Bord holt, fehlt es oft an Zeit für Reflexion, in welcher Rolle und Position man sich gerade befindet. Wie sich das Maß an Verantwortung verändert und wie unterschiedliche Rollen auch unterschiedliche Fähigkeiten und Qualitäten von einem fordern. Man lernt permanent, während das Boot so vor sich hinsegelt, getrieben von Wind aus allen möglichen Himmelsrichtungen.

When you create a culture full of leaders, you have to f* lean back**

Letztes Jahr im Frühling standen wir als Team vor großen strukturellen Herausforderungen. Wir hatten mit vielen Unstimmigkeiten, Fragen über Verantwortlichkeiten aber auch unternehmenskulturellen Fragen zu kämpfen. Um diesen Herausforderungen möglichst systematisch zu begegnen, entschieden wir uns dafür, Holacracy als Organisationssystem einzuführen. Dieses System erlaubt es Unternehmen, sich selbst zu führen, vor allem durch Transparenz und Partizipation.

Besonders für Start-ups scheint es die optimale Lösung zu sein: ziemlich smart und sehr flexibel. Es geht um agiles Anpassen an die sich permanent verändernden Bedingungen. Spannungen im Team werden so schnell wie möglich zu lösen versucht. Ein hohes Maß an Transparenz, klare Rollenbeschreibungen und teilweise sehr strikte Regeln – z. B. für Meetings – sorgen für große Klarheit und legen die Basis für Arbeitsstrukturen, die losgelöst sind von emotionalen Beziehungen – eine Bedingung guter Arbeit. Einer der größten Unterschiede zu regulären hierarchischen Systemen ist die Verteilung von Verantwortung und Autorität. Umso mehr Verantwortung und Führungsfunktionen jeder einzelne Mitarbeiter in seinen Rollen hat, umso besser.

Das System besteht aus vier verschiedenen Kreisen. Alle Kreise sind miteinander verbunden. Durch Vertreter, sogenannte „lead-links", sind die Prioritäten und Ressourcen aller Kreise genau bestimmt und aufgeteilt. Als „lead-link" kann man bestimmen, wer sich welcher Aufgabe oder welches Projekts annehmen soll. Es liegt aber letztendlich an der Person selbst, die Entscheidung darüber zu treffen, es zu tun oder zu lassen. Als Führungskraft muss man dazu seine Führung abgeben können.

Jede einzelne Rolle im Kreis ist verantwortlich für die gemeinsam getroffenen Vereinbarungen, es gibt keine Superhelden mehr, die alles wissen und entscheiden. Als „lead-link" geht es daher vor allem um Lean back. Es wird von dir verlangt, dein Team nicht abhängig, sondern möglichst unabhängig von dir zu machen. Statt Kontrolle geht es um das Abgeben von Verantwortung und die Stärkung der einzelnen Rollen. Es geht darum, sich zu involvieren, wenn Unterstützung nötig ist oder Blockaden aus dem Weg geräumt werden müssen.

Rückwirkend betrachtet, war es zwar ein Risiko, das wir mit der Einführung von Holacracy eingegangen sind, wir sind uns aber als Team einig, dass die Ergebnisse für sich sprechen. Es hat uns geholfen, eine ganze Reihe von komplexen Situationen und schwierigen Phasen zu meistern. Nach wie vor fordert uns diese Arbeitsweise täglich heraus, da sie sehr viel Selbstführung und Disziplin von jedem Einzelnen verlangt.

Wie das Knallen einer Tür meinen Kopf öffnete
Ein ganz normaler Freitagnachmittag verschaffte mir in den letzten Monaten einer meiner intensivsten Lernerfahrungen seit Langem. Zusammen mit drei Kollegen saß ich in einem Meeting. Ich war emotional aufgewühlt, hatte in den Tagen zuvor nur wenig geschlafen und war durch eine herannahende Deadline zusätzlich gestresst. In der vergangenen Woche hatte ich immer wieder von Kollegen mehr oder weniger direkt zu hören bekommen, ich würde nicht genug zuhören, mich zu viel einbringen und zu oft unterbrechen. Am Vormittag dieses Freitags hörte ich wieder einen dieser scherzhaft gemeinten Kommentare. Für ein weiteres Meeting am Nachmittag nahm ich mir vor, besonders ruhig und aufmerksam zu sein. Ich hielt mich mit meinen Kommentaren zurück und versuchte, aktiv zuzuhören und das Gespräch nicht zu dominieren.

Als ich an der Reihe war, den anderen eine meiner Ideen im Detail vorzustellen, unterbrach mich ein Kollege. Ehrgeizig, den Plan selbst vorzustellen, bat ich ihn gereizt, mich zu Ende reden zu lassen. Er erwiderte daraufhin, dass ich ihn doch sonst auch immer unterbräche. Ich explodierte. Sein Kommentar traf einen wunden Punkt und warf mich völlig aus der Bahn. Wütend und verletzt sprang ich auf, warf meinen Kugelschreiber auf den Schreibtisch und knallte die Tür hinter mir zu. Ich habe ja bereits zuvor erwähnt, dass ich ein temperamentvoller Typ bin. Aber noch nie zuvor war ich dermaßen an die Decke gegangen, erst recht nicht in einem professionellen Kontext.

Es folgte eine Reihe von ernsthaften Gesprächen und Selbstreflexionen. Das Ausmaß meiner Wut machte mir schnell klar, dass es hier nicht nur um Stress und zu wenig Schlaf ging. Ich musste diesem Problem auf den Zahn fühlen, auch wenn es unangenehm war. Das ganze Jahr zuvor hatte ich so viel Zeit und Energie in eine Aufgabe gesteckt, in der ich mich endlich einmal selbst verwirklichen konnte und mich wohlfühlte, dass ich ganz darin gefangen war, mich immer wieder selbst beweisen zu wollen. Besonders intensiviert wurde das Gefühl vermutlich durch die allgemein herrschende Unsicherheit des Start-up-Umfelds. Mit dem Kopf voran sprang ich jeder Herausforderung entgegen, die sich mir bot; freute mich über die Möglichkeiten, meine Meinung und Gedanken kundzutun und Einfluss zu nehmen. Was ich suchte, war Selbstbestätigung, dass das, was ich tue, gut ist. Dass ich mit meiner Energie und meinen Fähigkeiten Wert schaffe. Dies zu verstehen, war unglaublich beeindruckend für mich und mir wurde klar, ich musste daran arbeiten und etwas ändern. Ich war bereits seit mehr als eineinhalb Jahren Teil des Kernteams, ich musste weder mir noch sonst irgendjemandem beweisen, dass ich gut war. Um mein Potenzial in Zukunft voll ausschöpfen zu können, musste ich mich „zurücklehnen".

Führen durch Lean back

Diese Einstellungsänderung war für mich sehr wertvoll. Sich zurückzulehnen heißt auch, sich nicht mehr ständig so viele Sorgen zu machen und stattdessen enthusiastisch an den gemeinsamen Zielen und Talenten des Teams arbeiten zu können. Lean back bedeutet aber keineswegs weniger Arbeit, es ist vielleicht sogar schwieriger, als permanent alle Zügel in der Hand halten zu wollen. Man muss loslassen können, um beide Hände frei zu haben für die wirklich wichtigen Aufgaben: die Stärkung des Teams, das Bilden von Vertrauen zueinander, zu verstehen, welche Dinge blockieren und diese aus dem Weg räumen.

Letztendlich läuft alles darauf hinaus, jedem einzelnen Teammitglied ausreichend Raum zur persönlichen Entwicklung zu gewähren, jedem die Chance zu geben, seine Talente zu erkunden, um Herausforderungen und Misserfolgen mit erhobenem Kopf entgegentreten zu können. Ganz genau so, wie es auch mir ermöglicht wurde, mich selbst zu finden.

Dafür muss man aus seiner Komfortzone heraustreten und Reflexion, Lernen und Erfolg „geschehen lassen". Als Führungskraft seinen Mitarbeitern diese Möglichkeit zu geben und zur gleichen Zeit maximale Leistung jedes Einzelnen einzufordern, ist wohl die höchste Kunst der Führung. Es bedeutet, sich regelmäßig daran zu erinnern, das eigene Ego vor der Tür zu lassen. Es bedeutet, zu ermutigen statt zu kritisieren. Es bedeutet, zur richtigen Zeit emotionale Unterstützung und Hilfe anzubieten. Es bedeutet auch, Entscheidungen akzeptieren zu können, die man selbst anders getroffen hätte, und mit den Konsequenzen zu leben.

Darüber zu schreiben oder davon zu lesen, ist etwas völlig anderes, als diese Art des Führens zu praktizieren. Es ist jeden Tag eine Herausforderung und wird es wohl noch lange Zeit bleiben.

Um bei meiner nautischen Metapher zu bleiben: „Gib einem Mann einen Fisch und er wird satt für einen Tag. Zeig ihm, wie man fischt, und er wird sein Leben lang satt." Für ein Unternehmen könnte dies bedeuten, je mehr man die Mitarbeiter involviert, ihnen zuhört, mit ihnen kommuniziert und interagiert, Fragen stellt und Ideen teilt, umso größer sind die Chancen für persönliche Weiterentwicklung. Je mehr man vertraut, umso stärker und widerstandsfähiger kann ein Unternehmen werden. Umso unabhängiger ich mich von externer Bestätigung mache, umso freier bin ich. Für mich ist gegenseitiges Vertrauen die Quelle meines Potenzials. Es erlaubt mir, meine Fähigkeiten und Talente in die Welt zu tragen.

Die Autorin

Eva-Maria Zoll, Marketing & Communication, Culture Lead, Mimi Hearing Technologies GmbH

Eva-Maria hat einen Bachelor in Business Administration von der Alanus University in Arts and Social Science, die eines der weltweit interdisziplinärsten Business-Programme anbietet. Darüber hinaus ist sie Design Thinker und Business-Trainerin. In den vergangenen Jahren hat sie in Australien, Peru, Mexiko, Indien und den USA gelebt und gearbeitet. 2014 kam sie als erste Mitarbeiterin zur Mimi Hearing

Technologies GmbH dazu. Mimi ist weltweit eines der disruptivsten Start-ups. Das Unternehmen entwickelt Anwendungen, die dazu anregen, sich mit seinem Gehör und seiner Gesundheit auseinanderzusetzen und bietet personalisierte Musikerlebnisse basierend auf einem individuellen Gehörprofil.

Literatur

Clear, J. (o.J.): 40 Years of Stanford Research Found That People With This One Quality Are More Likely to Succeed, jamesclear.com/delayed-gratification; Zugriff am 9. Mai 2016

Sandberg, S. 2013. *Lean In: Women, Work and the Will to Lead*. New York: Knopf.

5

Schokoladenseite re-loaded – Auftritt und Fußabdruck: sich zeigen, aber richtig

Inhaltsverzeichnis

© Springer-Verlag Berlin Heidelberg 2017
S. Hoffmann-Palomino, B. Praetorius, C. Kirbach (Hrsg.), *Die LEAN BACK Perspektive*,
DOI 10.1007/978-3-658-13924-7_5

*"I believe luck is preparation meeting opportunity. If
you hadn't been prep ared when the opportunity came
along, you wouldn't have been lucky."*
Oprah Winfrey

Auf jede Reise sollte man sich gut vorbereiten. Nicht immer
geht es um innre Reflexion und Haltung. Auch konkrete
Themen in Angriff zu nehmen, hilft uns Frauen, in relevante
gesellschaftliche und unternehmerische Positionen vorzustoßen. Oft leisten wir Hervorragendes und vergessen dann
leider im Eifer des Gefechts, diese Leistungen auch zu unseren Gunsten herauszustellen. Manchmal fehlen uns konkrete
Ideen, wie wir an unserer eigenen Marke und Karriere arbeiten können. Im ersten Teil des Kapitels betrachten die Autorinnen und der Autor daher die Notwendigkeit, sich selbst als
Marke zu inszenieren und warum das auch Unternehmens-
marken stärkt. Gleichzeitig bieten sie konkrete Hinweise,
wie genau eine Positionierung erarbeitet wird und was erste
Ansätze zum Brand-Building sein können. Das Thema „Netzwerken" ist ein integraler Bestandteil der Positionierung. Es
wird intensiv beleuchtet und ein konkretes Tool vorgestellt,
das dabei hilft, Networking strategischer auszurichten. Immer
mit dem Fokus: Wenn jeder gibt, dann bekommt auch jeder
etwas. Des Weiteren geht es um innere Haltung, Körperhaltung und Sprechen. Wie präsentiere ich mich, wie entsteht
Gleichklang innerer und äußerer Wahrnehmung?

Im zweiten Teil des Kapitels geht es dann um Mut, Klarheit, Selbstvertrauen und Freude an Gestaltung. Es geht um

Unterschiede zwischen Frauen und Männern, von denen wir uns inspirieren lassen können für neues Verhalten – wenn wir das möchten.

5.1 Einzigartigkeit, Positionierung und Reichweite

5.1.1 Be your own brand! Warum eine eigene Marke heute unverzichtbar ist.

Regina Mehler

> *„We need a new kind of leader – the authentic leader – to bring us out of the current leadership crisis."*
>
> Bill George

Stellen Sie sich vor, Sie sind Marketingleiterin eines großen Softwareunternehmens und Ihre Kollegen aus dem Vertrieb suchen die Gelegenheit zum ausführlichen Austausch mit den IT-Chefs der Kunden. Was tun Sie? Ganz einfach: Sie laden sämtliche IT-Chefs namhafter europäischer Unternehmen zu einem Treffen mit dem Topmanagement Ihres Unternehmens ein. Funktioniert nicht, meinen Sie? Vermutlich. Es sei denn, Sie laden ein zur „IT-Vision-Tour" mit Bill Gates. So habe ich es gemacht und konnte rund 20 hochrangige europäische IT-Chefs auf einer fünftägigen USA-Reise begrüßen: Auch ohne große Budgets oder Ressourcen – aber mit cleveren Methoden können wir innovative Ideen generieren und Geschäftsleitung, Kollegen sowie externe Partner davon überzeugen.

Querdenken und innovieren – das treibt mich: Ich habe in Unternehmen der IT-Branche Karriere gemacht und stand als Top-Managerin sehr oft auf der Bühne, um genau darüber zu reden. Schließlich habe ich ein Buch über Innovationsmanagement und -marketing durch Querdenken geschrieben. Ich machte die Erfahrung, dass gerade die Sichtbarkeit auf der Bühne mir jedes Mal spannende Kontakte brachte, interessante Optionen eröffnete und förderlich für meine Karriere war. Meistens allerdings war ich die einzige Frau auf der Agenda. Nun kannte ich sehr viele und teilweise brillante Expertinnen, die etwas zu sagen haben. In der Öffentlichkeit aber waren nur die Männer präsent. Auf meine Frage an die Veranstalter, warum das so sei, bekam ich die Antwort: „Wir würden ja gern, aber es gibt so wenige Speakerinnen." Als Innovations-Expertin machte ich den nächsten Schritt um daran etwas zu ändern und gründete die WOMEN SPEAKER FOUNDATION: Wir brauchen sichtbare Role-Models um mehr Frauen in Führungspositionen zu bringen und die gläserne Decke in den Köpfen – auch in denen der Frauen – einzureißen.

Was ich erlebte, war, dass sich Frauen nicht in Position bringen und den Schritt in die Sichtbarkeit oft genug scheuen. Auf den Punkt gebracht: Es geht um den Aufbau einer Personal Brand, einer Experten-Marke, und die nachhaltige Positionierung im Markt.

New Leadership?

Wir leben heute in einer Umbruchzeit – unsere Welt verändert sich ähnlich radikal wie Ende des 19. und Anfang des 20. Jahrhunderts. Wo genau uns das hinführen wird, weiß noch niemand. Digitales Denken ist ganz anders als alles, was wir bisher kennen – das müssen wir lernen und üben, uns darüber austauschen – auch über Unternehmensgrenzen hinweg. In dem Moment, in dem wir uns beispielsweise vom hierarchischen Pyramiden-Denken im Unternehmensdesign verabschieden, wird ein Karriereplan in Matrix-Strukturen ganz anders aussehen. Vor allem gehört dazu, dass wir in zunehmendem Maß Eigenverantwortung für unsere persönliche Entwicklung übernehmen.

Im digitalen Zeitalter muss sich Führung neu erfinden: Werden Vorgesetzte zu „Feelgood-Managern"? Wie führt man Mitarbeiter an „Latte-Macchiato-Arbeitsplätzen"? Hiring on demand, liquide Unternehmensgrenzen und partizipative Strukturen. Wird Führung weiblicher? Die eigentliche Transformation der Arbeitswelt wird nicht in den Fabriken, sondern in unseren eigenen Büros stattfinden. Wie geht Karriere heute?

Eigenverantwortlichkeit, Kommunikationsfähigkeiten, Netzwerk-Kompetenz und die Fähigkeit, Bindungen aufzubauen und zu halten, sind in zunehmendem Maß Leadership-Skills. Gerade heute brauchen Unternehmen Menschen, die in Führung gehen und den Wandel vorantreiben. Nur das Konzept „Leadership" hat sich fundamental verändert. Und darüber müssen wir reden, wenn wir über Karriere reden. Wir sollten die Spielregeln kennen, die alten und die neuen, um sie ggf. zu ändern, um den Wandel und die eigene Karriere zu gestalten.

Female Führung?

In jedem Fall bekommen die Vielfalt der Perspektiven in Führungsteams und damit auch eher weibliche Herangehensweisen, Führungsstile und Lösungswege heute einen ganz anderen Stellenwert als früher. Von Fleiß aber oder der Fähigkeit zur Selbstausbeutung ist in der Leadership-Forschung nie die Rede gewesen – bis heute nicht.

Der Leadership-Forscher Warren Bennis hatte den Gedanken, in einer umfassenden Studie Führungspersönlichkeiten zu befragen, um die Kriterien für erfolgreiche Führung in den Gemeinsamkeiten dieser Menschen zu finden (Bennis 1994). Sein Ergebnis: Jeder muss seinen eigenen, authentischen Stil entwickeln, um erfolgreich zu werden.

Wesentliche Gemeinsamkeiten allerdings konnte er definieren:

- Man benötigt eine Vision, um den Geist zu konzentrieren.
- Man muss die Vision vermitteln können.
- Man muss konsistent und glaubhaft sein.
- Man muss sich seiner eigenen Schwächen bewusst sein.

Marke ist morgen ein Muss.
Viele der Gewissheiten, Ziele und Rahmenbedingungen des vergangenen Jahrhunderts sind pulverisiert – andere behalten ihre Gültigkeit und treten in den Vordergrund. Was bedeutet das für die Karriere und wie sehen die Skillsets von morgen aus, die uns in Führung bringen?

Persönliche Kontakte und die Qualität persönlicher Beziehungen in agilen Teams und zwischen allen Bereichen im Unternehmen, zu Kunden und anderen Stakeholdern gewinnen an Bedeutung. An den Menschen in Unternehmensleitung und Führungsverantwortung werden die Glaubwürdigkeit der Werte und vor allem die Innovationskraft eines Unternehmens gemessen – die Führungsriege im Unternehmen steht für die Marke. Und hier greift alles ineinander: Menschen und Unternehmen werden dann kraftvoll, wirksam und wahrnehmbar, wenn sie authentisch, leidenschaftlich, integer und wertebezogen handeln. Eine Marke ist ein konsistentes Bild im Markt, das seine Kraft aus Kernkompetenzen, Leidenschaft und Werten und einer überzeugenden Kommunikation bezieht. Brands professionalisieren Kommunikation, erhöhen ihre Wirksamkeit und reduzieren Komplexität durch Vertrauen.

Markenbildung in Form von Personal Brands der Führungskräfte wird zum Wertschöpfungsfaktor fürs Unternehmen und gehört damit ganz klar zum Leadership-Skillset.

Mitarbeiter, die im Fachumfeld des Unternehmens sichtbar sind, werden zu Markenbotschaftern. Sie stärken die Glaubwürdigkeit in der Kommunikation mit den Stakeholdern. Dazu gehören heute in wesentlichem Maß auch die Employer Brand und die Employer Reputation. Eine Personal Brand bringt ebenfalls Klarheit und Konsistenz in der internen Kommunikation: Die Qualität von Prozessen und Führung steigt – man weiß, wofür der andere steht und mit wem man spricht. Führung über gemeinsame Werte und Haltung in Form einer Leadership Brand stärkt darüber hinaus die Resilienz-Fähigkeit eines Unternehmens in Krisenzeiten.

Inside Lean back: Wer bin ich wirklich?

> *„The challenge is to understand ourselves well enough to discover where we can use our leadership gifts to serve others."*
> Ann Fudge, CEO Young & Rubicam; George 2006

Authentizität ist das Geheimnis des Erfolgs, wie schon Warren Bennis herausfand. Authentizität schafft Glaubwürdigkeit. Eine glaubwürdige Führungspersönlichkeit mit klarem Profil und Haltung kann ein Team, ein Unternehmen und den Markt verändern. Und das ist der Lean back Faktor, der die Karriere voranbringt:

- Investieren Sie Zeit und Kraft, um herauszufinden, wer Sie sind.
- Definieren Sie Ihr Leidenschaftsthema.
- Professionalisieren Sie Ihre Performance für die Vermittlung Ihrer Inhalte.
- Entwickeln Sie Ihre Vision und einen Plan für Ihre Zukunft.

Dazu gehört auch das Thema „Selbstführung". Nur wer sich selbst kennt – auch seinen blinden Fleck – kann andere erfolgreich führen. In ihrem Buch „Die Fleißlüge" hat Brigitte Witzer herausgearbeitet, dass gerade der Fleiß bei Frauen oft ein solcher blinder Fleck ist (Witzer 2015). Wer ist sich schon bewusst, dass wir, wenn wir fleißig sind, in alten Mustern hängen und dass Fleiß uns dazu dient, unsere Gefühle, die uns Orientierung bieten, gerade nicht wahrzunehmen? Ein Hamsterrad sieht eben von innen auch aus wie eine Karriereleiter. Aber Fleiß und Perfektion führen uns in das Burn-out und nicht in Führungspositionen.

This ain't Hollywood: Warte nicht darauf, entdeckt zu werden.
Auch ich war in den Anfangszeiten meiner Karriere davon überzeugt, dass ich den nächsten Schritt auf der Karriereleiter machen würde, indem ich liefere, was immer verlangt wird, überperforme und deswegen „entdeckt" und gefördert werde. Aber ich habe gelernt, dass Strategie Inhalte schlägt im Wettbewerb um Führungspositionen. Gerade für Frauen ist es wichtig, nachhaltige Strategien für die Karriere und damit auch ihre Ziele zu entwickeln – Männer machen das schon immer.

Der Aufbau einer Experten-Marke ist ein wesentlicher Schritt. Wenn es aber darum geht, uns selbst zu verkaufen, können wir oft nicht sofort und glasklar formulieren, was uns besonders macht. Was ist das Thema, für das wir brennen? Was macht uns als Experten einzigartig? Ich bin der festen Überzeugung, wenn wir beruflich vorankommen möchten, müssen wir genau das wissen. Wir müssen in unsere Personal Brand investieren.

Step up: der Schritt auf die Bühne

Der Schritt auf die Bühne und damit in die Sichtbarkeit gehört dazu und ist ebenfalls eine zuverlässige Strategie. Und
mit „Bühne" meine ich jede Bühne: das ist die Präsentation
im Team, beim Kunden oder vor dem Vorstand. Das ist aber
auch die größere Bühne auf Fachveranstaltungen oder der
Auftritt in den Medien. Ich habe die Erfahrung gemacht, dass
ich direkt im Anschluss an diese Auftritte spannende Jobangebote bekam und mein Netzwerk mit interessanten neuen
Kontakten ausbauen konnte. Auch hier geht es wieder um
Leidenschaft und um Authentizität, die überzeugen und begeistern. Wer einen Vortrag hält, hat das Wort, hebt im Sinne
von Sheryl Sandberg die Hand, positioniert sich und geht in
Führung.

Aus der Praxis kenne ich Beispiele, wie Frauen den Bühnen-
auftritt professionalisieren. „Halleluja", oder auch „Amen" –
aber nur in der Passionszeit: Das hörte eine Rednerin nach
jedem ihrer sonntäglichen Auftritte. Sie hatte eine überaus
kreative Strategie entwickelt, an ihrem Lampenfieber zu arbeiten, und eine Übereinkunft mit dem Pfarrer ihrer Gemeinde
getroffen. Ein Jahr lang trug sie jeden Sonntag im Gottesdienst
und vor der versammelten Gemeinde den Bibelausschnitt vor,
der das Thema des Tages aufgreift. Sie hat es geschafft, mit
ihrem Lampenfieber umzugehen, und ist heute eine gefragte
Referentin.

Wir brauchen nicht noch einen Schein oder noch ein Diplom und das Wissen eines Hochschulprofessors, um als Experte mit unserem Leidenschaftsthema wahrgenommen zu
werden. Sie schärfen Ihr Profil, indem Sie auf die Bühne gehen, mit Ihrer Haltung zum Diskurs beitragen, Ihren Auftritt
professionalisieren und sich damit klar positionieren.

- Lernen Sie, Eigenwahrnehmung und Fremdwahrnehmung zu unterscheiden.
- Bestimmen Sie Ihre Zielgruppe.
- Entwickeln Sie begeisternde Inhalte.
- Perfektionieren Sie Ihren Auftritt.
- Marketing-Tool Nr. 1: Ihr Video.

Wenn Sie es wirklich wissen wollen, wenn Sie aktiv Ihre Karriere voranbringen wollen, dann gibt es immer Optionen, wie Sie Ihre Ziele erreichen und Barrieren überwinden. Im Moment rollen Unternehmen Frauen, die Führungspositionen anstreben, den roten Teppich aus. „Opt-out", der Ausstieg, ist keine Option, weil dann zu viel wertvolles Know-how verlorenginge. Wir haben Chancen wie noch nie zuvor, aber wir müssen sie auch nutzen! Investieren Sie Zeit und Kraft in Ihr Eigenmarketing und nutzen Sie dafür jede Gelegenheit, auf die Bühne und aufs Podium zu gehen – sagen Sie immer erst mal Ja und schauen Sie dann, wie Sie es hinkriegen, das ist mein Rat und mein Erfolgsrezept.

Break the rules. Just do it.
Moskau in den 1990er-Jahren: Das Marketing bekam vom Chef des Softwareunternehmens – quasi Monopolist für CRM-Software – den Auftrag, den russischen Markt zu erschließen. Ohne Budget, ohne Ressourcen und ohne Kontakte. Ich nahm an und gab als erstes die Frage nach einem sicheren Hotel in Moskau in mein Netzwerk, auf die gleiche Weise fand ich auch eine PR-Agentur. Unser dreiköpfiges Team schrieb einen Wettbewerb für Anwender in Russland aus, die zwar keine Kunden sind, aber die Software kennen – und bot ihnen Jobs als Kundenberater und für die Implementierung der Software an.

Mit den Kunden- und Pressekontakten der Sponsoring-partner wie HP, Intel und anderen, die in Russland bereits im Markt waren, stellte ich einen zweitägigen CRM-Kongress auf die Beine, der von TV-Stationen in fünf Zeitzonen des Lands besprochen wurde. Die Partner erschlossen im Anschluss gemeinsam mit uns jeweils eine Branche – wie vorher abgesprochen. Dem Marketing standen nun eine Kundendatenbank, Pressekontakte, Vertriebsmitarbeiter und das Budget für ein halbes Jahr Marketing-Arbeit zur Verfügung.

Das ist ein Beispiel für eine weitere effiziente Erfolgsstrategie: das Netzwerken. Netzwerke sind unverzichtbare Ideenlieferanten und Impulsgeber. Das Faszinierende an diesem Austausch ist, dass jeder seine eigenen Ziele verfolgt, diese aber dank Netzwerk schneller und leichter erreicht werden, als wenn jeder allein agiert. Kurzum, ein Netzwerk lebt vom Win-win: Jeder gibt, jeder profitiert.

Die Zukunft wird anders als je zuvor. Position einnehmen. Rock the boat.

Wir befinden uns in einem spannenden Prozess der Transformation, in dem wir heute die Werte verhandeln, die unser Leben und unsere Arbeitswelt in Zukunft bestimmen werden. Bringt uns die digitale Unabhängigkeit vom Büro-Arbeitsplatz neue Freiheiten oder mündet sie in ständiger Verfügbarkeit? Wird Führung in Teilzeit vom Tabuthema zur Normalität? Wird eine Ergebnis-Kultur die Präsenz-Kultur ablösen?

Leadership funktioniert heute ehrlich, transparent, nachhaltig – und mit Empathie. In jedem Fall geht es darum, Verantwortung zu übernehmen und proaktiv die eigene Karriere und den Wandel in der Arbeitswelt und in unserer Gesellschaft zu gestalten. Lean back: Sie wissen, wer Sie sind und was Sie können – entscheiden Sie, wann es Zeit ist zu ernten, statt weiterhin zu säen. Entwickeln Sie Ihre Personal Brand, authentisch und leidenschaftlich, formulieren Sie Ihre Ziele und verfolgen Sie Ihre Strategien, positionieren Sie sich.

Die Autorin

Regina Mehler, CEO WOMEN SPEAKER FOUNDATION

Regina Mehler ist Unternehmerin, CEO der WOMEN SPEAKER FOUNDATION und Gründerin von 1st Row. Sie entwickelt Leadership Brands und persönliche Experten-Marken für Executives und Unternehmensleitung. Ihre Themen als Unternehmensberaterin sind außerdem „Innovations-" und „Veränderungsmanagement". In Unternehmen der IT-Branche wie Siebel, Software AG und Adobe war sie federführend für innovatives Marketing und Change Management verantwortlich. Sie ist Autorin von „Der Phoenix-Effekt". Regina Mehler ist „Member of Board" im Deutschen Gründerverband.

5.1.2 Do-it-yourself-Markenbildung: eine Bedienungsanleitung

Tilo Bonow

In Zeiten von Informationsreichtum und damit einhergehender Unübersichtlichkeit sind starke Marken hoch relevant. Dies gilt für Unternehmen und Personen gleichermaßen.

Die persönliche Brand macht klar, wofür jemand steht und was einen auszeichnet. Aus meiner Sicht gehört das zu den Anforderungen an eine moderne Führungskraft dazu. Denn zum einen generiert es Aufmerksamkeit und Fokus für das eigene Thema, zum anderen entwickeln sich aus Visibilität spannende Möglichkeiten für Menschen und Unternehmen. Starke Personenmarken ergänzen und bereichern die Unternehmensmarke und können so den gemeinsamen Wert steigern.

Die eigene Positionierung zu schärfen, ist nicht nur hilfreich für die Karriereentwicklung. Sie ist auch verbunden mit einem Zugewinn an Lebensqualität, da einem mehr Zeit für das wirklich Wichtige bleibt. Denn viele Zeitfresser fallen durch eine saubere Positionierung weg. Es lassen sich einfacher die Themen und Aktivitäten identifizieren, die auf die eigene Marke einzahlen – und somit auf das eigene Karriereziel. Dinge, die nicht zum Ziel oder zur Positionierung passen, kann man ab sofort einfach bleiben lassen. So erzielt man im Endeffekt deutlich mehr Fortschritte durch klaren Fokus und Zielorientierung.

„Wie komme ich dorthin", fragen Sie sich – kein Problem, hier kommt eine Schritt-für-Schritt-Anleitung.

1. Saubere Positionierung

„Your Brand results from a set of associations and perceptions that exist in people's minds, based on the content they come across that relates to you."

Die saubere Positionierung ist das A und O. Was sollen Menschen denken, wenn Sie Ihren Namen hören? Wie lautet Ihr persönlicher USP, was ist die Botschaft, die es zu formulieren und stringent zu erzählen gilt? Das kann eine Positionierung als herausragende Tech-Expertin in einem bestimmten Bereich sein, eine als beste Motivationsrednerin, eine als starke Macherin, es kann – wenn man das Beispiel Martha Stewart heranzieht – auch die Brand als beste Hausfrau sein.

Wichtig sind die Personalisierung eines Themas und das Besetzen einer Nische. Denke ich also an Café oder an Starbucks?

Ist meine Profession z. B. durch große Konkurrenz geprägt, zum Beispiel als Headhunter, sind am Markt viele Hundert weitere aktiv. Um mich sinnvoll abzuheben, brauche ich die Klarheit darüber, was meine eigene Spezialität ist, warum Menschen automatisch an mich denken, wenn es um ein bestimmtes Thema geht. Ein schönes Beispiel im Headhunter-Bereich ist für mich Constanze Buchheim, die Gründerin von iPotentials. Unternehmen, die hochrangige Positionen im Tech- und Digitalumfeld besetzen, kommen an ihr als Top-Expertin nicht vorbei.

Besetzen Sie ein Themenfeld. Es ist dabei nicht wichtig, ob das auch andere tun, wichtig ist, dass Sie sich mit Ihrem Talent und Ihrer Expertise positionieren. Sobald Sie als Expertin am Markt wahrgenommen werden, kommen weitere Anfragen fast automatisch, wie eine Spirale, in der sich die verschiedenen Aktivitäten verstärken.

2. Wer ich bin und wohin will ich?

#What makes me remarkable? #What characteristics define me? #Which values are relevant?

Wenn die Frage nach dem „Wer bin ich" geklärt ist, gilt es, im nächsten Schritt herauszuarbeiten, wo Sie zielperspektivisch hinmöchten. Streben Sie eine hohe Position in einem größeren Unternehmen an oder wollen Sie sich als freiberuflicher Themenspezialist etablieren? Ohne genaue Zielvorstellung sind alle weiteren Schritte nicht möglich. Die gesamte inhaltliche Planung ist ausschließlich auf dieses Ziel ausgerichtet. Ohne Fokus auf das, was Sie erreichen möchten, können Sie keine Brand aufbauen.

Haben Sie Ihre Zielperspektive definiert, müssen Sie den eigenen Status quo prüfen. Nur so kann eine gute Wegbeschreibung erstellt werden – „Ich weiß, woher ich komme und wohin ich will". Machen Sie sich hierfür zunächst einmal selbst Gedanken über die eigenen Stärken, Talente und Motivatoren. Unterstützen kann hierbei eine SWOT-Analyse. Ideal ist es, dann das Ergebnis mit anderen Menschen zu besprechen. Diese sehen oft blinde Flecken, die man selbst übersieht und schaffen einen Realitätscheck. Holen Sie sich das Feedback von Freunden oder Kollegen dazu ein.

Vor allem empfehle ich an dieser Stelle die Zusammenarbeit mit einem professionellen Coach, mit dem Sie in sehr kurzer Zeit sowohl an der Zielthematik als auch am Thema „Stärken und Talente" arbeiten können. Ein Coach ermöglicht einen objektiven Außenblick und stellt zudem die richtigen Fragen, um mit Ihnen gemeinsam eine zukunftsfähige Zielperspektive zu entwickeln. Ein Coach schaut also mit Ihnen nicht nur darauf, wofür Sie stehen möchten, sondern beleuchtet objektiv, was Sie wirklich gut können und wofür Sie realistisch stehen können. Schauen Sie sich gut an, was wirklich Sie sind, was zu Ihnen passt und verbiegen Sie sich nicht in etwas hinein, das sich vermeintlich gut anhört, aber nicht zu Ihnen passt. Authentizität ist essenziell.

Ein Coach hilft Ihnen auch dabei, nicht nur zu betrachten, was Sie tun möchten, sondern auch Klarheit zu gewinnen über die Dinge, die Sie nicht möchten. Fokus ist da wichtig.

3. Welche Position nehme ich ein?

Überlegen Sie sich ganz genau, welche Position Sie spielen. Sind Sie ein Offensivspieler, der bekannt sein möchte für Innovationsgeist und strategischen Weitblick, sind Sie eher Treiber und Moderator aus dem Mittelfeld heraus oder sorgen Sie für reibungslose Umsetzung?

Wichtig ist auch die inhaltliche Ausrichtung. Definieren Sie, ob Sie Ihr Auditorium unterhalten, führen, motivieren oder beraten möchten. Es geht nicht darum, einfach „gut" zu sein. Es geht darum, einzigartig zu sein.

Beispiel: Eine Marke ist nicht „Headhunter", eine Marke ist „Führende Ansprechpartnerin für die Top-Jobs in der digitalen Welt".

4. Was können Sie vielleicht von Männern lernen?

Meine Berufspraxis zeigt, dass Frauen häufiger als Männer gefallen wollen, Everybody's Darling sein wollen. Und Frauen sind häufig selbstkritischer. Männer denken nicht so viel über sich selbst nach. Sie interpretieren weniger und attribuieren Erfolge und Misserfolge so, dass es für das eigene Selbstwertgefühl dienlich ist.

Frauen finden immer irgendeine Schwachstelle und sehen manchmal Probleme, wo gar keine sind. Männer sind sehr viel pragmatischer, aber daher auch unreflektierter. Eine gesunde Mischung wäre perfekt. Da sind aus meiner Sicht Frauen im

Vorteil, weil sie durch die oft ausgeprägte Reflexionsfähigkeit solche Dinge besser erkennen und im Idealfall ablegen können.

Selbstbewusstsein ist meiner Erfahrung nach ein relevantes Thema, bei dem es nicht um Männer oder Frauen geht, sondern darum, dass wir Menschen glücklich durchs Leben gehen wollen – unabhängig von den Erwartungen und Bewertungen anderer. Deshalb Selbstzweifel, die unnötig verunsichern, gar nicht erst aufkommen lassen.

5. Umsetzung: Was erzielt wirklichen Effekt?

Hat man seine Positionierung erarbeitet, gilt es nun zu überlegen, wie genau die Brand aufgebaut und kommuniziert werden muss. Wo kommt man in Kontakt mit potenziellen Kunden, neuen Netzwerkpartnern oder potenziellen neuen Arbeitgebern? Bleiben wir bei dem Beispiel „Führende Ansprechpartnerin für die Top-Jobs in der digitalen Welt". Hier sind potenzielle Kunden und Kandidaten online und offline zu finden. Es gilt daher, die Strategie darauf abzustimmen und Social-Media-Kanäle thematisch ähnlich zu bespielen wie klassische Medien, wie in diesem Fall die Wirtschaftswoche, das Handelsblatt oder das manager magazin. Inhaltlich ist die Positionierung dort auf Expertise beispielsweise zur digitalen Transformation ausgerichtet.

Ab hier ergibt es oft Sinn, einen PR-Profi, zumindest für den Anfang, hinzuzuziehen. Dieser kann den Plan nochmals intensiv prüfen und dann nächste Schritte empfehlen.

Möchte man Social-Media-Kanäle bespielen, einen Blog aufsetzen oder Videos nutzen, braucht man oft einen Texter, der hilft. Dies ist nicht nur eine zeitliche, sondern vor allem eine inhaltliche Unterstützung. Frauen, die in Geschäftsführer-Funktionen tätig sind, Vorstandsmitglieder oder Bereichsleiterinnen sind, empfehle ich generell eine professionelle Begleitung.

Die Relevanz einer Onlinepräsenz kann nicht überbewertet werden.

- 42 % aller Personen suchen online nach Informationen, bevor sie einen Deal abschließen. Sei es geschäftlich oder privat. 45 % dieser Personen entschließen sich gegen den Deal aufgrund der Informationen, die sie gefunden haben.
- 90 % der Unternehmen suchen online nach Informationen über Kandidaten – auch wenn sie das strenggenommen nicht dürfen. 50 % sehen von einem Angebot aufgrund der gefundenen Informationen ab.

Ich würde sagen, da sollte man dabei sein! Denn wenn Sie sich nicht selbst positionieren, dann passiert es ungewollt, ungeplant und unsystematisch. Informationen gibt es aber meistens. Die Frage ist, ob Sie die Botschaft bestimmen.

Wichtig ist: Es geht nicht darum, allgemeine Bekanntheit zu erlangen. Es geht darum, in der Zielgruppe bekannt zu werden. Daher ist die Zielfrage so wichtig, denn nur, wenn man weiß, wo man hinmöchte, kann man analysieren, welche Personen dafür wichtig sind, wo man diese findet und wo man dementsprechend präsent sein muss.

Leitfragen sind hier:

- Wo befindet sich die Zielgruppe online?
- Welche Plattformen kann ich nutzen, um sie zu erreichen?
- Welche Kanäle passen gut zueinander (Synergieeffekte)?
- Welche Art von Unterhaltung ist typisch für einen Kanal und wie kann ich mich da einbringen?
- Für welche Art von Content steht eine Plattform, was wird dort am meisten gelesen/angeschaut, was ist also die Erwartungshaltung der User?

Eine gute Basis bieten die acht Top-Plattformen: XING, LinkedIN, Facebook, YouTube, Twitter, Pinterest, slideshare, Medium.

Dabei empfehle ich, zuallererst die Profile auf XING und LinkedIn professionell zu gestalten und nicht zu vergessen, diese dann auch für die Öffentlichkeit freizuschalten.

Experte: intern wie extern

Auch in der unternehmensinternen Kommunikation gilt es, sich auf das Radar zu bringen. Zwar befeuert die Außendarstellung auch die Wahrnehmung nach innen, hier braucht es aber zusätzliche Maßnahmen. Weiß man, für welches Thema man stehen möchte, gilt es, sich mit gezielten Projekten für dieses Thema zu positionieren. Ist man z. B. VP bei einer Bank und möchte sich als Expertin für FinTech-Start-ups etablieren, ist es hilfreich, einmal im Monat eine Bewertung der spannendsten FinTechs zu erstellen und diesen Bericht zu verteilen. Es gilt, die eigene Perspektive immer wieder proaktiv herauszustellen, Wissen zu teilen, sich selbst ins Spiel zu bringen. Bis klar ist, dass Entscheidungen in diesem Feld ohne Ihre Expertise nicht mehr getroffen werden. Steter Tropfen höhlt den Stein. Es gilt, dranzubleiben, Kontinuität ist alles.

Zusätzlich sollte man die Zeit investieren, herauszufinden, wo online und offline die Themen stattfinden, die man besetzen möchte. Was sind beispielsweise Foren, denen Sie beitreten können, wo können Sie Teil eines Netzwerks werden? Zu welchen Blogs könnten Sie einen wertvollen Beitrag leisten? Welche Veranstaltungen und Events können Sie besuchen? Auf diesen Bühnen können Sie sich als Expertin positionieren.

Wie der eigene Beitrag, die eigene Positionierung konkret aussieht, hängt ganz vom Thema und der eigenen Persönlichkeit ab. Hat man einmal eine passende Veranstaltung identifiziert, gibt es diverse Möglichkeiten, diese für sich zu nutzen. Zum Beispiel bietet die Teilnahme als Besucher gänzlich andere Einblicke als ein eigener Gastvortrag im Rahmen des Events. Wer gerne an einer Podiumsdiskussion teilnehmen oder einen Workshop leiten möchte, kann dem Veranstalter sein Speaker-Profil senden. Alternativ vermitteln Redneragenturen zueinander passende Profile, oder die Veröffentlichung eines Whitepapers ist der erste Schritt. Auch online lässt sich die eigene Brand bewerben, sei es mithilfe eines eigenen Blogs, einer angepassten Facebook-Seite oder in einer Gruppe auf XING oder LinkedIn.

Überlegen Sie für sich, in welcher Rolle Sie sich wohlfühlen. Das kann als Autor sein oder als Redner, vor oder hinter der Kamera, im Interview oder als Interviewer. Überlegen Sie, wo und wie, über welches Medium sich der größte Mehrwert schaffen lässt. Sich selbst anzupreisen und für Projekte anzubieten, mag sich möglicherweise komisch anfühlen. Da kann professionelle Unterstützung helfen.

Der erste Schritt

Wie aber kann man selbst erfolgreich den ersten Schritt machen? Am besten identifizieren Sie zuerst die Key-Player in Ihrem Themenbereich. Wer sind die Top zehn oder 20 wichtigsten Personen in dem Feld, wer gilt als Key-Influencer? Wo findet man sie, in welchen Netzwerken? Machen Sie entscheidende Journalisten und Blogger ausfindig, die über Ihr Thema berichten und versuchen Sie, mit ihnen in Kontakt zu treten.

Dabei gilt, ein warmer Kontakt ist Trumpf. Dies gilt für Veranstalter, Unternehmen, Verlage, Medien, Blogger oder Headhunter. Forschen Sie, ob Sie einen direkten Kontakt haben, oder jemanden kennen, der jemanden kennt, der jemanden kennt. Gibt es keinen Anknüpfungspunkt, schaffen Sie einen. Folgen Sie den von Ihnen identifizierten Meinungsbildnern alternativ auf Twitter oder Facebook, sharen, liken, kommentieren Sie Beiträge und bieten Sie einen Mehrwert.

Denken Sie darüber nach, was Sie, und nur Sie, anbieten können. Was haben Sie im Gepäck, das einzigartig ist, welche Leistung, welche Insights?

Berechtigt können Sie jetzt einwenden, es gibt fast nichts mehr, was es eigentlich nicht gibt. Zu allen möglichen Themen wurde bereits viel geschrieben, aber trotzdem kann es genau Ihre Perspektive auf das Thema brauchen. Zum einen lassen sich bestehende Artikel neu teilen und zusammenstellen oder anders interpretieren, zum anderen haben Sie eine ganz individuelle Meinung.

Trauen Sie sich, genau diese Meinung zu haben. Wenn Sie für etwas stehen und das auch begründen können, dann sind Sie plötzlich spannend für Multiplikatoren. Nicht jeder wird Ihnen zustimmen, aber wer keine Kontrahenten hat, wird auch nicht ernst genommen. Es ist also ein gutes Zeichen, wenn sich andere an Ihnen reiben. Das muss man allerdings auch aushalten können und sich unabhängiger von der Außenbewertung machen. Werfen Sie übertriebene Selbstzweifel über Bord und seien Sie nicht zu kritisch.

Interessanterweise sehe ich bei meinen Kunden oft ein „Sweet-spot-Phänomen". Ist ein Startpunkt gefunden, dann läuft es irgendwann „wie von selbst". Ein Beitrag, den jemand gelesen hat und Sie bittet, dazu ein Interview zu geben, was wiederum den Anstoß für einen Vortrag gibt etc. Gehen Sie den ersten Schritt – es lohnt sich.

Der Autor

Tilo Bonow, Founder & CEO PIABO

Tilo Bonow ist Gründer und CEO von PIABO, der führenden PR-Agentur der europäischen Digitalwirtschaft mit Hauptsitz in Berlin. Er ist maßgeblicher Erfolgstreiber ambitionierter Unternehmer in globalen Märkten und ausgewiesener Experte der Start-up-Szene. Zu seinen Kunden zählen europäische Technologieunternehmen und digitale Weltmarken wie Tinder, Evernote, Yelp, Withings und LinkedIn. Darüber hinaus engagiert sich Tilo als Keynote-Speaker, Jurymitglied, Moderator und PR-Partner bei zahlreichen Konferenzen – wie z. B. NOAH Conference, DLD, Pioneers Festival, European Venture Summit und Heureka – und ist als Mentor u. a. bei IBM, Axel Springer und der Deutschen Telekom aktiv. Tilo ist auch Mitgründer der strategischen Wachstumsberatung enable2grow. Vor Gründung seiner Agentur arbeitete Tilo Bonow als Leiter der globalen Kommunikation für Unternehmungen der Samwer-Brüder wie dem Weltmarktführer für digitale Unterhaltung Jamba und den European Founders Fund.

5.1.3 The good, the bad and the ugly: Warum das eigene Sprechen ein Spiegel deines Selbst ist

Bianca Praetorius

Sprechen ist die menschlichste Form des Ausdrucks. Sprache unterscheidet uns von den Tieren. Warum spricht man? Weil das, was in einem stattfindet, durch das Sprechen nach außen gelangen soll. Was dabei aber noch mit herauskommt – das man unter Umstände gar nicht mitteilen wollte –, das steht auf einem anderen Blatt. Wer spricht, wird sichtbar, ob sie/er will oder nicht. In diesem Text geht es darum, was das bedeutet und wie man etwas daran ändern kann, wenn man das möchte. Lean back ist vor allem eines: Haltung. Körperhaltung sowie innere Haltung. Eines verrate ich schon: Die beiden stecken unter einer Decke.

Was „Public Speaking" bedeutet

„Public Speaking" heißt „öffentlich sprechen". Öffentlich heißt: mehr als ein Augenpaar. Wenn ich ein Gespräch mit genau einem Gesprächspartner führe, ist fast alles einfach. Ich sehe das Augenpaar des anderen, ich sehe dessen Reaktion auf mich, ich sehe, wenn die Stirn vor mir in Falten gelegt wird, wenn sich ein Lächeln andeutet, wenn ein Funke Interesse über das mir gegenüberstehende Gesicht huscht und ich sehe, wenn Augenlider versuchen, Müdigkeit zu vertuschen. Ich kann jede Reaktion mitschneiden und darauf reagieren. Jeder kann das und tut das auch. In der Fachwelt weiß man, dass das auf Spiegelneuronen zurückzuführen ist. Die sofortige Rückmeldung des Mikroausdrucks eines Gesichts bildet für unser Hirn den Leitfaden für den Gesprächsverlauf. So weit, so gut.

Sind es nun zwei Gesprächspartner, wird es schon schwieriger. Jetzt müssen meine Augen plötzlich hin und her gleiten, zwischen Person a und B. Links, rechts, vielleicht sogar hoch und runter. Hier wird es also schon anstrengender und fordert dem Hirn die doppelte Arbeit ab. Bereits diese zwei Menschen bergen die Wahrscheinlichkeit für innere Zerrissenheit. Was ist, wenn einer sich interessiert und der andere seine Stirn in Falten wirft? Herrje. Ab drei Personen ist das Hirn dann offiziell überfordert, ruft leise um Hilfe und denkt heimlich an Flucht. Ab jetzt sprechen wir von „Public Speaking".

Der alte Affe Angst

Ich bin, wie die meisten von uns, ein Public-Speaking-Angsthase. Warum? Weil ich gehört werden will und weil ich denke, dass ich etwas zu sagen habe. Es betrifft mich. Was ich sagen will, bedeutet mir etwas. Wer sich äußert, kann abgelehnt werden und das erzeugt Angst. Das Gute daran ist, so geht es eigentlich allen Menschen. Soweit zumindest meine Erfahrung. Also sprechen wir zunächst über diese Angst.

Sprechen bedeutet: Wenn ich etwas zu sagen habe, habe ich etwas zu verlieren. Denn nur wer sich mitteilt, kann abgelehnt werden. Das heißt: Natürlich hat man Angst. Natürlich hat man Lampenfieber. Natürlich ist es immer etwas Nervösmachendes, vor anderen zu sprechen. Und wer das abstreitet, der lügt oder ist ein bisher unbekannter Typ Mensch. Für den Sprecher steht etwas auf dem Spiel. Nämlich das Verstandenwerden. Und verstanden und gesehen werden ist eines der grundlegenden menschlichen Bedürfnisse. Sozusagen die Luft zum Atmen für die Seele. Jeder will gehört, gesehen und anerkannt werden. Und dass das nicht passiert, davor haben wir Angst.

Beim öffentlichen Sprechen sind wir alle nackt

Die eigene Angst, die persönliche Unsicherheit und kein noch so kleiner innerer Kampf bleibt beim öffentlichen Sprechen ungesehen und kann somit für jeden von uns zum ganz eigenen Stolperstein werden. Wer nun glaubt, das klingt alles nach Weltuntergang oder Albtraum, dem sei gesagt, es ist alles nicht so schlimm. Die eigene Angst zu überlisten, ist möglich und kann sogar Spaß machen.

Werkzeugkisten fürs Sprechen

Da dies ein Buch mit begrenztem Raum und kein Live-Training ist, hier meine vier Lieblingstipps für gelungenes Public Speaking.

1. Klarheit zuerst

Wer spricht, sollte vorher zu Ende gedacht haben oder sich zumindest entschieden haben, was sie/er gleich von sich geben möchte. Die Versuchung „einfach loszulegen", ist groß und auch so herrlich natürlich. Wenn wir zu zweit miteinander sprechen, legen wir uns ja auch kein Skript zurecht … Aber Public Speaking ist per se ein eher unnatürlicher Vorgang, es ist ja eine einseitige Kommunikation, fast wie Broadcasting. Das Denken und Sprechen und wie beides zusammenhängt, ist aber an sich sehr faszinierend: Heinrich von Kleist hat einen hervorragenden Aufsatz über das Spiel zwischen dem Denken und Sprechen unter dem Titel „Über die allmähliche Verfertigung der Gedanken beim Reden" verfasst (Kleist 2011). Ein 200 Jahre alter Text, der über das Spiel des Hirns beim Sprechen handelt. Es geht um die Feststellung, dass sich die Gedanken erst beim Sprechen vollenden. Das ist aber nicht immer von Vorteil, denn es gleicht einer Operation am offenen Herzen. Vor Zuschauern. Man könnte es auch Improvisieren nennen. Es ist quasi „Denken im Livestream".

Wenn *du* dir beim Denken zusiehst, sehen dir auch *andere* beim Denken zu. Dieser Denkvorgang bereitet immer ein wenig Mühe. Diese Anstrengung bildet sich dann beim Zuhörer ab. Wenn du beim Sprechen also noch „auf der Suche" bist, kommt beim Zuhörer auch „Suchen" an. Suchen ist das Gegenteil einer Aussage. Wenn es keine Aussage gibt, kann sich keine Botschaft vermitteln. Meine Empfehlung ist daher ganz einfach, wenn es um einen öffentlichen Sprechvorgang geht: Erst entscheiden was man sagen möchte – dann sprechen. Sonst passiert folgendes Szenario: Das Adrenalin von „Oh, hier habe ich etwas zu verlieren" (das Verstandenwerden) und die Mühe von „Was will ich eigentlich sagen" (die Verfertigung des Gedankens beim Sprechen) vermischen sich und werden zu einem tödlichen Cocktail: Tod des Fokus und damit Tod der Verständlichkeit.

Oft kommt eben einfach nicht raus, was rausgekommen wäre, wenn wir vorher zu Ende gedacht hätten. Für das eigene öffentliche Sprechen heißt das, wenn man erst mit dem Sprechen denkt, hören uns die anderen derweil beim Denken zu und das ist in der Regel nicht wirklich hilfreich. Dem Denken zuzuhören, ist mühselig für den Zuhörer. Der Sprechende wird dadurch als inkompetenter, unsicherer oder in jedem Fall als unangenehmer Sprecher empfunden. Also: Klarheit im Geist schaffen, bevor man spricht. Egal was man sagen möchte, wichtig ist es, vorher eine Entscheidung zu treffen, bevor man den Mund öffnet und die Scheinwerfer angehen. Man muss nicht immer der Weisheit letzten Schluss von sich geben – die Welt wäre sonst ein sehr stiller Ort. Triff jedoch immer eine konkrete Entscheidung – Aussagen machen, keine Fragezeichen.

2. Dein Körper ist dein Werkzeugkasten

Körper und Stimme sind unzertrennlich miteinander verbunden. Man muss dabei den Körper als das Metronom der Sprache verstehen. Die Arme übernehmen dabei die Rolle des Dirigenten und das gesprochene Wort ist das Orchester, das es zu dirigieren gilt. Angewendet bedeutet das, dass es unmöglich ist, schnell oder verhuscht und somit undeutlich zu sprechen, wenn man mit dem Körper und den Armen klare, ruhige Gesten macht. Jeder, der das nicht glaubt, kann genau das jetzt selbst ausprobieren. Schnell sprechen und die Arme langsam bewegen: Es geht einfach nicht. Das Sprechtempo passt sich unweigerlich der Körperbewegung an und wird dadurch langsamer und klarer. Für öffentliches Sprechen bedeutet das: Wenn man vor einer Gruppe sprechen muss, aber aufgeregt ist und dadurch beginnt, um die richtigen Worten zu ringen und dabei das Adrenalin in Massen ausgeschüttet wird, gilt es ganz einfach, die richtige Technik anzuwenden. Das kann tatsächlich so einfach sein, wie die Arme bewusst langsam zu bewegen.

Neben den Armen ist ein weiteres wichtiges Instrument im Orchester der Sprache der Mund. Die sprachliche „Haltung" wird, anatomisch gesehen, durch die Muskulatur und die Sehnen und das ganz eigene Zusammenspiel von Lippen, Zunge und Kehlkopf bestimmt. Diese Körperteile entscheiden zusammen über die Art des eigenen Sprechens. Sprechen vor Zuhörern ist immer auch als *Raum nehmen* zu verstehen. Wer jemand anderem zuhört, gibt diesem „Raum zu sprechen". Wer also effektiv sprechen möchte, sollte diesen Raum dann auch *einnehmen*. Das meine ich auch ganz anatomisch: Je mehr Raum ich mir körperlich nehme – sprich mit den Armen aushole und große Gesten mache – desto mehr Raum nehme ich mir. Je mehr sich mein Kiefer öffnet, um einen

Vokal zu bilden, und umso weniger sich meine Lippen beim Schließen nach jedem Konsonanten bereits nach dem Ende des Satzes sehnen, desto mehr Raum nehme ich mir. Als innere Formel kann man sagen: Je mehr Raum ich mir nehme, desto mehr Raum wird mir auch gegeben. Also, nimm dir Raum, weil du es kannst. Wer selbst daran glaubt, dass er das kann, hat die wichtigste Voraussetzung dafür erfüllt, dass die anderen auch daran glauben. Wer wir für uns selbst sind, sind wir unweigerlich auch nach außen. Raum nehmen und gehört werden, sind immer auch Teil einer selbsterfüllenden Prophezeiung.

3. Deine Haltung als Zwei-Bahn-Straße

Die fabelhafte Harvard-Psychologin, Amy Cuddy, hat auf beeindruckende Weise festgestellt, dass der Körper quasi eine Zwei-Bahn-Straße ist. Ihre Ergebnisse sind sehr einfach zusammengefasst: Sie hat die Auswirkungen der High-Power-Pose und die der Low-Power-Pose untersucht (Cuddy 2016). Es geht dabei um die Körperhaltung und deren Effekt nach außen *und* um die eigene Körperhaltung mit dem Effekt nach innen. Bei der High-Power-Pose ist das Gewicht auf beide Beine verteilt, die Arme ausgebreitet und der Brustkorb nach vorne verlagert: Der Körper öffnet sich. Das Gegenstück dazu bildet die Low-Power-Pose, bei der die Beine übereinandergeschlagen, der Rücken nach vorne gebeugt und der Kopf nach unten gesenkt ist. Der Körper verschließt sich geradezu. Die High-Power-Pose ist in etwa die Haltung, die ein Fußballer einnimmt, wenn er ein Tor geschossen hat. Die Low-Power-Pose ist der Klassiker bei menschlicher Schüchternheit. Leider ist die Low-Power-Pose die Haltung, in der wir uns den größten Teil unserer Zeit befinden. Nicht, weil wir schüchtern sind, sondern noch viel einfacher, weil es die Position vor dem Laptop oder mit dem Smartphone in der Hand ist. Unsere Muskulatur bekommt diese Haltung also regelrecht antrainiert. Unser modernes Leben bringt es also oft mit sich, ganz lange in der Low-Power-Pose zu verharren. Das hat leider negative Konsequenzen. Amy Cuddy hat dies auf beeindruckende Weise verdeutlicht. Sie hat dazu Versuchsteilnehmer 20 min in der High-Power-Pose stehen lassen. Das Ergebnis war verblüffend. Der Level des Stresshormon Cortisol ist gesunken und der Testosteronspiegel ist gestiegen – tatsächlich alleine wegen der körperlichen Haltung. Der Körper lässt sich also durch Haltung vorgeben, wie er sich zu fühlen hat. Der Versuch wurde doppelt bestätigt, denn bei den Teilnehmern der zweiten Versuchsgruppe, die angehalten wurden eine Low-Power-Pose einzunehmen, hat sich nach der gleichen Zeit der umgekehrte Effekt gezeigt. Der Level am Stresshormon Cortisol ist gestiegen und das Testosteron gesunken. Um die praktische Auswirkung zu testen, wurden danach beide Gruppen in ein „Jobinterview" gebeten; die Gruppe mit der High-Power-Pose wurde dabei als selbstbewusster, kompetenter und sympathischer eingestuft. Um erfolgreich zu sprechen, ist somit auch die Körperhaltung ein wichtiger Technikbestandteil. Bevor wir öffentlich sprechen, sollten wir uns daher ganz bewusst in eine High-Power-Pose begeben. Das kann man im Stillen, hinter der Bühne oder im Badezimmer machen. Ja – man kommt sich dabei ziemlich albern vor, aber es hilft: sich großmachen und den Körper und Kiefer öffnen. Und wenn man selbst im Publikum sitzt, bevor man spricht – ja nicht körperlich klein werden und zusammensinken. Der Körper ist unser Instrument und spielt, wie wir es stimmen.

4. „Hallo mein Name ist Anna?? Ich möchte heute etwas präsentieren??" Über die Wichtigkeit von Melodie beim Sprechen

Die Melodie, in der wir einen Satz sprechen, bestimmt maßgeblich darüber, wie der Satz angenommen wird. Nehme ich die sprechende Person als kompetent und vertrauenswürdig wahr?

Wenn es darum geht, ernst genommen zu werden (und nicht nur sympathisch zu sein), gibt es zwei sehr simple Melodie-Prinzipien.

- Über Vertrauenswürdigkeit entscheidet die Stimmlage. Eine entspannte Stimme ist eine vertrauenswürdige Stimme. Je mehr Anstrengung in der Stimme zu hören ist, desto mehr Anstrengung unterstelle ich dem Inhalt des Gesagten und desto anstrengender ist es zuzuhören. Ein Weg aus der Falle: Gibt es ein Mikrofon, nutze das Mikrofon! Dabei immer mit Ruhe und Sanftheit sprechen. Sprechende verfallen oft in eine Art „Präsentationsmodus", bei dem die Stimmlage plötzlich unnatürlich hoch und künstlich wird. Es ist also empfehlenswert, die Stimmlage bewusst etwas tiefer, ruhig und entschlossen zu halten.
- Die Melodie des Satzes spricht mit. Aussagen treffen, statt Fragen stellen. Wenn ich am Ende jedes Satzes ein „Komma" denke (weil mein Gedanke ja durchaus noch weitergeht), tendiert meine Sprachmelodie dazu, wie bei einer Frage nach oben zu wandern. Als Zuhörer nehme ich das Gesagte unbewusst also nur als Vorschlag wahr und lehne diesen somit unbewusst eher ab. Aussagen zu treffen hat also auch mit Mut zu tun. Mut, zu dem, was man sagt, auch zu stehen. Genau deswegen ist es so wichtig, vorher eine innere Entscheidung zu treffen, bevor man zu sprechen beginnt. Nur

so kann ich auch zu dem stehen, was ich sage. Mein konkreter Vorschlag ist also: Sich dieses Mechanismus bewusst sein und absichtlich auf Punkt zu sprechen. Das bedeutet, die Stimme geht am Ende eines Satzes nach unten und nicht, wie bei einer Frage, nach oben. „Hallo mein Name ist Anna (Punkt.) Ich werde heute etwas präsentieren (Punkt.)".

Sprechen und Darstellen sind immer intime Prozesse. Dabei entscheidet unser öffentliches Sprechvermögen über die Wirkung der eigenen Glaubwürdigkeit, Professionalität und Überzeugung und schlicht über unseren Sprecherfolg. Gutes öffentliches Sprechen will und kann gelernt sein. Dabei muss man sich jedoch klar fragen, ob und wie man das will. Meine Überzeugung ist: Wir Menschen sind formbar, mit viel Luft nach oben. Fühlt sich Public Speaking noch nicht „bequem" an, so erweitere deine Komfortzone. Galt das Sprechen mit einer Person bisher als Grenze deiner Komfortzone, erweitere diese Grenze bewusst. Außerhalb der Komfortzone ist es immer zunächst nass, kalt und ungemütlich. Um das Ungemütliche irgendwann zur Komfortzone dazuzählen zu können, flüstert man seinem Körper zu, dass er sich gerade wohlfühlt. Denn die Angst, die der Körper wahrnimmt, gleicht Panik und Schrecken. In Wahrheit ist die „Gefahr", die da zu lauern scheint, selten lebensbedrohlich. Also, identifiziere dich nicht mit der Angst, sondern spiele mit ihr und stell dich der Herausforderung. Wachse an dir selbst.

Erfolgreiches Sprechen und Präsentieren bedeutet lebenslanges Bewusstsein, Lernen und Training. Die entsprechenden Fähigkeiten bewegen sich dabei synchron zur eigenen persönlichen Entwicklung.

Im Zweifelsfall mehr Sicherheit vorzutäuschen als man im Moment eventuell wirklich empfindet, ist im eigenen Wachstumsprozess Gold wert. Dennoch, schärfe deine Wahrnehmung. Höre immer darauf, was drinnen los ist. Wenn man spürt „Oh, das sage ich alles überhaupt nicht gerne", dann ist vielleicht am Inhalt etwas nicht richtig. Vertraue deinem Gespür. Dein Gespür für dich selbst und der Respekt, diesem subtilen Hauch an Eigeneinschätzung auch Aufmerksamkeit zu schenken, ergibt zusammen mit dem kraftvollen Musizieren deines eigenen Orchesters und deinem Kommunikationswerkzeug eine regelrechte Sinfonie. Missachtest du eine der Komponenten, ist es einfach nur Krach.

Der Ton macht die Musik. Und am Ende ist Musik immer ein Zusammenspiel verschiedener einzelner Teile. Und so ist es auch beim Sprechen. Ein Spiel als musisches System und ein Spiel als Videospiel. Mit Leveln, Geheimwaffen, Challenges und Endgegnern. In beiden Fällen: It's a game. So have no mercy.

Die Autorin

Bianca Praetorius, Public Speaking Coach, Experience Activist und Mitgründerin von theredlab

Bianca Praetorius ist Public-Speaking- und Storytelling-Trainerin. Seit 2012 trainiert sie Unternehmer und Pitches von Start-ups in Europa. Zu ihren Kunden zählen die Acceleration-Programme der Telekom, Bayer Pharma, Daimler und die Deutsche Bahn sowie Technologie-Konferenzen und verschiedene Unternehmerinnen-Netzwerke. Sie ist Mitgründern von theredlab.com, Mitherausgeberin dieses Buches und Mitglied des thousand network.

5.1.4 Karriere heißt vor allem: Netzwerken

Silke Foth

Netzwerke der Frauen – und warum sie verdammt wichtig sind
Ich habe bisher noch nie eine Frau in einer Führungsposition kennengelernt, die nicht die Notwendigkeit und Nützlichkeit von Netzwerken erkannt hat – und übrigens auch noch keinen Mann. Warum überlassen Frauen dann den „Old-Boys-Netzwerken" immer noch das Sagen und sind selbst kaum in Netzwerken aktiv?

Denn Männer wissen schon lange: Netzwerken ist der größte Stellhebel für die Karriere. Eine Studie von IBM belegt dies entsprechend eindrücklich mit Zahlen (IBM 2010): Für Karriere und Vorankommen hängen gerade mal 10 % von der erbrachten Leistung, 30 % von Image und Selbstdarstellung und satte 60 % von Kontakten und Beziehungen und somit von einem Netzwerk ab.

In meiner Coaching-Praxis habe ich festgestellt, dass Frauen in der Regel wenig bis gar nicht auf Netzwerke setzen, während Männer im Schnitt rund ein Drittel ihrer bezahlten Arbeitszeit ganz selbstverständlich mit Networking verbringen. Wer in welchen Sessel befördert wird, wird auch heute noch maßgeblich durch Bindung aus Loyalität oder aus Bindung aufgrund gemeinsamer Vergangenheit oder aus Bindung durch Schaffung von Vorteilen bestimmt. Männer sind meist Männern gegenüber loyal. Frauen noch zu selten gegenüber Frauen.

Das hat Gründe und in diesem Artikel versuche ich, die Gründe und die sich daraus ergebenden Chancen zu beleuchten. Wichtig ist: Ohne eine aktive Nutzung von Netzwerken sind die Chancen von Frauen, in Top-Führungspositionen aufzusteigen, mehr als bescheiden. Um den Ist-Zustand des eigenen Netzwerks und der eigenen Netzwerk-Kompetenz zu analysieren und eine Strategie für das zukünftige Networking zu erkennen, habe ich für meine tägliche Coaching- und Consulting-Praxis ein Analyse-Tool entwickelt, die „Netzwerk-Strategie". Mit diesem Tool können Frauen ihre eigene Netzwerkarbeit analysieren und daraus Optimierungen ableiten. Es kann bis zu einem gewissen Grad auch eigenständig angewendet werden. Die Darstellung richtet sich an dieser Selbstanwendung aus.

Netzwerke als Karriere-Motor

Zunächst sollte man verstehen, was ein soziales Netzwerk ist und somit welche Merkmale und Funktionen es hat. Denn mit dem klaren Verständnis entsprechender Netzwerke können Frauen gezielt beginnen, Netzwerkkräfte für sich freizusetzen. Gemäß Emirbayer und Goodwin (1994), die das Thema umfangreich erforscht haben, ist ein soziales Netzwerk ein Set von sozialen Beziehungen mit spezifischen Inhalten. Damit bestätigen sie auf wissenschaftlicher Ebene die allgemeingültige Erkenntnis, dass die Basis beinahe aller Beziehungen – egal ob Beziehungen kommunikativer oder affektiver Art, Machtbeziehungen oder Austauschbeziehungen – Wechselseitigkeit ist. Das berühmte Geben und Nehmen. Ein Netzwerk ist somit ein „System von Transaktionen", ein Tauschhandel von Geben und Nehmen. Ähnlich wie auf einem Markt werden dabei „Waren" gehandelt. Es werden somit:

- Ressourcen getauscht,
- Informationen ausgetauscht und übertragen,
- Einfluss (Macht) ausgeübt,
- Unterstützung mobilisiert,
- Koalitionen/Schulterschlüsse gebildet,
- Aktivitäten koordiniert,
- Vertrauen aufgebaut,
- und Gemeinsamkeiten gestiftet.

Ganz einfach gesagt, heißt das: Es geht zunächst darum, überhaupt auf den Markt zu gehen – sprich sich in ein Netzwerk zu begeben.

Frauen netzwerken schon sehr lange, jedoch geschichtlich gesehen vor allem innerhalb der Familie, Sippe oder des Freundeskreises, aber weniger im Geschäftskontext. Erst seit etwa zwei Jahrzehnten vernetzen sich Frauen gezielt in reinen Business-Frauen-Netzwerken. Männer tun das schon seit Jahrhunderten erfolgreich, wir Frauen haben also einen gewissen Nachholbedarf.

Geschichte von Netzwerken

Netzwerke gibt es schon, solange es Menschen gibt. Emirbayer und Goodwin berichten etwa von einer Studie, die den Aufstieg der Familie Medici im Florenz des 14. Jahrhunderts beschreibt. Die Medicis entwickelten, zum Erreichen ihrer Ziele, ein weit verzweigtes Unterstützungsnetzwerk, in dem familiäre, wirtschaftliche und politische Interessen nachhaltig verknüpft wurden. Politische Parteien und informelle soziale Gruppierungen wurden von den Medicis in einem darunterliegenden Netzwerk kontrolliert; allein der Familie Medici blieb es vorbehalten, soziales Prestige und Nachbarschaftsbeziehungen miteinander zu verknüpfen, und allein sie waren in der Lage, die „nouveaux riches" der Stadt mit den mächtigen alteingesessenen Patriziern zu verbinden. Von solchen Erfolgsbeispielen der Geschichte und deren Analyse kann man viel lernen, wenn man etwa eigene Frauennetzwerke aufbauen muss.

Loyalitäten in Netzwerken

Als stärkstes Karrierehindernis erweist sich für 70 % der Managerinnen die Dominanz männlicher Netzwerke, wie eine 2007 veröffentlichte Forsa-Umfrage unter 501 weiblichen Führungskräften ergab. „Generelle Vorbehalte der Geschäftsleitung gegenüber Frauen in Top-Führungspositionen beklagen nur ein Drittel", hieß es (Forsa 2007).

In meiner Coaching-Praxis sehe ich immer wieder dasselbe Problem: Frauen wollen aufsteigen, Männer jedoch wollen ihre Macht nicht abgeben. Steckt ein Geschlechterkampf dahinter? Eigentlich nicht, es ist viel simpler. Im Rahmen von Netzwerken halten Netzwerk-Mitglieder zu Netzwerk-Mitgliedern. Für die tägliche Praxis bedeutet das: Wer in welchen Sessel befördert wird, bzw. welche grundlegenden Entscheidungen in manchen Gremien getroffen werden, wird durch Bindung aus Loyalität oder aus Bindung gemeinsamer Vergangenheit und somit durch Netzwerk-Gemeinsamkeiten bestimmt. Männer sind dabei meist zu Männern loyal, weil diese durch das Netzwerken überhaupt eine Verbindung zueinander haben, während Frauen, die an Netzwerken selten und öfters gar nicht partizipieren, an den Rand gedrängt und dadurch benachteiligt werden. Wenn Frauen keine Möglichkeit haben, Teil eines bestehenden Netzwerks zu werden, so müssen sie ein eigenes starkes Netzwerk gründen.

„Frauenthemen" beim Netzwerken?

Frauen und Männer haben oft ein grundlegend unterschiedliches Verständnis von Networking. Ich möchte dies mit einem Beispiel aus meiner eigenen Consulting-Praxis verdeutlichen, welches übrigens kein Einzelfall ist:

Maria Müller (Name geändert), weibliche Führungskraft, Anfang vierzig, promovierte Biologin, seit zwölf Jahren für einen großen Pharmakonzern tätig, kam mit folgender Ist-Situation ins Coaching: Sie war seit sechs Jahren im beruflichen Aufstieg nicht mehr weitergekommen, zwar hat sie immer neue herausfordernde Projekte dazubekommen, doch sie blieb auf gleicher Führungsebene stecken, während ihre männlichen Kollegen mit scheinbarer Leichtigkeit an ihr vorbeizogen und in ihren Karrieren ständig aufstiegen. Im Zentrum des Coachings stand die Analyse dessen, was sie bisher gemacht hat, was sie verändern kann und welche zukünftige Strategie sich davon ableiten lässt. Im bisherigen Fokus von Maria Müller standen Leistungsfähigkeit und Leistungsorientierung sowie Pflichtbewusstsein – und das alles natürlich immer im Gesamtinteresse des Unternehmens. Sie arbeitete im Regelfall vierzehn bis sechzehn Stunden am Tag und war ihren männlichen Kollegen in ihrem Denken und Handeln stets vier bis fünf Schritte voraus, was auf ihr berufliches Umfeld zusätzlich Druck ausübte. Teamarbeit und vermeintliche Netzwerk-Arbeit standen für sie stets im Vordergrund.

Bei genauerem Hinsehen stellte sich jedoch heraus, dass sich ihre Netzwerk-Tätigkeiten ausschließlich auf Sympathie-Beziehungen mit Gleichgestellten oder hierarchisch tiefergestellten Personen beliefen. Andere Netzwerk-Tätigkeiten (nach oben oder mit dem Hintergrund persönlicher Interessen) hielt sie in ihrem Wertesystem für falsch. Weiter konnte festgestellt werden, dass ihre männlichen Kollegen im Vergleich zu ihr wesentlich häufiger ihre positiven Zwischenergebnisse und Leistungen an ihre Chefs kommunizierten, nämlich achtmal so häufig, während Maria Müller selbstverständlich ihre Arbeit machte und lediglich zu ihrem Chef kam, wenn sie ein nicht lösbares Problem eskalieren musste. Für diesen stand, neben der Tatsache, dass sie nicht Teil des Netzwerks war, fest: „Sie bekommts nicht hin und ist für den nächsten Karriereschritt noch nicht geeignet".

Die Strategie, die Maria Müller im Coaching erarbeitete, bestand aus folgenden Schritten:

- Ihr bisheriges Muster der „nicht-sichtbaren" Leistungsträgerin in ihrem System zu durchbrechen, indem sie geeignete neue Verhaltensweisen entwickelte, bei denen sie sich positionieren konnte, ohne gegen für sie wichtige Prinzipien zu verstoßen,
- gezielter Aufbau eines Unterstützungsnetzwerks, bewusst über ihren „Wahlkreis" hinaus.

Um eine gezielte Netzwerkstrategie aufzubauen, bedienten wir uns des Tools „Netzwerk-Strategie", auf das ich später im Detail eingehe, und identifizierten die unterschiedlichen Netzwerkpartner, weitere wichtige Komponenten und schließlich Wege und Mittel, wie Marias Leistungen und Kompetenzen an die Stellen transportiert werden konnten, die ihr die richtigen Türen öffnen würden. Maria Müller ist kein Einzelfall. Viele Frauen erkennen sich erfahrungsgemäß in den folgenden Beschreibungen wieder:

1. Frauen beschäftigen sich tendenziell stärker mit Sachthemen als mit Machtthemen, sind zuverlässig, sind genau, perfektionistisch und genügsamer in Bezug auf ihre eigenen Ansprüche und Statussymbole. Die Gefahr dahinter: Frauen nehmen die Position des „fleißigen Lieschens" ein, das der Vorgesetzte gar nicht befördern will, weil dann niemand mehr im Hintergrund für ihn schuftet.

2. Frauen tendieren eher dazu, nach Sympathie zu netzwerken sowie häufig mit Gleichgestellten oder mit hierarchisch tiefergestellten Personen.

3. Viele Frauen halten ihre Leistungs- und Zielorientierung für absolut selbstverständlich, ohne darüber zu sprechen, nach dem Motto: „Tue Gutes und rede nicht darüber!".

Ohne die Unterstützung durch soziale betriebliche Netzwerke, das zeigen diese Beispiele sehr klar, ist es besonders für Frauen nur sehr schwer möglich, in Führungspositionen aufzusteigen. Dies ergab auch eine Befragung von Führungsfrauen, von denen fast 70 % die Partizipation an innerbetrieblichen Netzwerken als wichtigste aufstiegsrelevante Ressource angaben, noch vor einer herausragenden Qualifikation (Günther 2004). Als aufstiegshemmende Faktoren nannten die von Günther befragten Führungsfrauen vor allem fehlendes Machtbewusstsein, tradierte Rollenbilder und Netzwerkisolation.

Von einer „Geschlossenen Gesellschaft" in der deutschen Wirtschaft spricht der Darmstädter Soziologe Michael Hartmann. Seine Untersuchungen (z. B. Hartmann 2002) zeigen, dass über die Hälfte des deutschen Top-Managements aus dem winzigen 0,5 %-Segment der reichsten deutschen Familien stammt. Die Bankenkrise hat gezeigt, dass jeder Imbissbuden-Besitzer ihren Job wahrscheinlich genauso gut oder schlecht hätte machen können. Die abgeschlossenen Zirkel der Macht erinnern stark an die studentischen Korporationen von früher, nur, dass an die Stelle der Mensuren als Männlichkeitsritual Marathon- oder Triathlon-Wettkämpfe getreten sind. Frauen sind natürlich immer noch nicht gern gesehen. Ihr Anteil an den Vorstandssitzen der größten deutschen Unternehmen ist nur unwesentlich höher als der Stimmenanteil der Tierschutzpartei bei der letzten Bundestagswahl (Grimm 2010).

Die „Netzwerk-Strategie" – ein Tool zur Analyse von Netzwerken

In meiner Arbeit als Coach und Beraterin sehe ich regelmäßig, dass herausragende Qualifikationen und Leistungen kein Erfolgsgarant sind. Aber warum? Ganz einfach! Den Frauen fehlt das richtige Netzwerk und nur allzu oft die Bereitschaft zum Netzwerken überhaupt. Um dies sichtbar zu machen, verwende ich die von mir entwickelte „Netzwerk-Strategie". Dabei werden mehrere Schritte durchlaufen. Um das Tool selbst anzuwenden, gehen Sie wie folgt vor:

1. STEP: Beschreiben Sie Ihr Ziel (vorausgedachtes Ergebnis).
2. STEP: Erarbeiten Sie für sich selbst eine Empfehlung, um dieses Ziel zu erreichen.
3. STEP: Ziel-Netzwerk: Leiten Sie aus dieser Empfehlung die Personen ab, die Sie dafür benötigen. Schreiben Sie die Namen und die Funktionen sowie den Grad Ihrer Beziehung auf eine Karte.
4. STEP: Eigenes Netzwerk: Benennen Sie die Personen, die Sie zur Zielerreichung bereits gut kennen. Schreiben Sie die Namen und die Funktionen, sowie den Grad Ihrer Beziehung (keine – wenig – gut – sehr gut) auf die Karte.

5. STEP: Art der Beziehung: Tragen Sie auf die Karten die Art Ihrer bestehenden Kontakte ein und bei den noch nicht bestehenden Kontakten zusätzlich, wie Sie diesen Kontakt herstellen wollen. Dazu markieren Sie den Kontakt mit einem Buchstaben oder verwenden Symbole wie z. B.

Firma,

Internet,

Privat.

6. STEP: Erstellen Sie ein Beziehungsgefüge: Kleben Sie die Karten auf ein Flippchart-Papier o.ä und verbinden Sie die Karten – visualisieren Sie den Beziehungsweg.

Firma   Internet   Privat

7. STEP: Strategieplan: Leiten Sie aus dieser Visualisierung eine logische Strategie ab, um Ihr Ziel zu erreichen. Die „Netzwerk-Strategie" kann in beide Richtungen eingesetzt werden (prospektiv und retrospektiv) und dadurch als Instrument zur Fehleranalyse wie auch als Planungstool genutzt werden.

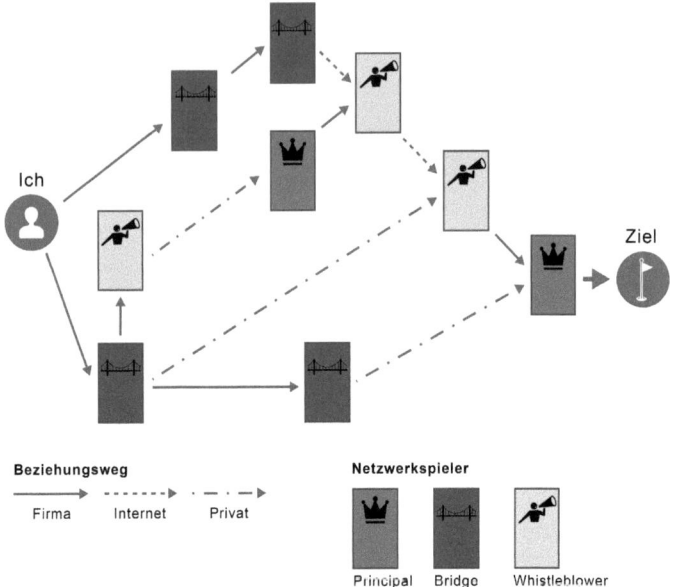

Beziehungsweg

⟶ Firma ┄┄▸ Internet ·—·—▸ Privat

Netzwerkspieler

Principal   Bridge   Whistleblower

Pinboard

Bei vielen Frauen zeigt die „Netzwerk-Strategie" Folgendes: In beruflichen Netzwerken sind die Beziehungen eher schwach, während bei Familie und Freundschaften eher starke Beziehungen die Regel sind. Darüber hinaus wird erfahrungsgemäß aufgezeigt, dass die Frauen, wenn überhaupt, nur isoliert in Netzwerke eingebunden sind. Wie dies in der Praxis aussieht und was das für Konsequenzen hat, lässt sich mit einem ganz einfach V-Beispiel veranschaulichen. Dabei steht A für den Teil des Vs, wo beide Striche zusammentreffen, während B und C oben an den Strichspitzen stehen und keine direkte Verbindung zueinander haben, außer über A. Soll heißen: Während A mit B und C verbunden ist, sind

B und C ohne Verbindung zueinander. Viele Frauen befinden sich dabei oft in der Position von B oder C und sind somit nicht voll integriert oder gar isoliert. Auch dies ist eine wichtige Erkenntnis im Zusammenhang mit erfolgreichen Netzwerken.

Ein weiteres Ziel des Coachings ist es somit auch, die Frauen aus einer isolierten Position zu bringen.

Wer die „Netzwerk-Strategie" selbst anwenden will, dem empfehle ich es, diese erstmals erfahrungsorientiert, sprich rückgewandt im Sinne von „lessons learned" anzuwenden.

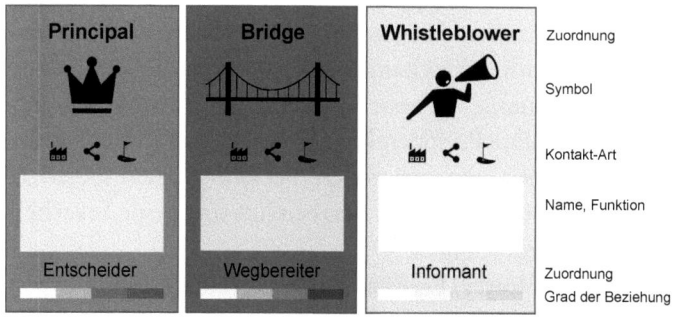

Mit dem Tool werden drei der wichtigsten Netzwerk-Spieler identifiziert, mit denen man sich in jedem Fall verbinden sollte, um diese bei Bedarf gezielt einzusetzen.

1. (**Entscheider**) **Beeinflusser/Akteure:** Solche Typen pflegen oft bewusst asymmetrisch V-Beziehungen, wobei sie die vollvernetzte Position von A einnehmen, wodurch sie viel Macht bei sich konzentrieren. Solche Beeinflusser werden nicht selten zu Entscheidern, wobei sie ihren Einfluss dadurch gewinnen, dass sie mit mehreren Personen

verknüpft sind, die ihrerseits nur sehr schwache oder gar keine Verbindung zueinander haben. Der Entscheider kann mit diesen strukturellen Löchern arbeiten und den Aufbau eines Teilnetzes definieren. Solche zentralen Akteure verfügen zumeist auch über bessere Kenntnisse der Netzwerke selbst. Ihnen wird auch ein hohes Maß an Verfügbarkeit, Kompetenz und Zuverlässigkeit attestiert. D. h., es läuft alles über sie und nicht direkt untereinander, sie kontrollieren, bestimmen und treffen Entscheidungen, von denen andere nichts mitbekommen.

2. **(Wegbereiter) Supporter/Kuppler:** Solche Typen sind die Wegbereiter; dies kann vielfältig sein, z. B. die Erstellung bisher nicht vorhandener Verbindungen, Vermittlung neuer Kontakte, Verbesserung der Relationen durch Transaktionen. Die Personen können bisher nicht miteinander vernetzte Akteure verknüpfen (persönlich meist motiviert durch soziale Gewinne). Wegbereiter sind keine Entscheider, sondern Kuppler.

3. **(Whistleblower) Feedbacker/Informanten:** Diese Typen verbessern die Kommunikation innerhalb von Netzwerken, machen konstruktive Fehleranalysen, haben Kenntnis von den Tiefen des Netzwerks und den Netzwerken, die unter dem Netzwerk liegen. Informanten sind Spezialisten für Wissensmanagement, wie es sie auch im Bienenvolk gibt. Man braucht diese Experten, die sich im internen System auskennen. Aber auch externe Informanten sind wichtig für das eigene Netzwerk, z. B. Berater, Coaches, Mentorinnen etc.

Wer Netzwerken richtig verstehen und praktizieren will, muss in der Lage sein, die unterschiedlichen Netzwerk-Spieler zu erkennen und zu nutzen. Erfolgreich aufgebaute Netzwerke haben viel Kraft, die von denen, die nicht an ihnen partizipieren, oft massiv unterschätzt werden. So kann ein gutes Netzwerk:

- als Puffer („buffering effects") bei Konflikten wirken (etwa bei Mobbing),
- den Status seiner Mitglieder bekräftigen und aufstiegsrelevante Unterstützung und Informationen bieten; dies gilt vor allem für Brücken-Relationen („bridging ties"). Netzwerke mit „embedded ties" zeichnen sich durch einen besonderen Zusammenhalt („cohesive ties") aus, die den Austausch aufstiegsrelevanter Informationen und Karriere-Support begünstigen,
- Netzwerke sind gewissermaßen Informationsmaschinen: sie wirken als Conduit oder Leitungsrohr für Informationen und Ressourcen ... und als Linse oder Prisma, durch das auf die Qualitäten der Akteure als mögliche Kandidaten für sozialen Austausch geschlossen wird.

Wer neben dem Netzwerken auch über Fragen zum Mentoring nachdenkt, für den gibt es auch eine klare Empfehlung:

> **Empfehlung**
>
> „Für eine gelungene Karriere ist es nach der Netzwerkkonzeption also nicht so sehr entscheidend, den einen gütigen und mächtigen Mentor zu finden, sich ihm anzuvertrauen und durch Zuarbeit dessen Vertrauen und Förderung zu sichern. Vielmehr ist es ein ebenso erfolgversprechender Weg, ein Netzwerk von unterstützenden Mentoringbeziehungen aufzubauen. Dieser zweite Weg hat zum einen den Vorteil, dass die Abhängigkeit von einzelnen Personen nicht zu groß wird, und zum anderen, dass die unterstützte Person gleichzeitig Zugang zu sehr vielen und sehr unterschiedlichen Informationen bekommt, was nicht der Fall ist, wenn sie nur von einem einzelnen Mentor unterstützt wird" (Blickle et al. 2003, S. 119).

Wieso Frauennetzwerke?

Wer nun denkt, viel hilft viel, liegt beim Netzwerken falsch. Man sollte sich daher genau überlegen, in welche Netzwerke man Zeit und Arbeit steckt. Ein greifbares, unter einem Namen organisiertes Netzwerk ist dabei viel einfacher zu verstehen und einzuschätzen als unbenannte, nicht greifbar organisierte Netzwerkstrukturen. Dabei sollte man sich als Frau insbesondere nach Netzwerken umschauen, in denen man als Frau auch wirklich willkommen ist, da etwa zwischen Männern und Frauen keine Unterschiede gemacht werden. Bieten sich keine geeigneten bestehenden Netzwerke an, ist der Aufbau eines eigenen Netzwerks die beste Option. Mangels bestehenden Netzwerks nicht zu netzwerken, ist keine Option. Sollte es an Männern fehlen, die gemeinsame Netzwerkwerte mit Frauen vertreten und zu gemeinsamen Netzwerken bereit sind, sind auch reine Frauennetzwerke absolut sinnvoll.

2004 war ich bei der Gründung eines „geheimen Frauennetzwerks" eines großen Automobilherstellers als Expertin und Moderatorin eingeladen. Die wenigen Führungsfrauen in dem Unternehmen verspürten ein Bedürfnis, ihre Erfahrungen der Isolation und Diskriminierung, die sie täglich erlebten, auszutauschen. Das war ein absolutes Novum, bis zu diesem Zeitpunkt meinte jede Frau, sie müsse sich alleine durchkämpfen. Inzwischen ist dieses Netzwerk fest etabliert und zählt rund 200 Mitglieder. Für das Unternehmen bringt das enorme Vorteile. Denn es sorgt für hierarchieunabhängige Kommunikationswege und Problemlösungen, die auf dem bisherigen normalen Dienstweg nicht oder nur im Schneckentempo vorangekommen sind. Genauso dient es dem „internen Headhunting", um mehr Diversität bei Stellenbesetzungen zu erzielen.

Frauennetzwerke in Betrieben sind eine wirklich vielversprechende Option, die gläserne Decke verschwinden zu lassen. Diese Erfahrung machte ich schon vor über zehn Jahren, als ich mich eingehend mit den „Business-Hexen" beschäftigte: Wie schwierig ist es, Frauennetzwerke aufzubauen, die richtigen Personen zu finden und dabei die Stärken von Frauen einzubeziehen, die eben oft anders sind als die Stärken von Männern (Foth 2011, S. 24 ff).

Nach wie vor erleben viele Führungsfrauen eine Verunsicherung ihrer männlichen Kollegen über die Existenz eines reinen Frauennetzwerks. Dies äußert sich nicht zuletzt in direkten Kommentaren: „Gehst du wieder in deinen Frauenclub, Häkelkurs, Emanzentreffen" – um nur einige Beispiele zu nennen. Die Frauen sollten das sehr gelassen nehmen, denn sie tragen in entsprechenden Positionen viel dazu bei, die Unternehmenskultur zu verbessern. Denn wie wir aus der Systemik wissen, verändern 30 % Diversität innerhalb der obersten Führungsebenen eine Unternehmenskultur zum Besseren. Gerade in männlich dominierten Systemen, die von Rationalität und Objektivität geprägt sind, spüren viele Männer eine „unbewusste Angst", da sie schlecht mit Veränderungen, nicht-linearen Prozessen und unvorhersehbaren Kriterien umgehen können und die im schlimmsten Fall ihre „Richtigkeit" und Macht infrage stellen.

Als Fazit können wir sagen: Frauen brauchen Netzwerke, um in Zukunft selbstverständlich gleichen Einfluss zu haben. Nötigenfalls auch eigene Frauennetzwerke.

Business-Netzwerke für Frauen
- European Women Management Development (EWMD) (www.ewmd.org)

Das Netzwerk spricht speziell Frauen in Führungspositionen in Management und Wirtschaft an, ist international und organisiert jährlich eine Konferenz. EWMD arbeitet mit Unternehmen wie BMW, Microsoft, Nestlé, Henkel etc. zusammen.

- FidAR (Frauen in die Aufsichtsräte) (www.fidar.de)
  FidAR leistet nachhaltige, kompetente Überzeugungsarbeit, um Entscheider in Wirtschaft und Politik für einen höheren Frauenanteil in den Führungsebenen der Wirtschaft zu gewinnen. FidAR identifiziert und vernetzt qualifizierte Führungspersönlichkeiten aus unterschiedlichen Bereichen und bietet eine Plattform für den Austausch.

- Bundesverband der Frau in Business & Management (B.F.B.M.) (www.bfbm.de)
  Das Ziel des B.F.B.M ist die gesellschaftliche Gleichberechtigung von Frau und Mann, besonders auf Managementebene.

- Business and Professional Women Germany (BPW Germany) (www.bpw-germany.de)
  Das Netzwerk bietet interessante Arbeitsgruppen, ist weltweit engagiert und vertreten im Deutschen Frauenrat, UNO, Europarat und der Women's Lobby, dient als Marktplatz für Stellenangebote.

- Verband deutscher Unternehmerinnen (VdU) (www.vdu.de)
  Der VDU bietet eine Plattform für Erfahrungsaustausch von Unternehmerinnen. Er ist in Regionalgruppen und Arbeitsgruppen mit unterschiedlichen Themen untergliedert. Der VDU veranstaltet Unternehmerinnen-Tage, bietet internationale Kontakte zu anderen Unternehmerinnen-Verbänden und engagiert sich über TWIN-Mentoring.

- X-Company Network (www.spitzenfrauen-bw.de)

Ziel des X-Company-Networks ist es, den wirtschaftlichen Mehrwert von gemischten Führungsteams aufzuzeigen und weitere konkrete Maßnahmen mit den beteiligten Organisationen anzustoßen, damit mehr Frauen in alle Führungsebenen kommen.

Frauen-Männer-Allianzen

Die hierarchisch höchsten Posten werden immer noch von Männern eingenommen. Schon Simone de Beauvoir formulierte 1949: Um weiterzukommen, ist es für eine Frau nützlich, sich männliche Unterstützung zu sichern. Folgen Sie diesem Grundsatz.

Gehen Sie punktuell mit ausgesuchten Männern auf höherer Hierarchieebene Allianzen ein. Solche geschlechterübergreifenden Business-Beziehungen sind für beide Seiten fruchtbar und nützlich – solange Sie eine Maxime beherzigen: Lassen Sie das Alpha-Tier auf seinem Sockel.

Frauen tendieren oft ganz automatisch und unreflektiert zu einer partnerschaftlichen Kommunikation auf gleicher Augenhöhe. Das Muster ist vielen Männern fremd, vor allem in höheren Hierarchieebenen. Sie wollen oft Respekt und Huldigung. Denken Sie unbedingt daran, wenn es darum geht, richtig mit Männern zu kommunizieren.

Wenn Sie die Idee der Männer-Allianz weiterdenken, kommen Sie automatisch bei Ihrem eigenen kleinen oder größeren Männer-Netzwerk an: Nutzen Sie dazu das Format der „Netzwerk-Strategie". Eruieren und visualisieren Sie sich einfach für jedes Fach-, Interessen-, Problem-, Krisen- oder Fragengebiet einen männlichen Allianzpartner. Fangen Sie heute mit dem Auf- oder Ausbau dieses Netzwerks an. Welche Themen müssen besetzt werden? Wer ist dafür geeignet? Wann und in welcher Form sprechen Sie ihn an? Wie wollen Sie sich positionieren?

Ist das Netzwerken wirklich das Richtige für mich?

Wenn Sie sich (noch) nicht trauen, oder der Gedanke in Ihnen aufkommt, das könnte etwas mit „Ausnutzen" zu tun haben, kann es sein, dass Ihnen Ihre Komfortzone, auch wenn Sie es darin als Frau manchmal etwas schwer haben, zurzeit (noch) wichtiger ist als Ihr beruflicher Befreiungsdrang. Ignorieren Sie niemals Ihre Präferenzen. Respektieren Sie sie – oder ändern Sie sie.

Die Zeiten, in denen Sie glauben, durch noch mehr Kompetenz und Leistung gut voranzukommen, sollten langsam, aber sicher Ihrer Vergangenheit angehören. Ein Lean back in ein Netzwerk ist Ihre neue Maxime, verbinden Sie sich nötigenfalls mit Frauen.

Die Autorin

Silke Foth, Inhaberin Silke Foth Business Consulting

Die Schwerpunkte der Arbeit von Silke Foth liegen in Gender-Diversität und dem Aufbau von Netzwerken von und für Frauen in machtrelevanten Positionen. Ihre Expertise begründet sich durch ein Studium der Psychologie, Soziologie und Pädagogik an der LMU München und in einer über 20-jährigen Berufspraxis und Ausbildung, in systemischer und klientenzentrierter Beratung und nonverbaler Kommunikation. Ziele des Coachings, der Workshops und ihrer Fortbildungsangebote sind primär der Aufbau solidarischer Unterstützungsnetzwerke von Frauen und produktive Verarbeitung von Konflikten in beruflichen Laufbahnen, um die eigenen Stärken und Ziele zu erkennen und dabei das Führungspotenzial von Frauen zu aktivieren. 2011 hat sie die „Erfolgsrituale für Business-Hexen" veröffentlicht.

5.2 Mut zum Gestalten

5.2.1 Karriere wird aus Mut gemacht – die subjektive Betrachtung einer Headhunterin

Constanze Buchheim

Die nachfolgenden Ausführungen entspringen meiner subjektiven Erfahrung. Weniger wahr werden meine Beobachtungen dadurch jedoch leider nicht. Gleich vorweg: Viele gängige Vorurteile bestätigen sich nicht zwangsläufig flächendeckend. Auch gleichen sich Frauen und Männer mehr und mehr an in ihrem Umgang mit den nächsten Karriereschritten. Jedoch: Es gibt nach wie vor Unterschiede, die ins Auge fallen und bei denen ich das Gefühl habe: Frauen bleiben hinter ihren Möglichkeiten und damit hinter den Männern zurück. Nicht kompetenzseitig, sondern im Hinblick auf das Vertrauen in die eigene Kompetenz und die strategische Optimierung von Karriere. Gerade deshalb hat mich das Konzept der Lean back Mindset angesprochen. Mehr Strategie, weniger Perfektionismus ist, was Frauen zum Durchstarten brauchen.

Keine vage Meta-Planung – Messer.Scharfe.Ziele.
Unabdingbar für eine erfolgreiche Karriere (und vermutlich vieles andere) ist ein konkretes Ziel. Frauen sind allgemein sehr gut darin, im Hier und Jetzt erfolgreich zu sein, aber was ist mit einer langfristigen Strategie, einem Ziel, das lenkt und leitet? Eine Frau muss wissen: 1. Wo *genau* will ich hin? Was will ich erreichen, was ist mir wichtig und warum? 2. Was muss ich *genau* dafür tun? Welche Themen muss ich besetzen, damit man mich wahrnimmt? Diese Art des strategischen Denkens scheint Männern eher zu liegen. Sie haben oft eine konkrete Vorstellung von ihrer Zukunft und davon, was sie erreichen wollen. Aus diesem Grund ist es für sie einfacher, schon heute etwas dafür zu tun. Sie steuern auf etwas *Konkretes* zu und können so ihr Handeln strategisch ausrichten und optimieren. Sie investieren Energie und Aufwand in Themen und Inhalte, die sie ihrem strategischen Ziel näherbringen.

Die Gründe für diese Verhaltensmuster sind vielfältig. Zum einen scheinen Frauen mehr auf das Hier und Jetzt fokussiert zu sein – sie optimieren eher, als zu gestalten. Sind sie mit der aktuellen Position annähernd zufrieden, die sie innehaben, denken sie seltener als Männer über einen möglichen Wechsel nach. Der rückt erst in den Vordergrund, wenn etwas nicht stimmt. Statt sich so schnell zufriedenzugeben, wäre es ratsam, kontinuierlich den nächsten Schritt zum eigenen Ziel im Blick zu haben und ihn proaktiv anzugehen.

Ohne Ziele mit taktischer Ausrichtung passiert jedoch häufig das: Frauen bleiben in der Fleißspirale stecken. Sie definieren sich über Leistung, sauberes Abarbeiten und sind inhaltlich getrieben. Das ist per se sehr löblich und auch nachhaltig, allerdings problematisch, wenn es einhergeht mit mangelndem „Außenwahrnehmungsmanagement" und dem Fehlen einer strategischen Zielperspektive.

Natürlich sind dafür Leistung und Ergebnis wichtig. Wichtiger ist es jedoch zu wissen: Welche Themen lohnen sich strategisch und passen zum roten Faden? Wie vermarkte ich das Erreichte entsprechend? Welche Themen und Ergebnisse lohnen sich nicht, weil sie nicht auf mein Ziel einzahlen, sondern einfach nur Zeit kosten? So sollte man also genau vor Augen haben, worum man sich heute kümmern muss, um morgen erfolgreich sein zu können. Auch muss man irgendwann dazu übergehen, die Ergebnisse für sich arbeiten zu lassen.

Bescheidenheit vs. Brand-Building

Der häufigste Unterschied zwischen Männern und Frauen in der Karriere? Optimierung im Detail vs. Hinarbeiten auf einen Zielzustand. Männer agieren als strategische Denker, die durch alles, was sie tun, schon heute in ihre Zukunft investieren. Sie definieren strategisch wichtige Themen, die sie besetzen müssen – mit ihrem Namen (Ausgerichtet auf ihre persönliche Karrierestrategie, nicht notwendigerweise auf die Unternehmensstrategie!). Sie liefern dabei sichtbare Ergebnisse und reden öffentlich darüber. Das unterstützt die eigene Vermarktung. Erfolg definiert sich im Beruf (leider immer noch) sehr stark durch die Außenwahrnehmung. Das Umfeld muss mitbekommen, dass man eine Aufgabe erfolgreich gemeistert hat. An dieser Stelle schrecken jedoch viele Frauen zurück. Möglicherweise sind sie mindestens genauso gut und erfolgreich wie Männer. Im Gegensatz zu den Männern reden sie jedoch meist ungern darüber und bringen Erfolge noch viel seltener mit ihrer Leistung in direkte Verbindung. Und genau das ist das Problem falscher Bescheidenheit. Bleibt der Erfolg *unbekannt*, kann er gesellschaftlich nicht *anerkannt* werden. Ganz nach dem Motto „Tue Gutes und rede darüber". Um aufsteigen zu können, bedarf es sichtbarer Erfolge, die die eigene Marke – das „Personal Branding" – nach außen hin deutlich sichtbar machen. Meine Beobachtung: Frauen ist so eine Herangehensweise oft zuwider. Vor dem bewussten Aufbau einer eigenen Marke und dem Hervorheben der eigenen Persönlichkeit schrecken viele Frauen zurück und tendieren eher zu dem Gedanken „Wenn ich nur gut genug arbeite, wird es mein Umfeld schon irgendwann mitbekommen und mich anerkennen". Leider. Warum ist das so?

Es passt nicht zum „Sei-bescheiden-und-gut"-Rollenbild, mit dem viele Frauen erzogen wurden. Wer schon im Poesiealbum liest „Blüh wie das Veilchen im Moose/sittsam, bescheiden und rein./Und nicht wie die stolze Rose/die immer bewundert will sein" bildet schon sehr früh falsche Glaubenssätze darüber, wie sich Frauen zu verhalten haben, um akzeptiert zu werden.

Und da so wenig erfolgreiche Frauen medial (und damit gesellschaftlich) wirklich präsent sind, gibt es einfach kaum bekannte Rollenmodelle, denen irgendjemand nacheifern wollen könnte. Zudem ist das mediale Bild, das von Erfolg gezeichnet wird, meist eines: ziemlich männlich. Das heißt, oft auch wenig sozial. Erfolg aus weiblichen Werten heraus ist komplett konträr zu dem, was für Frauen angeblich wichtig ist. Und das hat sich in den Köpfen von Frauen natürlich auch so festgesetzt.

Frauen sehen also gar nicht, dass es auch ein positives, völlig anderes Bild von *der erfolgreichen Frau* geben könnte. Was medial nicht repräsentiert wird, existiert gefühlt nicht und kann daher auch nicht angestrebt werden.

Wie sieht „Erfolg in weiblich" aus?

Das Bild, das von Erfolg gezeichnet wird, ist weitestgehend männlich geprägt. Für Erfolg geht man angeblich über Leichen, schubst andere vom Spielfeld und verzichtet selbstverständlich auf jegliches Privatleben, man nutzt Macht zum Nachteil der anderen aus, statt sie zu benutzen, um etwas Positives zu bewegen. Wenig sozial also. Wenn es eine Frau in diesem System schafft, wird sie meist als überwiegend männlich dargestellt. Frauen und Erfolg, das scheint nur schwer zu vereinbaren.

Es ist bezeichnend: Die mediale Darstellung von Erfolg folgt immer den gleichen Mustern, es wird einfach verpasst, weibliche Rollenbilder zu entwerfen. Und dabei haben gerade Filme eine hohe Wirksamkeit in puncto Prägung des weiblichen Selbstbilds.

Die Frau im Film ist stets auf der Suche nach Liebe, ansonsten recht ziellos und dann glücklich und zufrieden, wenn sie der Mann ihres Herzens erwählt hat. Starke Frauen werden – wenn überhaupt – häufig als manipulierend, opportunistisch und die eigenen Reize nutzend dargestellt. Das Antibild einer Frau wird gezeichnet, das umso mehr die Abkehr von Stärke und Erfolg verursacht, weil es damit gleichgestellt wird. Sie ist selten in positiv besetzten, starken Rollen, Führungspositionen oder gar als Gründerin zu sehen. Dafür muss man sich beispielsweise nur einmal die Frauenbilder anschauen, die in den aktuellen Filmen „The Social Network" oder „The Wolf of Wall Street" geprägt werden. Im medialen Kontext sieht es für

Frauen insgesamt eher düster aus. Die Auswirkungen: Macht und Erfolg sind für Frauen negativ besetzt. Selbst die digitale Supertransformation hat im Silicon Valley keinen weiblichen Gründerreigen ausgelöst. Im Gegenteil, das Valley ist ausnehmend weiß und männlich, von Diversity ist wenig zu spüren.

Erfolg wird dadurch nicht besonders erstrebenswert. Dabei muss das nicht so sein! Erfolg kann auch anders aussehen, Macht zum Vorteil anderer genutzt werden, Geld für sinnvolle Zwecke eingesetzt werden, die konform mit eher weiblichen Wertvorstellungen sind.

Beruf und Familie – die ewige Gretchenfrage?

Flexibilität und Internationalität sind gefragter denn je. Umso größer ist die Sorge, nicht ausreichend Zeit zu Hause bei der Familie verbringen zu können. Mit höheren Positionen und mehr Verantwortung steigt auch die wöchentliche Arbeitszeit und eine gute Work-Life-Balance ist längst nicht immer gegeben. Wenn dann auch noch ein konkretes Ziel fehlt, auf das man hinarbeitet, stellt sich schnell die Frage, ob sich der Aufwand überhaupt lohnt.

Zum Glück: Viele Arbeitgeber bieten für Männer und Frauen heute ganz andere Möglichkeiten als noch vor einigen Jahren. Insbesondere in den technischen und IT-Professionen, in denen händeringend qualifizierte Führungskräfte gesucht werden, wird mittlerweile ein hohes Maß an Flexibilität geboten, da Zeitsouveränität eine der wichtigsten Komponenten für Zufriedenheit im Job wird. So wird einiges möglich.

„Schatz, hältst Du mir mal den Rücken frei?"

Haben allerdings beide Partner Vorstandsambitionen, wird es schwieriger mit der persönlichen Familienbetreuung. Mit

Kindern in der Familie ist es kaum beiden Partnern gleichzeitig möglich, ohne externe Unterstützung sehr viel Zeit in Beruf und Karriere zu investieren. Verantwortungsvolle Positionen erfordern ein großes Engagement und Zeitinvestition die Erziehung der Kinder aber ebenso. Man kann äußerst viel delegieren, aber Kinder brauchen einfach auch die Präsenz der Eltern – liebevolle, elterliche Zuwendung lässt sich kaum delegieren und ist durch nichts und niemanden zu ersetzen. Meist bedeutet das ohne externe Hilfe, dass nur ein Partner die nötige Zeitinvestition in die eigene ambitionierte Karriere stecken kann – der andere muss zwangsläufig, gewollt oder ungewollt, etwas zurücktreten, wenn sich keine Alternative der Organisation findet. Das bedeutet nicht zwangsläufig Teilzeit ohne Führung. Aber Vorstandsrollen rücken dadurch eben auch nicht unbedingt näher. Die Klärung, wer eher bereit ist, sich für die Kinder im Bedarfsfall zurückzunehmen, beziehungsweise wie sich die Familienplanung mit der Karriereplanung beider Partner sinnvoll kombinieren lässt, erledigt man dabei bestenfalls, bevor man die Familiengründung angeht. Ansonsten wird derjenige, der weitestgehend unabgesprochen und ggf. ungewollt für die Kinder kürzer tritt, auf Dauer unzufrieden. Beide müssen sich darüber im Klaren sein, was sie selbst wollen, und was der andere will. Dafür müssen sie ihr Ziel vor Augen haben. Ob eine Frau sich für oder gegen Karriere entscheidet, das liegt ganz allein bei ihr. Es ist eine Frage ihres übergeordneten Ziels und dessen, was ihr wichtig ist. Das muss sie für sich alleine definieren und dann mit den Implikationen arbeiten. Aber es bedarf des offenen Dialogs mit dem Partner und Karriere beginnt schließlich auch schon bei der Partnerwahl. Ist der Partner beispielsweise an sechs von sieben Tagen im Ausland unterwegs, wird die Teilung der Erziehungsaufgaben trotz aller Vorüberlegungen und Interessenbekundungen schwer.

Im klassischen Familienbild tritt leider nach wie vor häufiger die Frau zurück. Noch arbeitet in drei von vier Familien mit berufstätigen Eltern er Vollzeit und sie Teilzeit. Sie entscheidet sich häufig ohne das Abwägen der Alternativen für die Elternzeit und danach häufig für Teilzeitoptionen, während der Mann weiter Karriere macht. Häufig weil andere Optionen gar nicht in Erwägungen gezogen werden oder nicht sinnvoll scheinen – auch aufgrund der oft bestehenden Gehaltsunterschiede. Tritt die Frau kürzer, wird dies als selbstverständlich hingenommen; ist es der Mann, wird er schnell als ambitionslos abgestempelt. Solange sich hier gesellschaftliche Bilder und Paradigmen nicht ändern und wir zu einer echten geteilten Verantwortung in Beruf und Familie kommen, wird es schwierig, die gesteckten Ziele im Hinblick auf die Frauenquote zu erfüllen.

Die schönsten Ausreden, um dem eigenem Glück verlässlich im Weg zu stehen

Ebenfalls Unterschiede sehe zwischen Männern und Frauen im Umgang mit Verantwortung und Unsicherheit. Das wirkt sich am deutlichsten in der Begeisterung aus, mit der Männer auch in deutlich größere (manchmal auch zu große) Rollen schlüpfen, wohingegen Frauen oft unsicher sind, ob sie auch ja alle erforderlichen Anforderungen abdecken.

Männer sind da selbstbewusster und stellen sich selbst viel weniger infrage. Ihre „Can-do-Einstellung" scheint geprägt durch mehr Entspanntheit und positives Denken, aber auch das Wollen, ihr Ziel zu erreichen – häufig verbunden mit Macht, Anerkennung und Status. Wo Männer sagen „ja, das kriege ich hin" stufen Frauen sich selbst ab: „Das kann ich nicht so gut, das muss ich dir gleich sagen ...". Bevor sie sich überhaupt vorgestellt haben, erzählen sie mir schon, welche

Aspekte eines Jobprofils sie ggf. noch nicht zu 100 % abdecken. Sie finden die Aufgabe ebenso spannend, sind möglicherweise ebenso qualifiziert, aber ihre Selbstzweifel schränken sie von Anfang an ein. Das ist auf keinen Fall bei allen Frauen so, aber doch überzufällig häufiger als bei Männern. Es ist auch nichts Neues, aber es ist schade, dass dieses Phänomen anhält. Fast scheint es „einprogrammiert" zu sein, nicht zu waghalsig in etwas Neues einzusteigen.

Das ist nur ein Aspekt von Verantwortung. Frauen haben meiner Erfahrung nach manchmal Angst vor der eigenen Courage. Der Umgang mit Verantwortung ist häufig nicht so selbstverständlich. Das öffnet die Tür zu einem Teufelskreis: Wer nie ins kalte Wasser springt, sich seinen Ängsten nie stellt und Verantwortung übernimmt, wird auch kein Selbstbewusstsein daraus entwickeln, etwas geschafft zu haben, was unmöglich schien und sich im Umkehrschluss eher weiterhin zurückhalten. Angst zu haben ist okay. Sich von Angst behindern zu lassen, einfach nur schade. Respekt wäre das bessere Konzept, denn es bedeutet, etwas mit dem nötigen Ernst anzugehen, das Machen jedoch nicht infrage zu stellen. Ja, wer Verantwortung übernimmt, geht Risiken ein und macht sich angreifbar. Aber er kann eben auch gewinnen.

Die Angst vor der eigenen Courage führt dann dazu, dass 1000 Gründe gefunden werden können, die gerne auch das Umfeld bestätigt. Gerne hat ja jeder im nahen und entfernten Bekanntenbereich einen „gutgemeinten" Rat parat. Egal, wofür frau sich tatsächlich entscheidet, es ist nie richtig.

Was ich in den Interviews sehe: Männer stehen nicht pauschal Frauen im Weg – Frauen entscheiden sich durch Angst und falsche Glaubenssätze oft selbst gegen Rollen und Karriere und schieben andere Gründe vor, um sich selbst zu beruhigen. Dienender Grund ist dann oft das Familienthema, negativ verstärkend kommen Glaubenssätze wie „Erfolg schadet der Familie, der Beziehung, Geld und Macht verderben den Charakter" hinzu, die Frauen dann von innen heraus boykottieren und einer vermeintlich gläsernen Decke überhaupt erst Befestigung geben. Die Verantwortung für die Familie kann dann zu dem Konstrukt dafür werden, keine Verantwortung für die eigene Karriere übernehmen zu müssen – mehr oder weniger unbewusst. Keine von uns ist davor gefeit. Die Frage ist, wie gehen wir damit um? Wie unterstützen uns unser Partner und unser Umfeld in diesem Prozess?

Als ich mich dafür entschieden habe, meine eigene Firma zu gründen, fand ich unmittelbar darauf heraus, dass ich schwanger bin. Auch bei mir sind dann erst einmal alle oben erwähnten Gedanken angesprungen. Selbstständig machen und Familie gründen parallel – das geht ja gar nicht. Zunächst schien das daher meine Pläne zu ruinieren. Ich blieb in meinem sicheren Angestelltenverhältnis und schob den Gedanken an eine Gründung beiseite. Ich igelte mich in meiner Komfortzone ein, aus Respekt vor der Gründung, aber auch aus den eben genannten Gründen: Erfolg würde dem Familienleben schaden, es ginge ja auch so gut ... Alles vermeintlich gute Gründe, aber eigentlich doch nur Vorwände und Antrieb zur Selbstboykottierung, bestätigt von der Resonanz des eigenen Umfelds.

So weit, so gut, aber interessanterweise war ich in keinster Weise mit meiner doch selbst getroffenen Entscheidung zufrieden und habe es zum Glück realisiert! Nachdem ich nochmals hart mit mir ins Gericht gegangen bin und auch viele intensive Gespräche mit meinem Partner geführt habe, war klar: Ich werde gründen. Im April 2009 kam mein erstes Kind zur Welt, einen Monat später gründete ich i-potentials.

Keine Ausreden mehr. Gutes Gefühl. Aber ohne die entsprechende Unterstützung meines Partners und einzelner starker Befürworter wäre es auch nicht gegangen.

Frauen für Frauen? … Not so much.

Viele Frauen stehen vor genau dieser Entscheidung. Und wünschen sich rückblickend, sie hätten sich anders entschieden. Sie sind mit dem eigenen Lebensverlauf unzufrieden und lassen ihren Frust an anderen aus oder versuchen, ihnen diesen Lebensentwurf überzustülpen, um ihm dadurch Güte zu verleihen. Dieser Frust trifft wiederum besonders Frauen. Es scheint fast, als würde keine der anderen etwas gönnen! Für ihre eigene seelische Beruhigung bewerten sie jetzt andere – oft mit dem Blick darauf, was einem selbst nicht möglich war oder ist, statt sie zu unterstützen. Anstelle gegenseitiger Förderung und Unterstützung mit Blick auf „am Ende nehmen wir alle die nächste Stufe" wirft man sich manchmal sogar gegenseitig noch Knüppel zwischen die Beine. Jetzt kommt jedoch eine neue Generation nach. Die Generation Y wuchs auf in dem Glauben, alles erreichen zu können. Sie wurde zur Eigenverantwortung erzogen und denkt nun, alles schaffen und werden zu können, die ganze Welt stehe ihr offen. Es steht ein umfassender Rollenwandel bevor und je mehr Frauen einander helfen und unterstützen, umso mehr werden sie gemeinsam und wir alle als Gesellschaft profitieren. Das ist eines der wenigen Dinge, die wir von den „Boys Clubs" dieser Welt lernen können: Netzwerken haben sie bis zur Perfektion getrieben und sie verstehen es, Kontakte wirklich strategisch und auf angenehme Weise für die eigenen Ziele zu nutzen, ohne sich den Alltag zu erschweren – ein schlauer Schachzug!

Karrieregestaltung in a nutshell:

Entwickelt und nährt eure Lean back Mindset:

- Setzt Lebensziele und plant Karriere strategisch (mit einer offenen Definition von Karriere – Karriere bedeutet nicht immer Anstellung)! Ohne Ziel kann Verhalten nicht strategisch ausgerichtet werden. Werdet euch klar darüber, was ihr im Leben erreichen wollt, ganzheitlich. Fragt euch ehrlich: Was will ich und welche Konsequenzen hat das? Wie erreiche ich meine Ziele? Wann muss ich was anstoßen?

- Baut euch bewusst eine „Personal Brand" auf – mit welchem Thema wollt und sollt ihr verbunden sein, wofür sollt ihr stehen? Eine starke „Personal Brand" erleichtert das Bilden von Netzwerken enorm.

- Lasst euch nicht von eurem Umfeld beeinflussen, steht zu dem, was ihr wollt und lasst euch nicht einreden, wie „frau" zu sein hat.

- Sprecht offen mit eurem Partner über eure Ziele im Leben und fällt gemeinsam bewusste Entscheidungen. Karriere beginnt mit der Wahl des Partners.

- Keine Ausreden mehr, seid ehrlich zu euch selbst. Haltet euch nicht selbst zurück! Habt Respekt vor den Dingen, aber keine Angst. Entwicklung beginnt mit dem Verlassen der Komfortzone!

- Werdet euch eurer internalisierten Glaubenssätze, die euch unterbewusst behindern, bewusst und werft sie ab. Was wurde euch mitgegeben, wie Mädchen oder Frauen zu sein haben, was euch heute im Weg steht?

- Seid netter zueinander und unterstützt euch gegenseitig. Es gibt keinen Grund für Neid und Missgunst – beides bringt uns nicht weiter. Bildet Netzwerke, die wirklich fördern und helfen, vergesst alle Konkurrenz. Wenn wir uns gegenseitig helfen, werden wir gesellschaftlich etwas verändern.

- Spielt mit und verändert dadurch die Spielregeln. Die Entscheiderwelt im Unternehmen ist männlich und sie ist politisch. Die Spiele zu beherrschen und spielen zu können, wird euch nicht zu einem schlechteren Menschen machen, sondern vielmehr euren positiven Zielen dienen, die ihr wiederum positiv einsetzen könnt.

- Seid selbstbewusst und fordert. Ihr bringt alles mit, was in der digitalen Transformation gefragt ist. Die Zeiten waren nie besser, jetzt müssen wir uns nur noch trauen. Die Zukunft der Führung ist weiblich. Frauen in vielen Führungspositionen nur noch eine Frage der Zeit.

Die Autorin

Constanze Buchheim, Gründerin und Geschäftsführerin i-potentials

Constanze ist Gründerin und Geschäftsführerin von i-potentials. Im Rahmen ihrer Tätigkeit als HR Manager bei Spreadshirt – dem deutschen E-Commerce-Vorbild – erkannte sie, wie schwierig es für junge, schnell wachsende Unternehmen der Digitalwirtschaft war, das Recruiting an traditionelle Headhunter auszulagern oder geeignete Organisations- und Führungsberatung zu erhalten. Daher gründete sie 2009 mit i-potentials ihr eigenes Unternehmen, um diese Lücke zu schließen. Constanze begleitete im Verlauf der Entwicklung der deutschen Start-up-Szene das Wachstum der bekanntesten Start-ups und Digitalunternehmen. Die in den vergangenen zehn Jahren gewonnene Expertise im Themenfeld „Recruiting & Führung im digitalen Zeitalter" gibt sie als Autor, Business Angel, Vortragsredner und politischer Berater weiter. Ende 2015 wurde sie von BCG und dem manager magazin unter die 50 einflussreichsten Frauen der deutschen Wirtschaft gewählt.

5.2.2   A Conversation Amongst Tech Girls About Power and Leadership

Zoe Adamovicz, Mai Temraz

When I travelled to the Gaza Strip for the first time, I thought I would see a completely male-dominated society. As an emancipated businesswoman I felt the need to support local women who I assumed would be dressed from head to toe in Muslim clothes, who were forced to abide by Sharia laws and whose lives were focused on delivering babies and serving their husbands. I was born in communist Poland, and although I was amongst the modest 3 %

of female technology students at my university, I was able to abandon the path set out by the traditional role models in my society and become somewhat of a success, while enjoying my work, my life, and the absurd power play in the male business world.

I was surprised when after crossing the border I was greeted in fluent English by Mai, a 30-year-old girl who was smiling broadly, wearing hipster glasses and an extravagant beret. She is Gaza born and works at the startups incubator run by Mercy Corps, on a program promoting entrepreneurship among women where she organizes workshops and industry meetings and brings mentors to Gaza from all over the world. Aside from Mai I was also introduced to a group of young local men who had teamed up to develop Gaza Sky Geeks. Mai did not hesitate to tell them off, if needed, while checking up on her beret from time to time, in case too much hair was uncovered. She marched around the office confidently, strong and respected, a gentle powerhouse amongst many men.

I knew I had met my soul mate. A woman who has found her way in a world that was not built to suit her, by taking one step at a time with elegance and strength, going for the goals she created for herself, while deeply enjoying her life, her work, and the path she treads on. I started wondering why some women are able to build a career alongside men without fiercely fighting their rules, and from where such women take the strength to effortlessly play male games, as if their gender was not an obstacle.

Zoe: Mai, you are a woman in a male-dominated society: Palestine, and at the same time in a male-dominated industry: technology. These are predisposing conditions to make a woman feel weak, helpless or powerless. But you don't strike me as power-

less at all. On the contrary, you seem to feel quite confident and comfortable in this environment. How is this possible?

Mai: I was raised by a powerful working mother who always showed me and my sisters how a working mother can take care of her family, study and achieve her goals. Then I was lucky to marry a man who believed in me more than I did. He always pushes me to the max. When I decided to become the first and only female amateur radio operator in Palestine (which is uncommon and unacceptable in my community), he was very proud and supported me until I achieved that goal. I'm a leader by nature, and was raised without stereotypes dictating what women can or can't do. Being someone who girls can look up to, the ability to positively influence a girl's life with some advice or an available opportunity is non-negotiable, it's something I need to do. I was lucky and I want to use my luck to help others.

Zoe: What does it mean to be a "leader by nature"? I'm trying to understand the creative tensions between your own ability to perform in a difficult environment, and the external elements, such as your open minded mother and husband, which allowed your personality to flourish. How much of this comes from within you, and how much do you owe to your environment? Environment is something that a lot of women have little influence on, but maybe there is a way to gather strength from within?

Mai: A leader by nature is someone who is constantly trying to change the unacceptable and strives to achieve the unusual; I start and people follow. I live to support others and leave an impact on their lives. Women need to interact with other powerful women and push each other. In less than a year I was able to convince five women to apply for opportunities they never believed available to them, and they did. It's not about all these female empowerment programs we have (because they lead women to believe they need constant support), it's about being smart and jumping on every opportunity.

Zoe: A role model is often a pioneer. Someone who sets new standards for communities, and becomes an example for others. But there must always be that first mover, the person who breaks through and changes the rules although she was never exposed to anyone that she could have learned from. In fact, by that logic any woman can become a role model. How can we empower women to become such role models? What could we tell women to help them break through and become first movers?

Mai: If there are no existing role models, *we can create them.* We can show women how people will respect and believe in them if they take the lead. We could show them for example how all the world would be interested in the first successful CTO in Gaza, first for being female, and second for being in Gaza, and how this would attract power and opportunities for her. We direct our honest attention to the challenges, and work continuously to reduce their impact. Women need to learn how to overcome social stereotypes and believe in their abilities, and then communities will respect and encourage them; I believe this is the only place to start.

Zoe: In your view, what is power? And what is the power game?

Mai: Power differs from one person to another, it can come in forms of control, freedom, fearlessness of representing ideas or showing feelings. I personally feel powerful when I feel satisfied, treated fairly, and able to represent myself without worrying about what people will think. The power game is the game of control and domination. Men are always prepared to win, and at the same time women won't play the game, because it's a male thing. So they're never prepared or even willing to win. It's all about creating new habits for women, letting them play their game cleverly and with courage. It's a simple game to win, if you're committed. Men and women have different ways of interacting. This comes to light at work. If you're a woman working in a predominantly male environment, your daily reality will be different than if most of your colleagues were women.

Zoe: Are men in your environment more powerful than women? Or is it just some kind of illusion? Why do women often act less powerful than men, or use their power less?

Mai: Sure they're more powerful, but not because they're more educated or talented. They just have the community and tradition on their side. Women are less prone to use power to get special opportunities, offers and attention. Being a unique successful female in Gaza will get everyone's attention and this can be used in a constructive way.

Zoe: Game is a term with both positive and negative connotations. Game can mean fun. But game can also mean manipulation. I think that a large aspect of playing the power game is the fun part of it. For me it is fun to compete, to win, to try to outsmart the other player. But I noticed that most women do not enjoy this, and therefore they get stressed by the power game and shy away from it. Why do you think this is the case?

Mai: Because it's something outside their comfort zone, it's something they're not used to. And because for them, losing seems like the end of everything. We need women to start learning new habits; make it a habit to share their success stories, a habit to accept that they're special the way they are, a habit that they challenge themselves to step outside of their comfort zone, a habit that they don't care what others think about them.

Zoe: Power can have many meanings. But I want to ask about this very male aspect of power, when it's associated with force, rage or anger. Most of us view anger or rage negatively, associating it almost exclusively with destruction and violence. Certainly this correlation exists. But in my business I often use anger creatively, to encourage constructive and creative behavior. Because anger is a powerful source – a source of courage. If I harness it correctly, if I control it in a way that it gives me strength to fight and take risks I otherwise wouldn't dare take, it becomes a source of great power. And once you develop this skill, it becomes a habit to use it this way, rather than suppress it. What do you think about this? Do you ever use the power of creative anger? Do you ever make use of the courage it brings you?

Mai: I'm the kind of person that wants to be liked by everyone, I'm always worried that if I show my anger this will put people off, or let the attribute it to personal issues.

Zoe: But why, in fact, do you care? Men do not seem to give it any attention, as if they had a voice in the back of their heads saying: "so he doesn't like me, but so what, a lot of other people do!" As if they were free from the fear of rejection. And this freedom gives them strength and decisiveness to make sharper moves. Have you ever wondered why you, and many other women, have this urge to be liked by everyone? Because in reality this is impossible to achieve – there will always be people that don't like you because it's human nature. So why suppress your own, often justified, anger? Why try so hard to achieve a goal that is unachievable anyway, and sacrifice your opportunity to make the necessary moves, even if they're rough, to get what you want?

Mai: It's one of the habits we and I need to overcome. On several occasions I held back from doing the right thing because I didn't want anyone to get mad. But on the other hand, in situations where I did gather my courage and decided to show some anger, it worked and people did what I wanted done, and in that situation I didn't care whether they liked me or not. Remarkably, they ended up liking me and trusting me more.

Zoe: The more one allows oneself to feel anger, the more one gives in to the thought of using it as a source of creativity, and the more it becomes fun to play the so-called "power game". The moment one feels anger and starts using its momentum – the courage and the creativity – business becomes more of a game that you simply want to win, just for fun. Men play this game a lot, and they enjoy it. I enjoy it. Do you enjoy it? Do you think we can make other women enjoy it?

Mai: Business and projects are fun. But it's not a battlefield, but rather a chessboard. Men enjoy it already. Women, at times, approach it too much like a battlefront. Let's make it a game for everyone. What could we do to make this happen? It's all about our habits. We need to work on creating new habits that will make it easy and fun for us to do business. We want it to be our game! Replace old habits with new ones, keep training and training until you reach the point where you do things naturally without thinking about them. If you are embarrassed by your failures, start by sharing them with your friends, then share them with people whose opinions you value, and start a group where you share failures and advise each other. Gradually it will become normal and you'll overcome your fear. This can be done with anything and any habit you want to learn.

Authors

Mai Temraz, Mentorship & Women's Inclusivity Program Coordinator at Gaza Sky Geeks

Mai Abualkas Temraz is the Mentorship & Women's Inclusivity Program Coordinator at Gaza Sky Geeks (GSG), Gaza's first startup accelerator and co-working hub, run by the global humanitarian organization Mercy Corps. Mai's interest in entrepreneurship was cultivated through her interest in science, technology, engineering, and math (STEM) fields. She is the first Palestinian female licensed amateur radio operator. In 2013 she founded the Amateur Club, a training center and maker space that engages young minds in learning STEM. In 2014, she became a TechWomen Emerging Leader, and in 2015, she was awarded best entry level STEM Executive at the Women in STEM conference in Dubai. Recently, Mai received the 2015 Change Agent ABIE Award from Grace Hopper Celebration of Women in Computing (GHC). Mai is also a Global Tech Leader representing Palestine, a member of the Arab Women in Computing (ArabWIC) Mentorship Committee, and a regional Ambassador for Technovation. She holds a BS in Communications Engineering from the Islamic University in Gaza. Additionally, Mai is an ambassador for Gaza Geekettes, a new hub that aims to provide opportunities, innovation, job creation, startup support, online workshops, and inspiration to the "next generation of ladies" entering the market in Gaza.

Zoe Adamovicz, Serial Entrepreneur and Business Angel

Zoe Adamovicz is a technology entrepreneur. Since founding her first company in 1999, she has built up an extensive resume working in in mobile software, mobile content, B2C products and services for mobile corporations. After executive roles at Deloitte, Jamster and Fox Mobile, Zoe embarked on her sixth technology venture Xyo, which after four years of R&D work was acquired by Digital Turbine. She holds degrees in Cultural Science, Informatics and Electronics, and was always running at least one company alongside her studies. She is an engineer at heart with a strong background in electronics and informatics. This passion has led Zoe to be the founder of many successful software agencies and has catapulted her to forefront of technological advance in the past ten years. She resides in Berlin, where she works as an angel investor and has her finger firmly on the pulse of the European tech landscape.

Literatur

Bennis, W. 1994. *Schlüsselstrategien erfolgreichen Führens*. Berlin: ECON.

Blickle, G., B. Kuhnert, und S. Rieck. 2003. Laufbahnförderung durch ein Unterstützungsnetzwerk: Ein neuer Mentoringansatz und seine empirische Überprüfung. *Zeitschrift für Personalpsychologie* 2(3):118–128.

Cuddy, A. 2016. *Presence-Bringing your boldest self to your biggest challenges*. London: Orion Publishing.

Emirbayer, M., und J. Goodwin. 1994. Network analysis, Culture, and the problem of agency. *American Journal of Sociology* 99:1411–1454.

Forsa Studie im Auftrag des Finanzmagazins „Capital" und der „Financial Times Deutschland" (2007)

Foth, S. 2011. *Erfolgsrituale für Business-Hexen*. Berlin: Pro Business.

George, B. 2003. *Authentic Leadership: Rediscovering the Secrets to Creating Lasting Value*. New York: John Wiley and Sons.

George, B.: Truly Authentic Leadership. In: U.S. News & World Report 10/30/2006. http://www.billgeorge.org/page/truly-authentic-leadership. Zugriff: 9. Mai 2016

Grimm, F. 2010. Debatte über Unternehmenskultur: Die fiesen Rituale der Business-Elite. http://www.spiegel.de/wirtschaft/unternehmen/debatte-ueber-unternehmenskultur-die-fiesen-rituale-der-business-elite-a-688162.html;. Zugegriffen: 11 Mai 2016.

Günther, S. 2004. *Führungsfrauen im Management: Erfolgsmerkmale und Barrieren in ihrer Berufslaufbahn.* Berlin: Logos.

Hartmann, M. 2002. *Der Mythos von den Leistungseliten.Spitzenkarrieren und soziale Herkunft inWirtschaft, Politik, Justiz und Wissenschaft.* Frankfurt am Main: Campus.

Kleist, H. von 2011. *Sämtliche Erzählungen: über die allmähliche Verfertigung der Gedanken beim Reden; über das Marionettentheater.* Köln: Anaconda.

IBM-Studie Haufe Akademie GmbH & Co. KG (2010)

Witzer, B. 2015. *Die Fleißlüge: warum Frauen im Hamsterrad landen und Männer im Vorstand.* München: Ariston.

6

„Wenn du schnell gehen willst, dann gehe alleine. Wenn du weit gehen willst, dann musst du mit anderen zusammen gehen."

Inhaltsverzeichnis

© Springer-Verlag Berlin Heidelberg 2017
S. Hoffmann-Palomino, B. Praetorius, C. Kirbach (Hrsg.), *Die LEAN BACK Perspektive*,
DOI 10.1007/978-3-658-13924-7_6

> *„Probleme kann man niemals mit derselben*
> *Denkweise lösen, durch die sie entstanden sind."*
> Albert Einstein

Jede Reise ist bedingt durch das System, in dem sie stattfindet. Das aktuelle Wirtschaftssystem gelangt zunehmend an seine Grenzen. Neue Wege braucht das Land – und diese Wege können nur von Männern und Frauen gemeinsam eingeschlagen und beschritten werden. Auch Unternehmen sind gefordert, die starren gewachsenen Unternehmenssysteme zu überdenken und agiler und flexibler zu gestalten, um den Herausforderungen des digitalen Zeitalters gewachsen zu sein.

Im ersten Teil dieses Kapitels beschreiben die Autorinnen und Autoren, warum sich das System ändern muss, um Frauen und Männer gleichermaßen einzuladen, die Zukunft zu gestalten. Sie geben Perspektiven, Ideen und Anregungen für ein neues digitales System der Zukunft. Wie müssen sich Unternehmen heute aufstellen, um im Innovationswettbewerb zu überlegen und den „War for Talent" für sich zu entscheiden?

Im zweiten Teil des Kapitels werfen wir dann abschließend noch einmal einen Blick auf das Thema „Führung". Was sollten Frauen im Blick behalten? Vor allem aber, was macht Führung in Zeiten von Agilität aus? Mit welchen Herausforderungen gilt es zurechtzukommen und wie können Frauen ihre Stärken hier optimal und mehrwertstiftend einbringen?

6.1 Break the rules and hack the system

6.1.1 Das Ende des männlichen Paradigmas – Geschlechtergerechtigkeit als gemeinsame Aufgabe und vereintes Ziel

Robert Franken

„Meri-christmas", oder: wie Meritokratie in Wahrheit männliche Systemerhaltung ist
Wenn es in einer Diskussion um weibliche Karrieren geht, kommt früher oder später (und fast immer vonseiten der Männer) das Argument, man brauche bei der Besetzung von Führungspositionen keine Quotenregelung, sondern müsse ausschließlich auf Basis von Leistung über Einstellung und/oder Beförderung entscheiden. Die Unternehmenspolitik solle sich in diesem Bereich also ausschließlich am Ideal einer Meritokratie ausrichten: Wer viel leistet und gute Ergebnisse erzielt, wird früher oder später in eine Spitzenposition aufrücken.

Das klingt zunächst einmal gar nicht so schlecht, ja geradezu logisch und gerecht. Wenn da nicht die erschreckenden Zahlen wären. So liegt der Frauenanteil im Vorstand der im Deutschen Aktienindex (DAX) gelisteten Unternehmen bei lediglich knapp über 5 % und damit in etwa auf dem Niveau von vor zehn Jahren. Folgt man der eingangs genannten meritokratischen Argumentation, so würde das bedeuten, dass Frauen entweder nicht können oder nicht wollen. Beides ist natürlich absurd.

Der Haken an der Sache mit dem Leistungsprinzip ist eigentlich recht einfach zu erklären. Ihr liegt ein fulminantes Missverständnis zugrunde. Denn in männlich dominierten

Systemen haben Frauen keine Chance, ihr Können und ihr Potenzial zu entfalten, geschweige denn über deren Anwendung bis in die Vorstandsetagen aufzusteigen. Die Arbeitsumgebungen und Organisationskulturen sind in den allermeisten Fällen konsequent auf das Fortkommen von Männern, und nur von Männern, ausgelegt.

Der Versuchsaufbau für die Karriere mag identisch sein. Doch „gleich" bedeutet hier nicht „gerecht", im Gegenteil. Wenn das vorherrschende Paradigma, wie seit Jahrhunderten, männlich ist, dann gibt es für Frauen nur eine einzige Möglichkeit zum Aufstieg innerhalb dieses Systems: Sie müssen sich anpassen. Das gilt übrigens auch für Männer. Doch da das System auf sie zugeschnitten ist, gelingt ihnen diese Anpassung ohne Selbstverleugnung und allzu große Anstrengung gewissermaßen mit links.

Sind Quoten also die Lösung? Ich selbst bin kein glühender Anhänger irgendwelcher Quotierungen, die Verpflichtung zu einem 30%igen Frauenanteil bei den Aufsichtsräten seit Januar 2016 heiße ich jedoch aufgrund der damit verbundenen politischen und medialen Wirkung gut. Ziel kann es aber nicht sein, eine Gleichstellung der Geschlechter in der Arbeitswelt ausschließlich über starre Verpflichtungen zu erreichen.

Interessant ist zunächst ein Blick auf die Gründe für das Ausscheiden einst vielversprechender weiblicher Talente, bevor diese Führungspositionen erklommen haben. Man(n) glaubt, sie in Faktoren gefunden zu haben, die vermeintlich in der alleinigen Verantwortung der Mitarbeiterin liegen. Vereinbarkeit von Beruf und Familie ist z. B. so ein Argument. Doch mit dieser Einschätzung verschließen Unternehmen und Vorgesetzte die Augen vor den eigentlichen Gründen. Diese haben viel mehr mit fehlender Anerkennungskultur und männlich geprägten Strukturen zu tun als etwa mit Betreuungsangeboten oder ähnlichen Rahmenbedingungen.

Die Strukturen funktionieren so, dass die Beurteilung von Leistung ausschließlich anhand einheitlicher, von Männern für Männer geschaffener Parameter erfolgt. Stichwort: Assessment-Center. Selbstverständlich gibt es Frauen, die unter diesen Bedingungen reüssieren. Doch damit geht ein Problem einher: Diese Frauen werden selten dazu beitragen, dass Unternehmen sich verändern. Im Gegenteil: Sie manifestieren das System, da sie gezwungen sind, sich systemkonform zu verhalten. Und hier liegt ein Hauptproblem. Wenn man, statt ein System zu verändern, mindestens 50 % der Teilnehmer am System zur Anpassung zwingt, statt ihre Potenziale entfalten und nutzen zu helfen, dann ist Veränderung keine Priorität.

Wie ungerecht und mit wie viel Gender-Bias behaftet das männliche System wirklich ist, das zeigt sich vor allem dann, wenn angeblich objektive Kennzahlen herangezogen werden, um vermeintliche weibliche Defizite zu beweisen. Wer versucht, auf rein quantitative Weise zu argumentieren, dass Frauen etwa weniger ehrgeizig oder weniger risikofreudig seien, um Karriere zu machen, der tappt nicht nur in die Falle tiefsitzender Vorurteile, sondern verkennt auch die Bedeutung bestimmter Zahlen und Fakten.

So wird beispielsweise häufiger betont, dass es sehr wenige weibliche Nobelpreisträgerinnen gebe. Dabei wird die Tatsache, dass auch nur etwa 14 % der Universitätsprofessoren weiblich sind, völlig ignoriert. Letzteres ist jedoch Voraussetzung für Ersteres. Und die geringe Professorinnen-Quote wiederum hat Gründe, die vor allem im beschriebenen männlichen Paradigma verankert sind.

Das männliche Paradigma – aber was bedeutet das bitte für Frauen?

Die „legacy culture" ist also eine männliche. Was genau bedeutet das für die Frauen, die in diesen Systemen arbeiten? Wenn das System selbst unangetastet bleibt, während von den Frauen erwartet wird, dass sie sich anpassen, dann hat dies drei Konsequenzen: Erstens leidet die Potenzialentfaltung bei den Frauen durch den hohen Aufwand an Energie, der dazu erforderlich ist, die Anpassung an das männliche System sicherzustellen – vom dabei entstehenden Frust ganz zu schweigen. Zweitens entsteht ein signifikanter volkswirtschaftlicher Schaden, denn in die Optimierung dieser Anpassungsfähigkeit wird eine Menge Zeit, Geld und „management attention" gesteckt, etwa in Form von Mentoring-Programmen, Coachings, Schulungen, Workshops, internen Netzwerken etc. Dadurch wird aber nicht nur die echte Weiterentwicklung der einzelnen Mitarbeiterin versäumt, sondern auch die Chance auf positive Impulse in Richtung der Organisation ausgelassen. Und somit verstärkt sich das System ausgerechnet auch durch diejenigen Mitarbeiter(innen) selbst, die von seiner Veränderung am meisten profitieren würden. Und drittens verschenken wir die epochale Chance, die Kraft zu entfesseln, die aus den komplementären Fähigkeiten der Geschlechter entstehen könnte. Dieser Punkt ist der bei Weitem schwerwiegendste, gleichzeitig herrscht in diesem Bereich aber auch am meisten Unklarheit.

Das große Problem ist, dass die zugrunde liegenden Parameter nicht nur nicht erkannt werden, sie werden vielmehr potenziert durch den Kardinalfehler der Personalentwicklung. Und der lautet: „fixing the women". So werden Frauen für das männliche Paradigma passend gemacht: durch Fortbildungen, Ratgeber, Coachings etc. Frauen wird systematisch beigebracht, das männliche System zu verstehen und sich diesem möglichst perfekt anzupassen. Ein Teufelskreis.

Das ist auch ein Grund für den Boom der Ratgeberliteratur, die Frauen passend macht, statt Frauen dazu zu ermutigen, sich auf die eigenen Stärken zu besinnen (lean back). Die Folgen sind fatal. Der männliche „legacy code" wird weitergetragen und mehr und mehr auch von Frauen verkörpert.

Die sich daraus entwickelnde Leadership ist nicht dazu geeignet, Herausforderungen wie etwa die digitale Transformation zu meistern. Sie kann ja nicht einmal junge Talente aus der Kohorte der Millennials für sich einnehmen, geschweige denn längerfristig binden. Hier kommen enorme Probleme auf uns zu, und zwar mit Ansage.

Wundert sich angesichts des beschriebenen Dramas noch irgendjemand, dass sich die organisationalen Systeme nicht verändern, sich stattdessen aber die Frauen, je höher sie in den Hierarchieebenen aufsteigen, immer „männlicher" gerieren? Sie tun das nicht nur, weil sie denken, es tun zu müssen, sondern weil es auch tatsächlich so ist. Das System fordert es quasi alternativlos.

Und ironischerweise befeuert ausgerechnet die Quote, die – wie bereits gesagt – ein wichtiges politisches Signal ist, auch noch diesen Missstand, indem sie Unternehmen dazu ermutigt, sich Frauen in die Aufsichtsräte zu holen, die ihrerseits kein bisschen dazu beitragen werden, das System zu verändern. Im Gegenteil, sie manifestieren es.

Nun mögen die Auswirkungen angesichts von lediglich etwa 160 Aufsichtsrätinnen in deutschen Unternehmen vielleicht nicht dramatisch anmuten. Doch ist die dadurch vermittelte Botschaft umso schlimmer. Sie lautet: „Du kannst es als Frau nach oben schaffen, aber der Weg ist und bleibt ein männlicher."

Dramatisch ist der Effekt auf die gesamte Organisation. Wir erhalten auf diese Weise ein System aufrecht, aus dem Frauen reihenweise ausscheiden, bevor sie auch nur in die Nähe einer gläsernen Decke gelangen. Wer wollte es ihnen auch verdenken? Dass die meisten Frauen dabei die Gründe für ihr frühzeitiges Ausscheiden unter „fehlender Work-Life-Balance" subsumieren, ist Wasser auf die Mühlen der männlichen System-Erhalter.

Die ehrlichen Gründe jedoch, warum so viele Frauen vor dem Erreichen einer Führungsposition aus den Unternehmen ausscheiden, liegen auf der Hand. Es geht in erster Linie um fehlende Wertschätzung, mangelnde Kommunikation, Intransparenz und Empathie-Mangel. Und um inkompetente Führung, die über Instrumente agiert und statt das individuelle Vorankommen der Mitarbeiterin ausschließlich den Shareholder-Value im Blick hat.

Tschüss, weibliches Potenzial! Tschüss, Leadership of the future!

Seit der neue kanadische Ministerpräsident Justin Trudeau sein Kabinett vorstellte, hat jeder eine Idee davon, wie Diversity im politischen Leben aussehen kann. Und spätestens die Antwort des Politikers auf die Frage, was seine Motivation hinter einer derartigen „Gender-Ausgewogenheit" bei seinen Ministerinnen und Ministern gewesen sei, machte Trudeau zu einem Helden für alle Diversity-Verfechter. Sie lautete lapidar: „It's 2015."

Doch Vielfalt alleine reicht nicht aus. Zur Bewältigung der zahlreichen Herausforderungen braucht es ein tiefes Verständnis davon, auf welche Weise gerade die Unterschiede zwischen Menschen, hier: zwischen Männern und Frauen, Grundlage für Erfolg in Unternehmen, Politik und Gesellschaft bilden können. Das wird klarer, wenn man sich mit den Bedingungen für die digitale Transformation auseinandersetzt und parallel dazu einen Blick auf die sie häufig behindernden „legacy cultures" in Unternehmen wirft.

Wie grundlegend digitales Denken und Handeln Unternehmenskulturen verändern können, davon hat nur eine Minderheit der CEOs eine Vorstellung. Sie glauben, dass die reine Benennung digitaler Zuständigkeiten einen Transformationsprozess auslösen könnte. Dass ein solcher jedoch ohne ein signifikantes Umkrempeln der Unternehmenskultur und somit der Rahmenbedingungen überhaupt möglich sei, ist eine ebenso naive wie gefährliche Einschätzung.

Erst dann, wenn Unternehmen mit dem unbedingten Rückhalt der Unternehmensführung bereit sind, alles zu hinterfragen und neues Denken und Handeln zuzulassen, besteht eine Chance auf Veränderung und auf das Erlernen und Einüben digitaler Denk- und Handlungsmuster. Oft wird dies jedoch auch durch männlich dominierte Umgebungen erschwert.

Statt auf bestehende Organisationskulturen zu setzen und die weiblichen Arbeitskräfte mit dem Ziel der Assimilation zu „fördern", täten Unternehmen ausgesprochen gut daran, die zahlreichen Vorteile von Diversity in der Belegschaft verstehen und nutzen zu lernen. Der Weg dorthin führt über „Gender-Empathy": die Fähigkeit, Vielfalt zu antizipieren und die Unterschiede von Frauen und Männern positiv nutzbar zu machen. Damit würden drei wichtige Themen zugleich adressiert:

1. die optimale Potenzialentfaltung der einzelnen Arbeitnehmer und Arbeitnehmerinnen,
2. die nachhaltige Veränderung von Unternehmenskulturen und
3. die Befähigung von Unternehmen zu Innovation über Diversity und „Gender-Empathy".

Hier liegt der Schlüssel für Veränderung. Kein anderer Ansatz besitzt eine so große Hebelkraft wie die Anwendung der komplementären Potenziale der Geschlechter. Im Kielwasser von „Gender-Empathy" lösen sich Konflikte auf, werden Unternehmen kulturell in die Lage versetzt, Großes zu bewegen und ist Erfolg eine unmittelbare und logische Konsequenz des Wissens um Diversity.

„Probleme kann man niemals mit derselben Denkweise lösen, durch die sie entstanden sind", so das bekannte, Albert Einstein zugeschriebene Zitat. Doch genau das passiert, wenn weibliche Talente in rein männliche Systeme gezwungen werden. Schlimmer noch: Das Potenzial, das in der Veränderung steckt, bleibt ebenso auf der Strecke wie die Mitarbeiterin selbst. Stattdessen: kollektive Desillusionierung. Für Herausforderungen – wie etwa die digitale Transformation – ist das der größte anzunehmende Unfall.

„Gender-Empathy": von der Chance weiblicher Verantwortung

Dabei liegt die Lösung in diesem Bereich geradezu auf der Hand. Frauen denken vernetzter und beziehen erheblich mehr Parameter bei der Lösung von Problemen ein, als Männer dies in der Regel tun. Im Windschatten von Diversity tritt eine Ahnung auf den Plan: Frauen sind möglicherweise die Schlüsselfiguren für digitale Veränderung. Die Anthropologin Helen Fisher fand in diesem Zusammenhang folgende Formulierung: „[W]omen tend to think in webs of interrelated factors, not straight lines. I call this female manner of thought ‚web thinking'." (Fisher 1999)

Das macht weibliche Mitarbeiter und Führungskräfte zu nichts anderem als zu den Archetypen der digitalen Transformation. In deren Zentrum nämlich steht die Fähigkeit zu zyklischem Denken und iterativem Vorgehen in Projekten. Das gesamte agile Projektmanagement (z. B. Scrum) basiert auf einer zyklischen Vorgehensweise. Oder denken wir an Design-Thinking, wo Kunden- und Anwenderbedürfnisse im Zentrum stehen. Beides sind ausdrücklich weibliche Schlüsselqualifikationen.

Dass eine Vielzahl von digitalen Projekten scheitert, verwundert mit dem Wissen um die beschriebene Disposition und vor dem Hintergrund männlich dominierter Arbeitsumfelder und Organisationen kaum mehr. Was also, wenn die Rolle von Frauen für die Veränderungen, die durch digitale Technologien allenthalben vorangetrieben werden, bislang völlig unterschätzt wurde? Was, wenn Quoten und Appelle in Richtung Gleichberechtigung ins Leere laufen mussten?

Es geht in diesem Zusammenhang nämlich gar nicht um Frauen, Quoten oder gläserne Decken; jedenfalls nicht im ersten Schritt. Es geht um verschenkte Ressourcen und Potenziale durch das Ignorieren sich ergänzender Stärken der Geschlechter. Und der Schlüssel nur Nutzung und Entfaltung echter Komplementarität im Zusammenwirken der Geschlechter lautet: „Gender-Empathy".

Nur über ein tiefes Verständnis der unterschiedlichen Denk- und Handlungsmuster von Frauen und Männern können wir zu optimalen Konstellationen auf dem Weg zur digitalen Transformation, zur bestmöglichen Zusammenarbeit und zum idealen Miteinander kommen. Der Umgang mit diesem neuerworbenen Verständnis fußt auf Empathie. Aus dieser Kombination erwächst eine gewaltige Kraft, die Veränderung bewirkt und für ein völlig neues Miteinander sorgt.

Statt mühsam zu versuchen, Unterschiede auszugleichen, entfalten wir Potenziale aus ihnen. Für Führung, Rekrutierung, Projektmanagement und Personalentwicklung bedeu-

tet eine an „Gender-Empathy" ausgerichtete Vorgehensweise
nichts weniger als einen völligen Paradigmenwechsel.

In der Anwendung und im Verständnis der Grundlagen
von „Gender-Empathy" liegt vermutlich mehr Potenzial für
Innovation als in jedem anderen Thema. Durch die Entfaltung vorhandenen Potenzials können Unternehmen aus bestehenden Ressourcen so viel mehr herausholen, als es durch die
Implementierung neuer Technologien auch nur ansatzweise
möglich wäre.

Egal, ob bei der Lösung von Konflikten, dem Herbeiführen
von Entscheidungen oder bei der Überwindung von Problemen:
Das Wissen um die unterschiedlichen geistigen und sozialen
Fähigkeiten von Frauen und Männern kann zu bahnbrechenden
Ergebnissen in der Teamarbeit führen. Darüber hinaus lassen
sich Konflikte durch die gesteigerten empathischen Fähigkeiten
von Führungskräften lösen – und größtenteils vermeiden.

Mit den neu erworbenen Fähigkeiten, dem großen Verständnis für das Gegenüber und der Fokussierung auf das
Miteinander kann eine Unternehmenskultur etabliert werden,
die den unterschiedlichen Anforderungen und Erwartungs-
haltungen von Männern und Frauen Rechnung trägt und somit – auch ohne Quote – nachhaltig für ausgeglichen besetzte
Führungsgremien sorgt.

Faktencheck: alles längst Common Sense. Warum verändert sich also nichts?

Inzwischen ist durch zahllose Studien bewiesen, wie groß der
betriebs- und volkswirtschaftliche Schaden durch die Vernach-
lässigung von Frauen in Unternehmen ist. Dennoch ist die Bereitschaft, Unternehmenskulturen zu verändern nach wie vor
nicht besonders groß. Einerseits blockieren die männlichen
Profiteure in Entscheider-Funktionen aus reinem Kalkül der-

artige Veränderungen, andererseits kündigen potenzialträchtige Frauen, bevor sie überhaupt eine Position erreichen, die ihnen die Möglichkeit gäbe, Change aktiv anzutreiben.

Dabei käme eine Veränderung hin zu Geschlechtergerechtigkeit und Vielfalt nicht nur den Frauen, sondern allen Arbeitnehmern zugute. Die Zahl der Männer, die keinerlei Interesse mehr daran verspüren, in männlichen Machtkulturen zu arbeiten, nimmt deutlich zu. Die Systeme, von denen wir sprechen, können jedoch nur von innen verändert werden.

Von den Männern ist aus den genannten Gründen (noch) nicht viel zu erwarten. Sie haben wenig Anlass, ein System zu verändern, das so sehr auf sie zugeschnitten scheint. Gleichzeitig sind sie nicht ausschließlich schuldig. Viele der strukturellen Benachteiligungen bemerken sie aufgrund ausgeprägter „blind spots" gar nicht. Erst dann, wenn mehr Männer verstehen, wie sehr sie selbst unter dem bestehenden System leiden und wie sehr ihnen eine „weibliche Agenda" in die Karten spielt, werden sie zu Change-Makern.

Systeme verändern sich nicht nur durch äußeren Druck (z. B. Quote, AGG), sondern auch und vor allem durch Impulse von innen. Erst dann, wenn Strukturen und Verhaltensweisen nicht mehr unwidersprochen hingenommen werden, werden die Protagonisten zum Kurswechsel gezwungen.

Die wichtigsten Stakeholder für die Veränderung sind an dieser Stelle

- die Frauen, denen die Systeme zum Nachteil gereichen,
- die Männer, die erkennen müssen, dass patriarchalische Systeme keinerlei Nachhaltigkeit besitzen, sowie
- die Kohorten neuer Arbeitnehmerinnen und Arbeitnehmer, die ihre Werte und Ansprüche an Arbeitgeber hörbar und sichtbar formulieren und durchsetzen müssen.

Im besten Fall führt das gemeinsame Ziel zum Schulterschluss aller Beteiligten, was angesichts der enormen Auswirkungen der Veränderungen auf das Leben aller nur ratsam wäre. Und spätestens an dieser Stelle ist auch die Einbeziehung von Arbeitgebern, Politik und Gewerkschaften unabdingbar. Es geht schließlich um etwas Großes.

Wenn wir unsere Systeme also endlich wieder von den Bedürfnissen der sie bildenden Menschen betrachten, haben wir vielleicht auch eine Chance, sie entlang dieser Bedürfnisse zu verändern. Ich bin allerdings davon überzeugt, dass viele von uns sich inzwischen einigermaßen schwer damit tun, ein Bewusstsein für die eigenen Bedürfnisse zu entwickeln, zu sehr waren diese im Verlauf der Jahrhunderte sich änderndem Kalkül unterworfen. Allein der Blick auf den aktuellen Diskurs zu Themen wie Vereinbarkeit, Karriere, Familie o. Ä. zeigt, wie schwer es angesichts der Multiperspektivität und der z. T. vorherrschenden Dogmen ist, den eigenen Weg zu finden und zu bestreiten.

Fangen wir also bei uns selbst und unseren Grundbedürfnissen an und gehen dann gewissermaßen konzentrisch vor: vom Ich über die Partnerschaft zur eigenen Familie hin zum Freundeskreis, zum Arbeitsumfeld und schließlich zur Gesellschaft, in der wir jeweils leben. Jeder dieser Bereiche ist von Bedürfnissen geprägt und je mehr wir uns dieser bewusst sind, desto eher kann es gelingen, ein System zu schaffen, das den unterschiedlichsten Bedürfnissen in den verschiedenen Lebensstadien gerecht wird. Natürlich können an dieser Stelle lediglich Impulse gegeben werden, eine konkrete Ausarbeitung sämtlicher Konstellationen würde jeden Rahmen sprengen.

Früher war es relativ einfach, da Konventionen die Leitplanken vorgaben. Wer eine Beziehung leben wollte, musste heiraten. Wer eine gute Ausbildung hatte, bekam einen guten

Job und machte automatisch Karriere. Kinder waren irgendwie selbstverständlich und die Aufteilung von Erwerbs- und
Erziehungsarbeit bedurfte ebenfalls kaum einer Diskussion,
geschweige denn eines Prozesses der Reflexion. Die eigenen
Eltern dienten als Vorbild in Sachen Lebensführung, hinterfragt wurde kaum etwas.

Dies alles hat sich fundamental verändert. Es gibt kaum
mehr einen Bereich, der nicht einer völlig neuen und vor allem
individuellen Definition und Ausgestaltung bedürfte. Dass
dies irgendwann in Kombination zu Überforderung führt, ist
nicht schwer nachzuvollziehen. Und in all diesen Bereichen ist
Lean back eine durchaus empfehlenswerte Haltung.

Ode an den Systemwechsel: eine Gebrauchsanleitung
Wie also muss ein System aussehen, das eine tragfähige Zukunft mit fairer Verteilung von Macht und Verantwortung ermöglicht? Das die Trennung von Beruf und Privatleben weder
zwingend vorschreibt noch unmöglich macht und das stattdessen Wahlmöglichkeiten und individuelle Ausgestaltung
zulässt? Ein System, in dem alle Kompetenzen einander kom-
plementär ergänzen und weibliche Attribute und Fähigkeiten
im selben Maß geschätzt werden wie männliche? Ein System,
das Diskriminierung hinter sich lässt und ein zukunftsfähiges
Konstrukt eines auf Vielfalt basierenden Miteinanders ermöglicht?

Zunächst einmal braucht ein solches System Gestaltungs-
willen und Mut. Mut, weil wir uns von bekannten Bezugs-
systemen lösen. Und weil wir den Menschen vom Mittel
zum Zweck (i. d. R. dem des Shareholder-Value) wieder in
den Mittelpunkt wirtschaftlichen Handelns rücken müssen.
Ob der Weg nun vom Neoliberalismus zum Postkapitalismus
führt oder eine andere Richtung einschlägt – ohne Akzep-

tanz des Wegs durch die Menschen wird sich kein Erfolg einstellen.

Lean back könnte an dieser Stelle bedeuten, sich so früh wie möglich und auch immer wieder einmal zu fragen: „Was will ich, was tut mir gut, was brauche ich und womit bin ich zufrieden?" Diese Fragen klingen einigermaßen banal, angesichts der aus allen Richtungen auf uns einprasselnden Ratschläge und Vorschreibungen sind sie jedoch unverzichtbares Steuerungswerkzeug.

In keiner Lebenssituation und -konstellation darf es eine(n) Beteiligte(n) geben, die/der langfristig leidet. Daher gilt es, diese Fragen regelmäßig mit sich selbst und/oder der/dem Partner(in) durchzugehen. Geht es um die jeweiligen Karrierepläne, ist sicherzustellen, dass bei keinem System einer der Beteiligten leidet. Das erfordert ein erheblich höheres Maß an Dialog, als es die meisten von uns gewohnt sind.

Und auch mit der eigenen Karriere gilt es, sich kritisch auseinanderzusetzen. Vertrauen in die eigene Kraft und das eigene Gespür statt bloßes Nachplappern irgendwelcher Thesen aus Bestsellern der Ratgeberliteratur wäre ein guter Ansatz. Dogmen muss man infrage stellen, so ergibt sich auch für Männer ein erheblich größeres Spektrum an Wahlmöglichkeiten, wenn sie nicht automatisch als diejenigen abgestempelt werden, die selbstverständlich nahezu alleine für das familiäre Erwerbseinkommen verantwortlich zeichnen.

Gesamtwirtschaftlich und gesellschaftlich müssen wir uns fragen, ob uns das Bruttosozialprodukt nach aktuellem Zuschnitt wirklich wichtiger ist als z. B. die bestmögliche Betreuung und Erziehung unserer Kinder. Warum ist Erziehungs- oder Care-Arbeit nicht Teil der Berechnungsgrundlage unserer Wirtschaftsleistung? Damit hängt eine ganze Reihe weiterer Rahmenbedingungen zusammen: von der Flexibilität von Arbeitszeit und -ort über die gerechte Bezahlung von Frauen und Männern, die Einrichtung und Förderung von Betreuungseinrichtungen bis hin zur Schaffung von Pflegekapazitäten für Ältere und Kranke – um nur einige Punkte zu nennen.

Machen wir also das ganz große Fass, dessen Deckel wir kurz angehoben haben, erst einmal wieder zu und widmen wir uns ehrlich, ernsthaft und nachhaltig der Veränderung der Systeme, die auf Ausbeutung des Einzelnen basieren. Es ist höchste Zeit dafür. Und die Verantwortung liegt bei jedem Einzelnen von uns. Jeder hat die Möglichkeit, in seinem direkten Umfeld für etwas zu kämpfen und zu wirken, von dem wir alle profitieren werden. Lean back ist in diesem Prozess eine gute Haltung, und zwar nicht nur für Frauen. Schließlich kommen wir nur gemeinsam zum Ziel.

Der Autor

Robert Franken, Digitaler Potenzialentfalter
Robert Franken berät Unternehmen in den Bereichen „Digital Transformation", „Diversity" und „Gender-Parity". Er hat

mehr als 15 Jahre Erfahrung im Digital-Business mit Schwerpunkt „Publishing", so war er u. a. Geschäftsführer von urbia. de und Chefkoch.de. Sein Credo ist Veränderung von Unternehmenskulturen entlang „weiblicher" Koordinatensysteme. Robert publiziert regelmäßig (u. a. Handelsblatt, HuffPo) zu Themen wie „Digital Leadership", „Gender-Empathy" oder „New Work". Sein Blog heißt „Digitale Tanzformation", sein Twitter-Handle lautet „herrfranken". Er ist Beirat von PANDA, der Competition für weibliche Führungskräfte, und hat zuletzt die Plattform „Male Feminists Europe" gegründet.

6.1.2 Das System muss (auch) geändert werden

René Demin

Unternehmen müssen endlich ernst machen mit Gender-Diversity. Aktuell sehe ich viele Lippenbekenntnisse, aber wenig Mut und echte Offenheit, Systeme so zu verändern, dass sich Frauen in Führungsfunktionen eingeladen fühlen. Alles konzentriert sich auf das übliche Schema „fixing the women", Unternehmen sind aber nur sehr wenig bereit, wirklich grundlegend Paradigmen in der Organisation infrage zu stellen. Vielmehr wird versucht, an und mit Frauen so zu arbeiten, dass sie „systemkompatibel" gemacht werden.

Aus meiner Sicht gilt es zwei Blickrichtungen zu betrachten, wenn man es mit dem Wunsch ernst meint, mehr Frauen in Führungsfunktionen zu bringen.

Zum einen ist da die individuelle Perspektive der Frau mit deren subjektiven Karriereplänen, privaten und beruflichen Bedürfnissen und Wünschen sowie den eigenen Kompetenzen und Persönlichkeitsmerkmalen.

Zum anderen bedarf es aber auch der genauen Betrachtung der Unternehmensperspektive, was genau Unternehmen tun müssen, um Frauen den Weg in die Führung zu erleichtern. Diese beiden Ebenen erfordern verschiedene Antworten und Maßnahmen.

Die individuelle Perspektive der Frau

Um erfolgreich Karriere zu machen, ist eine Zielperspektive enorm wichtig. Nur dann kann man zielgerichtet und wirksam reflektieren, welche Schritte es braucht, um dieses Ziel zu erreichen. Aus meiner Erfahrung tendieren Frauen eher zu taktischen Karriereentscheidungen (Blick auf den nächsten konkreten Schritt), seltener planen Frauen ihre Karriere strategisch (also mit Blick auf das Ziel).

Ist das Ziel gefunden, gilt es, die nötige Passung zwischen der eigenen Person und den notwendigen Bedingungen zum Erreichen des gewünschten Ziels zu prüfen. Wichtig sind hier eine gute Kenntnis der eigenen Werte sowie eine realistische Betrachtung der aktuellen und zukünftigen Lebensumstände. „Wie will ich leben, wie wollen mein Partner und ich Beruf, Karriere und Familie gestalten", sind essenzielle Rahmenbedingungen. Hier können Unternehmen auch nur bis zu einem gewissen Grad helfen. Es obliegt der individuellen Partnerschaft, gemeinsam Lösungen zu finden. Und das ist nicht einfach. Das Aufbrechen alter Rollenmuster für Mütter, das sich im Wandel befindliche Bild der Väter und eine zunehmende Flexibilisierung im Arbeitsrecht sorgen dafür, dass die Antwort auf die Frage nach einer gelungenen gemeinsamen Elternschaft sehr komplex ausfällt. Beispiel: Wenn ein Ehepartner es als wichtig erachtet, dass Kinder nachmittags von einem Elternteil persönlich betreut werden, der andere Elternteil aber glaubt, dass Kinder nachmittags auch bei Großeltern oder einer Nanny sehr gut aufgehoben wären, dann kann der erstgenannte Elternteil nicht vom anderen verlangen, dass dieser beruflich kürzertritt. Er würde dann für etwas zurückstecken, was er selbst gar nicht als relevant und wichtig erachtet. Unzufriedenheit scheint vorprogrammiert. Beide wollen dasselbe, eine möglichst gute und individuelle Betreuung, aber beide sehen dazu unterschiedliche Wege. Dieser Dialog ist bestenfalls vor der Entscheidung zur Elternschaft zu treffen und benötigt aus meiner Sicht einen regelmäßigen „Review", um sicherzustellen, dass sich beide Eltern in dieselbe Richtung – als Eltern, Partner und Erwerbstätige – entwickeln.

Betriebskindergärten sind daher nicht automatisch die Lösung und auch nicht Krippen, die bis 19 Uhr geöffnet sind. Das ist zu kurz gedacht und betrifft ein politisches Paradigma. Es besagt, man müsse nur die Kinderbetreuung sicherstellen. Das aber vernachlässigt die individuellen Ansprüche und Lebenswelten.

Dieses Thema rechtzeitig und offen zu klären, erleichtert die Karrieregestaltung für beide Eltern.

Ist dieser partnerschaftliche Dialog geführt, dann gilt es, sich die eigenen Stärken und Kompetenzen bewusst zu machen. Was zeichnet mich aus? Was hat mich dahin gebracht, wo ich heute stehe? Was davon wird mir auch für den nächsten Schritt helfen? Und was war bisher gut, wird mir aber künftig im Weg stehen? Welche Kompetenzen fehlen noch und müssen entwickelt werden?

Zudem bedarf es der Passungsprüfung: Was ist auf der nächsten Hierarchiestufe gefragt und macht es einem Spaß und ist man bereit, darauf hinzuarbeiten? Wenn man sich für den nächsten Schritt zu sehr verbiegen muss, dann passt es nicht. Das gilt übrigens für Männer und Frauen gleichermaßen.

Sidesteps – eine Falle? Mitnichten.
Wie ich als Personalleiter sehe, sind Männer für eine verheißungsvolle Karriere eher bereit, einen vermeintlich unattrak-

tiven Sidestep zu machen; sei es, einen Bereichswechsel in ein anderes Geschäftsfeld anzugehen oder die Funktion zu wechseln, um sich im Hinblick auf den darauffolgenden Schritt bestmöglich und breiter zu positionieren.

Männer sind auch eher dazu bereit, für eine gewisse Zeit etwas zu machen, das ihnen inhaltlich eigentlich weniger zusagt, wenn sich das für das übergeordnete Ziel lohnt. Zum Beispiel sehen Männer eine gehobene Führungsfunktion und die Option, sich durch die Funktion ein großes Netzwerk in allen Einheiten aufzubauen, als Chance, für die sie inhaltliche Schwerpunkte zurückstellen. Frauen machen das meiner Erfahrung nach viel seltener. Sie möchten in den meisten Fällen inhaltlich brennen. Sie übersehen die Leitungsfunktion, die Verantwortung, die Vernetzungsoption – respektive schätzen deren Wert für die weitere Entwicklung gering ein. Ich habe oft den Eindruck, dass das daher resultieren könnte, dass die übergeordnete Zielperspektive fehlt. Die Frage sollte bei dem Angebot einer Stelle also eher lauten „Wofür zahlt sich das mittelfristig aus" und nicht nur „Habe ich konkret auf diese Stelle Lust?".

Frauen verweilen tendenziell auch länger in Tätigkeiten als „rechte Hand" anderer Führungspersonen. Verschiedene Gründe sind aus meiner Sicht dafür zu finden. Beispielsweise spielen die Angst vor Verantwortung (die auch Männer haben, aber eher bereit zu sein scheinen, sich dieser zu stellen) und die Angst, nicht zu genügen oder noch nicht reif für den Schritt zu sein, eine Rolle. Aber auch Bequemlichkeiten beeinflussen diesen Trend. Manchmal ist es die Angst, eine Komfortzone (aktuelles Team, bereits erworbenes Standing, das man vermeintlich aufgeben müsste, neues unbekanntes Umfeld usw.) zu verlassen und wird daher gerne auch mal als Ausrede benutzt.

Ich erlebe Frauen häufiger wohlfühlorientiert als Männer. Sie fühlen sich sicher in der Komfortzone: „Das kann ich, da weiß ich, was mich erwartet. Ich habe viel investiert, um dahin zu kommen, wo ich bin und bin nicht bereit, es aufzugeben". Einen Bereich und ein Team zu verlassen für eine neue (Führungs-)Rolle bedeutet Abschied und Unsicherheit. Ich denke, dass vor allem der Abschiedskomponente zu wenig Beachtung geschenkt wird.

Dafür sehe ich einige Indikatoren: So sind Frauen beispielsweise bekanntlich gute Netzwerkerinnen. Ich sehe jedoch einen Unterschied zu Männern. Frauen sind gut darin, alte Netzwerke zu pflegen und zu erhalten und legen hier oft auch eine hohe Verbindlichkeit und Verlässlichkeit an den Tag. Frauen haben im Vergleich zu Männern mehr Kontakt zu alten Kollegen, sie lassen Stammtische wiederaufleben und sind in diesem Punkt vergangenheitsorientierter als Männer. Männer gestalten Netzwerke zukunftsorientierter und versuchen, neue Netzwerke zu knüpfen, die ihnen in der Zukunft hilfreich sein könnten.

Viele Frauen tun sich augenscheinlich schwerer damit, ihr gewohntes Umfeld, das Team oder auch einen Chef zu verlassen, um neue Wege einzuschlagen. Auch der Abschied von der Fachlichkeit fällt oft schwer. Dazu kommt die Ungewissheit über das Neue: Was erwartet mich und lohnt es sich überhaupt, dafür meine gewohnte Position und Umgebung aufzugeben?

Nun sind das alles keine völlig neuen Beobachtungen. Die interessantere Frage ist, welche Antworten finden Unternehmen da aktuell und wie hilfreich sind diese?

Vor allem liegt der Fokus auf den Frauen: „Fixing the women"-Trainings nach dem Motto „Schlagfertigkeit für Frauen", „Sprüche gekonnt kontern" oder „Ellenbogen für Frauen" sind nach wie vor gefragt. Das Signal ist: Du darfst nur dann Führungskraft werden, wenn wir dich „maskulinisiert" haben. Aus meiner Sicht ist das die Meta-Ebene von Diskriminierung: Nicht nur, dass Frauen oft Führungspositionen aus diversen Gründen vorenthalten werden. Es wird nun auch noch versucht, sie zu ändern, zu optimieren oder sie neu zu erfinden. Das Problem wird dadurch verschärft, dass solche Angebote gerne auch von Frauen für Frauen initiiert, konzipiert und angeboten werden und suggerieren, dass Frauen die besseren Männer werden müssen, um erfolgreich zu sein.

Frauen müssen nicht „gefixt" werden. Was ihnen hilft, ist, sich selbst zu führen und sich unabhängig von andauerndem Außenfeedback zu machen. Es geht darum, die Grenzen und Limitierungen des eigenen Zweifelns zu erkennen und angemessen zu steuern und das Gefallen-Wollen als Stärke da einzusetzen, wo es sinnvoll ist. Auch bei Gegenwind stehen zu bleiben oder zurückzurudern, kostet Kraft und oft mehr Reputation als man meint.

Ob diese Punkte nun typisch weiblich sind, oder ob es auch Männer gibt, für die diese Punkte relevant sind, ist nicht Gegenstand der Betrachtung.

Die Unternehmensperspektive – Männerkriterien für Frauen, oder: die generelle Limitierung von Leistungsbeurteilungssystemen

Interessant sind im Zusammenhang mit Frauenförderung Leistungsbeurteilungssysteme. Generell schließe ich mich der allgemeinen Diskussion darüber an, ob diese überhaupt relevant für das Vorankommen von Menschen sind – egal ob Männer oder Frauen. Interessanterweise werden oft Menschen befördert, die eine eher durchschnittliche Zielerreichung vorweisen können und weniger die Hochleister. Oft ist das so, weil Sozial- und Persönlichkeits-Kompetenzen zwar meist systematisch gemessen werden, aber nicht ernsthaft als Kriterien für Beförderungen herangezogen werden. Informell geschieht das natürlich schon. Und gerade das Sozialverhalten ist dann aus einer männlichen Systembrille heraus bewertet, die von offiziellen und in Tools hinterlegten Kompetenz-Modellen abweicht. Meine These ist, dass Männer andere Männer (Frauen andere Frauen übrigens auch) anhand eines informellen Kriterienkatalogs bewerten, den ein System geschaffen hat, das Männer für das Fortkommen von Männern entwickelt haben. Beförderung ist daher nicht gerecht. Es menschelt. Tools und Systeme machen es etwas gerechter und schaffen mehr Transparenz, aber völlig fair ist es nicht. Das ist aus meiner Sicht auch nicht erstrebenswert: Ich selbst als Führungskraft treffe Personalentscheidungen auch nicht immer aufgrund einer rein mathematisch errechneten Gerechtigkeit aus Performance, Potenzial (was auch immer das ist) und Persönlichkeits-Kompetenzen. Es bleibt natürlich auch immer Bauchgefühl und Intuition (man mag es „Erfahrungswert" nennen) bei der Entscheidung – und das ist auch gut so. Wenn ich an dem Erfolg und Misserfolg meiner Abteilung gemessen werde, möchte ich bei Personalentscheidungen eine gewisse Freiheit haben. Anders kann ich es mir auch als Personaler nicht vorstellen. Die Gefahr, dass für Misserfolg von Abteilungen ansonsten HR-Tools als Begründung angeführt werden, ist groß.

Unternehmensführung ist eben nicht objektiv. Oft sind gute Führungskräfte eher Charismatiker, die vor allem Menschen um sich sammeln, die auf ihrer Wellenlänge liegen, die ihnen ähnlich sind, mit denen sie gut können. Also meistens Männer. Männer immer dann, wenn diese Führungskräfte nicht die Reife besitzen, das Potenzial von Unterschiedlichkeit zu sehen und zu managen. Diversity ist anstrengend! Als Mehrwert erhält man aber bessere und andere Problemlösungen. Unternehmen, die immer denselben Mitarbeiter-Typus rekrutieren, gehen ein gewaltiges Risiko ein. Erst wenn das vom Top-Management ernsthaft erkannt und als relevant gesehen wird, kann die Veränderung beginnen. Frauenführung muss also einhergehen mit genereller Reife-Entwicklung der gesamten Führungsmannschaft in Richtung Offenheit für und Management von Unterschiedlichkeit.

Frauen fördern – aber echt

Entscheider in Unternehmen müssen sich die Frage stellen: „Will ich ernsthaft (siehe oben) Frauen fördern oder nicht?" Sie müssen genuin davon überzeugt sein, dass sie Themen wie „agile Führung" und „digitale Transformation" ohne das Gesamtspektrum an Kompetenzen, das Männer und Frauen mitbringen, nicht schaffen. Aus meiner Sicht gibt es noch zu viele Unternehmen, die zwar verbal mehr Diversity fordern, wenn sie aber wirklich etwas verändern müssen, dann schnell die Entschlossenheit verlieren.

Ansonsten müsste ich mir als Unternehmen sofort die Frage stellen, warum die Frauen in meiner Belegschaft oft gar keine Führungsfunktionen wollen und was wir dann falsch machen als Unternehmen. Deshalb ist es ja auch viel einfacher, Frauenförderprogramme aufzusetzen, die sich um die Frauen kümmern, denn damit werden aktuelle Strukturen und Kulturen („Männersysteme") nicht infrage gestellt.

Unternehmen müssen herausfinden, welche Gründe weibliche Mitarbeiter dazu bewegen, auf eine Führungsfunktion zu verzichten. Z. B. beinhaltet Führung, so wie in Unternehmen heute überwiegend gelebt, Aspekte, die vielen Frauen aus unterschiedlichen Gründen nicht zu liegen scheinen oder gar abschrecken: Das kann beispielsweise die Gestaltung des Alltags sein. Wenn die Aufgaben hauptsächlich aus Meetings, Abstimmungsrunden, beruflichen Dinner-Veranstaltungen,

„wichtigen" Management-Veranstaltungen und dem Management von Stakeholdern bestehen, wenn man doch einen hohen fachlichen Antrieb hat und Dinge bewegen möchte oder gerne andere Menschen befähigen und entwickeln will, dann werden Führungspositionen höchst unattraktiv. Problematisch wird es, wenn all das genau die Aspekte sind, die Führungspositionen für Männer attraktiv machen! Denn häufig geht eine verantwortungsvolle Position genau damit einher: mehr Politik, weniger Fachlichkeit.

Systeme ändern – aber echt
Die Fragen, die sich Entscheider in Unternehmen stellen müssen: „Müssen wir denn heute überhaupt noch so führen? Sind das nicht Führungsparadigmen, die aus einer völlig anderen Zeit stammen und die Probleme von heute vielleicht überhaupt nicht lösen? Muss das Paradigma, dass fachliche Expertise mit zunehmender Ebene weniger gebraucht wird, überhaupt stimmen?" Vor allem kommen Zweifel im Hinblick auf eine Zukunft auf, die die digitale Transformation bewältigen muss. Vielleicht können Funktionen anders aufgebaut werden und Verantwortung im Team anders gestaltet. Vielleicht müssen organisatorische Management-Aufgaben vielleicht viel weiter unten im Team angesiedelt werden, damit oben wieder mehr fachlich gearbeitet werden kann. Wenn nicht mehr Variabilität, sondern ausschließlich Ergebnis zählt, kann Führung anders gestaltet werden. Eventuell werden andere Machtformen – weniger hierarchisch, aber nicht zwingend weniger machtvoll – benötigt.

Letztendlich führt das zu mehr Autonomie und Selbstorganisation in Unternehmen. Haben Führungskräfte mehr Freiheit, sich und ihr Team zu organisieren und honorieren besonders die gemeinsam erzielten Ergebnisse, eröffnet das ganz neue Wege. Ergebnisorientierung steht dabei im Vordergrund. Wie genau das Ziel erreicht wurde, wird zweitrangig. Anwesenheit, Arbeitszeit, Verteilung der Aufgaben – all das kann vom Team und deren Führungskraft selbst bestimmt werden. So gesehen ist die aktuelle Zaghaftigkeit der Frauen, Führungspositionen anzunehmen, ein gesellschaftliches Geschenk, das Unternehmen hellhörig werden lassen sollte, um die eigene Zunftsfähigkeit zu beleuchten. Nicht die Frauen sind komisch, sondern die Unternehmen. Sind Frauen vielleicht aktuell ihrer Zeit einfach nur einen Schritt voraus?

Zusammenhängend mit diesem neuen Fokus auf Teamarbeit lässt sich auch das Problem lösen, dass Frauen Abschiede anscheinend schwerer fallen als Männern. Steigen sie auf, so müssen sie ihre Kollegen meist hinter sich lassen. Vielleicht gibt es aber in modernen Firmen auch Möglichkeiten für ganze Teams, Themen zu tauschen, sodass sich das Team inhaltlich weiterentwickelt, aber alle zusammenbleiben können. Ist das keine Option, kann eine Führungskraft zumindest Key-Player in eine neue Verantwortung mitnehmen dürfen, um etwas Vertrautes und Haltgebendes um sich zu haben und Abschieds- und Bindungsprozesse im alten und auch im neuen Team fließender zu gestalten.

Um zu einer wirklich agilen Unternehmensführung zu kommen, scheint es unausweichlich, flexiblere Strukturen zu etablieren. In Start-ups beispielsweise ist dies viel häufiger der Fall. Es wird spannend sein zu sehen, ob sich die Frauenquoten hier weiter positiv entwickeln.

Wie immer, wenn man Paradigmen infrage stellt, klingt manches verrückt. Aber haben wir aktuell nicht genau die Chance dazu, Verrücktes zu tun? Mehr desselben hilft nicht, es gilt, Paradigmen infrage zu stellen und neue Ansatzpunkte zu finden. Die digitale Transformation verändert Unternehmen fundamental – in unterschiedlicher Geschwindigkeit. Warum dieses Momentum nicht nutzen, um noch ein paar überalterte Leitsätze über Bord zu werfen?

Dazu brauchen wir etwas Geduld. Wie wichtig für Gleichberechtigung der Faktor „Zeit" ist, lässt sich ja in vielen gesellschaftlichen Bereichen sehen. Dinge, die vor zehn oder 20 Jahren undenkbar waren, scheinen heute selbstverständlich. Die aktuellen Entscheider werden in vielen Unternehmen aussterben und einiges wird sich automatisch ändern, nicht zuletzt durch die immer größere Anzahl hervorragend ausgebildeter, selbstbewusster junger Frauen.

Auch gesellschaftlich muss das Thema „Karriere und Familie" breiter gedacht werden. Aktuell wird das rein frauenspezifisch diskutiert. Wie können wir es Frauen erleichtern, Karriere und Familie zu vereinbaren. Selbstverständlich diskutieren Arbeitgeber mit jeder Frau, die schwanger ist, ihre Perspektive nach der Geburt. Keinen Mann würde man fragen, wie lange er mit Kind aussteigen will, wann er zurückkommt und mit wie vielen Stunden.

Deshalb greifen auch Teilzeitangebote und Betriebskindergärten nicht. Es muss ganzheitlich über gesunde Produktivität, Verantwortung und Vereinbarkeit gesprochen werden – mit Männern und Frauen und einer ernsthaften Offenheit für unterschiedliche Lebensmodelle.

Während ich diese Zeilen schreibe, erzählt mir mein Sohn, der die siebte Klasse einer Wirtschaftsschule besucht, dass er dort anlässlich des zum „Girls' and Boys' Day" erweiterten „Boys' Day" ein Schnupperpraktikum absolvieren muss – und zwar in frauenspezifischen Berufen. Zur Auswahl stehen: Kindergärtnerin, Altenpflegerin und Bäckereifachverkäuferin … Ich glaube, es ist wirklich Zeit für einen Wandel.

Der Autor

René Demin, Personalleiter Bertrandt München, Engineering Services Automotive

René, Demin, geboren 1977, verheiratet und Vater von 3 Kindern. Nach dem Studium der sozialen Arbeit stieg er in die operative Personalarbeit bei Siemens ein und entwickelte sich zu einem Experten im HR-Management. Anschließend übernahm er die Teamverantwortung für die Personalverwaltung bei Danone Deutschland und war der Personalleiter für den industriellen Bereich. Nach seinem Wechsel zur ProSiebenSat.1 Media AG verantwortete er als Senior Business Partner mit seinem Team die operative und strategische Personalarbeit für verschiedene Vorstandsbereiche. Steckenpferde waren hierbei insbesondere Führungskräfte-Entwicklung und Talentmanagement. Diese Themen fokussiert er auch in seiner aktuellen Rolle als Personalleiter bei Bertrandt München (Engineering Services Automotive) sehr stark. Angeregt durch seine Fortbildung zum systemischen Coach und Teamentwickler (dbvc), spezialisiert er sich inhaltlich auf die gelungene Verbindung von operativem HR-Management und strategischem Change-Management.

6.1.3 Female Geeks a Minority? Hell, no! Diversity is a must. It's not a good peoples treat

Jess Erickson

Almost five years ago, in 2011 I arrived in Berlin. I came to dive into tech industry. Of course I would. It's obviously the most interesting industry at the moment (And I seriously believe that will not change so soon). Being a young woman in Berlins startup sector means: I was shocked. Where are all the girls? Is tech a boy's thing in Germany? I couldn't accept that. There must be women that code and are enthusiastic about technology. I committed to find them and bring them together. Full stop. Long story short: I started to build the "Berlin Geekettes". A community for women in tech. In 2011 we started with a tiny dinner table sitting together with eight other women.

Let me be honest – I was very excited. To meet likeminded souls in a place where you kind of feel alone all the time? Being the alien "geek girl"? I knew there were more – and so these eight women formed the spark of an exciting journey for me. Our mission was to drive more women into tech, bringing them into hackathons and simply unite them. I wanted to create an environment of inclusiveness.

I wanted to do whatever it takes to make them feel less like a minority but a strong group of women participating in the most exciting sector of economy: technology.

I'm busting my ass and you judge me?!
Being in Berlin started with getting quite a bit of headwind: "You are marginalizing women!" "You make them a special-interest-group!" Frankly – that was quite shocking to hear. If I am honest though, I think this approach is slightly naive. The truth is, supporting a minority is always good. You can stop if they aren't a minority anymore. In my opinion, supporting minorities has only positive outcomes. Today, the Geekettes is an international online and offline community in over five cities worldwide with more than 5000 members. Our latest hub just launched in Singapore and Gaza.

The ride was bumpy but I never lost trust. And that's because it keeps you going to see the empowerment that happens when you unite amazing women that finally found somebody to bond and to accelerate with and celebrate their shared interests and challenges.

The power of offline communities and the opposite of abundance
For the moment I am asking myself: How do you truly connect these cities? How do you create a sustainable offline connection? Online is great, but things like Facebook groups are losing their momentum right now. So the actual empowerment, the one that makes you physically feel the presence of these exact other women that are a little bit like you – it's just priceless.

I want to give you an example: in 2015 we opened a Gaza Geekettes group. The ladies over there only have eight hours of electricity a *day*. How can one use those eight hours wisely? I can tell you, they girls are getting highly productive. If you live in shortfall being efficient is the natural thing to happen. Those are quite unique challenges I am currently facing but it's also slightly funny when you think: it was just yesterday when we were eight women at a dinner table in Berlin Mitte, sharing our dreams.

The Gaza story is an interesting story anyway, like you can imagine. It tells the stories of the different ways that people around you will always try telling you what you *should do* and what you *should not do.* People will feel entitled to give you a lot of silly advice in your life. Pick the pieces you are taking in, very wisely. With Gaza everybody told me: "Are you crazy?! Now you're getting political! There is no way you should get involved in that!" But I did and it is amazing. We receive so much appreciation of the great women in Gaza. There is a need and there are united, empowered women living there, coding and building technology.

By now I also learned another big lesson: If you want to bring *more* women into tech and would like to increase the number of girls who consider this a career – you have to start early. You need to infuse the idea of tech being a possible cool perspective to throw yourself into at a young age. The older you get the harder it is to learn coding and really get tech into something that feels is yours. We want to build a whole generation of girls who know that being a geek is a terribly cool thing to be!

Tomato – Tomato? European mentality and US mentality

I grew up in Minnesota. I am American. I live in San Francisco now, after living four years in Berlin.

There are a few fundamental differences from how women treat themselves (or are getting perceived) in those two places. I seriously think, if we could get rid of those limiting mentality traits it would serve everyone, big time.

Let me explain what I mean. Women in Silicon Valley try to promote themselves with whatever they can get. It feels like every woman in the valley is trying to get on the "30 under 30"-list of Forbes. It's a huge career booster. Self-promoting is normal and acquired and accepted. Of course you do that. I am a PR person at the core. I did PR for very successful startups and I know its value. When I started getting attention for the berlin Geekettes, people told me to scale back, telling me I was not modest enough.

Remember that people give you all sorts of funny advice? Do not take every bit on board. Please.

So, if a woman in San Francisco would simply ride this topic out, shape a new rhetoric – nobody would judge her. I felt really disappointed. I am busting my ass for you and you judge me! Guess what, here is the thing: If that was a guy, everybody would be happy to have the international spokesperson, coming from a minority, empowering people. Guys getting lots of tech press is "cool". If you're a woman, you might be the "attention whore".

But please don't get me wrong. I loved Berlin. Otherwise I wouldn't have stayed for so long. Berlin, compared to the valley, is small. It is easy to connect and you just dive deeper.

Hitting me right in the heart: "Lean In"
Then there was the day when "Lean In" was published. I devoured this book. I was fascinated, it took me right at the core. So I naturally wanted to do something out of it – create new value. To implement this books wisdom in your life, you have to grow a skill set: How to ask for a pay rise? How to use your language and body language effectively? I wanted to learn that with other women together.

So, I broke the book down in chapters and created a workshop.

I was pretty lucky with what happened next. The "Lean In" team picked up on my effort when I wrote a blog post about it. By now, I am a regional program leader and give workshops with the official "Lean In" circles in NY and Gaza.

I know that there are people who are critical with Sheryl Sandberg and her mission. They say she comes from a privileged position, has eternal resources and had her Ivy League education. That might be right, but I have met her and have a very, very clear standpoint on that:

Name one fortune 500 company, in which a woman in her position leverages her money, time and voice to truly empower other women and create a movement ... There you go.

She is the most down to earth approachable person. She is empowering women in all industries, the tech industry, women in business, women in the sex industry. It's a movement.

The "Lean In" movement is powerful. It changed much for my life and the life of many women. Leaning back is like the most natural step in that. Like breathing in and breathing out. If you want to go up, you have to lean in. If you then want to go far, leaning back is taking a run-up.

Think BIG, women!

One of my favorite take away of her work is: roadmap your life. Do not try to overlook your entire life. Cut it down into an 18-month roadmap. That's enough. Life is fluid and ever evolving. Stay open. The other essential thing is simple but always forgotten: effect. How much time do you have left on this planet? There is one life. Live, change places, try around, move on, try something new on your own and surround yourself with people who are sharing your vision. You are not alone.

Yes, family

For me personally, I am now at the gateways where I am wondering whether to start a family. I am 31 now and what I know is, I do want to have a family, but I probably just want to have one kid. In case I get married, that's what I would wish for. But let's see, you never know where life takes you.

One very important step here is obviously finding the right partner. Let's not kid ourselves about that. I want to find a partner who leans in as well and raises the kid(s) equally. A partner with whom the balance works for both of us.

Is this really about women?

My journey with empowering women is very important for me and the Geekettes are part of my heart and identity. But what we are actually talking about here is completely different: We're talking about diversity.

I moved back to the US, also because I got offered the position of head of diversity at 500 Startups. This is not only empowering *one* minority. It is supporting minorities in order to have a diverse playground that makes the whole thing thrive. Diversity is really the key to innovation. It's the necessity for it to even start sprouting.

We now do diversity summits all over the world. We don't talk about tech. We talk about diversity in all industries. Gender, race, being a global citizen, handicapped, veterans, whether you are from Berlin or India, you will be a minority in most other places, and you only win perspectives and richness from it. Inclusiveness helps us all. It's nature. Really. Understanding that is actually dead simple: empowering women and having more female perspectives are the very first most obvious steps here. And this needs to be pushed to be reality, that's what it needs. But in the end, it helps the whole culture and every business. Diversity makes stuff grow.

Diversity is THE fuel of innovation

And let me be clear here: We're talking about innovation a lot. Diversity is the one important fuel of innovation. Where have all the actual disruptive things been built? When Silicon Valley started, there wasn't anything. There is not much surrounding, and there were tech people coming from everywhere, from every culture. That's why they created *new* things.

Without using the full power of human diversity we'll always only scratch the surface of innovation. A homogenous group will always just solve their own homogenous problems. Evolution wasn't mad in a monoculture. The more we are creating a business environment where there is diverse socio-economic background, there more innovation we will harvest.

Author

Jess Erickson, *Program Director, 500 Startups*

Jess Erickson is the Program Director at 500 Startups, the world's most active investor and accelerator program. She spent her early startup years at Speaklike, 6Wunderkinder and General Assembly. She is also the founder of "Geekettes", an organization uniting, mentoring and promoting women in tech of worldwide. Jess holds an MSc in Media and Communications from the London School of Economics.

6.1.4   Shining Collectively. Welcome to the Workplace of the Future

Nancy Birkhölzer

I have always been driven by understanding individuals and the barriers that stop them from fulfilling their needs and reaching their full potential. This is why I was drawn to the world of service design, where work revolves around creating experiences that enhance people's personal journeys. And one thing in particular that I've witnessed over the years is that our basic intentions in life are very different to what they once were. People have started taking more control over their lives and therefore expect empowerment from the services they consume.

This insight plays a huge role in shaping the work that I'm most passionate about today. Whereas at the beginning of my career – working for traditionally organized hierarchical companies like Vodafone and Yahoo – my main focus was on building user-centered products and services, more recently designing organizations has been at the forefront of my work. I put my heart and soul into designing workplaces that don't rely on one kind of person or a "typical" style of leadership. Because what drives me when designing products and services is what drives me even more when designing organizations and workplaces. I strive to create environments where everyone can peruse their personal journey.

My time working in those more "corporate" environments both in leadership and non-leadership positions taught me a lot, and has influenced how I approach work and shape organizations today. At design consultancy Fjord (now globally renowned as part of Accenture), I was responsible for building and leading the German team, which we grew to over 50 members over five years. Leadership during that time was an experiment with lots of trial and error and an extremely valuable learning journey.

One of the major issues (that taught me the most) was based on the incentives of the individuals. Everyone was driven by their own personal gains, regardless of whether or not their actions fit the company vision or core purpose. It was a ruthless race to the top, with pressure to work long hours and team members, salespeople in particular, competing with each other. They would hide information rather than collaborate and draw upon each other's strengths to reach company goals. There was selling for the sake of selling to the detriment of those who had to deliver on unreasonable sales promises. Teams were pushed to work on large-scale, boring projects, over long periods of time. There was no thought whatsoever about how this may affect individuals' ambitions and work satisfaction.

I saw similar behavior and problems across entire offices. With offices based in various locations, they too were competing against each other and only striving for success amongst their individual teams, rather than looking at the broader company aims.

This deeply engrained culture in which everyone is measured by their own success meant people would do whatever was possible to look good (individually), never admitting mistakes or evaluating why something went wrong. The whole organization was built around the principle that everyone needs to "shine" at all times, therefore issues would bubble under the surface until the whole thing collapsed.

Joining a small team at service design studio IXDS in 2012 gave me the opportunity to reflect on that experience, refocus on my purpose and beliefs and re-evaluate corporate cultures. Most importantly, from this came the will to do more purposeful work and build a more purposeful organization. An organization that reflects the ambitions of the team members at any time and trusts that success is not simply driven by sales but by passionate individuals, collaboration, a unique culture and strong values. Driven by this ambition, IXDS grew to 70 team members in two locations (Berlin and Munich) during the past four years, without ever having a "growth goal" or a single "sales manager".

When I was asked to contribute to this book, and started thinking about the concept of "leaning back", I realized that the organizations that I believe are successful today, which have more balanced leadership roles, flexible structures and gender parity, are the ones that are doing just that: leaning back. Instead of everyone leaning in and trying to climb the corporate ladder, even if it may not necessarily be what they want or what's right for the organization, team members are staying true to their qualities. The ladder is obsolete. Instead there's a system where all team members collaborate and make space for everyone's qualities to complement each other, not compete against each other. Therefore, each person feels as though they are making a valuable contribution and their personal needs can be met.

Personally, being part of this kind of organization has changed my work and personal life completely. I have the chance to take timeout and reflect on how to improve my work and approach to leadership, I've been able to naturally find my place within the team and make time for family and personal wellbeing.

From counting working hours to tracking quality
Despite being a CEO, I spend quality time with my two-year-old son and pursue one of my passions: studying Ayurvedic medicine. This is because my company operates on a 32-hour work week – and it always has.

The 80 % week gives people breathing space, allowing them to lean back and take advantage of professional and personal opportunities. For some team members this means work is spread across five days, giving them the flexibility to start work later or finish earlier if they have family responsibilities. For instance, I can get all my tasks done and leave in time to collect my son from "Kita". For others, they work just four days and have the fifth weekday completely free for personal projects or just life in general.

The main point is that everyone takes control of their own work-life schedule. This independence eliminates any sense of needing to "keep up" – there's more equal ground, allowing people to find a balance that suits their life. The workplace is more mindful, people become conscious of each other's time and of following one's own passions both in work and life.

Alexandra Pretschner, who heads up the IXDS Munich studio, recently told me: "I always get surprised looks when people realize that I'm leading a team despite having two kids and no permanent nanny. But I'm in a position where I can contribute my experience, skills and passion to the company on a part-time basis. Pursuing a leadership position shouldn't equal more hours at work, because it's not only about the time you invest, but the quality you create."

I've seen all types of talent come knocking at the door; people who are specifically looking for this kind of flexibility – and not just individuals with families. Many freelancers, for example, have joined on a more permanent basis because they can still follow the passions that kept them from ever taking on a full-time job before.

I believe that the more organizations adopt this approach, the more benefits we'll see. The handful of companies, especially in countries like Sweden, Switzerland and France, have reported increases in productivity, creativity and job satisfaction amongst team members, but benefits can also filter into society in general. If there are more opportunities for partners to work 80 % then gender roles can become more balanced for both women and men, releasing more time to care for family.

From filling positions to juggling roles

Fixed job titles are becoming a thing of the past. In a world that's becoming more and more complex, roles within organizations are constantly changing. And as individuals look for ways to take more control over their lives, team members are using the opportunity to experiment with different roles in order to satisfy their changing needs and circumstances. It's exactly this kind of experimentation and juggling of roles that landed me where I am today.

A few years ago, IXDS' founder Reto Wettach decided to step down from his position to have more time to work academically and be with his family. He recognized that shifting roles was the right thing for him in his current life situation, and that inspiring individuals and being creative were his real passions and where he could make the most difference. He wasn't so interested in the tasks that came along with building and leading an organization, and realized someone else was needed to take the company to the next level – his skills and time wouldn't have allowed him to do that.

This move provided an opportunity for other team members looking to take on more responsibility. It was also a step that made him become a role model within our company, encouraging people to follow their passion and not do what society or others might expect of them. Now we're in a position where my skills balance well with his chaotic, emphatic, inspiring mind, and we can both complement each other's unique qualities.

I decided to take on the challenge to further develop IXDS, but luckily I could still adjust my commitment levels based on my current life situation or work aims: whether this is working more vs. working less, or more responsibility vs. less responsibility. The framework is there that lets me do this.

This also has a lot to do with the people around me. They understand that each individual contributes to the organization in their own way. Everyone takes personal responsibility to "grab" a role that suits their current development goal, ambition or strength. And if they are shifting roles, one day leading a project and the next week being led, then there's an understanding of both positions and everyone can learn from each other. Within this environment the team can achieve personal growth and success without needing to move up, but instead by taking on different roles and embracing new experiences.

From ticking off tasks to leading with empathy
As someone in a leadership position I can say that role juggling and flexibility requires a lot of trust and mindfulness. You need to be able to follow your intuition and sense the am-

bitions and needs of your team. It's this kind of mindfulness that I believe is shaping future workplaces. Organizations are becoming more human, mindful and successful because they are increasingly driven by our collective consciousness.

And while some people may be better placed to demonstrate an empathetic and mindful approach to leadership, what I've learned, personally and from my teams, is that to be able to really listen to your intuition and your teams' needs you need to have a peaceful, balanced mind. And you won't achieve this if you feel you don't make enough time for life, because what drives us outside workplace also influences our attitude towards work.

The therapy and massage techniques I learn about in my Ayurvedic medicine studies provides a good example. It's about sensing the thoughts and feelings of others and responding in an appropriate way; it's about finding blockages and releasing them. Until some years ago I didn't see any direct relation between this private interest and my profession, but this has changed over the years. By now they are inseparable, as it has changed who I am as a person and who I still aspire to become.

You can't give a massage that touches someone's soul unless you're in a certain head- and emotional space – you need a clear mind to focus, engage and be empathic. The same goes for making decisions at work: being able to sense situations is essential. I have realized that compared to five years ago I am now more capable of reflection. And this has hugely affected the decisions I make, for the better. If everyone in a leadership position focused on this as opposed to just carrying out daily tasks, then we would all be happier, we would be doing our work better, building stronger teams and generating more valuable and sustainable ideas.

From designing workplaces to creating collaborative platforms

As a designer, collaboration is everything. There are so many people who inspire you and whom you would love to work with, but unfortunately we can't all work for the same company. So I instead made it my mission to create spaces that enable different forms of collaboration. Platforms where innovators from everywhere come to solve challenges – for collaboration not competition.

The opportunity to do so arose when I was looking for spaces throughout Berlin to fit our expanding team. Naturally I was looking at 3rd and 4th level offices, because I had always worked in places where people needed to buzz the door and be let up, only to be greeted by a formal reception desk. It was just by chance – and meant to be an in-between solution – that I instead opted for a ground floor space and have since seen what a huge difference it makes.

With its big glass doors you can always see what's happening inside the studio, and can come on in without needing to ring a bell. In summer the doors are always open and people work outside on tables. The environment has become so welcoming that people walk in asking for coffee, thinking we're a café. This may have something to do with the big kitchen table that can be seen as soon as you walk through the door, rather than a traditional reception desk. This set up has had such a positive effect on the organization that I recently turned down a bigger space on the 3rd floor, and made sure we took the same ground floor approach when looking for an office space in Munich.

The physical space has had a huge impact on the work culture and dynamic of the environment. It's more creative, there's room to host events and let in all those people you want to share ideas with. Clients, external experts, end users, team members, competitors, you name it, have walked through the doors to work together. For me, this this has meant work has become more than just work. I feel like I'm part of an ever-growing community.

From defining a vision to crowdsourcing the team purpose
One of the biggest shifts in how I lead is that I'm now in a position where I can follow the ambitions and interests of the team. Everything changed when I could take a step back, listen to individuals, identify their potential and work on developing it.

There is no handbook for future leadership which outlines how this should be done. But as organizations are increasingly required to stay agile, I've learned that turning to employees to influence change and become the problem solving experts results in new work opportunities and ongoing innovation.

For instance, one of my designers had a particular interest and expertise in healthcare, and was always eager to pursue projects in this field. I trusted her abilities and now this is one of the company's core areas of focus; it has brought in numerous valuable clients and projects. This had a knock-on effect. As an organization, we have since let the teams' potentials and interests drive the focus of the company, trusting them to spot interesting challenges and opportunities. This has led to a complete restructure of our areas of expertise.

For me, this trust has stemmed from knowing people are in the right roles. I've seen what an organization that's driven by personal gain and competition looks like, and by knowing people are where they want to be, I can now comfortably take a step back and allow the team to drive the organization into a successful place.

From leaning in to collectively leaning back
These are just some of the key organizational changes that have allowed me, and I believe others, to improve wellbeing, work

satisfaction and reach personal goals. Without ever considering whether or not I'm leaning in, by staying true to my qualities and challenging the notion that success relies on more hours at work, I've been able to follow my passions and spend time with my family. Experiences that hugely shape my attitude towards work and the mindfulness I bring to leadership positions.

Although there's so much more than can be done, I believe that by building organizations that take these kinds of lean back approaches, and allow for people's potentials and ambitions to be nurtured, work can become an empowering experience for more people, not just those who choose to "sit at the table".

What I thrive for is future organizations where gender will no longer be the underlying issue, climbing the ladder won't be necessary, and by re-designing the workplace more balance will be achieved amongst families. Workplaces where there won't be a need to lean in, because we'll all be able to lean our own different ways.

Author

Nancy Birkhölzer, Managing Partner, IXDS

Nancy is the CEO of service design studio IXDS. She enjoys building organizations and teams with a unique spirit and culture.

Before joining IXDS in 2012 she established Fjord's German studio in 2007, grew it to a team of 50 in her role as MD and then took on a Group Director role to build Fjord's global Service Design Academy. Fjord was sold to Accenture in 2013. Prior to this, Nancy led global innovation projects in her product management and user experience roles at Yahoo and Vodafone.

Nancy was recognized as one of the "100 Women of the Future" by Deutschland – Land der Ideen, and chosen (together with Prof. Reto Wettach) as one of the "15 Thought Leaders & Innovators 2015" by WIRED magazine. She regularly takes on guest professorships and speaker engagements, mentors startups and founders and is very active in the service design community.

Nancy studied design at the Köln International School of Design and Rhode Island School of Design, and has more than 15 years' professional experience in designing digital services.

At IXDS Nancy aims to re-invent innovation culture and the role and set-up of design studios. Constantly questioning the ways we integrate technology into our lives – while empowering the analog qualities – is another one of her passions.

In her spare time, Nancy loves the outdoors, mountaineering and nature.

6.2 (Agiles) Führen

6.2.1 No guts, no glory: warum Frauen mutiger und souveräner führen sollten

Tania Leuschner

Frauen gelten als das einfühlsamere Geschlecht und sind angeblich sozialer, teamfähiger und kommunikativer als Männer. Sie bringen also Fähigkeiten mit, die für gute Führung elementar sind. Doch warum tun sich gerade Frauen dann heute immer noch so schwer, als selbstbewusste und mutige Leader aufzutreten? Lassen es die maskulin dominierten Spielregeln nicht zu? Wollen wir gar nicht führen? Oder sind wir Frauen einfach zu unscheinbar und zu fleißig, um erfolgreich zu sein? Fehlt uns der Instinkt, in heterogenen Umfeldern Netzwerke zu bilden und uns dort mit unseren ureigenen Stärken durchzusetzen? Werfen wir einen Blick auf die Fallen, in die Frauen heute nicht mehr stolpern sollten.

Sprung ins kalte Wasser. Ich war gerade 24 Jahre alt, als ich meine erste Führungsaufgabe in der Redaktion einer Münchner Jugendzeitung übernahm. Vier Leute, die vorher meine direkten Kollegen waren, fast alle männlich, die meisten älter, berichteten fortan an mich. Das war meine erste Rolle als Leader. Das Ganze lief dann mehr oder weniger gut, da wir alle miteinander befreundet waren und jeden Abend in den gleichen Lokalen saßen. Aber die Tatsache, ein Team zu leiten, gefiel mir schon damals sehr gut. Es war ein natürliches Gefühl, in diese Rolle zu schlüpfen. Ich hatte von Anfang an keine Angst davor. Schon in der nächsten Firma wurden Aufgabe und Team größer und damit stieg die Verantwortung. So ging es weiter. Mit knapp 30 führte ich in einem Konzern bereits über 50 Leute. In den ersten Jahren folgte ich dabei lediglich meinem Gefühl. Weiterbildungen, Seminare, Unterstützung durch HR – damals noch weitestgehend Fehlanzeige. Ich habe wahnsinnig viele Fehler gemacht, weil ich nicht wusste, wie es geht. Erst später bekam ich die richtigen Instrumente an die Hand, um meine Fähigkeiten im Lauf der Zeit zu professionalisieren. Trotzdem war der Sprung ins kalte Wasser gut, weil ich so von Anfang an ein eigenes Gefühl für Führung entwickeln konnte.

Ich hatte das Glück, über viele Jahre richtig gut funktionierende Teams aufzubauen, zu leiten und zu entwickeln. Es gibt kein besseres Gefühl, als eine motivierte Gruppe von Menschen zu führen und mit diesen erfolgreiche Projekte umzusetzen und gemeinsam Erfolge zu feiern. Ich ziehe daraus große Kraft.

In Seminaren an der Uni oder im Job werde ich oft gefragt, wie erfolgreiche Führung funktioniert. Diese Frage wird vermutlich jeder anders beantworten, da jede Führungspersönlichkeit einen individuellen Weg finden und gehen muss, um glaubhaft zu sein. Es gibt keinen Führungsstil, der für alle richtig ist.

Ich persönlich denke, dass es eine gute Mischung aus *„guts"*, also Mut und Gefühl, sowie *„knowledge"*, also Wissen und Erfahrung, braucht, um Mitarbeiter und Vorgesetzte zu führen. Leider kommt in unserer wissensbasierten Welt der erste Punkt oft zu kurz, und mir sind viele Kollegen und Kolleginnen begegnet, die wie die Roboter nach „Schema F" geführt haben. Bei Frauen ist es häufig so, dass sie alles richtig machen wollen und dabei Fehler machen, die größtenteils vermeidbar sind. Werfen wir mal einen Blick auf die Fallen, in die Frauen in meinen Augen besonders oft tappen:

Die Expertin

Der erste große Fehler ist die Führung auf Basis von Fachwissen. In einem „diplomhörigen" Land wie Deutschland ist der Irrglaube weit verbreitet, dass Wissen die wichtigste Basis ist, um bei Vorgesetzten und Mitarbeitern gleichermaßen akzeptiert zu werden. Fachwissen ist selbstverständlich gut, es wächst im Lauf einer Karriere an und ist bis zu einem gewissen Detailgrad auch im Senior-Management gefragt – doch ab einer gewissen Hierarchiestufe ist es in Bezug auf Führung nicht mehr wichtig. Mir ist eine Direktorin begegnet, die prinzipiell jeden der Jobs ihrer über 100 Mitarbeiter bis ins kleinste Detail begreifen und „besser machen" wollte. Ich denke, das hätte beinahe auch geklappt. Aber es war nicht das, wofür sie bezahlt wurde. Ihre Führung reduzierte sich letztendlich auf die Kontrolle der Mitarbeiter. Die Expertin tritt oft in einer Mischform mit der sogenannten „Fleißbiene" auf – viel Liebe zum kleinsten inhaltlichen Detail, immer 100 %, damit der Chef gute Laune bekommt. Delegation oder Priorisierung kommen ihr nicht in den Sinn, für strategische Themen hat sie aufgrund ihrer Detailverliebtheit wenig Zeit. Der Chef lobt sie – vermutlich aus reiner Bequemlichkeit – fördern oder gar befördern wird sie aber im Leben nicht. Sie stößt an die gläserne Decke und weiß nicht, warum. Die Mitarbeiter dieser weiblichen Führungskraft berichten an eine Mikromanagerin, der das Stereotyp der ewigen Assistentin anhaftet.

Fazit: Gerade Frauen denken, sie könnten mit großem Fachwissen oder Fleiß Schwächen oder Defizite in der Persönlichkeit ausgleichen. Fachlich up to date sein, ist gut und wichtig. Mein Team steuere ich aber besser mithilfe des Vertrauens, das ich in die vorhandene Kernkompetenz meiner Mitarbeiter setze. Niemand braucht einen Kontrollfreak.

Das Schulmädchen

Ich habe erfolgreiche Frauen immer gerne beobachtet. Sie sind selbstbewusst und wissen genau, was sie können. Jeder wird mir zustimmen, dass keine Managerin auf C-Level die Ausstrahlung eines kleinen Schulmädchens hat.

Doch keine Frau sollte sich kleinmachen oder verstecken, egal auf welcher Hierarchieebene. Einer der Hauptgründe, warum Frauen noch immer nicht im gleichen Maß Karriere machen wie Männer, ist das mangelnde Selbstwertgefühl. Die Facebook-Managerin Sheryl Sandberg führt das Verhalten von Frauen auf geschlechtsspezifische Erziehung zurück, die uns seit der Kindheit prägt: „The gender stereotypes introduced in childhood are reinforced throughout our lives and become self-fulfilling prophesies. Most leadership positions are held by men, so women don't expect to achieve them, and that becomes one of the reasons they don't." (Sandberg 2013). Wer kein Selbstbewusstsein und Vertrauen in die eigenen Fähigkeiten entwickelt, sich nichts zutraut und kleinmädchenhaft präsentiert, hat gleich zwei große Probleme: Weder das Senior Management noch die eigenen Mitarbeiter lassen sich so führen. Niemand akzeptiert einen schwachen Leader oder folgt ihm.

Fazit: Wir sollen uns nicht aufführen wie Männer, aber wie gleichberechtigte Menschen. Lässig Raum einnehmen, Position selbstbewusst bekleiden, an sich selbst und die eigenen Fähigkeiten glauben, mutig sein. *Trust yourself.*

Die Unbekannte

Jeder weiß, dass man für ein Produkt Werbung machen muss, damit es populär wird und sich verkauft. Dieses Prinzip lässt sich auch prima auf die eigene Leistung in der Firma übertragen. Einer der größten Fehler meiner Laufbahn war die mangelnde PR in eigener Sache. Ich habe die tollsten Projekte umgesetzt, die sensationellsten Ergebnisse erzielt – doch kaum jemand wusste davon. Frauen denken, wenn sie den Job gut erledigen, kommen Ruhm und Ehre von ganz allein. Das ist eine Fehleinschätzung. Es ist ganz wichtig, hier keine falsche Bescheidenheit an den Tag zu legen. Weibliche Chefs sollten Siege für sich beanspruchen und diese fest mit dem eigenen Namen verknüpfen. Das ist gut für die eigene Sichtbarkeit, aber auch für das gesamte Team, das so ebenfalls ins Scheinwerferlicht rückt.

Fazit: Wer im Labor ein bahnbrechendes Experiment durchführt, aber niemandem davon erzählt, gewinnt keinen Nobelpreis. Artikel im Unternehmensblog, Auftritt im großen Board-Meeting und Rundmail an alle wichtigen Entscheider – wer clever ist, nutzt die gesamte Klaviatur in Sachen Self-Promotion.

Die Einzelkämpferin

Jeder kennt das Klischee des erfolgreichen Manns, der auf dem Golfplatz die richtigen Menschen trifft und dort die wirklich wichtigen Geschäfte abschließt. Und so alt und bemüht dieses Klischee auch sein mag – es ist wichtig und richtig, Kontakte intensiv zu pflegen. Erfolgreiche Manager verfügen über ein enormes Netzwerk aus Freunden, Kollegen und Kunden. Das Netzwerk hilft einem übrigens nicht nur, wenn man auf der Suche nach einem neuen Job ist. Wer ein Netzwerk hat, kennt Menschen, die zu jeder Zeit unterstützen und einem bei Bedarf mit Rat und Tat zur Seite stehen.

Wer einen neuen Job hat, sollte sich demnach nicht nur inhaltlich neu orientieren, sondern gleich überlegen, mit welchen Kollegen im Unternehmen sich sinnvolle Allianzen oder Seilschaften schließen lassen.

Fazit: Es ist heute sehr schwer, ohne die richtigen Kontakte Karriere zu machen. Das Netzwerk aufzubauen und zu pflegen, ist eine zentrale Aufgabe einer Führungskraft. Dafür unbedingt Zeit schaffen, um mit den richtigen Leuten zum Lunch oder abends zum Branchentreffen zu gehen. Auch kann es helfen, sich als junge Führungskraft einen Mentor zu suchen, der wertvolle Tipps in Sachen Networking geben kann und vielleicht sogar ins eigene Netzwerk aufnimmt und dort einführt.

Die Unsouveräne

Eine der wichtigsten Aspekte der erfolgreichen Führung ist das „empowerment" der Mitarbeiter. „Empowerment" bedeutet, dass ich meinem Team Verantwortung übertrage, eine Bühne schaffe und damit bessere Ergebnisse liefere. Ich grätsche meinen Mitarbeitern nicht dazwischen, nur, weil ich es kann. Eine gute Führungskraft ist letztendlich nichts anderes als ein Unternehmer, der Verantwortung für Mitarbeiter und Teams trägt. Souveräne Manager lassen ihren Teams Platz für Gestaltung, Entwicklung und ermöglichen ihnen Sichtbarkeit. Sie geben alle wichtigen Informationen weiter und schaffen eine ideale Arbeitsumgebung. Gute Leader haben kein Problem damit, ihren potenziellen Nachfolger aufzubauen und zu fördern. Schlechte Leader setzen sich nur selbst in Szene.

Fazit: Mitarbeiter liefern bessere Ergebnisse und sind motivierter, wenn sie Gestaltungsspielraum haben und zeigen können, was sie geleistet haben. Ich fördere und entwickle sie als Führungskraft und bin stolz auf ihre Ergebnisse. Ich habe keine Angst davor, meine Mitarbeiter ins Rampenlicht zu stellen und gebe mein Wissen gerne an sie weiter.

Die Unpersönliche

In mittleren und großen Unternehmen werden Führungskräfte bei ihren Führungsaufgaben durch den Personalbereich
unterstützt. Zielvereinbarungen, Jahresgespräche mithilfe von
standardisierten Beurteilungsbögen, 360-Grad-Feedback sowie Team-Seminare sind die bekannten Instrumentarien, die
zur Verfügung stehen. Damit soll sichergestellt werden, dass
strategische und operative Ziele des Unternehmens bekannt
sind und jeder weiß, was er in den nächsten 365 Tagen zu
hat. Mit Führung im engeren Sinne hat das erst mal nicht so
viel zu tun. Wer seine Mitarbeiter nur einmal im Jahr zum
Personalgespräch oder zur Zielvereinbarung trifft und dann
lediglich eine 08/15-Liste „abfrühstückt", macht einen kapi-
talen Fehler.

Fast alle Führungskräfte nehmen sich zu wenig Zeit für
Führung. Selbst bilaterale Rücksprachen werden häufig nur
dazu genutzt, fachliche oder operative Themen zu besprechen.
Eine gute Führungskraft fühlt sich jedoch für das individuelle
Wohlergehen des Mitarbeiters verantwortlich und beschäftigt
sich mit jedem einzelnen intensiv. Manche Menschen brauchen mehr Zuwendung in Form von Feedback und Gesprächen als andere. Auch gibt es Zeiten der Veränderung, z. B.
größere Umstrukturierungsmaßnahmen oder Entlassungen,
in denen es einen erhöhten Bedarf an Information und Orientierung gibt.

Fazit: Zuhören, zuhören, zuhören. Den Standard-Beurtei-
lungsbogen legen wir zur Seite, das Handy wird ausgeschal-
tet und dann nehmen uns viel Zeit. Je häufiger wir unseren
Mitarbeitern zuhören, desto besser und eher erfahren wir als
Führungskraft, wenn etwas in der Abteilung schiefläuft.

Die Unnahbare

So mancher Chef denkt, dass es wichtig sei, eine gewisse Distanz zu den eigenen Mitarbeitern zu wahren. Ich kenne eine Geschäftsführerin, die es kategorisch ablehnt, mittags mit ihren Leuten essen zu gehen. Ich frage mich, warum. Zu viel Nähe? Angst, die Maske abzusetzen, gar die Autorität zu verlieren? Eine unbegründete Angst. Natürliche Autorität und Leadership wachsen nicht mit der Distanz zu den eigenen Mitarbeitern.

Das Gegenteil ist sinnvoll: sich als nahbarer Mensch zeigen, der anderen Orientierung bietet und jederzeit ansprechbar ist. Auch im Berufsleben darf ein Vorgesetzter Nähe zulassen und in bestimmten Situationen durchaus auch Schwächen oder Emotionen zeigen. Damit erhöht sich die eigene Glaubwürdigkeit, vor allem aber wächst so das Wir-Gefühl des Teams. Noch mehr Nähe und Vertrauen erfordert es, andere zu coachen oder als Mentor aufzutreten.

Fazit: Geben Sie sich nicht zu unnahbar, sondern sagen Sie sich: „Ich bin Führungskraft, ein Vorbild, aber auch Mitglied des Teams. Meine Tür steht für meine Mitarbeiter oder Mentees immer offen. Ich begegne allen Menschen auf Augenhöhe. Wir feiern gemeinsam Erfolge und durchstehen auch schwierige Zeiten. Wir pflegen die eingeschworenen Rituale eines Football-Teams und haben ein persönliches Verhältnis zueinander."

Am Ende ist für erfolgreiche Führung also eigentlich gar nicht so viel nötig, wenn man die geschilderten Stolperfallen vermeidet. Integrität, Verantwortungsbewusstsein und Mitgefühl sind die wichtigsten Eigenschaften, um ein Team zu leiten und zu motivieren. Und das unbedingte Vertrauen in die eigenen Fähigkeiten, denn daraus entsteht Mut. Ohne Mut geht es nicht, denn *„no guts, no glory"*.

Die Autorin

Tania Leuschner, Beraterin für Digital-Strategien

Tania Leuschner, wohnhaft in Düsseldorf, führt seit 20 Jahren Teams in großen Unternehmen. Zuletzt verantwortete sie für vier Jahre das Online-Marketing der E-Plus-Gruppe. Vorher bekleidete sie vergleichbare Leitungspositionen im Marketing von Unternehmen wie Vodafone oder T-Online.

6.2.2   Leadership – eine sehr persönliche Sichtweise

Chris Philipps

Wenn ich drei Schlagwörter nennen müsste, die mich sowohl persönlich als auch in meinem Werdegang als Consultant, Technischer Manager und CTO geprägt haben, dann wären dies Agilität, Diversität und Authentizität. Das ist für mich ein natürlicher Dreiklang.

Wenn man eine wahrhafte Kultur der Agilität, Diversität und Authentizität schaffen will, muss man dies als Führungskraft und damit geistiger Impulsgeber eines Unternehmens selbst mit den damit verbundenen Werten vorleben. Das ist nicht immer einfach und bringt auch mich, die diesen Anspruch an sich und andere Führungskräfte erhebt, oftmals an Grenzen. Und doch ist es meiner Meinung nach der einzig sinnvolle Weg, sich als Leader in einer Zeit zu bewähren, die von immer schneller wechselnden Anforderungen, hoher Komplexität und nie dagewesener Transparenz über die eigene Person geprägt ist.

Diversität

Mein eigener Hintergrund ist in mehrfacher Hinsicht divers:

Als gebürtiger Geisteswissenschaftler seit 2000 in der Start-up- und Tech-Welt unterwegs, habe ich oft nicht nur den klassischen Techniker-Blick, sondern eine ganzheitliche Sicht auf die Dinge. Als Fachinformatiker war ich nicht nur Entwickler, sondern habe auch fast alle anderen Rollen in der IT selbst mindestens einmal ausgefüllt.

Als „Frau" in einer klassischen Männerdomäne scheue ich mich nicht, Emotionen in meine Arbeit zu inkludieren. Und als Transgender-Mensch – manchmal Frau und oftmals Mann – habe ich das Privileg beider Perspektiven, sowohl der männlichen als auch der weiblichen, eben auch im Beruflichen. Daher mag meine Perspektive auch oftmals keine klassisch weibliche sein (trotzdem einen Platz in diesem Buch zu haben, spricht wiederum für dessen Diversität).

Authentizität

Als ich als junge Führungskraft meinen damaligen Chef um einem generellen Rat zum Thema „Führung" bat, gab er mir eine in der Tech- und vor allem in der Männerwelt damals noch lange nicht selbstverständliche Antwort – eine, die mich seitdem begleitet und die sich als grundlegend richtig erwiesen hat: „Sei immer authentisch, sei immer ganz du selbst. Denn dann können dir die Menschen vertrauen." Und er fügte grinsend hinzu: „Wenn du es nicht bist, spüren das die Leute sowieso."

Das Prinzip der Authentizität ist für mich die Grundlage allen Handelns, insbesondere in meiner Eigenschaft als Führungskraft. „Leading by Example" beginnt damit, dass ich mich als Führungskraft als ganzer Mensch mit all meinen Eigenschaften, Tugenden und vor allem auch Fehlern einbringe und sichtbar mache. Wenn ich von meinen Mitarbeitern Eigenschaften wie Transparenz und die Bereitschaft, Fehler einzugestehen verlange, muss ich bei mir selbst damit anfangen.

Agilität

Zur Agilität habe ich nach einigen schwierigen Jahren als Softwareentwickler gefunden. Selbst nie ein Überflieger in der Tätigkeit des eigentlichen Entwickelns, plagte ich mich mit der dumpfen Ahnung, dass die klassisch-mechanistische Art und Weise, Software zu entwickeln und Projekte zu managen nicht optimal war, hatte aber damals nicht das Selbstbewusstsein, sie aktiv infrage zu stellen. Deshalb war es eine Befreiung für mich, Mitte der 2000er-Jahre erstmals von agiler Softwareentwicklung zu lesen. Dort waren Leute, die sehr wohl alles infrage stellten, was ich bis dahin gelernt hatte – und sie hatten Recht damit.

Agilität bedeutet im Kern für mich:

- komplexe Sachverhalte in simple Teilprobleme herunterzubrechen („Wie isst man einen Elefanten? Am besten in kleinen Häppchen!", sprich: Atomisation),
- einen Schritt nach dem anderen zu tun (sprich: iterative Vorgehensweise),

- nach jedem Schritt zurückzuschauen, aus der Vergangenheit zu lernen und das Gelernte im nächsten Schritt anzuwenden (sprich: Retrospektiven),
- und kollaboratives Arbeiten unter Anerkennung der Tatsache, dass wir Menschen sind und keine Maschinen (sprich: Empathie und gesunder Menschenverstand).

Das agile Ökosystem inkludiert Diversität und Authentizität. Sie finden sich in gelebter Agilität in Form von crossfunktionalen Teams wieder – also in interdisziplinären Teams, z. B. aus Design, Entwicklung, Business und Produkt, die auf ein gemeinsames Ziel hinarbeiten, in gesunder Feedback-Kultur und in einer fehlertoleranten Lernkultur.

Diese drei Komponenten, Agilität, Diversität und Authentizität, sind gewöhnlich die Einflussfaktoren, die über Erfolg oder Scheitern eines Projekts entscheiden.

Ein kleines bisschen Horror-Show

Ich möchte dies mit einem Beispiel aus meiner eigenen frühen Projekterfahrung verdeutlichen:

Obwohl in seinen äußeren Merkmalen ein ganz normales Software-Projekt, ist es in meinem Kopf nur als „das Horror-Projekt" abgespeichert und war ein Schlüsselmoment in meiner Karriere. Ich arbeitete dort als Entwickler in einem Team aus insgesamt fünf Entwicklern. Wir alle waren Profis mit Erfahrung und ähnlichem Profil.

Oberflächlich betrachtet, schien lange Zeit alles in bester Ordnung zu sein: Es gab keinerlei Fragen, Meetings fielen ausgesprochen kurz aus, alle Details schienen jedem völlig klar zu sein.

„Alles klar", „Easy!" und „kein Problem" nahmen kein Ende und ich fiel mit in diesen Chor ein – obwohl mir eigentlich gar nichts klar war. Die Software war ein großes Durcheinander und die Anforderungen kompliziert. Doch ich hatte das Gefühl, mir nicht die Blöße geben zu können, meine Unwissenheit und Verwirrung transparent zu machen. Schließlich kamen alle anderen offensichtlich bestens damit zurecht. Ich würde das für mich alleine lösen und den verlorenen Rückstand aufholen! Angst und Ego waren gleichermaßen Treiber für diese Entscheidung.

Um es kurz zu machen: Nichts löste sich. Nach sechs Monaten verließ ich das Projekt mit maximalem Stresslevel, angegriffener Gesundheit und verknackstem Selbstbewusstsein. Das Projekt war ein einziges fortgesetztes qualvolles Scheitern und endete schließlich, ohne je gelauncht zu werden.

Erst in der eigenen Retrospektive wurde mir später klar, dass ich ganz offensichtlich nicht die einzige Person war, die nichts verstanden, aber auch nicht gewagt hatte, ihre Probleme transparent zu machen. Erst im Nachhinein verstand ich, dass die ganze Angst, die ich gespürt hatte, nicht nur meine eigene gewesen war, sondern auch die der anderen.

Was war geschehen? Oder vielmehr: Was war nicht geschehen?

- Es fehlte an agilen Vorgehensweisen.
  Sicherlich hätte man dem Projekt einiges an Monstrosität nehmen können, wenn man es in kleinen Iterationen angegangen wäre. Regelmäßige Retrospektiven hätten Probleme aufzeigen und den Beteiligten helfen können, während des Projekts dazuzulernen.
- Es fehlte an Diversität.
  Ein Grundproblem war sicherlich die viel zu große Homogenität im Team, das nur aus Entwicklern, noch dazu mit sehr ähnlichen Profilen, bestand. Und zudem nur mit Männern bzw. sehr männlich denkenden Teammitgliedern besetzt war. Dadurch hatten alle eine sehr ähnliche Perspektive auf das Projekt und verhielten sich exakt gleich.

Niemand durchbrach die Dynamik, im Gegenteil: Man verstärkte sich gegenseitig. Nicht-Entwickler wie Produkt-manager, ein Junior-Entwickler oder einfach auch andere Charaktere hätten die Situation sicherlich entschärft.

• Es fehlte an Authentizität.
Dies ist das größte Problem, an dem das Projekt krankte. Das Sich-nicht-zeigen-Können als das, was wir in dem Mo-ment waren, nämlich verwirrte und verunsicherte Men-schen mit Schwächen und Wissenslücken anstelle von perfekten Programmier-Maschinen, brach dem Projekt das Genick. Angst, versteckt hinter großen Egos, war die Haupt-Triebfeder dieser Dynamik.

Die fehlende Authentizität ist in meinen Augen nur die Spitze des Eisbergs und eine Folge eines ganzen kranken Sys-tems, nämlich einer Kultur des „heroischen Managements", also unseres klassischen Managements, bei dem das starke Ich des Chefs im Mittelpunkt steht. Eine Kultur, die reale Men-schen zu makellosen Helden hochstilisiert und das Ich über das Wir stellt, kann nur scheitern. Denn dann ist Perfektion das Maß aller Dinge. Das Streben nach Perfektion ist per se natürlich nichts Schlechtes, führt allerdings in den meisten Fällen zu einem neurotischen Krampf, bei dem alle Unzu-länglichkeiten negiert werden. Man nennt das auch Perfek-tionswahn. Das wiederum steigert die Angst, dem Anspruch nicht zu genügen und inder eigenen Imperfektion entdeckt, ja geradezu entlarvt zu werden, analog zu dem „Hochstapler-" oder „Impostor-Syndrom".
Ausdruck dieser Angst ist meistens Schweigen, „So tun, als ob" oder aber auch als Flucht nach vorn, das Prahlen mit den eigenen Leistungen – Letzteres eine Verhaltensweise, die meist eher männlichen Personen zugeschrieben wird.

Jede dieser Reaktionen ist unauthentisch und verstärkt wiederum die Dynamik: nämlich den Eindruck des Einzelnen, dass alle anderen in der Gruppe den vollen Durchblick haben – nur man selbst nicht. Die Folge ist eine Spirale aus Angst und Scham und schließlich das Scheitern der Zusammenarbeit.

Ein Durchbrechen der Dynamik zugunsten der Authentizität hätte das Projekt vielleicht noch drehen, zumindest aber zu einem rechtzeitigen Innehalten und Reflexion führen können. Und zudem den Krankenstand deutlich senken.

Aufstehen, Krönchen richten, weitermachen

Was tat ich nach diesem Projekt? Das wahrscheinlich einzig Sinnvolle: Ich leckte eine Zeit lang meine Wunden, lernte daraus, so gut ich konnte, und versuchte, es in den nächsten Projekten besser zu machen. Vor allem aber sammelte ich unglaublich wertvolle Erfahrungen für meine spätere Rolle als Führungskraft.

Ich fraß in der Folgezeit regelrecht Bücher über Team-Dynamiken und die Psyche von Entwicklern, später dann Bücher über Agile, hier insbesondere den Klassiker „Extreme Programming Explained" (Beck et al. 2004). Und ich schäme mich nicht zuzugeben, dass ich beim Lesen von Letzterem vor Erleichterung weinte. Denn hier fand ich endlich Alternativen und Antworten.

Meine Sicht war und ist geprägt von meinem geisteswissenschaftlichen Hintergrund und meiner Faszination für Kommunikation und menschliches Bewusstsein. Ich muss diese Themen zumindest im Ansatz verstehen, um daraus Ableitungen für meine eigenen Aufgaben als Führungskraft entwickeln zu können. Theorien und Methoden, die den Menschen nicht in den Mittelpunkt der Betrachtung stellen, sind für mich wertlos.

Das eine ist die Haltung, mit der man Führung lebt. Das andere sind die vielen kleinen Werkzeuge, mit denen man diese Haltung in den Alltag hineinträgt und damit eine Kultur prägen hilft. Hier ein paar Beispiele für sehr simple Werkzeuge, erlernt von Kollegen oder selbst entwickelt, die im Alltag dabei helfen:

Die Sesamstraßen-Methode

Eine direkte Folge aus dem oben beschriebenen Projekt ist die Sesamstraßen-Methode. Getreu dem Refrain aus dem Titelsong der genannten Serie, „Wer nicht fragt, bleibt dumm", habe ich mir angewöhnt, zu Beginn meiner Arbeit mit Teams, in denen ich Perfektionswahn und damit Angst und Scham wittere, in Planungs-Meetings zu sitzen und mir von Teammitgliedern Software- und System-Architektur etc. erklären zu lassen. Dabei frage ich. Und frage. Und frage. Und frage sehr gerne exakt dasselbe auch noch zum vierten Mal, wenn ich es bis dahin immer noch nicht zu 100 % verstanden habe. Vor einigen Jahren war mir das selbst noch peinlich, doch ich hatte auf die harte Tour gelernt, wie teuer und schmerzhaft Scheinwissen sein konnte. Fast immer begegnen mir dabei anfangs Irritation und Unruhe der Teams: Ist der neue CTO wirklich so blöd, oder tut sie nur so? Doch auch hier greift wieder „Leading by Example": Meine fragende Haltung schafft einen neuen Raum und Akzeptanz für auch die einfachsten Fragen aller Beteiligten und eben auch für wiederholte Fragen, bis echtes Projekt-Verständnis bei allen vorhanden ist. Das kann der Beginn für einen Kulturwandel in einem Team sein.

Die 3S-Regel

3S – „Simply Say Sorry". So einfach ist es. Es gibt kaum etwas Wirksameres als eine Führungskraft, die bereit ist zu sehen und einzugestehen, dass sie menschlich und damit fehlbar ist – und sich dafür auch noch bei ihren Mitarbeitern entschuldigt. Wahrscheinlich, weil es immer noch eher selten vorkommt.

In der Literatur über Führung – gerade für Frauen – findet sich oft der Ratschlag: „Entschuldigen Sie sich niemals!" Den halte ich schlichtweg für falsch bzw. für falsch verstanden. Es ist wahr, dass manche Frauen fast jede ihrer Aussagen mit einer Entschuldigung beginnen und sich damit gleich ins Abseits manövrieren. Dann wirkt es so, als wollten sie sich für ihre schiere Existenz entschuldigen. Diese Art von in der Tat überflüssiger Entschuldigung meine ich nicht. Ich meine tatsächliche Fehler und Fehleinschätzungen, insbesondere natürlich die, die Mitarbeiter zusätzliche Arbeitszeit oder Frustration gekostet haben.

Derart unbefangen in die Offensive zu gehen, wird gewöhnlich als Stärke gesehen und setzt zudem einen weiteren Impuls für eine generell fehlertolerante Kultur.

Der Happiness-Index

Diese Methode ist mir in mehrerlei Varianten und Namen über den Weg gelaufen. Am bekanntesten ist sie vermutlich unter dem Namen „Perfection Game" und ich bin so frei, sie zu kapern und hier aufzuführen, denn sie hat mir gute Dienste geleistet: Im Sinne von agiler Feedback-Kultur kann man die Zufriedenheit (das englische Wort „Happiness" ist einfach lebhafter, deshalb werde ich dieses Wort weiterhin verwenden) seiner Mitarbeiter ständig messen. Nicht nur in Quartalserhebungen, sondern auch sehr spontan: nach jedem Allhands-Meeting, nach jedem Planungs-Meeting, nach jedem direkten Feedback-Gespräch mit einem Mitarbeiter etc. Es ist eine ganz simple Frage: „Wie würdest du deine Happiness in Bezug auf das soeben beendete Meeting (oder z. B. das erfolgte Software-Release, etc.) bewerten?" Jeder beteiligte Mitarbeiter antwortet mit einer Zahl zwischen 1 (gar nicht happy) und 10 (absolut happy). Die Anschlussfrage kann dann z. B. noch sein:

„Was kann ich tun, um näher an die 10 zu kommen?". Konsequent durchgeführt hilft dies, eine gute Feedback-Kultur zu etablieren. Nach einer Weile, wenn Menschen sehen, dass der Empfänger, auch ihr Chef, mit kritischem Feedback umgehen und es konstruktiv übersetzen kann, ergibt sich eine offene und vertrauensvolle Atmosphäre des Austauschs. Das Team lernt so von den gemeinsamen Erfahrungen und beginnt, selbst einen neuen Umgang mit kritischem Feedback zu etablieren.

Auf den ersten Blick mögen diese drei Methoden zufällig zusammengestellt erscheinen, doch sie haben etwas gemeinsam: Sie sind allesamt Beispiele für sehr „weiche" Methoden von Führung. Unwissenheit zugeben, sich entschuldigen, öffentlich Feedback zur eigenen Arbeit einholen – in allen drei Fällen exponiert sich die Führungskraft und macht sich angreifbar. So zumindest aus der Perspektive klassisch-heroischer Management-Stile. Diese Methoden werden im Allgemeinen mit einem weiblichen Führungsstil assoziiert.

Geschlechterdiversität ist ein wichtiger Aspekt von Diversität. Doch mir widerstrebt es zunehmend, innerhalb einer binären Idee von „Frauen versus Männer" zu debattieren, auch beim Thema „Führung". Stattdessen bevorzuge ich die Wörter „weiblich" und „männlich". Jeder Mensch trägt unabhängig von seinem Geschlecht sowohl männliche als auch weibliche Eigenschaften in sich. Und die beste Führung beinhaltet eine ausgewogene Mischung aus beiden Qualitäten.

Was in Führung heute definitiv fehlt, ist ein größerer Anteil weiblicher Eigenschaften.

Es gibt eine E & Y-Studie (Ernst & Young 2012), die besagt, dass gemischte Führungsteams bessere Leistungen erbringen, was ich auf die ausgewogene Mischung von weiblichen und männlichen Qualitäten im Team zurückführe. Gerade im Technologie-Bereich könnte mehr Diversität eine Welle von neuen Innovationen auslösen. Denn letztlich kommt es auf eine Kombination aus den unterschiedlichsten Qualitäten an: Dinge ganzheitlich und aus neuen und unterschiedlichen Perspektiven betrachten zu können, emotional und rational gleichermaßen kompetent zu sein sowie schnell und aggressiv agieren zu können.

Im Allgemeinen wird das Thema „Geschlechterdiversität" im Kontext einer Erhöhung des Frauenanteils im Management diskutiert, was meines Erachtens notwendig, aber nicht hinreichend ist.

Während Frauen in den letzten Jahrzehnten, zusätzlich zu ihrem eigenen weiblichen Repertoire, männliche Führungsqualitäten in sich entdecken mussten, um überhaupt in Führungspositionen zu kommen, tun sich Männer traditionell schwer damit, weiblichere Führungsattribute in sich zuzulassen, geschweige denn zu leben. Noch mehr als den Frauen wird ihnen das als Schwäche angelastet.

Dabei geht es nicht um Stärke versus Schwäche, sondern wieder einmal um die Vielfalt des eigenen Repertoires.

Und es geht auch nicht darum, sich als Frau einen männlichen Führungsstil aufzuzwingen und umgekehrt. Nein, auch hier hat die Bewahrung der eigenen Authentizität Priorität. Sondern es geht vielmehr darum, dass es unabhängig vom eigenen Geschlecht möglich sein muss, gleichermaßen männliche und weibliche Aspekte von Führung authentisch zu leben – abhängig davon, was der Kontext benötigt und was die eigene Persönlichkeit bereitstellt. Dazu kann vor allem die Männerwelt einen mutigen Schritt nach vorne machen und weibliche Führungsattribute für und in sich entdecken – und alle Beteiligten sollten „weiblichen" Aspekten von Führung den verdienten Respekt zollen, statt sie als Schwäche abzutun.

Auch ich habe das lange Zeit nicht begriffen. Jahrelang bevorzugte ich tatsächlich die Zusammenarbeit mit Männern bzw. männlichen Führungsstilen, denn in dieser Arbeitskultur fühlte ich mich wesentlich wohler: schnelle Entscheidungen, schnörkellose Kommunikation und ein gehöriges Maß an positiver Aggression. Über weibliche „Wellness-Kultur", wie ich sie nannte, habe ich damals nur mit den Augen gerollt.

In den vergangenen Jahren als Interim-CTO hatte ich zwei weibliche CEOs als Chefs, die mich erkennen ließen, wie wichtig und wertvoll weibliche Qualitäten bei Führung sind. Diese Chefinnen kreierten eine andere Atmosphäre in ihren Unternehmen. Ihr Blick auf Sachverhalte war nicht immer nur eine lineare Ursache-Wirkung-Analyse (eher männliche Sichtweise), sondern mehr der einer holistischen (eher weiblichen) Sichtweise. Weichen Assets wie der Firmenkultur wurde mehr Aufmerksamkeit geschenkt, weil sie als indirekte Performance-Hebel begriffen wurden. Die Gestaltung des Arbeitsplatzes und das Wohlbefinden der Mitarbeiter spielten eine große Rolle und damit verbundene Investitionen wurden nicht gescheut. Auch die Kommunikation war anders: Sie zeichnete sich für mich dadurch aus, dass Zuhören und das Einfordern von Feedback mehr Raum hatten, als ich das bisher bei den männlichen Vorgesetzten kennengelernt hatte.

Diversität hat einen Preis

Wenn ich den Umgang mit Themen wie „Agilität" und „Diversität" in einigen Unternehmen sehe, drängt sich mir der Eindruck auf, mancher Manager erläge der Verlockung eines neuen Trends: „Wir werden jetzt agil und divers – und dann kommt der Erfolg." Es werden oftmals Gebrauchsanweisungen implementiert, ohne unbedingt den zugrunde liegenden „Spirit" zu verinnerlichen. Doch der Versuch, in der alten Mindset klassisch-heroischen Management-Denkens zu verweilen und das vorhandene Ökosystem einfach um Optionen wie „Diversität" zu ergänzen, scheitert meistens. Denn die den Systemen zugrunde liegenden Paradigmen sind andere, oftmals gegensätzliche.

Diversität, nicht nur in Bezug auf Geschlecht, kommt nicht ohne einen Preis. Investitionen in einen Bewusstseinswandel sind dazu notwendig. Es liegt in der Natur des Menschen, dass man instinktiv das Bekannte, das Eigene, als positiv bewertet und dem Neuen und Anderen gegenüber zunächst eine kritische Distanz empfindet. Mangelndes Bewusstsein der Beteiligten für die Vorteile von diversen Umgebungen und für deren Fallstricke können eine echte Gefahr sein. Ebenso häufig mangelt es zwar nicht am Willen, aber dafür an den Fähigkeiten, eine offene und vertrauensvolle Zusammenarbeit zu etablieren, in der Respekt für die Andersartigkeit der Kollegen ein gelebter Wert ist.

Führungskräften und Mitarbeitern gleichermaßen müssen daher bewusst Trainings und Strukturen gegeben werden, um erfolgreich in diversen Teams zusammenzuarbeiten. Es gilt nicht nur, Bewusstsein und Sensibilität im Umgang mit unterschiedlichen Geschlechtern zu entwickeln, sondern auch mit anderen Kulturen und Persönlichkeitstypen. Ist dies sichergestellt, können gerade die unterschiedlichen Perspektiven Reibung erzeugen, die nicht als belastender Konflikt, sondern als positive und gestalterische Kraft erfahren wird. Diese Erfahrung kann eine tiefe emotionale Bindung erschaffen, da man sich gegenseitig in seiner Meinung respektieren und vertrauen kann. Insbesondere diverse Teams müssen die Kraft des Konflikts und intensiven Austauschs zelebrieren lernen, denn gerade hier liegt eine ihrer besonderen Stärken. Sie können eine Vielfalt von Perspektiven entwickeln und sich so gegenseitig inspirieren und ihre Entwicklung intensivieren.

Was für eine wundervolle Ironie, dass einer der nächsten Innovationsimpulse im Bereich „Technologie" aus dem intensiven Austausch von Emotionen und der Anerkennung von Andersartigkeit resultieren kann. Wir brauchen Emotionen und neue Perspektiven, um Technologie auf die nächste Entwicklungsstufe heben zu können und nicht in unserer Rationalität alleine stecken zu bleiben.

Um wirkliche Diversität im Unternehmen zu etablieren und in den Genuss ihrer Vorteile zu kommen, ist also ein grundsätzliches Umdenken erforderlich und vor allem auch die Bereitschaft, in Diversität zu investieren – allem voran die Bereitschaft jeder Führungskraft, bei sich selbst zu beginnen.

Der Autor

Chris Philipps, Tech Advisor, Interim-CTO und Agile Consultant

Chris Philipps ist Tech Advisor, Interim CTO und Agile Consultant und seit über 15 Jahren für Start-ups und andere Internet-Unternehmen international tätig. Darüber hinaus ist er/sie Autor, Keynote-Speaker und organisiert Konferenzen. Chris lebt in Berlin, weil die Stadt so schöne (diverse) Geschichten schreibt.

Literatur

Beck, Kent, und Cynthia Andres. 2004. *Extreme Programming Explained, Embrace Change*, 2. Aufl., Boston: Addison-Wesley.

Ernst and Young. 2012. *Mixed Leadership Gemischte Führungsteams und ihr Einfluss auf die Unternehmensperformance*

Fisher. 1999. *THE FIRST SEX: The Natural Talents of Women and How They Are Changing the World*. New York: Random House.

Sandberg, S. 2013. *Lean In: Women, Work and the Will to Lead*. New York: Knopf.

MIX

Papier aus verantwortungsvollen Quellen

Paper from responsible sources

FSC® C105338

If you have any concerns about our products,
you can contact us on
ProductSafety@springernature.com

In case Publisher is established outside the EU,
the EU authorized representative is:
**Springer Nature Customer Service Center GmbH
Europaplatz 3, 69115 Heidelberg, Germany**

Printed by Libri Plureos GmbH
in Hamburg, Germany